科学分析形势
准确把握政策

陈秀元　杨先永　胡　宁　编著

KEXUEFENXIXINGSHI ZHUNQUEBAWOZHENGCE

中国社会科学出版社

图书在版编目（CIP）数据

科学分析形势　准确把握政策/陈秀元，杨先永，胡宁编著.
—北京：中国社会科学出版社，2013.8
ISBN 978 - 7 - 5161 - 3209 - 8

Ⅰ.①科…　Ⅱ.①陈…　②杨…　③胡…　Ⅲ.①时事政策教育—
高等学校—教材　Ⅳ.①G641.41

中国版本图书馆 CIP 数据核字（2013）第 213805 号

出 版 人	赵剑英	
选题策划	卢小生	
责任编辑	卢小生	
责任校对	高　婷	
责任印制	李　建	

出　　版	中国社会科学出版社	
社　　址	北京鼓楼西大街甲 158 号（邮编　100720）	
网　　址	http：//www.csspw.cn	
	中文域名：中国社科网　　010 - 64070619	
发 行 部	010 - 84083635	
门 市 部	010 - 84029450	
经　　销	新华书店及其他书店	

印　　刷	北京市大兴区新魏印刷厂	
装　　订	廊坊市广阳区广增装订厂	
版　　次	2013 年 8 月第 1 版	
印　　次	2013 年 8 月第 1 次印刷	

开　　本	710 × 1000　1/16	
印　　张	20.75	
插　　页	2	
字　　数	330 千字	
定　　价	28.00 元	

凡购买中国社会科学出版社图书，如有质量问题请与本社发行部联系调换
电话：010 - 64009791

序

　　当代世界和中国社会正在发生着巨大而深刻的变化。出生和成长在这个变革时代的当代中国大学生既沐浴着时代的灿烂阳光，也经受着风雨的洗礼，深深地烙上了时代的斑斓印迹。

　　当代大学生是祖国宝贵的人才资源，是民族的希望、祖国的未来，肩负着建设社会主义现代化国家、实现中华民族伟大复兴的重大历史使命。站在培养什么人、怎样培养人的战略高度，坚持用马克思主义的世界观、价值观和方法论对大学生进行形势政策教育是高等学校思想政治教育的重要内容，是培养中国特色社会主义事业的合格建设者和可靠接班人的迫切需要。党中央高度重视大学生的形势政策教育，中共中央宣传部、教育部多次发出相关重要文件和通知，对高等学校形势政策课的性质、地位、作用和基本要求作了明确规定，每学期还对形势政策课的内容提出具体要求。山东建筑大学党委认真贯彻落实中宣部、教育部有关文件精神，扎实推进大学生形势政策教育，圆满完成工作任务，取得明显成效。

　　多年来，学校党委致力于增强形势政策课的针对性、实效性，不断创新教育的方式、方法，与时俱进地拓展、更新教育内容，及时设计和编写形势政策课教材，进一步提高了形势政策课的教育教学质量。现在呈现在大家面前的由陈秀元、杨先永、胡宁同志编著的《科学分析形势　准确把握政策》一书，包含绪论和十讲内容，比较全面地分析了当前国际国内的重大形势，解读了党的十八大确定的大政方针，观点正确、分析透彻、论证充分。该书每一讲后面的材料分析，对于帮助读者深入分析形势、准确理解政策具有画龙点睛的作用。该书每一讲后面还提出了若干思考题，并给出了参考答案，意在帮助读者更好地学习理解这一部分内容。该书内容丰富、结构合理、形式新颖，有助于全面把握当前国际国内形势和党的方针政策，是一本适合对大学生进行形势政策教育的教科书，也可作为广大干部、教师和其他读者学习形势与政策的参考书。该书的出版凝聚着作者们辛勤的劳动和心血，也是他们多年来在形势政策教学和研究中取得的一项学术成果，在此，向他们表示衷心的祝贺！

王崇杰

2013 年 6 月 24 日

目　　录

绪　　论

　　《形势与政策》是高等学校思想政治理论课的重要组成部分，它同《思想道德与法律基础》、《中国近现代史纲要》、《马克思主义基本原理》和《毛泽东思想、邓小平理论和"三个代表"重要思想概论》四门必修课程一样，是高等学校对大学生进行思想政治教育的重要渠道。

一　形势与政策概述

（一）形势的含义、分类与特征

　　在《汉语大辞典》中，"形势"是个多义词，有九种不同的含义：一指形态、形体；二指局势、情况；三指文章的格局；四指实力、力量；五指权势、权位；六指气势、声势；七指地形、地势；八指险要之地；九指军阵、阵势。从通常意义上讲，"形势"是指客观事物的状态、局势及其发展变化的趋势。本书中所讲的"形势"是指国内和国际的政治、经济、文化、社会、外交、军事等方面的现状、局势及其发展变化的趋势。

　　依据不同的划分标准，可将形势划分为不同的种类。以国别作为划分标准，可将形势划分为国内形势和国际形势；以考查范围作为划分标准，可将形势划分为宏观形势与微观形势；以时间作为划分标准，可将形势划分为目前形势与未来形势；以内容作为划分标准，可将形势划分为政治形势、经济形势、军事形势、外交形势，等等。

　　形势的特征主要表现在以下四个方面：

　　第一，形势具有客观性。马克思主义哲学认为，事物是不以人的主观意识而转移的客观存在，不管人们是否意识到，它都客观存在着。形势作为客观事物的存在状态、局势及其发展变化的趋势，同样具有不以人的主观意识而转移的客观性。

第二，形势具有变化性。马克思主义哲学认为，世界上任何事物都是运动变化的，静止是相对的，一成不变的事物是不存在的。在一定的时间内，形势具有相对稳定的一面，但时刻处于发展变化之中。与稳定性相比，形势的变化性或者说多变性则更为突出。有时候在转瞬之间，形势突变，急转直下。从性质上看，有时向着有利的方面转化，有时则向着不利的方面转化。

第三，形势的发展变化具有规律性。马克思主义哲学认为，事物的发展变化是有规律的，是各种矛盾相互作用的必然结果。形势的发展变化既受内因的制约，又受外因的影响，内因是变化的根据，外因是变化的条件。人们可以通过主观能动性去发现规律、认识规律并按客观规律办事，但人却不能改变规律，否则就会受到客观规律的惩罚。

第四，形势具有可控性。马克思主义哲学认为，人具有主观能动性，客观事物具有可认知性，人通过实践不仅可以认识事物的表面特征，还可以认识事物的本质及其规律性，并按照规律去调整自己的行动，达到改造世界的根本目的。只要我们对形势进行深入的观察和分析研究，就能够找到影响形势发展变化的主要矛盾和次要矛盾，就能分清哪些是有利因素，哪些是不利因素，然后采取正确的应对之策，就可以准确地把握形势，使形势朝着有利的方面转化。

（二）政策的含义和分类

政策是指国家、政党及其他政治团体在特定时期为实现或服务于一定的社会政治、经济、文化、外交、军事等目标所采取的政治行为，或为之规定的行为准则，它是一系列谋略、法令、措施、办法、方法、条例的总和。正确地分析和判断形势是制定政策的前提和依据，通过实施一定的政策又可以发展有利的形势，消除或减少不利的形势。由此可见，形势与政策紧密联系，在认识世界和改造世界中是密不可分的。毛泽东同志曾反复强调，政策和策略是党的生命。

依据不同的划分标准，可将政策划分为不同的种类。

根据政策的适用范围可以划分为总政策、基本政策和具体政策。总政策是指导全局工作的根本行动纲领，是在最高层次、较长时间内为实现总任务而遵循的行为准则。基本政策是总政策在实施中的具体化，是总政策在某一方面、某一领域的普遍性要求和行为准则，是总政策得以贯彻执行的保证。具体政策是解决具体问题时具有可操作性的行为规范。总政策统帅基本政策，基本政策又统帅具体政策，是各项具体政策的依据。作为总政策的具体化，在不同时期不同的总政策下，基本政策会有所不同，必须适时作出调整，但作为对具体政策的统帅，基本政策又必须保持相对的稳定性，否则具体政策就会变幻无常，从而导致实际工作中出现朝令夕改，工作人员不知所措的混乱局面。

根据制定机关的不同，政策可以划分为政党政策和政府政策。政党政策是政党为实现某一时期的目标而制定的行动准则，在政党范围内具有普遍的指导作用和约束作用。政府政策是国家的行政机关制定的在其辖区内具有指导作用和约束作用的行为准则。

根据政策所涉及的内容，又可将政策划分为经济政策、就业政策、人口政策、民族政策、宗教政策、外交政策、教育政策、文化政策，等等。它们从不同的方面、不同的领域对社会的各方面工作提出要求和规范，指导各方面工作有序开展。

（三）形势与政策的关系

第一，形势是制定政策的依据。虽然政策是主观意识的产物，属于上层建筑和意识形态的范畴，但它并不是凭空产生的，而是建立在对客观形势的正确分析和准确把握的基础上。只有对形势作出科学的分析，对形势的发展变化趋势作出准确的判断，才能制定出正确的路线、方针和政策。例如，毛泽东在考察了湖南、江西等地的农民运动的现状后，经过分析和思考写出了《中国社会各阶级的分析》一文，对当时中国社会各个阶级、各阶层作了全面、科学的分析，得出了"一切勾结帝国主义的军阀、官僚、买办阶级、大地主阶级以及附属于他们的一部分反动知识界，是我们的敌人。工业无产阶级是我们革命的领导力量。一切半无产阶级、小资产阶级，是我们最接近的朋友。那动摇不定的中产阶级，其右翼可能是我们的敌人，其左翼可能是我们的朋友——但我们要时常提防他们，不要让他们扰乱了我们的阵线"[①] 的正确结论，为我们党制定新民主主义革命时期的各项政策奠定了认识论基础。再例如，在井冈山革命根据地初创时期，针对红军中存在的"红旗能打多久"的疑惑，毛泽东在《井冈山的斗争》、《星星之火可以燎原》、《中国的红色政权为什么能够存在》等著作中对当时的革命形势及其发展变化规律进行了精辟分析和准确判断，提出

---

① 《毛泽东选集》第一卷，人民出版社1991年第2版，第9页。

了"农村包围城市，武装夺取政权"的具有中国特色的革命道路，将新民主主义革命引向胜利。

第二，政策对形势具有重大的影响作用。政策对形势的影响有两种不同的结果：正确的政策会影响形势向着好的方面发展；错误的政策则会使形势向坏的方面发展。政策作为各项工作的行动纲领和行为准则，能有效地引导人们的实践活动，使各方面因素发生变化，从而使形势向预期的方向转变。例如，2008 年国际金融危机爆发后对世界经济和我国经济产生重大冲击，党中央和国务院根据经济形势的变化及时调整财政政策和货币政策，加强宏观调控，从而使国民经济回到健康稳定持续发展的轨道上来。

二　学习形势与政策的重要意义

(一) 学习形势与政策是培养合格人才的客观要求

"识时务者为俊杰"这句大家耳熟能详的古语出自《三国志·蜀书·诸葛亮传》。刘备刚起家的时候，依附荆州牧刘表，可这并非长久之计，若要成就大业，必须找到才华超群的人士辅佐。刘备听说有个叫司马徽的人在襄阳颇有名气，就前去拜访，探讨他对天下形势的看法。司马徽说："儒生俗士，岂识时务？识时务者在乎俊杰。此间有卧龙、凤雏。"意思是说，像我这样平庸的书生怎么可能认清形势？能够认清形势的都是杰出人才，只有有"卧龙"之称的诸葛亮和"凤雏"之称的庞统才能看清天下大势。刘备求贤若渴，三顾茅庐，诸葛亮那番"未出茅庐，便知天下三分"的"隆中对"，充分表现了诸葛亮从客观实际出发，从错综复杂的现象中分析各方力量，预测未来天下形势发展变化的趋势，确定蜀汉建国的政策与策略的远见卓识和非凡的政治才能。纵观古今中外，凡是英雄豪杰都是对"时务"有着深刻认识和把握的人。

"自古不谋万世者，不足谋一时；不谋全局者，不足谋一域。"这是陈澹然根据甲午战争后西方列强瓜分我国领土的严峻形势在上书朝廷建议迁都的《寤言二迁都建藩议》中的一句名言。意思是说不谋划长远大事的人，也难以谋划好眼前的事情；不从全局考虑问题的人，也难以做好一个方面的事情。陈澹然的战略战术思想对我们正确认识和处理长远与目前、全局与局部的关系具有重要的启示。

2013 年 6 月 28 日，习近平总书记在全国组织工作会议的讲话中指出："好干部要做到信念坚定、为民服务、勤政务实、敢于担当、清正廉洁。党的干部必须坚定共产主义远大理想、真诚信仰马克思主义、矢志不渝为中国特色社会主义而奋斗，全心全意为人民服务，求真务实、真抓实干，坚持原则、认真负责，敬畏权力、慎用权力，保持拒腐蚀、永不沾的政治本色，创造出经得起实践、人民、历史检验的实绩。好干部不会自然而然产生。成长为一个好干部，一靠自身努力，二靠组织培养。干部的党性修养、思想觉悟、道德水平不会随着党龄的积累而自然提高，也不会随着职务的升迁而自然提高，而需要终生努力。成为好干部，就要不断改造主观世界、加强党性修养、加强品格陶冶，时刻用党章、用共产党员标准要求自己，时刻自重自省自警自励，老老实实做人，踏踏实实干事，清清白白为官。干部要勤于学、敏于思，认真学习马克思主义理论特别是中国特色社会主义理论体系，丰富知识储备，完善知识结构，打牢履职尽责的知识基础。干部要深入基层、深入实际、深入群众，在改革发展的主战场、维护稳定的第一线、服务群众的最前沿砥砺品质、提高本领。"①

高等学校的根本任务就是把大学生培养成中国特色社会主义事业的可靠接班人和合格建设者。作为合格建设者，大学生不仅要掌握专业知识和职业技能，而且还要准确把握国内外的市场变化、技术发展趋势以及国内外的政策规定，等等。作为中国特色社会主义事业的可靠接班人，大学生必须认真学习中国特色社会主义理论，准确理解和贯彻执行党的路线方针和政策，时刻自重自省自警自励，老老实实做人，踏踏实实干事。为此，大学生必须有大局观，善于从长远着眼，正确处理长远利益与眼前利益、全局利益与局部利益的关系。还必须认真学习马克思主义理论特别是中国特色社会主义理论体系，丰富知识储备，完善知识结构。

（二）学习形势与政策是制定和贯彻执行政策的需要

成都武侯祠诸葛亮殿有一副清代人赵藩撰写的楹联："能攻心则反侧自消，自古知兵非好战；不审势即宽严皆误，后来治蜀要深思。"上联是赞扬诸葛亮的军事才能，其主要特点是善于"攻心"。自古以来，真正的军事家并不是"好战"，而是善于攻心。《孙子兵法》中有多处闪烁着这

---

① 《人民日报》2013 年 6 月 29 日第 1 版。

样的思想。例如："不战而屈人之兵，善之善者也。""故善用兵者，屈人之兵而非战也，拔人之城而非攻也，毁人之国而非久也，必以全争于天下。"诸葛亮南伐时采取："用兵攻心为上，攻城为下；心战为上，兵战为下"的策略，七擒七纵孟获，最终达到了长治久安的效果。下联是评价诸葛亮的治国特点是善于"审时度势、宽严相济"。历史经验表明，治国安邦必须正确把握形势，这样才能制定出正确的政策和策略，当宽则宽，该严则严，宽严相济，才能达到好的效果，否则就会失败。

大学生是中国特色社会主义事业的接班人，日后会陆续走上各级政府和各个单位的领导岗位。从政策制定的角度来说，科学分析形势和全面把握形势是制定正确政策的关键。这就要求大学生树立全局观和大局观，要用辩证思维去认识国内外纷繁复杂的形势，不被表面现象所迷惑。从政策执行的角度来说，党和国家的各项政策能否得到贯彻执行关系到党的执政水平，关系到社会的长治久安。为此就必须提高认识形势、判断形势和综合把握形势的能力，深刻领会党和国家的各项政策，增强贯彻执行政策的自觉性，纠正"上有政策、下有对策"的错误做法，为取得中国特色社会主义新胜利奠定基础。

（三）学习形势与政策有助于自己毕业后的发展

大学生离开学校前面临着诸多选择：有的同学想考研继续深造，有的想参加公务员考试，有的进入企事业单位工作，还有的想自己创业。无论做何种选择，学好形势与政策都会对自己的发展有很大帮助。"形势与政策"是每年硕士研究生入学考试中重要组成部分之一，在研究生考试的试卷中形势与政策一般占 10 分左右。如果平时不注意学习和思考，就会影响考试成绩。例如，2013 年政治试卷中的第 36 题就是关于中国梦的问题。近年来，公务员考试中的申论部分大多考热点问题，如果平时不注意学习和观察思考，考试时只能胡拼乱凑，想取得好成绩只能是"梦想"。

企业要在市场经济的激烈竞争中立于不败之地，一个重要的因素取决于经营者对国内外市场和国家政策的准确把握能力和积极应对之策。假如你的企业属于限制发展的行业，面对国民经济结构调整的大形势应采取何种应对之策？假如你的企业生产光伏产品，面对产能过剩的国内市场和关税保护的国际市场应如何渡过难关？很显然，要想在市场竞争中不被淘汰出局，经营者必须关注市场的变化，关心国家的产业政策，然后确定正确的应对措施。这样才能使企业不断发展壮大。

　　形势与政策涉及的问题都是国内外的重大问题和热点问题，关注这些问题、分析这些问题的成因，找到解决问题的措施和办法，这样会使自己分析问题解决问题的能力不断提高，从而对自己的职业生涯产生积极影响，有助于实现自己的理想和人生价值。

三　学习形势与政策的要求

（一）必须坚持马克思主义和中国特色社会主义理论指导

　　科学分析形势，准确把握政策，坚定不移地贯彻执行党的路线方针和政策，这是全面建成小康社会，实现中华民族伟大复兴的重要保证。中国特色社会主义理论是马克思主义与中国具体实际相结合的产物，是实现双百目标的思想武器，我们必须坚持马克思主义和中国特色社会主义理论的指导，坚持中国特色社会主义道路不动摇。在学习过程中要认真领会和准确把握马克思主义的基本原理，重点把握邓小平理论、"三个代表"重要思想和科学发展观对马克思主义的丰富和发展。面对改革开放过程中出现的新情况新问题，要善于进行理论分析、理论思考和理论创新。

（二）坚持理论联系实际

　　理论联系实际是马克思主义认识论、实践论和方法论的基本要求，也是学习形势与政策的基本要求。只有坚持理论联系实际，我们才能够准确理解和把握党的路线方针和政策，才能增强贯彻执行党和国家各项政策的自觉性。例如，党的十八大提出"五位一体"的总体布局和"八个必须坚持"的基本要求，是根据我国所面临的党情、国情和世情提出来的，体现了我们对共产党执政规律、社会主义建设规律和人类社会发展规律认识的最新成果。只有站在这样的高度，才能在实际工作中做到"八个必须坚持"，才能提高思想认识和行动的自觉性。

（三）坚持知行统一

　　从理论和实践的辩证关系来说，"知"是为了在认识上弄清楚"是什么"和"为什么"，而"知"的根本目的是指导"行"，只有坚持知行统一才能达到认识世界、改造世界的目的。

　　从当前大学生群体的总体情况来看，知识结构存在较大的缺陷：文科学生普遍欠缺科技方面的知识；理工农医科学生则欠缺文学、社会、法律等方面的知识；中国传统文化知识的缺乏则是普遍现象。因此，大学生在校期间还应利用大好时机多掌握一些专业外的知识，不断丰富自己的知识结构。

比知识的欠缺更让人担忧的则是大学生行动中存在的诸多问题：即将毕业的大学生还不知道该如何打电话、发短信；在校园里见了老师连招呼都不打；许多举手之劳的事情却熟视无睹；从小学就接受教育的诸如节约用水、节约用电、爱护公物、不随地吐痰、公共场所不大声喧哗等行为习惯始终没有养成。坚持知行统一更重要的是提高行动的自觉性，时常反思自己的缺点和不足，不断纠正自己的不良行为，不断加强道德修养，使自己真正成为有理想、有道德、有文化、有纪律的合格建设者和可靠接班人，为中国特色社会主义事业贡献青春和力量。

中国特色社会主义事业是面向未来的事业，实现中国梦是一项时间跨度大的社会工程，需要一代又一代有志青年接续奋斗。大学生要积极响应党的号召，树立正确的世界观、人生观、价值观，永远热爱我们伟大的祖国，永远热爱我们伟大的人民，永远热爱我们伟大的中华民族，在投身中国特色社会主义伟大事业的过程中，让青春焕发出绚丽的光彩。

参考文献

1. 《毛泽东选集》第一卷，人民出版社1991年版。

2. 杨先永、胡宁、陈秀元：《观形势，讲政策》，山东人民出版社2010年版。

3. 石国亮：《形势与政策》，国家行政学院出版社2013年版。

练习与思考

一、简答题

1. 形势的特征有哪些？

2. 形势与政策的关系是什么？

3. 学习形势与政策的要求是什么？

二、材料分析题

材料一：习近平的农村插队经历

1968年12月，毛主席发出指示："知识青年到农村去，接受贫下中农的再教育，很有必要。"上千万的青年积极响应号召，奔赴农村广阔的天地，以他们血与火的青春践行着革命理想。习近平就是当年千万知青中的一员。1969 年 1 月 13 日，陕西省延川县文安驿公社梁家河村迎来了来自北京的 15 位插队知青。这批知青的年龄大多十六七岁，习近平更小，还不到 16 岁，在父母眼里还是孩子。这 15 个孩子中间，有 10 个人的父母正在接受批斗。给乡亲们留下深刻印象的是，习近平下乡插队时竟然带了一箱子书。

今年 79 岁的梁有昌，用"吃苦耐劳"来形容习近平。在他的印象中，那是农历二三月的时候，陕北冰雪刚刚融化，寨子渠打坝，习近平经常卷起裤管、光着脚，站在刺骨冰水里干活，当时社员都评价他是"好后生"。

梁家河的每一位记得习近平的村民在提到他时，都用"爱看书"、"好学"来评价他。在他们的记忆中，习近平经常在煤油灯下看"砖头一样厚的书"，有马列，好像也有数理化。"那时候不通电，他就在煤油灯下看书，有时候吃饭也拿着书。他看书有个特点，喜欢把几本书摊在桌子上看，不让人动。有一次，我翻起来看了看他的书，他不让我动，说要是其他人动，他就生气了。他不仅比我们爱看书，和其他知青比也不太一样。"石春阳说。

按照新华社公布的简历，习近平 1974 年 1 月入党。据习近平的入党介绍人、梁家河村农民党员梁玉明回忆，他介绍习近平入党"完全是因为习近平本人表现好，踏踏实实干，有想法，能团结群众、团结队干部"。入党后不久，习近平即被选为大队党支部书记。

据石春阳讲，有一天，习近平在报纸上看到四川绵阳一些农村在搞沼气，用来做饭、照明，既方便，又廉价。想到村里年年拉煤的日子，他再也坐不住了。几天后，习近平到公社请了假，自费跑到四川绵阳地区实地考察沼气池建造技术。那时，延安还没有通火车，他要坐两天汽车到西安，然后再坐火车到四川。

回到村里后，习近平给社员们讲述沼气的好处，从未接触过化学、不知道沼气为何物的大多数乡亲们听得云里雾里。习近平知道这是一件新生事物，他决定先建好第一口沼气池，用事实来说服社员。几个月后，当社员用第一口沼气池的沼气做饭照明的时候，乡亲们不得不佩服这位年轻的习支书"有知识、点子多"。据梁玉明讲，到 1975 年，全村在习近平的带领下一共建成几十口沼气池，基本上解决了社员做饭、照明的问题。

今天的梁家河村口立有一块碑，碑文是这样写的："（20 世纪）70 年代初，为了响应国家大力发展农村沼气的号召，在时任村支书习近平同志的带领下，建沼气（池）60 口，这口沼气（池）是保留的其中之一。1975 年 8 月，全省沼气现场会在这里召开，村上做了经验介绍。2007 年 10 月，按照沼气建设新技术，此井在原先的基础上改造维修为旋流布料自动循环高效沼气池，继续为老百姓服务。"

2005 年 3 月 22 日，时任浙江省委书记的习近平到淳安县视察的时候，专门参观了当地下姜村的沼气池。他风趣地说："我曾经是建沼气的'专业户'。30 年前我在陕北农村插队当党支部书记时，建成了陕西省第一个沼气村。当时还没有这么好的条件，现在条件好了，我们一定要把建沼气这件事办好，让群众真正受益。"

习近平离开梁家河后，一直关注着这里的乡亲们。习近平担任福建省的领导后，接到吕侯生的一封信，说他的腿出了问题，在当地治不好。习近平就让吕侯生到福建，自己花钱为吕侯生看病，虽然腿最终还是没能保住，但这些帮助让吕侯生终生难忘。

23 年后的 1992 年秋天，时任福建省委常委、福州市委书记的习近平再次回到梁家河时，挨家挨户看望了大家，还给每户人家带了一只闹钟，让它提醒上学的孩子们按时到校。梁家河大队有个劳动模范叫武林娃，智力障碍。生产队时期因为干活过于卖力，腰和手指落下残疾，不能伸直。习近平从福建回到梁家河看望相亲们时，看到昔日牛一样勤劳的林娃不再强健时，他眼眶潮湿，握着林娃的手半天不肯松开，随后从口袋里掏出几百元钱塞给林娃，在场的乡亲们无不为之动容。

材料二：大国总理李克强的成长史

1955 年 7 月，李克强出生在安徽合肥，中学进入合肥市第八中学学习。合肥八中以"完善自我、追求卓越"为校训，校风以"尊师、育才、历志、求真"而著称，是一个有个性、有特色的中华名校。步入中学不久，"文化大革命"爆发。一时间，学校成了马蜂窝，教学活动受到严重影响。不久，全国所有的学校进入停课状态，大学入学考试也被取消。

少年的李克强聪明好学，天赋过人，使得李诚将其视为门生，谆谆教诲，向他讲授中国的国学、治学的方法以及古今逸事，有时还认真地给他说文解字。

此后，李克强常来李诚家听他说文解字。李诚则不顾体衰视弱，常给李克强开读书目录，就文风、为学及至持身应世都给以谆谆教导。他要李克强读《史记》、《汉书》、《后汉书》、《资治通鉴》等国史，并给李克强整段整段地背诵《昭明文选》、《古文辞类纂》等古文选。

拜李诚为师的 5 年时光，李克强在"停课闹革命"的日子里学业不但没有荒废，相反学识与日俱增。

1974 年 3 月，在"知识青年到农村去，接受贫下中农再教育"的口号下，李克强与其他同学在红旗招展锣鼓喧天中，乘坐大客车向凤阳县大庙公社东陵大队进发。告别时，李诚叮嘱他不忘学习，向农村学习、向社会学习、向书本学习。

从城市来到这块偏僻贫穷的地方，李克强可谓历尽艰辛。由于水土不服，他曾经一度全身皮肤溃烂。然而，他照样坚持田间劳动，一年到头大都用印有"为人民服务"的挎包装着干粮和咸菜下地劳动。渐渐地，农村生活习惯了，农活也大多会做了。那年头劳动强度大，加之缺少油水和蔬菜，他的饭量显得特别大。革命加拼命精神，着实锻炼了李克强的筋骨，磨砺了他的意志。

插队期间，李克强每天从田间披着晚霞归来，心底铭记李诚教诲，自学起从合肥带来的书籍，夜幕降临之后还往往挑灯夜读。同时，他还尝试着把自己的知识用于实践，带领农民科学种田，推广水稻良种，深得农民的拥护和公社党委的赏识。

1976 年 5 月，他终于站在了绣有金锤银镰的党旗下，举起了右手，庄严宣誓。这一刻，他意识到自己真正长大成人了。自己已从一个城市里"四肢不勤，五谷不分"的学生娃变成现在跟农民能亲切谈天，了解农村农民农业的知识青年，变成了一位共产主义战士。这一刻，李克强开始在一个红色起点上起跑。

20 世纪 70 年代末，李诚去世。正在凤阳插队劳动并已任大庙公社大庙大队党支部书记的李克强得到噩耗后，悲伤不已，痛定思痛后，立志成才以慰藉远去的灵魂。1997 年 5 月 15 日，时任共青团中央书记处第一书记的李克强在《安徽日报》上发表了一篇题为《追忆李诚先生》的文章。他在文章中追忆了与恩师交往的点点滴滴，"李先生每天总是端坐在桌前，手不释卷。或执笔圈点，或颔首低吟，日复一日，年年如此"。李克强对李诚给予了很高的评价，认为先生有着"吃冷猪肉、坐热板凳"的治学态度，有着"知之为知之，不知为不知"的严谨原则。李诚的言行品行穿越了李克强的青少年时代，以至李克强学识渊博、通晓古今诗书，对他的人生产生了深远的影响。

1977 年 8 月，邓小平拍板决定当年恢复高考。听到这一消息，李克强喜不自禁，庆幸自己将赶上一个新时代。李克强立刻着手准备课本，加紧自学的劲头，如饥似渴地"备战"。在劳动之余，他积极备考，起早贪黑，为的是那个年代一个似乎遥远的梦——上大学。12 月，那场在冬日里举行的考试，成了一个时代的转折点。李克强成为 570 万考生中的一员，走进改变了一代人命运的考场。最后被梦寐以求的北京大学法律系录取，这在凤阳轰动一时。

时任大队青年团书记的曹德寿接受媒体采访时回忆，李克强每天从田间归来，都会点起煤油灯自学从合肥带来的书籍。他也尝试着把知识用于实践，带领农民科学种田，还经常拉上村里年轻人一起看书读报，办剧团、文艺宣传队。

22 岁走进北大校门，李克强充满了对新兴观念的渴求，以及对市场经济等方面的好奇。法律系教师杨敦先至今清晰地记得，李克强经常思考立法和国家政治的互动。同学陶景洲说，李克强虽然读的是法律系，但很早就对经济问题兴趣浓厚。"那时国门初开，同学中，应该说李克强是最早关注经济问题的。"1979 年，有门"国际商法"课程，几个同学跑到北京崇文门，去荣毅仁创办不久的中国国际信托投资公司实习，其中就有李克强；后来上"海商法"课程，李克强等人又去天津新港实地考察。

基础教育断档的这批人，英语基础都很糟糕，有的同学怕麻烦申请了免修，但李克强非常勤奋，做了个小本，正面是一个英语单词，反面是中文解释，死记硬背。"走在路上在背，上食堂吃饭排队时在背，外出坐公共汽车等车时也在背。"

李克强的英语水平很快提升，大三以后即可翻译英文原版的法律文献。

勤学英语已成李克强的习惯。即使工作之后，他会像学生一样，带着"随身听"苦学外语。李克强常年坚持阅读英文原著，密切跟踪国际上最新的经济科技动态。

1983 年，北影剧本创作室就刻画先进团干部形象给电影局写了一份报告，其中特意提到了一个典型："在校学习时是高材生，并被美国哈佛大学录取为留学生，但校党委需要他留下做团的工作，他心甘情愿地放弃自己的专业。这个典型正是李克强。"

在共青团十一大上提出"我们这一代青年不仅仅是思考的一代，而且是跟随党在伟大历史性进军中开创新局面的一代"。

材料三：习近平在中共中央政治局第七次集体学习时的要求

新华网北京6月26日电：在中国共产党成立92周年前夕，中共中央政治局6月25日下午就中国特色社会主义理论和实践进行第七次集体学习。中共中央总书记习近平在主持学习时强调，历史是最好的教科书。学习党史、国史，是坚持和发展中国特色社会主义、把党和国家各项事业继续推向前进的必修课。这门功课不仅必修，而且必须修好。要继续加强对党史、国史的学习，在对历史的深入思考中做好现实工作、更好走向未来，不断交出坚持和发展中国特色社会主义的合格答卷。习近平强调指出：在当今世界深刻复杂变化、中国同世界的联系和互动空前紧密的情况下，我们更要密切关注国际形势发展变化，把握世界大势，统筹好国内国际两个大局，在时代前进潮流中把握主动、赢得发展。

阅读上述材料，回答以下问题：

两位党和国家领导人的成长过程和总书记在政治局集体学习时的要求对大学生的成长有何启示？

练习与思考参考答案

一、简答题参考答案

1. 形势的特征有哪些？

第一，形势具有客观性。第二，形势具有变化性。第三，形势的发展变化具有规律性。第四，形势具有可控性。

2. 形势与政策的关系是什么？

第一，形势是制定政策的依据。第二，政策对形势具有重大的影响作用。

3. 学习形势与政策的要求是什么？

第一，必须坚持马克思主义和中国特色社会主义理论指导。第二，必须坚持理论联系实际。第三，必须坚持知行统一。

二、材料分析题参考答案

第一，勤奋好学是有志青年事业成功的必备条件。古今中外，凡是有大志成大事者的共同特点之一就是勤奋好学：向书本学习，向群众学习，在实践中积累经验，在奋斗中增长才干。因此，大学生应当珍惜好时光，刻苦学习。

第二，不畏艰难困苦的奋斗精神是事业成功的基础。从大城市到落后的农村插队，要克服许多困难，必须有不怕吃苦的坚韧意志。正如孟子所言：天将降大任于斯人也，必先苦其心志，劳其筋骨，饿其体肤，空乏其身，行拂乱其所为，所以动心忍性。大学生应当有意识地磨炼自己的意志。

第三，丰富的知识是成就事业的基础。无论从事何种职业都需要有丰富的知识，无知的人不可能成就一番事业。因此，大学生要不断丰富自己的知识结构。

第四，高尚的品德是青年健康成长的根本保障。这要求大学生要加强道德修养，不断提高道德水平，严格要求自己，时刻自重自省自警自励，老老实实做人，踏踏实实干事。

第五，当代青年不能成为愤青的一代，而应当是思考的一代，成为跟随党在伟大历史性进军中开创新局面的一代。这就要求大学生密切关注国内外形势发展变化，把握世界大势，在时代前进潮流中把握主动、赢得发展。

第六，大学生应当继承和发扬中华民族的优良传统美德。尊老爱幼、尊师重道、知恩图报、"穷则独善其身，达则兼济天下"等优良品德需要青年一代继承和发扬光大，大学生应当成为这方面的榜样。

第一讲　从世情、国情、党情看十八大的历史地位与意义

党的第十八次大依据世情、国情和党情的新变化，对新形势下党和国家的建设以新的思路做了新的部署。十八大报告指出："当前，世情、国情、党情继续发生深刻变化，我们面临的发展机遇和风险挑战前所未有。"[①] 这是我们党科学把握国际国内大势作出的正确判断，是党的十八大召开的大背景，也是党的十八大作出一系列重大战略决策的现实依据。

一　正确认识当前世情、国情、党情的现状

进入 21 世纪，世情、国情、党情都发生了一系列巨大而深刻的变化。世情、国情、党情的一系列巨大而深刻变化，对我们党领导的中国特色社会主义事业构成了一系列新挑战，也提出了新的要求。

（一）正确认识当前的世情

世情是指世界的总体格局、国际时代风气、各国政治、经济、文化、科技、军事、外交等方面的客观情况及其发展变化。当前的世情可以概括为：当今世界正在发生深刻复杂的变化，和平与发展仍然是时代主题。

党的十八大报告指出："世界多极化、经济全球化深入发展，文化多样化、社会信息化持续推进，科技革命孕育新突破，全球合作向多层次全方位拓展，新兴市场国家和发展中国家整体实力增强，国际力量对比朝着有利于维护世界和平方向发展，保持国际形势总体稳定具备更多有利条件。同时，世界仍然很不安宁。国际金融危机影响深远，世界经济增长不

---

① 胡锦涛：《坚定不移沿着中国特色社会主义道路前进　为全面建成小康社会而奋斗》，人民出版社 2012 年版，第 1 页。

稳定不确定因素增多，全球发展不平衡加剧，霸权主义、强权政治和新干涉主义有所上升，局部动荡频繁发生，粮食安全、能源资源安全、网络安全等全球性问题更加突出。"[1]

因此，从世情来看，当今世界正处在大发展大变革大调整时期，世界多极化、经济全球化深入发展，科技进步日新月异，国际形势总体趋向缓和，求和平、谋发展、促合作成为不可阻挡的时代潮流。

1. 在世界经济方面，国际金融危机影响深远，世界经济格局发生新的变化，经济联系更趋紧密，全球经济的合作与竞争更加复杂，国与国之间经济实力的较量越来越激烈

当代世界经济格局主要指 20 世纪 90 年代以来的世界经济格局。其基本特点是美国保持其领先地位；欧盟在国际经济事务中的作用呈现上升趋势；日本、东亚经济合作加强；多极化的世界经济格局正在形成过程中。

第二次世界大战结束后，欧洲资本主义国家百废待兴，美国成为影响世界经济的主要力量，世界经济出现单极格局。20 世纪 60 年代以后，以苏联为首的社会主义阵营经济实力增长迅速，美苏两大势力相互抗衡的两极格局逐渐形成。冷战结束以后，美国一极独大的单极格局一度恢复。欧盟东扩使其在国际经济事务中的作用呈现上升趋势。日本经济复苏，东亚经济合作加强，世界经济格局呈现由多个力量（国家）或力量中心（国家集团）不同程度地影响和决定的趋势。2008 年席卷全球的金融风暴对全球经济产生了深远的影响，世界经济格局发生新的变化，经济联系更趋紧密，经济全球化、多极化、一体化的趋势更为密切。

多极化是一种趋势，但到目前为止还没有成为一种基本的格局。在新的世界经济格局最终定型之前，会有一个较长的过渡期。但是，多极化具有客观必然性，作为世界经济格局的一种趋势，不可阻挡。

（1）世界多极化在曲折中发展

世界格局多极化是国际关系发展的必然结果，是不以人的意志为转移的客观趋势。冷战结束以来，世界各种力量此消彼长，世界格局走向多极化的趋势越来越清晰。一个超级大国和多种力量并存，是多极化格局最终形成前的较长过渡时期内世界力量对比的基本态势。

———————

① 胡锦涛：《坚定不移沿着中国特色社会主义道路前进 为全面建成小康社会而奋斗》，人民出版社 2012 年版，第 46 页。

国际格局走向多极化，是时代进步的结果，符合各国人民的利益。多极化格局使世界各种力量逐渐形成既相互借重又相互制约与制衡的关系，有利于避免新的世界大战的爆发，有利于遏制霸权主义和强权政治，有利于推动建立公正合理的国际政治经济新秩序，有利于实现各国人民对和平、稳定、繁荣的新世界的美好追求，也有利于广大发展中国家抓住机遇、发展自己。

但也要看到，世界多极化的最终形成将经历一个漫长、曲折、复杂的演进过程。在这个过程中，单极与多极的矛盾，称霸与反霸的斗争，将成为相当长一个时期内国际斗争的焦点。合作中的竞争和竞争中的合作成为世界格局多极化趋势发展过程中的重要特征。

在综合国力竞争中，经济技术的地位越来越重要。强大的经济技术力量是能否成为世界一极的根本条件。因此，各国都把发展经济摆在优先地位。世界格局多极化能否长期存在，归根结底，取决于世界各大力量中心的经济能否迅速发展，取决于发展中国家的经济能否实现腾飞。

（2）经济全球化深入发展

世界格局演变的一个重要背景是经济全球化。经济全球化和世界多极化相互关联，相互影响。20世纪90年代以来，世界经济加快了由集团化、区域化朝着全球化发展的趋势。

经济全球化使各种生产要素在全球范围内优化组合和资源优化配置，从而促进全球经济的迅速发展。经济全球化在本质上是资本的跨国流动。新科技革命是当代经济全球化浪潮的物质基础和重要推动力。

但经济全球化是一把"双刃剑"，它在推动全球生产力大发展、加速世界经济增长的同时，也带来了各国和全球共同面临的社会经济问题，加剧了国际竞争，增多了国际投机，增加了国际风险，并对国家主权和发展中国家的民族工业造成了严重冲击。经济全球化是在不公正不合理的国际经济旧秩序没有根本改变的情况下发生和发展的，西方发达国家力图主导经济全球化。对发展中国家来说，经济全球化是一个难得的历史机遇，也是一个巨大的挑战。

经济全球化趋势使各国经济的相互依存、相互影响日益加深。因此，全球化的经济需要全球性的合作。各国应本着责任与风险共担的精神，加强国际合作，共同维护国际经济稳定发展。国际社会还应共同努力，推动建立公正合理的国际经济新秩序，以有利于各国共同发展。我们需要的是世界各国平等、互惠、共赢、共存的经济全球化。

2. 在国际政治方面，大国关系不断调整，国际力量对比出现新的态势，世界各种力量出现新的分化和改组，综合国力竞争和各种力量较量更趋激烈。尽管目前广大发展中国家的总体实力有所增强，但发达国家在经济、科技等方面仍占优势

20 世纪 90 年代以来，大国关系发生深刻调整。大国关系的调整，表明世界政治格局的深刻变化，既是世界多极化的一种表现，又推动着多极化的发展。大国关系仍在调整中，大国之间的矛盾、分歧、冲突仍然存在，霸权主义和冷战思维还没有退出舞台，这说明建立公正合理的国际新秩序是一个长期艰巨的任务。

（1）世界政治多极化在曲折中发展

多极化趋势必然发展的根本原因在于当今世界上各国的实力对比和意愿。具体说来，推动多极化趋势继续发展的原因有：一是历史地看，多极化趋势从 20 世纪 60 年代就开始了；东欧剧变、苏联解体等重大事件，都没有改变这一大势。二是美国想建立单极世界，但力不从心。在 20 世纪 50 年代，美国工业总产值占世界工业总产值的 60%；此后其分量不断下降，到 2001 年，美国国内总产值只占世界的 28%。据估算，15—20 年后，该数字还会进一步降低到 15%—20%。以 1/3 甚至 1/4 的份额试图控制其余的 2/3 或 3/4，显然是做不到的。三是反对单极、主张多极的力量强大，并且越来越强大。除了美国外，其他国家都是多极世界的主张者。可以说，美国建立单极世界的图谋违背了世界人民的意愿，遭到世界人民的反对，不得人心。四是在经济全球化的背景下，各国之间的联系越来越紧密，谁也离不开谁。这种相互需要也构成了制约单极世界的现实力量。

但是多极化趋势的发展，绝不是一帆风顺的。当前，美国凭借其世界上唯一超级大国的地位，力求维护和加强在国际事务中的主导地位和作用，阻碍世界多极化进程。克林顿政府明确将建立美国在世界上的领导地位作为其对外战略的目标；北约东扩和"日美防卫合作指针"的出台，是实施其战略的重大步骤。小布什上台后，美国的"单边主义"倾向明显加强，"先发制人"军事战略具有极强的进攻性和冒险性；退出"反导条约"，拒绝签署"京都议定书"都表明美国称霸世界的企图和行动在膨胀和加剧；从海湾战争到科索沃战争，再到 2001 年的阿富汗战争以及 2003 年的伊拉克战争，都表明美国要把自己的力量伸向中东、巴尔干及

中亚这些原来它没有控制的地区，实现对这些地区的控制，以实现单极格局的图谋。对此，我们必须有清醒的认识和充分的准备。

我们要从整体上把握历史发展的进程，简单否定多极化趋势是不对的。我们也要对实现多极化是一个长期的斗争过程有正确的估量；盲目乐观或者放弃斗争也是错误的。多极化发展趋势不可逆转，但多极化发展趋势只能在曲折中发展。推动国际格局走向多极化，是时代进步的要求，符合各国人民的利益，有利于世界和平与安全。

（2）大国关系深入调整。在"冷战"时期，大国之间的关系以敌对和对抗为主调

"冷战"结束和两极格局终结后，国际社会发生了重大的变化。各个大国为了适应这个变化，都在调整自己的对外政策和对外关系，大国关系中出现了合作与斗争并存的新特点。自20世纪90年代中期以来，大国纷纷建立多种战略伙伴关系。大国关系是国际政治与国际关系中最重要的关系。大国关系的调整及重新定位，表明世界政治格局的深刻变化。它既是世界格局多极化的一种表现，又推动多极化的发展。

大国关系深入调整对国际形势产生重大影响。大国之间的"伙伴关系"、"战略关系"同冷战时期的"同盟关系"、"集团关系"是完全不同的。冷战时期的同盟关系、集团关系是以军事合作为基础的，是共同对付第三国的，而现在这种新型的大国关系则具有鲜明的冷战后的时代特点：不以军事合作为基础，而是着重于政治、经济、军事、安全、贸易、环保、科技等众多领域共同合作的需要；不针对第三国，不妨碍同第三国发展关系，而是推动整个大国关系的发展；不结盟，不搞对抗，而是以平等互利的对话解决存在的分歧与争端。因此，大国关系这种重大而深刻的调整，有利于国际形势的继续缓和，有利于世界多极化趋势的发展，有利于世界的和平、稳定与发展。

（3）经济因素对世界政治的影响日益增大

在"冷战"时期，军事因素在国际关系中起着决定性的作用。在当前这个科技革命突飞猛进的时代，世界各国都把经济发展作为首要目标，经济利益成为各国关系发展的主导因素。

（4）传统安全威胁和非传统安全威胁的因素相互交织，恐怖主义危害上升

冷战结束后，大国之间爆发大规模战争的可能性大大降低，从这个意

义上讲，传统安全威胁有所下降。但是，在一些地区，国家间的军事冲突依然存在，加上近年来美国频繁地对外用兵，这些都表明传统安全威胁依然存在，依然对世界和平构成现实的威胁。在传统安全威胁相对削弱的背景下，国际恐怖主义、国际有组织犯罪、大规模杀伤性武器扩散、难民问题和非法移民问题等被视为当今国际社会中越来越具有威胁性的因素，尤其是恐怖主义。

（5）霸权主义和强权政治有新的表现

当今世界，霸权主义、强权政治依然存在，有时表现还非常突出。霸权主义、强权政治在本质上与战争存在紧密的因果联系：把本国的意志、利益凌驾于其他一切国家的意志、利益之上，凭借着强大的经济和军事实力，对其他国家进行控制、干涉和侵略，造成世界动荡不安，成为威胁世界和平与稳定的主要根源。

3. 在全球科技方面，科学技术的迅猛发展给世界生产力和人类经济社会进步带来极大推动，前所未有地改变了世界范围内的生产方式和生活方式，加速了世界政治格局、经济格局、利益格局、安全格局的重大变化

人类社会的发展是先进生产力不断取代落后生产力的历史进程。先进生产力是由科学发现、技术发明和创新的新成果转化、物化而成的，科技进步是先进生产力发展的先导。自18世纪工业革命起，蒸汽机、内燃机、化工、钢铁、通信、汽车等领域的重大创新成果接踵而至，并不断转化为现实生产力，引发了人类生产力发展的一次次飞跃。20世纪以来，科学技术进一步显示出对生产力发展的巨大推动作用。特别是20世纪60年代以来，以科学发现和重大技术发明为特征的原始创新异常活跃。原子能技术、空间技术、微电子与信息技术、生物技术、新材料、海洋等领域的研究都取得了重大进展，极大地提高了人类对自然和社会的认识与改造能力。科学技术在自身取得飞速发展的同时，向现实生产力转化的速度也日益加快，并在真正意义上成为驱动经济发展的主要动力。集中体现先进生产力的发展水平，越来越成为现代科学技术的鲜明特征。

（1）知识经济将引发经济社会发展格局的重大转变

科学技术知识和高新技术是知识经济时代世界各国争夺的目标和关键的要素，在创新和应用的过程中，将不断发展和增值，知识资源取代劳动力资源，将带动各种要素的流动和集聚。国家的核心竞争力越来越表现为对智力资源和知识产权的培育、拥有和运用的能力。

（2）科学技术与经济社会的关系日益紧密

21世纪，世界科技活动将显现出更多的社会功能，出现科技高度社会化、社会高度科技化的趋向，经济社会发展中重大科技问题的解决已经远远超出了自然科学的范畴。各国都在综合运用自然科学、工程技术和社会科学的手段，来促进经济社会与生态的和谐统一。

（3）科技全球化的趋势加快

世界科技呈现多元化的局面，科技活动正在由国家的规模向国际的规模发展，主要体现在国际跨国公司的发展壮大。各国在市场、资源、要素等方面既互相争夺又互相依赖和互相合作，人类社会面临着重大问题越来越具有全球性，科学技术的研究与开发的国际化成为各国争夺市场和资源的新形式。科技资源流动的壁垒不断下降，区域性的科技、集群化的趋势日益出现，国际科技的合作步伐进一步加快。

（二）正确认识当前的国情

所谓国情，既指一个国家的社会性质、政治、经济、文化等方面的基本情况和特点，也特指一个国家某一时期的基本情况和特点。我国当前的基本国情是：我国仍处于并将长期处于社会主义初级阶段的基本国情没有变，人民日益增长的物质文化需要同落后的社会生产之间的矛盾这一社会主要矛盾没有变，我国作为世界最大发展中国家的国际地位没有变，我们在工作中还存在这样那样的不足，与人民期待还有不小差距，前进道路上还有不少困难和问题，最突出的是发展中不平衡、不协调、不可持续问题，资源环境约束加剧，城乡区域发展差距和居民收入差距依然较大，民生领域一系列突出问题尚待解决，制约经济社会发展的体制机制难题亟须破解。

党的十八大报告指出："我国仍处于并将长期处于社会主义初级阶段的基本国情没有变，人民日益增长的物质文化需要同落后的社会生产之间的矛盾这一社会主要矛盾没有变，我国是世界最大发展中国家的国际地位没有变。在任何情况下都要牢牢把握社会主义初级阶段这个最大国情，推进任何方面的改革发展都要牢牢立足社会主义初级阶段这个最大实际。"[①]

在当今世界发生广泛深刻变化的同时，当代中国也正在发生广泛深刻

① 胡锦涛：《坚定不移沿着中国特色社会主义道路前进　为全面建成小康社会而奋斗》，人民出版社2012年版，第16页。

的变革，处在进一步发展的重要战略机遇期，在新的历史起点上迅速向前迈进。我国的经济建设、政治建设、文化建设、社会建设以及生态文明建设全面推进，工业化、信息化、城镇化、市场化、国际化深入发展。我们必须清醒地看到，我国仍处于并将长期处于社会主义初级阶段的基本国情没有变，人民日益增长的物质文化需要同落后的社会生产之间的矛盾这一社会主要矛盾没有变。目前，我国经济社会发展呈现出一系列新的阶段性特征，凸显出一系列新情况新问题新矛盾以及由此而产生的"市场经济体制不完善"、"对外开放不充分"、"民生、公平、正义等社会问题有待解决"和"信仰动摇，价值迷茫"等一系列问题，正确认识中国特色社会主义的发展阶段，是建设中国特色社会主义的理论前提。我国正处于并将长期处于社会主义初级阶段，这是我国最基本的国情。社会主义初级阶段的主要矛盾是人民日益增长的物质文化需要同落后的社会生产之间的矛盾，由此决定社会主义的根本任务是发展社会生产力，发展是党执政兴国的第一要务。必须正确认识和处理改革、发展、稳定的关系，抓住一切机遇加快社会经济的发展，使强国富民的要求不断得到实现。

1. 社会主义初级阶段理论的内涵

党的十三大对我国社会发展阶段做出了我国正处于并将长期处于社会主义初级阶段的科学论断。社会主义初级阶段这个论断包括两层含义：第一，我国社会已经是社会主义社会，我们必须坚持而不能离开社会主义。第二，我国的社会主义社会还处于初级阶段，我们的各项工作必须从初级阶段的实际出发，不能超越这个阶段。社会主义初级阶段的这两层含义，既指明了我国现阶段的社会性质和发展方向，又体现了我国社会的发展水平和基本特征。只有全面地、准确地把握这两个方面的含义，才能避免片面性。

在两层含义中，第一层含义指明了我国现阶段的社会性质。就社会性质来讲，我国已经是社会主义社会，已经建立了社会主义的基本制度，具有社会主义社会的基本特征，这是对我国社会制度的基本性质的基本界定。其一，我国已经确立了以公有制为主体的社会主义经济制度，这是社会主义区别于资本主义的最本质的特征。十一届三中全会以来，我国逐步形成了以公有制为主体、多种经济成分长期共同发展的所有制结构。在分配制度上，坚持按劳分配为主体，多种分配方式并存，兼顾效率与公平的原则。这是社会主义初级阶段所必需的。其二，我国已经建立了人民民主专政的社会主义政治制度。在我国，人民当家做主的国家政权已经确立，并不断巩固和发展；人民代表大会制度、共产党领导的多党合作和政治协商制度，以及民族区域自治制度等民主政治制度不断巩固和完善。其三，马克思主义在意识形态领域中的指导地位已经确立，坚持马克思主义作为人们一切行动的准则载入我国的宪法，以马克思主义为指导的中国特色的社会主义文化，作为社会主义的重要特征，在不断发展和提高。

在两层含义中，第二层含义指明了现阶段我国社会主义社会的发展程度。从社会发展程度来说，现阶段我国的社会主义制度还不成熟、不完善，还只是处于初级阶段。在我国现阶段，人口多、底子薄，地区发展不平衡，生产力发展水平低，经济文化比较落后；社会主义经济制度还不完善，社会主义市场经济体制还不成熟；社会主义上层建筑还不完善，民主法制还不够健全，封建主义、资本主义腐朽思想和小生产习惯势力在社会上还有广泛的影响。总之，不管从生产力的不发达还是从基本制度的不完善看，我国今天的社会主义都还只是处在社会主义的"初级阶段"，还是"事实上不够格"的社会主义，这是对我国社会主义社会的发展程度和发展水平的总认识和总判断。

2. 充分认识社会主义初级阶段的长期性

我们现在处于并将长期处于社会主义初级阶段，这就明确告诉我们，社会主义初级阶段不是一个较短的历史时期，而是一个很长的历史过程。我国将长期处于社会主义初级阶段，这不是从一般原则出发，不是根据社会主义社会发展的一般进程得出的逻辑结论，而是从我国国情出发，在总结我国社会主义建设经验教训的基础上得出的科学结论，它具有历史的和现实的必然性。

（1）是由我国建设社会主义的历史前提条件决定的

我国进入社会主义的历史前提，是在半殖民地半封建社会的基础上，没有经过资本主义充分发展的历史阶段，直接由新民主主义而进入社会主义的。我国进入社会主义的历史起点比马克思恩格斯设想的社会主义起点要低得多。马克思恩格斯曾经设想，无产阶级社会主义革命首先是在几个主要发达资本主义国家同时取得胜利，因而，他们设想的社会主义的起点是发达资本主义，是在高度发达的社会生产力的基础上来进行社会主义建设的。我国自1840年鸦片战争以后，由于西方列强的入侵，堵塞了中国走资本主义道路的可能性，中国唯一的出路是在中国共产党的领导下，推翻帝国主义、封建主义和官僚资本主义的反动统治，走社会主义道路。这种特殊的历史条件，决定了我国社会主义的历史起点只能是半殖民地半封建社会，在经济上以自然经济、半自然经济为主，没有经过商品经济的充分发展，生产力水平极其低下。这一低起点就决定了我国在建立社会主义制度以后，必然要经历一个很长的初级阶段，去实现资本主义国家早已实现了的工业化和经济的社会化、市场化、现代化，这是一个不可逾越的历史阶段。

（2）是由我国经济社会的发展状况决定的

新中国成立以来，特别是党的十一届三中全会以来，社会生产力有了较大的发展，经济实力有了巨大的增长，科学教育文化事业有了相当发展，综合国力日益增强，国际地位愈益提高。但是，从总体上看，我国人口多，底子薄，地区发展不平衡，生产力不发达的状况还没有根本改变，社会主义的物质技术基础还不雄厚；社会主义经济制度还不完善，社会主义市场经济体制还不成熟，国民经济市场化的程度还不高；社会主义民主法制不够健全，民主的法治化、制度化建设尚存不足，有法不依、执法不严、执法犯法现象大量存在；封建主义、资本主义腐朽思想和小生产习惯势力还有相当影响，"左"的思想流毒仍然存在，僵化思想依然严重，科学教育文化的发展水平与我国社会、经济发展的需要还不相适应；等等。这一基本国情就决定了初级阶段的长期性和艰巨性。

（三）正确认识当前的党情

党情是指党组织和党员队伍的基本情况，以及党所处的历史方位、性质、宗旨、目标、纲领、路线和自身建设的状况，是一个政党历史和现实状况的集中体现。这些年来，我们党坚持不懈地加强和改进自身建设，紧紧围绕提高党的执政能力、保持党的先进性和纯洁性，全面推进党的建设新的伟大工程，着力提高党依法执政、民主执政、科学执政水平，党的建设为党和国家事业发展提供了根本政治和组织保障。同时，与国内外形势发展变化相比，与党所承担的历史任务相比，与人民群众的殷切期待相比，党的领导水平和执政水平、党组织建设状况和党员干部素质、能力、作风都还有不小差距。特别是新形势下加强和改进党的建设面临许多新情况新问题新挑战，执政考验、改革开放考验、市场经济考验、外部环境考验是长期的、复杂的、严峻的。

党的十八大报告指出："新形势下，党面临的执政考验、改革开放考验、市场经济考验、外部环境考验是长期的、复杂的、严峻的，精神懈怠危险、能力不足危险、脱离群众危险、消极腐败危险更加尖锐地摆在全党面前。"[1]

从党的历史方位看，中国共产党走过了90多年的光辉历程，由小到大，由弱到强。党的地位的变化，使我们有更好地为人民服务的条件，但也增加了脱离群众的潜在危险。党所处的外部环境的变化，有利于党员、干部开阔眼界、增长才干，但也增加了受外部因素干扰和侵蚀的危险。

从党的自身建设看，党的建设全面加强，党的执政能力建设和先进性建设继续推进，思想理论建设成效明显，学习实践科学发展观活动取得重要成果，党的建设改革创新迈出重要步伐。党内民主进一步扩大。干部队伍建设取得重要进展，人才工作开创新局面。创先争优活动和学习型党组织建设深入进行，基层党组织不断加强。党风廉政建设和反腐败斗争取得新成效。同时，党内也存在不少不适应新形势新任务要求、不符合党的性质和宗旨的问题。比如一些基层党组织软弱涣散，少数党员、干部理想信念动摇、宗旨意识淡薄，形式主义、官僚主义问题突出，奢侈浪费现象严重；一些领域消极腐败现象易发多发，反腐败斗争形势依然严峻。在新的历史条件下，党的自身建设面临的情况更加复杂，加强党的建设依然任重道远。

1. 执政地位的考验

作为长期执政的党，如何实现科学执政、民主执政、依法执政，做到执政为民，这对党的执政理念和党的自身改革创新是个新的重大考验。作为执政党，特别是长期执政的党，加强和改进党的执政能力建设，不断提高党的建设科学化水平，是我们应对执政考验必须做好的课题。这要求我们党在长期执政的实践过程中，不断总结和运用正反两方面经验，借鉴世界上一些执政党兴衰成败的经验教训，进一步深化对共产党执政规律的认识，加强和改进党的执政能力。要坚持把加强党的思想理论建设放在首位；坚持把推进党的建设新的伟大工程同推进党的领导的伟大事业紧密结合起来；坚持以执政能力建设和先进性建设、纯洁性建设为主线；坚持立党为公、执政为民，全心全意为人民服务；坚持不懈地反腐败，保持党的

---

[1]　胡锦涛：《坚定不移沿着中国特色社会主义道路前进　为全面建成小康社会而奋斗》，人民出版社2012年版，第46页。

先进性和纯洁性。

2. 改革开放的考验

改革开放以来，我国持续30多年的经济高速发展，取得了举世瞩目的成就，人民生活水平有了显著提高，综合国力名列世界前茅。但是，改革开放也带来了一些不可避免的问题和挑战，例如，改革带来的利益结构调整使一些人受益的同时也使一些人利益受到损害，出现了贫富差距和环境污染等严重问题；改革历经多年"由易及难"，在某些领域的推进似乎正遭遇瓶颈，或是遭受既得利益集团的阻力；政府在社保、医疗、教育、住房等方面投入大量资源，但离人民满意仍有距离；一些党员、干部贪污腐败，社会贫富分化、道德缺失；面对骄人的数字成绩，某些群体容易滋生"盛世心态"，故步自封。这些都是我们党必须面临的改革开放的考验。发展中的问题要在发展中解决。迎接改革开放考验要求我们党进一步深化改革开放，完善社会主义市场经济体制，稳步推进政治体制改革，加快体制机制创新，全面推进各个领域改革。

3. 市场经济的考验

社会主义市场经济体制的建立对我国社会经济发展产生了极大的促进作用，但是同时也存在一些市场经济带来的问题和挑战。例如，我国社会主义市场经济体制不够完善；市场经济建立后，利益冲突与价值观多元化导致道德建设"滑坡"；市场经济的某些消极特性，某种程度上也为腐败现象的滋生提供了温床；等等。要迎接市场经济的考验就必须进一步完善社会主义市场经济体制，深化市场经济体制改革。要进一步完善公有制为主体、多种所有制经济共同发展的基本经济制度；建立有利于逐步改变城乡二元经济结构的体制；形成促进区域经济协调发展的机制；建设统一开放竞争有序的现代市场体系；完善宏观调控体系、行政管理体制和经济法律制度；健全就业、收入分配和社会保障制度；建立促进经济社会可持续发展的机制。同时，还要加强党风廉政建设，坚定不移地反腐败，要坚持中国特色反腐倡廉道路，坚持标本兼治、综合治理、惩防并举、注重预防方针，全面推进惩治和预防腐败体系建设，加强廉政法制建设，完善监督制约机制，做到干部清正、政府清廉、政治清明。

4. 外部环境的考验

面对复杂多变的外部环境，如何审时度势，把握机遇，应对挑战，是不断完善我们党的执政方略的重大考验。当前，我们正处在20年发展战略机遇期的关键时期，虽然和平是当今时代的主题之一，但我们所处的世界仍然很不安宁。霸权主义和强权政治依然存在，局部冲突加剧，传统安全威胁和非传统安全威胁相互交织，国际恐怖主义、民族分裂主义和领土争端依然是我国面临的挑战。面对来自政治、经济、社会、文化、外交、军事等方方面面的挑战和考验，要求我们不管国际风云如何变幻，必须始终高举中国特色社会主义伟大旗帜，走中国特色社会主义道路；要奉行独立自主的和平外交政策，维护国家主权、安全、发展利益；要始终不渝走和平发展道路、奉行互利共赢的开放战略。

5. 精神懈怠的危险

当前，有些党员、干部理想信念动摇，丧失马克思主义和共产主义信仰，精神委靡不振，缺乏积极进取、勇于创新的精神状态。胡锦涛把精神懈怠的危险放在首位是不无道理的。毛泽东曾说过："人总是要有一点精神的。"胡锦涛同志在第十七届中央纪委第六次全会上强调："理想信念是思想和行动的'总开关'、'总闸门'，理想的滑坡是最致命的滑坡，信念的动摇是最危险的动摇。"怎样化解精神懈怠的危险，最重要的一点就是要坚定理想信念。保持党的先进性和生命力，就要不断加强教育和引导广大党员认识党情与搞好党建，干部树立马克思主义信仰，胸怀共产主义远大目标，并把这种远大理想落实到脚踏实地、扎扎实实做好当前的本职工作上，始终保持积极向上、勇于开拓进取的精神状态。

6. 脱离群众的危险

有些党员、干部脱离群众、脱离实际，不能够深入基层，了解群众疾苦，把为人民服务的宗旨当成空洞的口号，官僚主义、形式主义严重。中国共产党作为马克思主义的执政党，最大的政治优势就是密切联系群众，最大的危险就是脱离群众。脱离群众不仅仅会使党无法作出正确的决策，不能形成科学有效的领导，中国特色社会主义伟大事业难以实现，甚至会被群众抛弃，丧失执政党地位。只有时刻牢记全心全意为人民服务的根本宗旨，坚持群众路线，保持同人民群众的血肉联系才能有效化解脱离群众的危险。各级党组织要切实加强思想政治教育，增强广大党员、干部的宗旨意识和群众观念，深入基层、深入群众，了解群众需求、解决群众疾苦、满足群众利益，做到一切为了群众、一切依靠群众、一切服务群众。只有这样，才能有效化解脱离群众的危险。

7. 能力不足的危险

这是针对当前有些党员、干部忙于工作应酬，不愿学、不想学、不能静心学等问题比较突出而提出的。面对当前日益复杂多变的国际形势以及国内改革开放过程中维护改革、发展与稳定的艰巨任务，如果领导干部和党员能力不足，势必会穷于应付，党长期执政不能实现，中国特色社会主义事业难以实现，中华民族伟大复兴也难以实现。要解除我们党能力不足的危险，党员、干部必须努力提高自己向书本、向群众、向实践学习的能力，不断提高自身的领导能力和领导水平。各级党组织要继续深入推进创先争优活动，教育引导领导干部和广大党员把创先争优作为一种理念融入思想、作为一种动力融入工作、作为一种追求融入人生，在实践中不断化解能力不足的危险。

8. 消极腐败的危险

与一般的主动腐败、显性腐败有一定的区别，消极腐败具有一定的隐蔽性，与直接的贪污受贿、买官卖官等直接腐败不同。例如，公款吃喝、铺张浪费、官僚作风、形式主义；等等。虽然没有表现为具体的违法犯罪，却对行政效率和机关风气造成了严重的消极影响，极大地损害了执政党和政府的公信力和公共形象。可以说，消极腐败对执政党组织特别是干部队伍的侵蚀和危害，丝毫不亚于贪污腐败等显性腐败。要有效化解消极腐败的危险，各级党组织就要教育广大党员、干部自觉加强党性修养，始终弘扬党的优良传统，始终保持谦虚、谨慎、不骄、不躁的作风，始终保持艰苦奋斗的作风，堂堂正正做人、老老实实做事、清清白白为官，努力成为实践社会主义核心价值体系的先锋模范。

二 世情、国情、党情的变化对党的执政理念提出了新的要求

党的十八大报告指出："我们党担负着团结带领人民全面建成小康社会、推进社会主义现代化、实现中华民族伟大复兴的重任。党坚强有力，党同人民保持血肉联系，国家就繁荣稳定，人民就幸福安康。形势的发展、事业的开拓、人民的期待，都要求我们以改革创新精神全面推进党的

建设新的伟大工程，全面提高党的建设科学化水平。"①

纵观当前世情、国情、党情，我们党今天执政处于历史上最好时期，因此，必须紧紧抓住并且可以大有作为的重要战略机遇期。要以强烈的执政图强使命意识，坚持抓住机遇而不可丧失机遇，开拓进取而不可因循守旧，敢于胜利而不可畏缩不前，以奋发有为、昂扬向上的精神风貌，全面提高党的建设科学化水平。

（一）执政兴国的发展理念

十八大明确把科学发展观确定为党长期坚持的指导思想。科学发展观的第一要义是发展。这个理念反映了执政党对社会建设的根本价值。发展是基础，发展是根本，发展是时代的主题。能不能解决好发展问题，直接关系到人心向背、事业兴衰。

改革开放 30 多年来，党的路线方针政策之所以得到人民群众的拥护，之所以经得起国内、国际各种风浪的考验，归根结底，是因为我们党确立了一心一意谋发展的理念。今后，提高人民的生活水平，解决经济社会发展中出现的各种矛盾，实现全面建设小康社会和现代化建设战略目标要靠发展；增强国防实力、维护国家安全要靠发展；履行维护世界和平与促进共同发展的责任、在风云变幻的国际局势中立于不败之地要靠发展；解决人们思想认识问题，说服那些不相信社会主义的人坚定社会主义信念也要靠发展。

（二）执政为民的服务理念

十八大报告明确提出建立服务型党组织，这抓住了根本问题。服务理念是党的宗旨在执政条件下的体现，是党本质属性的规定。以人为本、执政为民是党执政活动的最高标准。共产党执政的权力来自人民，共产党执政就是领导和支持人民当家做主，党没有自己的任何私利，执政就是为人民负责。

十八大报告自始至终贯穿了人民利益至上的价值标准。我们党来自人民，植根于人民，全心全意为人民服务是党的根本宗旨。党做任何事情，都要符合人民的意愿，体现人民的利益。因此，必须要有强烈的执政为民的公仆理念，坚持以人为本、执政为民，用清正和廉洁去赢得民心，用正

---

① 胡锦涛：《坚定不移沿着中国特色社会主义道路前进　为全面建成小康社会而奋斗》，人民出版社 2012 年版，第 49 页。

确的政策去安抚民心，用热忱的关爱去感召民心，用健全的民主去理顺民心，亲民、为民、富民，真正做到权为民所用、情为民所系、利为民所谋。

（三） 依法执政的法治理念

十八大报告强调任何组织或者个人都不得有超越宪法和法律的特权，绝不允许以言代法、以权压法、徇私枉法。并指出不管涉及什么人，不论权力大小、职位高低，只要触犯党纪国法，都要严惩不贷。这是对执政党行为的要求。

依法执政是新的历史条件下党执政的基本方式，党的领导是依法治国的根本保证。为此，要把坚持党的领导、人民当家做主和依法治国有机统一起来，使党的领导更好地体现人民当家做主的本质和依法治国的要求，善于把符合广大人民群众利益和时代要求，并经实践证明是正确的路线、方针、政策通过法定程序上升为国家意志，从制度上、法律上保证党的路线方针政策的贯彻实施。

（四） 执政活力的民主理念

十八大报告提出健全社会主义协商民主制度。协商民主是我国人民民主的重要形式，其有利于就经济社会发展重大问题和涉及群众切身利益的实际问题广泛协商，广纳群言、广集民智，增进共识、增强合力。把中国特色选举民主同协商民主相结合，将有利于健全民主制度、丰富民主形式、扩大社会主义民主，发展社会主义政治文明，为实现最广泛的人民民主确立正确方向。

我们党不是在民主政治的环境中成长起来的，而是在反抗专制制度的斗争中发展壮大的，走的是一条别的政党不曾走过的特殊道路。对如何领导人民反抗专制统治，我们党很有经验，而在如何领导人民建设民主制度方面总体上缺乏充分的探索。改革开放以来，党内民主和人民民主的内容及形式都非常丰富，逐步积累了经验，确立和形成了民主执政的理念。

（五） 执政进取的创新理念

改革开放的成果是坚持创新精神结出的丰硕果实。这一宝贵的历史经验在十八大报告中得到全面体现。创新是一个民族进步的灵魂，是一个国家兴旺发达的不竭动力，也是一个政党永葆生机和活力的根本保证。所以，必须从变化了的客观实际出发，能动地反映实践的要求，不断做出新的理论概括去指导新的伟大实践。我们党正是不断适应时代特征和社会实践的新变化，实现了理论上的不断创新。

作为执政党，在新的历史条件下，必须把创新精神贯穿于提高执政能力的全过程。要充分发挥主动性和创造性，敢于打破常规，冲破落后的条条框框和旧的思想观念，以全新的观念、全新的思维、新的举措推进理论创新、体制创新、科技创新以及其他各方面的创新，并充分发挥理论创新的主导作用。

（六）执政长远的战略理念

十八大明确提出了 2020 年的具体奋斗目标以及到 21 世纪中叶的奋斗目标，此外，对经济、政治、文化、社会、生态等领域都提出了发展的要求，不仅有国内的发展战略，而且有国际发展战略，这反映了党具有很强的战略理念。这个理念关系到执政党长远发展和未来走向，是具有雄才大略、立足长期执政的政党必须具有的理念。

对党的各级领导干部来说，重要的是想问题、办事情、作决策时考虑大局、服从大局、服务大局，正确处理局部与整体、眼前与长远的关系，认真贯彻执行党的路线方针政策和上级重大部署、确保政令畅通，以实现战略性目标和任务。

（七）执政图强的使命理念

十八大强调到 21 世纪中叶，我国要实现从全面建成小康社会到基本实现社会主义现代化的宏伟战略目标。从现在起的几十年时间里，是实现这一战略目标的关键阶段，未来五年要为如期实现全面建成小康社会目标打下具有决定性意义的基础。历史机遇问题事关国家、民族发展的兴衰成败。能不能抓住机遇，加快发展，是一个国家、一个民族能否赢得优势的关键所在。

三 世情、国情、党情对加强党自身建设的新要求

中国共产党在革命、建设和改革的不同历史时期始终高度重视研究党情问题，总是根据时代、国情的变化及时研究和准确把握党的历史方位、执政使命和肩负的重大任务，并据此不断加强自身建设。实践证明，我们党之所以能够不断发展壮大、能够战胜各种困难和挑战，与正确认识自身

状况和特点、正确把握世情、国情、党情密不可分。当前，我们必须在纷繁复杂的国际形势大背景下来审视党情，在蓬勃发展的党和国家事业全局中来认识党情，在我们党成立90多年的光辉历史发展进程中来把握党情，提高对党情的正确认识，不断加强党的自身建设。

（一）着力提高治党标准

十八大报告首次提出"纯洁性建设"，提出从严治党的高标准、高要求，表达出从严治党的坚定决心。这既反映出新形势下党对自身肌体的健康问题有着清醒的认识，也反映出中央对党的纯洁性建设的高度关注、高度重视，更深刻认识到腐败的顽固性和危险性。在新的历史条件下，面对执政条件和社会环境的深刻变化，面对党自身的变化，我们必须坚持党要管党、从严治党，清醒地认识工作中存在的差距，切实提高治党标准和管党水平，真正把对党情的认识贯彻到党的思想、组织、作风、反腐倡廉和制度建设等各个方面去，进一步找出当前治党的有效办法。每一位党员、干部都应当有强烈的紧迫感和责任感，把加强自身党性修养视为一种责任、视为一种义务。不仅要在党的教育、管理、监督之下严守党纪党章，更要在监督不到、管理不到的地方和监督不到、管理不到的时候以身作则、严于律己。让廉洁自律、克己奉公成为广大党员、干部的一种习惯；让自我净化、自我完善、自我革新、自我提高成为一种自然，确保党的先进性和纯洁性。

（二）有效克服党建难题

党要领导改革，党自身当然也要改革。当前，党的建设还存在许多与形势任务发展要求不相适应、不相符合的问题。比如一些干部领导科学发展能力不强，一些基层党组织软弱涣散，少数党员、干部理想信念动摇、宗旨意识淡薄，形式主义、官僚主义问题突出，奢侈浪费现象严重；一些领域消极腐败现象易发多发，反腐败斗争形势依然严峻。对这些困难和问题，我们必须高度重视，我们应当在研究分析党情的基础上寻求新答案、探索新路子、试验新办法，解决存在的突出问题。面对历史方位、内外环境、历史任务的重大变化，我们要始终坚持用时代发展的要求审视自己，以改革创新精神加强和完善自己，以科学的态度来对待党的成功与挫折、经验与教训，对待党所建立的各种制度、体制、政策和规范，不断进行党的建设制度、机制和工作方式等方面的创新，解决好党的建设面临的重大理论和现实问题。

（三）不断丰富党的学说

在不同历史时期，中国共产党结合国情，丰富发展了马克思主义党的学说，其内容之丰富、体系之严谨、观点之科学，为其他政党所少有。我们要认真总结世界各国政党的经验教训，根据新世纪新阶段党情的发展变化，深入思考关系党的建设理论的全局性、前瞻性、战略性问题，科学研究世界各国政党治国理政的有益经验，通过多方面经验的科学总结，使党的建设工作在历史的比较、国际的观察、现实的把握中开阔视野、深化认识、提高水平，从而不断深化对推进党的建设新的伟大工程的规律性认识，不断深化对共产党执政规律的认识，不断以新的经验、新的观点、新的思想，进一步完善马克思主义党的建设的学说体系。

（四）深刻把握党的建设科学化水平总要求

这个总要求明确了"一条主线"，就是加强党的执政能力建设、先进性和纯洁性建设；强调了"五大建设"，就是全面加强党的思想建设、组织建设、作风建设、反腐倡廉建设、制度建设；提出了"四个能力"，就是增强自我净化、自我完善、自我革新、自我提高能力；突出了"三型"要求，就是建设学习型、服务型、创新型的马克思主义执政党；确立了"一个目标"，就是确保党始终成为中国特色社会主义事业的坚强领导核心。归根结底，这个总要求的最鲜明指向，就是巩固党的执政地位，实现党的执政使命。深刻把握这个总要求，重要的是贯彻"八项任务"。党的十八大报告围绕这个总要求提出了"八项任务"：坚定理想信念，坚守共产党人精神追求；坚持以人为本、执政为民，始终保持党同人民群众的血肉联系；积极发展党内民主，增强党的创造活力；深化干部人事制度改革，建设高素质执政骨干队伍；坚持党管人才原则，把各方面优秀人才集聚到党和国家事业中来；创新基层党建工作，夯实党执政的组织基础；坚定不移反对腐败，永葆共产党人清正廉洁的政治本色；严明党的纪律，自觉维护党的集中统一。完成这"八项任务"，才能全面提高党的建设科学化水平，不断增强党的创造力、凝聚力、战斗力。

四　深刻认识党的十八大的历史
地位和重大意义

党的十八大是在我国进入全面建成小康社会决定性阶段召开的一次统一思想、凝聚力量，承前启后、继往开来的盛会，是高举中国特色社会主义伟大旗帜，从思想上政治上组织上为实现全面建成小康社会宏伟目标、奋力开拓中国特色社会主义更为广阔的发展前景作出战略部署的盛会，是展示我们党团结、胜利、奋进的盛会。党的十八大意义重大，影响深远，必将作为中国特色社会主义事业发展的里程碑而载入史册。

（一）鲜明回答了我们党举什么旗、走什么路、以什么样的精神状态、朝着什么样的目标继续前进等关系党和国家工作全局的重大问题

党的十八大的主题是：高举中国特色社会主义伟大旗帜，以邓小平理论、"三个代表"重要思想、科学发展观为指导，解放思想，改革开放，凝聚力量，攻坚克难，坚定不移沿着中国特色社会主义道路前进，为全面建成小康社会而奋斗。确定这样的主题，对我们党团结带领全国各族人民在新的历史征程上继往开来、与时俱进十分必要。

这一鲜明主题，宣示了我们党高举的旗帜，就是中国特色社会主义伟大旗帜。旗帜是指引方向的灯塔，旗帜是成就伟业的基石。一个党、一个国家要兴旺发达、长治久安，就必须树起一面能够引领全党和全国人民团结奋斗，从胜利走向更大胜利的旗帜。中国特色社会主义伟大旗帜，是当代中国发展进步的旗帜，是全党全国各族人民团结奋斗的旗帜。我们坚定不移高举中国特色社会主义这面旗帜，既不走封闭僵化的老路，也不走改旗易帜的邪路。

这一鲜明主题，宣示了我们党遵循的指导思想，就是邓小平理论、"三个代表"重要思想、科学发展观。党在改革开放伟大实践中形成的中国特色社会主义理论体系，揭示了当代中国发展进步的客观规律，经受了当代中国伟大实践和辉煌成就的验证，指明了中国未来发展的正确方向，得到了全党全国各族人民的高度认同，是对马克思列宁主义、毛泽东思想的坚持和发展。在社会价值更加多元、社会思想更加多样、社会思潮更加多变的新形势下，只有坚持以科学理论为指导，才能确保中国特色社会主义事业始终沿着正确方向健康发展。

这一鲜明主题，宣示了我们党肩负的历史责任，就是解放思想，改革开放，凝聚力量，攻坚克难。面对艰巨的使命任务，面对人民的信任重托，我们必须增强忧患意识、创新意识、宗旨意识、使命意识，艰苦奋斗、顽强拼搏、求真务实、奋发有为，以更大的政治勇气和智慧，不失时机地深化重要领域改革，坚决破除一切妨碍科学发展的思想观念和体制机制弊端，构建系统完备、科学规范、运行有效的制度体系，使各方面制度更加成熟更加定型。这充分体现了我们党勇于担当历史责任、接续推进伟大事业的坚定决心和坚强意志。

这一鲜明主题，宣示我们党坚持的正确道路，就是中国特色社会主义道路。道路关乎党的命脉，关乎国家前途、民族命运、人民幸福。在中国特色社会主义道路上实现中华民族伟大复兴，寄托着无数仁人志士、革命先烈的理想和夙愿。历史昭示我们：只有中国特色社会主义道路，才能解决当代中国发展进步问题，必须坚定不移沿着中国特色社会主义道路前进，不为任何风险所惧、不为任何干扰所惑。

这一鲜明主题，宣示了我们党要实现的宏伟目标，就是全面建成小康社会。党的十八大根据我国经济社会发展实际，在十六大、十七大确立的全面建设小康社会目标的基础上提出全面建成小康社会的新要求。从"全面建设"到"全面建成"，彰显了小康社会建设过程与建设目标的统一。全面建成小康社会，把党的宏伟目标、国家的发展前景、民族的复兴伟业与人民的幸福生活紧密联系在一起，集中体现了全党全国各族人民对美好未来的向往和追求。

（二）全面阐述了过去十年的辉煌成就和实践经验，提出了今后一个时期的大政方针和工作部署，为党和国家事业发展指明了前进方向

党的十六大以来的十年，是很不寻常的十年，党和国家在成功应对各种风险和挑战中取得历史性成就。无论是继续解放思想还是深化改革开放，无论是推动科学发展还是促进社会和谐，无论是推进伟大工程还是领导伟大事业，都显示出党运筹帷幄、驾驭全局的高超本领，求真务实、励精图治的进取精神，高瞻远瞩、深谋远虑的战略眼光。十年的辉煌成就为全面建成小康社会打下了坚实基础，十年的伟大实践描绘了中国特色社会主义事业的壮丽画卷。

总结十年奋斗历程，最重要的就是我们坚持以马克思列宁主义、毛泽东思想、邓小平理论、"三个代表"重要思想为指导，勇于推进实践基础上的理论创新，围绕坚持和发展中国特色社会主义提出一系列紧密相连、相互贯通的新思想、新观点、新论断，形成和贯彻了科学发展观。科学发展观是中国特色社会主义理论体系的最新成果，是中国共产党集体智慧的结晶，是指导党和国家全部工作的强大思想武器，是党必须长期坚持的指导思想。

回顾过去，展望未来，报告着眼中国特色社会主义事业总体布局，对全面推进经济建设、政治建设、文化建设、社会建设、生态文明建设和党的建设作出重大部署。这些重大部署有原则要求，有政策安排，有举措办法，体现了战略设计、宏观谋划与实施步骤、具体措施的统一，为促进经济社会又好又快发展提供了重要遵循。报告强调，实践发展永无止境，认识真理永无止境，理论创新永无止境。全党一定要勇于实践、勇于变革、勇于创新，把握时代发展要求，顺应人民共同愿望，不懈探索和把握中国特色社会主义规律，永葆党的生机活力，永葆国家发展动力，在党和人民创造性实践中奋力开拓中国特色社会主义更为广阔的发展前景。这充分表达了我们党准确把握世情、国情和党情，毫不动摇地坚持和发展中国特色社会主义的坚定信念，对于激励全党全国各族人民满怀信心地开创中国特色社会主义新局面，必将产生重大而深远的影响。

（三）十八大实现了党的指导思想的与时俱进

中国共产党是十分重视理论指导的党。改革开放以来，我们党在不断推进马克思主义中国化方面取得了丰硕的成果，党的指导思想在不断地中国化、时代化、大众化，实现了真正意义上的与时俱进。

改革开放以来，我们党在建设中国特色社会主义中所肩负任务的艰巨性和繁重性世所罕见，在改革发展稳定中所面临矛盾和问题的规模及复杂性世所罕见，在前进中所面对的困难和风险世所罕见。这就迫切要求党不断推进马克思主义中国化，实践创新不停滞，理论创新不止步，以党的指导思想与时俱进，推动改革开放和社会主义现代化建设创新发展。党的十五大的一大历史性贡献就是把邓小平理论确立为党的指导思想；党的十六大的一大历史性贡献就是把"三个代表"重要思想确立为党必须长期坚持的指导思想。十八大报告高度评价科学发展观的重大理论贡献和实践价值，着眼坚持和发展中国特色社会主义的战略全局，明确提出科学发展观同马克思列宁主义、毛泽东思想、邓小平理论、"三个代表"重要思想一道，是党必须长期坚持的指导思想。这就实现了党的指导思想又一次与时俱进，是这次大会的重大历史性贡献。确立科学发展观的指导地位，对坚持和发展中国特色社会主义，全面建成小康社会和实现社会主义现代化，具有重大现实意义和深远历史意义。

十八大一个很重要的贡献是又一次实现了党的指导思想的与时俱进，把科学发展观正式确立为党的指导思想。十八大确立科学发展观的指导地位，对坚持和发展中国特色社会主义，全面建成小康社会和实现社会主义现代化，具有重大现实意义和深远历史意义。

（四）进一步增强了中国特色社会主义的高度自信

坚定不移沿着中国特色社会主义道路前进，是回首近代以来民族历史、展望实现民族复兴未来得出的坚定结论，是改革开放以来全党全国各族人民形成的共同意志，是十八大的鲜明主题。十八大报告高举中国特色社会主义伟大旗帜，深刻揭示了坚持中国特色社会主义的重大意义，全面回顾了党开创发展中国特色社会主义的奋斗历程，系统论述了中国特色社会主义的科学内涵，着重阐述了中国特色社会主义的基本要求，进一步增强了中国特色社会主义的道路自信、理论自信、制度自信，是夺取中国特色社会主义新胜利的伟大动员。高度自信来自于历史根基。中国特色社会主义道路、理论体系和制度，是党和人民90多年奋斗、创造、积累的根本成就，必须倍加珍惜、始终坚持、不断发展。高度自信来自于实践根基。中国特色社会主义，扎根于改革开放的实践之中，扎根于亿万人民的实践之中，扎根于发展创新的实践之中。

（五）对全面建成小康社会作了战略部署

到21世纪中叶，我国要实现从全面建成小康社会到基本实现社会主义现代化的宏伟战略目标。从现在起的几十年时间里，是实现这一战略目标的关键阶段，未来五年要为如期实现全面建成小康社会目标打下具有决定性意义的基础。十八大报告准确判断重要战略机遇期内涵和条件变化，从新的历史起点出发，根据我国经济社会发展实际和新的阶段性特征，针对现阶段我国发展面临的突出矛盾，围绕人民最关心最直接最现实的利益问题，从战略全局上对我国改革发展作出规划和部署，科学制定适应时代要求和人民愿望的行动纲领和大政方针，全面推进中国特色社会主义事业，是全面建成小康社会的行动纲领。

从世情、国情、党情来讲，党的十八大处在我们建设中国特色社会主义事业的重要关节点上，是在我国进入全面建成小康社会决定性阶段召开的一次统一思想、凝聚力量，承前启后、继往开来的盛会，是高举中国特色社会主义伟大旗帜，从思想上政治上组织上为实现全面建成小康社会宏伟目标、奋力开拓中国特色社会主义更为广阔的发展前景作出战略部署的盛会，是展示我们党团结、胜利、奋进的盛会。党的十八大的召开，必将引领全党全国各族人民朝着建设富强、民主、文明和谐的社会主义现代化国家的宏伟目标奋勇前进，这对于中国的繁荣昌盛和中华民族的伟大复兴，对于促进人类和平与发展，无疑具有重大而深远的意义。

参考文献

1. 纪军：《当代世界经济格局及其走势》，《中共中央党校学报》2008 年第 4 期。

2. 阮建平主编：《当代世界经济与政治》，武汉大学出版社 2012 年版。

3. 中国网（http：//www. china. com. cn/policy/zhuanti/2011hjtqyjh/2011 – 07/08/content_ 22949689. htm）。

4. 浙江新闻（http：//zjnews. zjol. com. cn/05zjnews/system/2012/11/09/018934661. shtml）。

5. 《2013：党建热点怎么看》编写组：《2013：党建热点怎么看》，中国方正出版社 2013 年版。

6. 王寿林：《充分认识党的十八大的历史地位和重大意义》，《求是》2012 年第 23 期。

练习与思考

一、简答题

1. 社会主义初级阶段的内涵是什么？

2. 简述世情、国情、党情对加强党自身建设提出了哪些新要求。

3. 简述党的第十八次全国代表大会的主题。

二、材料分析题

材料一：

材料 1：我国历来十分重视勤政，荀子说，"凡百事之成也，必在敬之，其败也，必在慢之"。秦代将不懂法令，不识时务，苟且懒惰，不勤政等作为不良官吏的标准。到了唐代更是制定了一部内容比较完备的道德法典——《唐六典》，将德、慎、公、勤作为国家公职人员的"四善"标准。宋人田锡把勤政作为首要的从政理念，认为"臣道务勤，勤则职业修而事无壅"。清人李文耕也说，"官不勤则事废，民受其害"。

《中共中央关于加强和改进新形势下党的建设若干重大问题的决定》明确指出："加大治懒治庸力度，着力解决干部管理不严问题。"这给根治多年来在一些地方和部门蔓延的遇事推诿、不思进取、无所作为、贻误发展的懒政、庸政弊病指明了方向。"懒政"具体表现为政府"未作为"和"慢作为"，反映出一些部门和工作人员对待工作不愿干、不想干的心态和作风，导致一些部门和工作人员怠于履行或者没有及时履行自己的职责，群众得不到基本的服务。"庸政"表现为政府"弱作为"和"假作为"，反映的是一些部门和工作人员在工作上"不会干"或是"不敢干"，消极低效地履行自己的职责，或忙于与执政为民无关的事务，使群众得不到满意的服务。"懒政"、"庸政"在本质上都是行政不作为的现象和行为。

70多年前，毛泽东同志在其著名的《反对自由主义》一文中，对那些作风上存在着严重毛病的人"画"了"像"："事不关己，高高挂起；明知不对，少说为佳；明哲保身，但求无过"，"见群众不宣传，不鼓动，不演说，不调查，不询问，不关心其痛痒，漠然置之，忘记了自己是一个共产党员，把一个共产党员混同于一个普通的老百姓"，"办事不认真，无一定计划，无一定方向，敷衍了事，得过且过，做一天和尚撞一天钟"，"自以为对革命有功，摆老资格，大事做不来，小事又不做；工作随便，学习松懈"，等等。

这些"画像"，形象地"描绘"出一些人的自由主义和官僚主义作风。毛泽东对此类人的"描绘"，也就是给庸官画的像。这些习气仍可以在现在的一些庸官身上找到"影子"。

材料2：自古至今，勤政人人标榜，但是，许多人在勤政的同时，往往忽略了可能引发的一个问题，就是过度的"勤政"会引起"扰民"的后果。老子说："治大国若烹小鲜"，意思是说，小鱼要煎得好，就不能多翻动，治国也是如此。当前不少地方整日忙于出台新政策、新方案，忙于大建设、大变样，结果违背民众的意志，损害了公众的利益，出现

"政府作为越多，公众越反感"的现象，直接损害了政府的公信力，比如某个国家贫困县，工业基础薄弱，税源微薄，当地政府却大规模推行夜景工程、绿化工程、豪华人行道等项目，结果是劳民伤财，怨声载道。

又如，某地掀起的一场"打狗风暴"。该地曾发生多起人畜被狗咬伤后死亡的事件，狂犬病波及4个乡镇。按当地政府部门要求，6天时间内全县5万条狗必须全部扑杀干净。连4000条打过狂犬疫苗的狗也在劫难逃。把狗全扑杀光看似是个最直接最有效的"好办法"，但事实上，狂犬病并非狗的专利，猫、狐狸、猪、兔子、牛和蝙蝠等很多动物都会传染狂犬病，因此将5万条狗"一杀永逸"的做法被网友套上了"懒政"的帽子。

与此类似，某县为了打击短信诈骗，叫停所有银行自动取款机，虽然短信诈骗的情况有所遏制，但百姓只能在正常营业时间到银行柜台排队办理金融业务，银行关门后无法自助办理业务。某市为了改善市容，提出创建"无摊城市"，禁止瓜农在"街头"卖瓜，如此禁令也许能让市容有一定改观，但同时也损害了不少瓜农的利益。

材料3：中共中央总书记习近平2013年1月22日在十八届中央纪委二次全会上发表重要讲话强调，坚持标本兼治、综合治理、惩防并举、注重预防的方针，更加科学有效地防治腐败，坚定不移把党风廉政建设和反腐败斗争引向深入。习近平指出，从严治党，惩治这一手决不能放松。要坚持"老虎"、"苍蝇"一起打，既坚决查处领导干部违纪违法案件，又切实解决发生在群众身边的不正之风和腐败问题。

分析上述材料，回答以下问题：

1. 这些材料说明了什么？

2. 为什么要坚持"老虎"、"苍蝇"一起打？

材料二：

胡锦涛同志在庆祝中国共产党成立90周年大会的讲话中明确指出，在世情、国情、党情发生深刻变化的新形势下，中国共产党面临执政考验、改革开放考验、市场经济考验、外部环境考验是长期的、复杂的、严峻的。精神懈怠的危险，能力不足的危险，脱离群众的危险，消极腐败的危险，更加尖锐地摆在全党面前，落实党要管党、从严治党的任务比以往任何时候都更为繁重、更为紧迫。

分析上述材料，请回答：胡锦涛同志关于"四种考验"、"四种危险"

所体现的忧患意识的讲话的哲学依据。

练习与思考参考答案

一、简答题参考答案

1. 社会主义初级阶段这个论断包括两层含义：第一，我国社会已经是社会主义社会，我们必须坚持而不能离开社会主义。第二，我国的社会主义社会还处于初级阶段，我们的各项工作必须从初级阶段的实际出发，不能超越这个阶段。

2. 着力提高治党标准；有效克服党建难题；不断丰富党的学说；深刻把握党的建设科学化水平总要求。

3. 高举中国特色社会主义伟大旗帜，以邓小平理论、"三个代表"重要思想、科学发展观为指导，解放思想，改革开放，凝聚力量，攻坚克难，坚定不移沿着中国特色社会主义道路前进，为全面建成小康社会而奋斗。

二、材料分析题参考答案

材料一参考答案：

1. 当前，党的建设还存在许多与形势任务发展要求不相适应、不相符合的问题。比如一些干部领导科学发展能力不强，一些基层党组织软弱涣散，少数党员、干部理想信念动摇、宗旨意识淡薄，形式主义、官僚主义问题突出，奢侈浪费现象严重；一些领域消极腐败现象易发多发，反腐败斗争形势依然严峻。对这些困难和问题，我们必须高度重视，我们应当在研究分析党情的基础上寻求新答案、探索新路子、试验新办法，解决存在的突出问题。面对历史方位、内外环境、历史任务的重大变化，我们要始终坚持用时代发展的要求审视自己，以改革创新精神加强和完善自己，以科学的态度来对待党的成功与挫折、经验与教训，对待党所建立的各种制度、体制、政策和规范，不断进行党的建设制度、机制和工作方式等方面的创新，解决好党的建设面临的重大理论和现实问题。

2. 打苍蝇（即基层人员）和打老虎（即高级官员）同等重要。要坚持老虎、苍蝇一起打，既坚决查处领导干部违纪违法案件，又切实解决发生在群众身边的不正之风和腐败问题。

从党的自身建设看：党的建设全面加强，党的执政能力建设和先进性建设继续推进，思想理论建设成效明显，学习实践科学发展观活动取得重要成果，党的建设改革创新迈出重要步伐。党内民主进一步扩大。干部队伍建设取得重要进展，人才工作开创新局面。创先争优活动和学习型党组织建设深入进行，基层党组织不断加强。党风廉政建设和反腐败斗争取得新成效。

同时，党内也存在不少不适应新形势新任务要求、不符合党的性质和宗旨的问题。比如一些基层党组织软弱涣散，少数党员、干部理想信念动摇、宗旨意识淡薄，形式主义、官僚主义问题突出，奢侈浪费现象严重；一些领域消极腐败现象易发多发，反腐败斗争形势依然严峻。在新的历史条件下，党的自身建设面临的情况更加复杂，加强党的建设依然任重道远。

尤其新形势下，党面临着消极腐败的危险，与一般的主动腐败、显性腐败有一定的区别，消极腐败具有一定的隐蔽性，与直接的贪污受贿、买官卖官等直接腐败不同。例如，公款吃喝、铺张浪费、官僚作风、形式主义，等等。虽然没有表现为具体的违法犯罪，却对行政效率和机关风气造成了严重的消极影响，极大地损害了执政党和政府的公信力和公共形象。可以说，消极腐败对执政党组织特别是干部队伍的侵蚀和危害，丝毫不亚于贪污腐败等显性腐败。要有效化解消极腐败的危险，各级党组织就要教育广大党员、干部自觉加强党性修养，始终弘扬党的优良传统，始终保持谦虚、谨慎、不骄、不躁的作风，始终保持艰苦奋斗的作风，堂堂正正做人、老老实实做事、清清白白为官，努力成为实践社会主义核心价值体系的先锋模范。

材料二参考答案：

忧患意识是一种清醒的预见意识和防范意识，是一种危机感、紧迫感、责任感和使命感。这种意识源于对事物发展规律的深刻认识。宇宙沧桑，天地万物，无不存在着对立统一的两个方面。它们有机结合于一个整体之中，相互依存，辩证统一，它们的矛盾斗争，推动着事物的发展变化。在这种发展变化的过程中，矛盾双方所处的地位也常常发生变化。"祸兮福之所倚，福兮祸之所伏。"任何事物的发展，都存在着相反相成、相生相克的规律性。忧患意识的可贵就在于能够从承平中预见危机，从有利中发现不利，未雨绸缪，防患未然。

也正因为如此，我们党的各级领导干部必须始终保持一种强烈的忧患意识。增强忧患意识，就要坚持辩证唯物主义和历史唯物主义的立场、观点和方法，善于辩证地、全面地看待成就与问题的关系，清醒地看到面临的困难、挑战和风险，从而不断增强使命感、责任感，更加勤勉地工作，更加严格地自律，更加自觉地执政为民，始终保持开拓进取的锐气。

第二讲　坚持走中国特色社会主义道路不动摇

党的十八大报告指出："道路关乎党的命脉，关乎国家前途、民族命运、人民幸福。""回首近代以来中国波澜壮阔的历史，展望中华民族充满希望的未来，我们得出一个坚定的结论：全面建成小康社会，加快推进社会主义现代化，实现中华民族伟大复兴，必须坚定不移走中国特色社会主义道路。"①

中国特色社会主义道路，就是在中国共产党领导下，立足基本国情，以经济建设为中心，坚持四项基本原则，坚持改革开放，解放和发展社会生产力，建设社会主义市场经济、社会主义民主政治、社会主义先进文化、社会主义和谐社会、社会主义生态文明，促进人的全面发展，逐步实现全体人民共同富裕，建设富强民主文明和谐的社会主义现代化国家。

习近平在中央政治局第七次集体学习时指出："无论搞革命、搞建设、搞改革，道路问题都是最根本的问题。30 多年来，我们能够创造出人类历史上前无古人的发展成就，走出了正确道路是根本原因。现在，最关键的是坚定不移走这条道路、与时俱进拓展这条道路，推动中国特色社会主义道路越走越宽广。"②

我们之所以必须坚定不移走中国特色社会主义道路，是因为这条道路是我们党经过长期艰苦探索并付出重大代价得出的历史结论。在当代中国，只有坚持中国特色社会主义道路，才能真正坚持社会主义，才能发展社会主义，才能引领人民走上共同富裕之路，才能实现中华民族的伟大复兴。

---

① 胡锦涛：《坚定不移沿着中国特色社会主义道路前进　为全面建成小康社会而奋斗》，人民出版社 2012 年版，第 10 页。

② 《人民日报》2013 年 6 月 26 日第 1 版。

一　坚持走中国特色社会主义道路是历史结论

（一）近代以来中国的仁人志士在救国道路上的不断探索

从鸦片战争到五四运动的八十年里，中国的仁人志士为挽救国家的危亡，提出了各种主张，不断探索救亡之路。在"师夷长技以制夷"的思想指导下，历时三十年的洋务运动随着北洋水师在甲午海战中的全军覆灭而宣告失败。洪秀全等农民领袖提出并实践过的"四有二无"的理想天国注定无法实现。以康有为、梁启超为代表的维新派试图以日本的明治维新为蓝本，在不改变封建制度的前提下通过自上而下的改良来达到富国强兵的目的，然而变法维新只持续了 103 天就失败了。戊戌变法的失败证明了改良主义道路在中国行不通。以孙中山为代表的资产阶级革命派高举革命的旗帜，推翻了封建专制制度，按照三权分立的模式建立起来的中华民国却被袁世凯所窃取，辛亥革命没能救中国。

不断的探索不断的失败促使中国的先进分子重新审视富国强兵之路。十月革命一声炮响给我们送来了马克思主义。中国共产党的成立虽然使中国革命的面貌焕然一新，但新民主主义革命早期的教训却表明，通过中心城市，武装起义来夺取政权的俄国模式在中国行不通。以毛泽东为代表的中国共产党人把马克思主义的基本原理和我国的具体国情结合起来，找到了一条中国特色的革命道路——农村包围城市，武装夺取政权。顺着这条正确的道路，经过二十多年艰苦卓绝的流血牺牲，终于取得了成功。新民主主义革命的胜利再次证明：干革命必须从本国的实际出发，既不能照抄本本，也不能照搬他国模式，只有把马克思主义基本原理和中国国情结合起来，走自己的路，才能取得成功。

（二）中国共产党人对中国特色社会主义道路的探索

1. 第一代领导集体对社会主义道路的探索

新中国成立后，随着三大改造的完成和第一次全国人民代表大会的召开，社会主义制度在中国建立起来了。然而摆在全党和全国人民面前的难题却是：在中国这样一个人口众多、经济落后的大国进行社会主义建设是一项前无古人的事业。以毛泽东为代表的第一代领导集体为此进行了长期不懈的探索。

1956 年 4 月，毛泽东在同拉丁美洲一些国家党的代表谈话时指出："各国应根据自己国家的特点决定方针、政策，把马克思主义同本国特点结合起来。中国的经验，有好的也有不好的，有成功的也有失败的。即使是好的经验，也不一定同别的国家的具体情况相适合。照抄是很危险的，成功的经验，在这个国家是成功的，但在另一个国家如果不同本国的情况相结合而一模一样地照搬就会导向失败。照抄别国的经验是要吃亏的，照抄是一定会上当的。这是一条重要的国际经验。"①

在社会主义建设过程中如何处理各种关系，我们党不仅进行了实践中的探索，还进行了理论上的总结。毛泽东在《论十大关系》一文中指出："我们的方针是，一切民族、一切国家的长处都要学，政治、经济、科学、技术、文学、艺术的一切真正好的东西都要学。但是，必须有分析有批判地学，不能盲目地学，不能一切照抄，机械搬用。"② 在近三十年的探索中，虽然出现过重大失误甚至发生过"文化大革命"这样严重的错误，但我们党在领导社会主义建设中取得的巨大成就、独创性理论成果和宝贵的经验教训，为后人进一步探索社会发展规律奠定了基础。

2. 第二代领导集体对中国特色社会主义道路的探索

邓小平在 1978 年 12 月召开的中央工作会议上所作的《解放思想，实事求是，团结一致向前看》的重要讲话，是开创建设有中国特色社会主义的宣言书。邓小平指出："解放思想，开动脑筋，实事求是，团结一致向前看，首先是解放思想。只有思想解放了，我们才能正确地以马列主义、毛泽东思想为指导，解决过去遗留的问题，解决新出现的一系列问题，正确地改革同生产力迅速发展不相适应的生产关系和上层建筑，根据我国的实际情况，确定实现四个现代化的具体道路、方针、方法和措施。"③ "一个党，一个国家，一个民族，如果一切从本本出发，思想僵化，迷信盛行，那它就不能前进，它的生机就停止了，就要亡党亡国。"④

党的十一届三中全会是在"文化大革命"结束以后，中国面临着向何处去的重要历史关头召开的一次重要会议。这次会议彻底否定了"以阶级斗争为纲"、"无产阶级专政下继续革命"的错误理论，重新确立了

①　《毛泽东文集》第七卷，人民出版社 1999 年版，第 64 页。

②　同上书，第 41 页。

③　《邓小平文选》第二卷，人民出版社 1994 年版，第 141 页。

④　同上书，第 143 页。

马克思主义的政治路线和思想路线。会议决定把党和国家的工作重心转移到经济建设上来，实行改革开放，标志着我国进入了现代化建设的新时期。从此，以邓小平为核心的第二代领导集体围绕着"什么是社会主义，怎样建设社会主义"这一主题，展开了艰苦的探索。

针对十一届三中全会后社会上有一些人散布的所谓社会主义不如资本主义的言论，邓小平在《坚持四项基本原则》中明确指出："过去搞民主革命，要适合中国情况，走毛泽东同志开辟的农村包围城市的道路。现在搞建设，也要适合中国情况，走出一条中国式的现代化道路。"① "只有社会主义才能救中国，这是中国人民从五四运动到现在六十年来的切身体验中得出的不可动摇的历史结论。中国离开社会主义就必然退回到半封建半殖民地。中国绝大多数人决不允许历史倒退。"② 邓小平在党的第十二次全国代表大会的开幕词中指出："我们的现代化建设，必须从中国的实际出发。无论是革命还是建设，都要注意学习和借鉴外国经验。但是，照抄照搬别国经验、别国模式，从来不能得到成功。这方面我们有过不少教训。把马克思主义的普遍真理同我国的具体实际结合起来，走自己的道路，建设有中国特色的社会主义，这就是我们总结长期历史经验得出的基本结论"。③

十一届三中全会以后，我国农村实行了家庭联产承包责任制，极大地调动了农民的积极性，促进了农业生产力的发展。十二届三中全会做出了《中共中央关于经济体制改革的决定》，从此，以城市为重点的整个经济体制改革开展起来。1980年8月26日，全国人大常委会批准了国务院提出的《广东省经济特区条例》，深圳、珠海、汕头、厦门经济特区正式成立，对外开放迈出一大步。随着十四个沿海港口城市的对外开放和海南经济特区的设立，对外开放的步伐不断加快，逐渐形成了从沿海到内地全方位的对外开放格局。

1987年3月，针对少数知识分子提出的主张中国全盘西化，走资本主义道路的资产阶级自由化思潮，邓小平明确指出："中国根据自己的经验，不可能走资本主义道路。道理很简单，中国十亿人口，现在还处于落后状态，如果走资本主义道路，可能在某些局部地区少数人更快地富起

---

① 《邓小平文选》第二卷，人民出版社1994年版，第163页。
② 同上书，第166页。
③ 《邓小平文选》第三卷，人民出版社1993年版，第3页。

来，形成一个新的资产阶级，产生一批百万富翁，但顶多也不会达到人口的百分之一，而大量的人仍然摆脱不了贫穷，甚至连温饱问题都不可能解决。只有社会主义制度才能从根本上解决摆脱贫穷的问题。所以我们不会容忍有的人反对社会主义。我们说的社会主义是具有中国特色的社会主义，而要建设社会主义，没有共产党的领导是不可能的。我们的历史已经证明了这一点。"① 党的十三大重申了十一届三中全会以来制定的路线方针政策，第一次系统阐述了社会主义初级阶段理论。这一论断包含两层含义：第一，我国社会已经是社会主义社会。我们必须坚持而不能离开社会主义。第二，我们的社会主义还处在初级阶段。我们必须从这个实际出发，而不能超过这个阶段。党在社会主义初级阶段的基本路线是：领导和团结全国各族人民，以经济建设为中心，坚持四项基本原则，坚持改革开放，自力更生，艰苦奋斗，为把我国建设成富强、民主、文明的社会主义现代化国家而奋斗。十三大还确立了分三步走的战略部署：第一步，实现国民生产总值比 1980 年翻一番，解决人民的温饱问题。第二步，到 20 世纪末，使国民生产总值再增长一倍，人民生活达到小康水平。第三步，到 21 世纪中叶，人均国民生产总值达到中等发达国家水平，人民生活比较富裕，基本实现现代化。然后在这个基础上继续前进。

以邓小平为核心的党的第二代中央领导集体深刻总结我国社会主义建设正反两方面经验，借鉴世界社会主义历史经验，作出把党和国家工作中心转移到经济建设上来、实行改革开放的历史性决策，深刻揭示社会主义本质，确立社会主义初级阶段基本路线，明确提出走自己的路、建设中国特色社会主义，科学回答了建设中国特色社会主义的一系列基本问题，成功开创了中国特色社会主义。

3. 第三代领导集体对中国特色社会主义道路的探索

以江泽民同志为核心的党的第三代领导集体坚持和发展十一届三中全会以来的理论、路线、方针和政策，并根据已经变化了的世情和国情不断进行理论创新和实践创新，进一步丰富和发展了中国特色社会主义。

江泽民在庆祝新中国成立四十周年大会上指出："如果新中国建立以后不走社会主义道路，……不可能逐步实现人民共同富裕的愿望。如果今后不坚持社会主义，而是像有人主张的那样退回去走资本主义道路，用劳

---

① 《邓小平文选》第三卷，人民出版社 1993 年版，第 207—208 页。

动人民的血汗去重新培植和养肥一个资产阶级，在我国人口众多、社会生产力水平很低的情况下，只能使大多数人重新陷入极其贫困的状态。这种资本主义，只能是原始的买办式的资本主义，只能意味着中国各族人民再度沦为外国资本和本国剥削阶级的双重奴隶。总之，正如毛泽东同志、邓小平同志所指出的，只有社会主义才能救中国，只有社会主义才能发展中国。"①"我们要更加坚定不移地把马克思主义普遍真理同我国具体实际结合起来，走自己的路，建设有中国特色的社会主义。"②

　　党的十四大的主要历史贡献表现在三个方面：一是确立了邓小平建设有中国特色社会主义理论在全党的指导地位；二是明确了我国经济体制改革的目标是建立社会主义市场经济体制；三是要求全党抓住机遇，加快发展，集中精力把经济建设搞上去。江泽民在大会上作的政治报告中，从发展道路、发展阶段、根本任务、发展动力、外部条件、政治保证、战略步骤、领导和依靠力量、祖国统一九个方面，概括了建设有中国特色社会主义理论的主要内容，并指出"建设有中国特色社会主义的理论，是在和平与发展成为时代主题的历史条件下，在我国改革开放和社会主义现代化建设的实践过程中，在总结我国社会主义胜利和挫折的历史经验并借鉴其他国家社会主义兴衰成败历史经验的基础上，逐步形成和发展起来的。它是马克思列宁主义基本原理与当代中国实际和时代特征相结合的产物，是毛泽东思想的继承和发展，是全党全国人民集体智慧的结晶，是中国共产党和中国人民最可珍贵的精神财富。邓小平同志是我国社会主义改革开放和现代化建设的总设计师。他尊重实践，尊重群众，时刻关注最广大人民的利益和愿望，善于概括群众的经验和创造，敏锐地把握时代发展的脉搏和契机，既继承前人又突破陈规，表现出了开辟社会主义建设新道路的巨大政治勇气和开拓马克思主义新境界的巨大理论勇气，对建设有中国特色社会主义理论的创立做出了历史性的重大贡献。"③党的十四届三中全会通过的《中共中央关于建立社会主义市场经济体制若干问题的决定》为经济体制改革的进一步深化指明了目标和任务。

　　1997年召开的党的十五大是在世纪之交召开的一次重要会议，这次大会对把建设中国特色社会主义事业推向新世纪作出了全面的部署。党的

---

① 《江泽民文选》第一卷，人民出版社2006年版，第67—68页。

② 同上书，第69页。

③ 同上书，第221—222页。

十五大的主要贡献体现在三个方面：一是把邓小平理论确立为全党的指导思想并写入党章；二是第一次系统地完整地提出并论述了党在社会主义初级阶段的基本纲领；三是进一步完善了党的建设的总目标，对新世纪加强党的建设和改善党的领导提出了新要求，做出了新部署。

江泽民同志根据世纪之交国际国内形势的新变化和党所肩负的历史使命的科学分析，提出了"三个代表"重要思想："总结我们党七十多年的历史，可以得出一个重要的结论，这就是：我们党所以赢得人民的拥护，是因为我们党在革命、建设、改革的各个历史时期，总是代表着中国先进生产力的发展要求，代表着中国先进文化的前进方向，代表着中国最广大人民的根本利益，并通过制定正确的路线方针政策，为实现国家和人民的根本利益而不懈奋斗。人类又来到一个新的世纪之交和新的千年之交。在新的历史条件下，我们党如何更好地做到这'三个代表'，是一个需要全党同志特别是党的高级干部深刻思考的重大课题。"① "始终做到'三个代表'，是我们党的立党之本、执政之基、力量之源。按照'三个代表'的要求抓党的建设，同新时期党的建设新的伟大工程的总目标总要求是一致的。"② 江泽民同志的"三个代表"重要思想回答了在改革开放和建设社会主义市场经济体的条件下，建设一个什么样的党和怎样建设党的问题，进一步丰富和发展了中国特色社会主义理论。

21世纪初，在开始实施现代化建设第三步战略部署的新形势下召开的党的十六大，提出了推进现代化建设、完成祖国统一、维护世界和平和促进共同发展的三大历史任务，确立了"三个代表"重要思想在全党的指导地位。

十八大政治报告指出：以江泽民同志为核心的党的第三代中央领导集体带领全党全国各族人民坚持党的基本理论、基本路线，在国内外形势十分复杂、世界社会主义出现严重挫折的严峻考验面前捍卫了中国特色社会主义，依据新的实践确立了党的基本纲领、基本经验，确立了社会主义市场经济体制的改革目标和基本框架，确立了社会主义初级阶段的基本经济制度和分配制度，开创全面改革开放新局面，推进党的建设新的伟大工程，成功把中国特色社会主义推向21世纪。

---

① 《江泽民文选》第三卷，人民出版社2006年版，第2页。

② 同上书，第15页。

4. 党的十六大以来对中国特色社会主义的探索

从党的十六大到党的十八大的十年中，以胡锦涛为总书记的党中央根据国内外形势的发展变化，在新的实践的基础上进行理论创新，先后提出了科学发展观、构建社会主义和谐社会、建设资源节约型环境友好型社会、建设创新型国家、树立社会主义荣辱观、加强社会主义文化建设和生态文明建设等一系列新思想、新理论，开创了中国特色社会主义理论创新和实践创新的新时期。

进入新世纪新阶段，随着经济体制深刻变革、社会结构深刻变动、利益格局深刻调整、思想观念深刻变化，我国经济社会发展呈现出一系列新的阶段性特征。它表明我国已进入发展的关键时期、改革的攻坚时期和社会矛盾的凸显时期。要适应新的阶段性特征，解决新课题新矛盾，必须改变传统的发展思路和发展模式，以新的思路、新的方法推进现代化建设，更加自觉地走科学发展、文明发展、和谐发展的道路。世界各国的发展实践表明，发展不仅仅是经济增长，更应该是经济、政治、文化、社会全面协调发展，应该是人与自然和谐的持续发展。我国必须走有中国特色的发展道路。科学发展观正是在深刻总结世界发展经验教训的基础上提出来的。

2003 年 10 月召开的十六届三中全会正式提出了科学发展观。全会通过的《中共中央关于完善社会主义市场经济体制若干问题的决定》指出："坚持以人为本、全面协调可持续的科学发展观，促进经济社会和人的全面发展。"胡锦涛在这次全会的讲话中强调："树立和落实全面发展、协调发展和可持续发展的科学发展观，对于我们更好地坚持发展才是硬道理的战略思想具有重大意义。树立和落实科学发展观，这是二十多年改革开放实践的经验总结，是战胜非典疫情给我们的重要启示，也是全面推进建设小康社会的迫切要求。"[①] 2004 年 9 月召开的党的十六届四中全会明确提出了构建社会主义和谐社会的战略任务。2005 年 10 月召开的中共十六届五中全会通过的《中共中央关于制定国民经济和社会发展第十一个五年规划的建议》指出："要把节约资源作为基本国策，发展循环经济，保护生态环境，加快建设资源节约型、环境友好型社会，促进经济发展与人口、资源、环境相协调。"2006 年 3 月 4 日，胡锦涛总书记在参加全国政

---

① 《十六大以来重要文献选编》上，中央文献出版社 2005 年版，第 483 页。

协十届四次会议民盟、民进界委员联组讨论时提出，要引导广大干部群众特别是青少年树立以八荣八耻为主要内容的社会主义荣辱观。

十七大是我国在改革发展关键阶段召开的一次十分重要的大会，胡锦涛总书记所作的政治报告是我们党团结带领全国各族人民坚定不移走中国特色社会主义道路、在新的历史起点上继续发展中国特色社会主义的政治宣言和行动纲领，是一篇马克思主义的纲领性文献，通篇闪烁着思想的光辉、理论的光辉、真理的光辉。胡锦涛总书记提出的重大理论观点、重大战略思想、重大工作部署，具有高度的政治性、思想性、战略性和指导性，集中了我们党对共产党执政规律、社会主义建设规律和人类社会发展规律认识的最新成果，作出了重大的理论贡献。

胡锦涛总书记在报告中集中回答了坚持走中国特色社会主义道路的重大理论和实践问题，丰富和发展了中国特色社会主义的理论和实践。"第一，坚持走中国特色社会主义道路，必须始终不渝地坚持党的领导，这是坚持和发展中国特色社会主义的组织保证；第二，坚持走中国特色社会主义道路，必须始终不渝地立足社会主义初级阶段的基本国情，这是坚持和发展中国特色社会主义的基础和前提；第三，坚持走中国特色社会主义道路，必须始终不渝地坚持党的'一个中心、两个基本点'的基本路线，这是坚持和发展中国特色社会主义的根本政治条件；第四，坚持走中国特色社会主义道路，必须始终不渝地坚持解放和发展社会生产力，这是坚持和发展中国特色社会主义的根本任务；第五，坚持走中国特色社会主义道路，必须始终不渝地巩固和完善社会主义制度，这是坚持和发展中国特色社会主义的制度保证；第六，坚持走中国特色社会主义道路，必须始终不渝地坚持社会主义经济建设、政治建设、文化建设和社会建设整体推进，这是坚持和发展中国特色社会主义的总体布局；第七，坚持走中国特色社会主义道路，必须始终不渝地坚持建设富强民主文明和谐的社会主义现代化国家，这是坚持和发展中国特色社会主义的根本目标。第八，总起来说，坚持走中国特色社会主义道路，必须始终不渝地坚持科学社会主义基本原则和中国特色的有机统一，这是坚持和发展中国特色社会主义的根本指导思想。中国特色社会主义道路，是国家富强之路、人民幸福之路、民族振兴之路。为了找到这条道路，坚持和发展这条道路，我们党几代人进行了艰辛探索。我们一定要深刻理解和全面把握中国特色社会主义道路的本质和基本要求，勇于变革、勇于创新，永不僵化、永不停滞，在中国特色社会主义伟大道路上阔步前进。"①

正因为中国特色社会主义道路是几代人经过长期的艰难探索，付出重大代价后才找到的一条适合中国发展的成功之路，因此，党的十八大强调："我们坚定不移高举中国特色社会主义伟大旗帜，既不走封闭僵化的老路，也不走改旗易帜的邪路。中国特色社会主义道路，中国特色社会主义理论体系，中国特色社会主义制度，是党和人民九十多年奋斗、创造、积累的根本成就，必须倍加珍惜、始终坚持、不断发展。"②

二　中国特色社会主义的内涵和基本要求

辩证唯物主义认识论告诉我们：实践是认识的基础，认识对实践具有指导作用。正确认识中国特色社会主义的内涵和基本要求，对我们坚持和发展中国特色社会主义具有重要的指导作用。

（一）中国特色社会主义的内涵

从 1982 年邓小平在党的十二大开幕词中明确提出"走自己的路，建设有中国特色社会主义"到党的十八大的三十年里，"中国特色社会主义"便成为党和国家重大政治生活中的主题词汇。十三大政治报告的题目是《沿着有中国特色社会主义道路前进》；十四大政治报告的题目是《加快改革开放和现代化建设步伐，夺取有中国特色社会主义事业的更大胜利》；十五大政治报告的题目是《高举邓小平理论伟大旗帜，把建设有中国特色社会主义事业全面推向二十一世纪》；十六大政治报告的题目是《全面建设小康社会，开创中国特色社会主义事业新局面》；十七大政治报告的题目是《高举中国特色社会主义伟大旗帜　为夺取全面建设小康社会新胜利而奋斗》；十八大政治报告的题目是《坚定不移沿着中国特色社会主义道路前进　为全面建成小康社会而奋斗》。党的七次全国代表大会全都围绕"中国特色社会主义"这一主题展开，那么，"中国特色社会主义"的内涵又是什么呢？

党的十八大政治报告中首次从内涵上对"中国特色社会主义"进行

---

① 胡锦涛：《坚定不移沿着中国特色社会主义道路前进　为全面建成小康社会而奋斗》，人民出版社 2012 年版，第 12—13 页。

② 同上书，第 13 页。

了概括和阐述："中国特色社会主义"包含中国特色社会主义道路、中国特色社会主义理论体系、中国特色社会主义制度和中国特色社会主义伟大实践四个方面。

"中国特色社会主义道路，就是在中国共产党领导下，立足基本国情，以经济建设为中心，坚持四项基本原则，坚持改革开放，解放和发展社会生产力，建设社会主义市场经济、社会主义民主政治、社会主义先进文化、社会主义和谐社会、社会主义生态文明，促进人的全面发展，逐步实现全体人民共同富裕，建设富强民主文明和谐的社会主义现代化国家。中国特色社会主义理论体系，就是包括邓小平理论、'三个代表'重要思想、科学发展观在内的科学理论体系，是对马克思列宁主义、毛泽东思想的坚持和发展。中国特色社会主义制度，就是人民代表大会制度的根本政治制度，中国共产党领导的多党合作和政治协商制度、民族区域自治制度以及基层群众自治制度等基本政治制度，中国特色社会主义法律体系，公有制为主体、多种所有制经济共同发展的基本经济制度，以及建立在这些制度基础上的经济体制、政治体制、文化体制、社会体制等各项具体制度。中国特色社会主义道路是实现途径，中国特色社会主义理论体系是行动指南，中国特色社会主义制度是根本保障，三者统一于中国特色社会主义伟大实践，这是党领导人民在建设社会主义长期实践中形成的最鲜明特色。"①

（二）建设中国特色社会主义的总依据、总布局和总任务

党的十八大政治报告中指出："建设中国特色社会主义，总依据是社会主义初级阶段，总布局是五位一体，总任务是实现社会主义现代化和中华民族伟大复兴。"②

一切从实际出发是马克思主义的基本原理和基本要求，建设中国特色社会主义必须从中国的国情这一最大的实际出发。当代中国最大的最基本的实际就是我国正处在社会主义初级阶段。这个初级阶段从 20 世纪 50 年代社会主义三大改造完成开始，到 21 世纪中叶我国现代化基本实现结束。我们制定路线方针政策都必须从社会主义初级阶段的实际出发，而不能超越这个阶段，否则就要走弯路，就会出现重大失误。

---

① 胡锦涛：《坚定不移沿着中国特色社会主义道路前进　为全面建成小康社会而奋斗》，人民出版社 2012 年版，第 12—13 页。

② 同上书，第 13 页。

建设中国特色社会主义的总体布局体现了党对执政规律、社会主义建设规律和人类社会发展规律认识的不断深化。从党的十一届三中全会到十二届五中全会，并没有"总体布局"的提法。在讲到现代化建设目标时一般用"实现四个现代化"、"高度民主，高度文明"、"两个文明建设一起抓"等提法。1986年召开的十二届六中全会第一次提出了"总体布局"的概念。"我国社会主义现代化建设的总体布局是以经济建设为中心，坚定不移地进行经济体制改革，坚定不移地进行政治体制改革，坚定不移地加强精神文明建设，并且使这几个方面互相配合，互相促进。"党的十七大首次把"社会建设"作为中国特色社会主义事业总体布局的一个方面，写入党的全国代表大会报告之中，并在新修改的《党章》中加以确认，正式确立了中国特色社会主义经济建设、政治建设、文化建设和社会建设"四位一体"的总体布局。这不仅是党的理论的一个重大创新和发展，为中国特色社会主义理论体系注入了新的内涵，也开启了中国特色社会主义全面发展、全面进步的新阶段，对于建设富强民主文明和谐的社会主义现代化国家具有深远意义。

（三）建设中国特色社会主义的基本要求

党的十八大报告指出，在新的历史条件下夺取中国特色社会主义新胜利，必须牢牢把握"八个必须坚持"的基本要求，并使之成为全党全国各族人民的共同信念。"八个必须坚持"是：必须坚持人民主体地位；必须坚持解放和发展生产力；必须坚持推进改革开放；必须坚持维护社会公平正义；必须坚持走共同富裕道路；必须坚持促进社会和谐；必须坚持和平发展；必须坚持党的领导。[①]

1. "八个必须坚持"的基本要求概括了建设中国特色社会主义的基本问题

建设中国特色社会主义必须正确认识什么是社会主义、怎样建设社会主义，建设什么样的党、怎样建设党，实现什么样的发展、怎样实现发展等重大理论问题和现实问题。从理论上看，要解决这些基本问题就必须阐明我国的发展阶段、历史方位、旗帜道路、根本任务、本质属性、发展战略、发展模式、领导力量、根本动力等基本问题。从实践的角度来说，还

---

① 参见胡锦涛《坚定不移沿着中国特色社会主义道路前进　为全面建成小康社会而奋斗》，人民出版社2012年版，第14—15页。

必须对如何解决这些问题做出基本的规定。

"必须坚持人民主体地位"体现了党的马克思主义历史观，解决了建设中国特色社会主义根本依靠力量问题。"必须坚持解放和发展生产力"符合生产力是社会发展的决定力量这一马克思主义唯物史观的基本要求，回答了建设中国特色社会主义的根本任务问题。"必须坚持推进改革开放"符合马克思主义生产关系必须符合生产力发展要求的原理，解决了推动社会发展的动力问题。"必须坚持维护社会公平正义"这是一切社会存在和发展的基本要求，也是建设中国特色社会主义的社会基础保障。"必须坚持走共同富裕道路"是社会主义的本质要求，是建设中国特色社会主义的前进目标和方向。"必须坚持促进社会和谐"既是建设中国特色社会主义的重要内容，也是推动社会发展所必需的社会环境。"必须坚持和平发展"解决了发展的基本路径和基本方式问题。"必须坚持党的领导"指明了建设中国特色社会主义的领导力量，是坚持中国特色社会主义正确方向的根本保证。

2. "八个必须坚持"是中国特色社会主义建设的经验总结

十一届三中全会至党的十八大三十余年建设中国特色社会主义的伟大实践，使党和人民深深地认识到：实现中华民族的伟大复兴，必须坚定不移地走中国特色社会主义道路，这是党在引领中国特色社会主义发展中得出的根本经验，而这一根本经验涵盖了中国特色社会主义从理论到实践各个层面的新认识、新论断，"八个必须坚持"正是这些新认识、新论断的高度凝练与集中展现。

建设中国特色社会主义必须始终以人民利益为出发点和落脚点，以发展为了人民、发展依靠人民、发展成果由人民共享为根本原则，顺应人民的共同意愿，切实把人民利益放在第一位。发展是硬道理，发展是第一要义，只有以经济建设为中心，全心全意谋发展，才能解决各种问题。只有坚持改革开放，坚持共同富裕的道路，坚持公平正义和和谐社会建设，才能实现发展的目标。只有坚持和平发展，才能顺应世界潮流，充分利用有利的国际资源和国际市场，推动我们的发展。只有坚持党的领导，才能不走弯路，沿着正确的道路大步前进。这是总结改革开放30多年来中国特色社会主义不断取得新胜利的基本经验。

3. "八个必须坚持"具有实践层面的可操作性

建设中国特色社会主义不仅需要理论指导，需要路线方针和政策的方向保证，更需要有实践层面的可操作性。"八个必须坚持"既体现了宏观上的目标要求，为各个方面的实践指明了方向，同时又具有实践层面的可操作性，把宏观和微观两个层面的要求有机统一起来，是党领导中国特色社会主义建设的一个重要创新，也是全面建成小康社会，实现中华民族伟大复兴的重要措施保障。

"八个必须"在微观层面的现实操作性显而易见，那就是进一步强调了建设中国特色社会主义必须以解放和发展社会生产力为基础，以促进社会生产力的发展为社会全面发展创造条件；继续深化改革开放，进一步消除体制和机制上的掣肘，为中国特色社会主义的发展提供强大动力；坚持和平发展之路，尊重世界各国人民的自主选择，赢得更多的支持和理解；进一步提高党的领导能力和执政能力，切实推进党内民主，完善党的组织与运行机制，始终成为中国特色社会主义事业的坚强领导核心。

三 正确认识中国特色社会主义的"四个特色"

从党的十二大提出"中国特色社会主义"这一概念到党的十八大的三十年间，我们无数次使用"中国特色社会主义"这个概念，但很少深究"中国特色"的含义和表现。党的十八大报告第一次对中国特色社会主义的"特色"进行了概括："发展中国特色社会主义是一项长期的艰巨的历史任务，必须准备进行具有许多新的历史特点的伟大斗争。我们一定要毫不动摇坚持、与时俱进发展中国特色社会主义，不断丰富中国特色社会主义的实践特色、理论特色、民族特色、时代特色。"[1]

（一）中国特色社会主义的"实践特色"

在中国这样一个人口众多、经济落后的国家进行社会主义建设是没有现成的经验可供借鉴的。我们党在长期领导中国革命的过程中得出的基本结论是：既不能照搬马克思主义的"本本"，也不能照搬他国的经验，必须把马克思主义的基本原理与中国的具体实际有机结合起来，走自己的路，进行社会主义建设也必须如此。

---

[1] 胡锦涛：《坚定不移沿着中国特色社会主义道路前进 为全面建成小康社会而奋斗》，人民出版社 2012 年版，第 13 页。

　　以邓小平为核心的党的第二代领导集体总结了毛泽东为首的第一代领导集体进行社会主义建设的经验和教训，并根据我国农村经济体制改革的伟大实践，提出"我们的现代化建设，必须从中国的实际出发。无论是革命还是建设，都要注意学习和借鉴外国经验。但是，照抄照搬别国经验、别国模式，从来不能得到成功。这方面我们有过不少教训。把马克思主义的普遍真理同我国的具体实际结合起来，走自己的道路，建设有中国特色的社会主义，这就是我们总结长期历史经验得出的基本结论。"①

　　十一届三中全会以后，针对改革开放过程中出现的不同做法和不同声音，邓小平、陈云等领导同志提出"摸着石头过河"。1980年12月16日，陈云在中共中央工作会议开幕会上说："改革固然要靠一定的理论研究、经济统计和经济预测，更重要的还是要从试点着手，随时总结经验，也就是要'摸着石头过河'。"② 随后，邓小平在中共中央工作会议闭幕会上，表示完全同意陈云的意见，认为陈云讲话"是我们今后长期的指导方针"。作为辩证唯物主义的一种认识论、方法论，"摸着石头过河"是在勇敢实践中不断总结经验的一种形象性的说法，揭示了从实际出发、在实践中勇于开拓并稳步前进的思想方法和工作方法。这丝毫没有否认理论研究、统一规划、科学预测的必要性和重要性。但是，真理只能从实践中来，并回到实践中去检验，这就离不开"摸着石头过河"。

　　邓小平针对20世纪80年代末90年代初"姓社姓资"的争论冷静思考，在南方谈话中明确指出："改革开放胆子要大一些，敢于试验．不能像小脚女人一样。看准了的，就大胆地试，大胆地闯。没有一点闯的精神，没有一点'冒'的精神，没有一股气呀，劲呀，就走不出一条好路，走不出一条新路，就干不出新的事业。"③"对改革开放，一开始就有不同意见，这是正常的。……不搞争论，是我的一个发明，不争论，是为了争取时间干。一争论就复杂了，把时间都争掉了，什么也干不成。不争论，大胆地试，大胆地闯。农村改革是如此，城市改革也应如此。"④

　　邓小平同志的论述充分体现了马克思主义实践第一的观点和实践主体是人民群众的观点。以江泽民为核心的第三代中央领导集体确立了社会主义市场经济体制的改革目标后，带领全国人民进行大胆实践，不断总结经验，不断进行各种制度上的完善，取得了中国特色社会主义建设的伟大胜利，并把中国特色社会主义全面推向 21 世纪。

以胡锦涛为总书记的中央领导集体根据新世纪的党情国情和世情，在建设中国特色社会主义的实践中不畏艰难，奋勇开拓，取得了一系列新的历史性成就，为全面建成小康社会打下了坚实基础。从党领导人民三十年孜孜不倦的探索过程来看，"实践特色"是中国特色社会主义的基础。

（二）中国特色社会主义的"理论特色"

"理论特色"是中国特色社会主义的行动指南，是马克思主义的基本原理和中国具体实际相结合的产物，是马克思主义在中国的继承和发展，是中国特色的马克思主义。

马克思恩格斯根据他们所处的时代特点提出的一系列理论和观点虽然具有普遍指导意义，虽然他们对社会主义也做了一些设想，但世界是在不断发展变化的，实践也是不断深入的，如果把马克思主义当做教条照抄照搬，就会给革命和建设带来损失。列宁根据资本主义发展到帝国主义阶段后出现的新情况和国际共产主义运动的新特点，没有把马克思恩格斯关于"无产阶级革命只能在资本主义发达国家同时取得胜利"的论断当做教条，而是提出了"无产阶级革命可以在一个或几个国家首先取得胜利"的新论断。在列宁主义指导下，俄国人民取得了十月革命的伟大胜利，成立了世界上第一个社会主义国家。苏联在社会主义建设中既有重大成就，也存在许多致命的失误，他们的经验和教训值得我们借鉴和警醒。中国共产党人在新民主主义革命的实践中，创造性地把马克思主义的基本原理和中国革命的具体实际结合起来，产生了毛泽东思想这一伟大理论成果。以邓小平、江泽民、胡锦涛为代表的中国共产党人在领导社会主义建设的伟大实践中，不仅找到了一条适合中国国情的社会主义建设道路，还产生了邓小平理论、"三个代表"重要思想和科学发展观等一系列新的理论成果——中国特色社会主义理论。这些理论与马克思主义既一脉相承，又丰富发展，从而使中国的社会主义具有鲜明的"理论特色"。

（三）中国特色社会主义的"民族特色"

中国特色社会主义作为实现中华民族伟大复兴的根本路径，从一开始就熔铸和展现着民族特色。具有独立自主优良传统的中国共产党人，在开创中国特色社会主义的伟大实践中，始终从最自觉、最彻底、最坚定的爱国主义立场出发，坚持把社会主义基本原则同中国基本国情相结合，其中包括同推进民族复兴伟业的现实需要相结合，同中国各族人民对美好生活的期待追求相结合，同中华民族优秀传统文化相结合。由此生长起来的中国特色社会主义，必然会深深植根于我们整个民族的凝聚力和创造力之中，必然会赢得全国各族人民的拥护和支持，必然会获取最丰厚最滋润的民族精神营养，也必然会形成与中华民族血脉不可分割的民族特色。当下国际社会对中国道路、中国制度的关注，实际上就蕴涵着对中国特色社会主义所具有的民族特色的看重之意。中国特色社会主义的民族特色，集中体现在它形成了赖以获得深厚伟力的民族化形态。

中国特色社会主义始终立足于中华大地，立足于中国国情，始终是为中华民族谋福祉的事业。中国特色社会主义坚持以马克思主义为指导，同时紧密结合中国的国情、中国发展的新要求、全国各族人民的新期待来发展自身。中国特色社会主义深深扎根于中华优秀文化的沃土之中。在我国五千多年文明发展历程中，各族人民紧密团结、自强不息，共同创造出源远流长、博大精深的中华文化，为中华民族发展壮大提供了强大精神力量，成为中国特色社会主义不断向前发展的强大动力；优秀传统文化凝聚着中华民族自强不息的精神追求和历久弥新的精神财富，是发展社会主义先进文化的深厚基础，是建设中华民族共有精神家园的重要支撑。

中国优秀的历史文化传统不断融入中国特色社会主义的各项建设之中。例如，中华民族历史上的小康社会的理想已经转化为中国特色社会主义的"全面建成小康社会"。"建设社会主义和谐社会"也与中国传统文化中"和"文化有密切关系。我们有天人合一的宇宙观，《易经》说，依据自然规律的变化，人类获得自己的命运，变化中有差异和冲突，但最后会走向太和，而和的价值指向是万国的繁荣与安宁；我们有和实生物的世界观，中国春秋时期的史伯提出"和实生物"的论断，他认为事物由"和"产生，没有"和"就没有万物，"和"是万物之母；我们有和而不同、求同存异的价值观，孔子提出"君子和而不同，小人同而不和"，这就要求人们之间要彼此尊重各自不同的观点，在相互尊重的基础上找到共同点；我们有政通人和的政绩观，中国传统文化一直奉行"天时不如地利，地利不如人和"的政治理念。这些思想都为我们建设和谐社会奠定了良好的民族文化基础。2005年2月，胡锦涛总书记在省部级主要领导干部提高构建社会主义和谐社会能力专题研讨班上的讲话中，对和谐社会的建设提出全面要求，继承和发展了中国传统"和"的思想。再比如，我们党高度重视社会公平正义，实际上我国历史上也有公平正义的思想。《礼记·礼运》中描绘了"大道之行也，天下为公，选贤与能，讲信修睦。故人不独亲其亲，不独子其子，使老有所终，壮有所用，幼有所长，鳏、寡、孤、独、废、疾者皆有所养"这样一种理想社会。墨子提出了"兼相爱"、"爱无差等"的理想社会方案。孟子描绘了"老吾老以及人之老，幼吾幼以及人之幼"的社会状态。洪秀全提出要建立"务使天下共享"，"有田同耕，有饭同食，有衣同穿，有钱同使，无处不均匀，无人不饱暖"的社会。康有为在《大同书》中提出要建立一个"人人相亲，人人平等，天下为公"的理想社会。这都体现了社会公正。实际上，我们党实事求是的思想路线，也有深厚的民族文化根基。

（四）中国特色社会主义的"时代特色"

改革开放打破了闭关锁国的状态，中国特色社会主义建设也深深烙上了"时代特色"的特征。中国特色社会主义是在世界格局大变动大调整大变革中发展的，是在国际形势风云变幻中前进的。对外开放已经成为中国特色社会主义内在的重要组成部分。我们必须实行更加积极主动的开放战略，加快实施"走出去"战略，积极参与全球经济治理和区域合作，推动国际经济体系改革，不断拓展新的开放领域和空间，以开放促发展、促改革、促创新。

20世纪80年代，邓小平根据国际形势的深刻变化，提出"和平与发展是当代世界两大主题"的新论断，取代"战争与革命"这一旧的时代主题观。这是具有划时代意义的理论创新，是我们党新时期基本路线和国家外交战略的重要理论依据，对于我们坚定地走和平发展道路，具有重大的指导作用和现实意义。

中国特色社会主义是在包容中发展的，这是时代的要求。实现包容性发展，根本目的是让经济全球化和经济发展成果惠及所有国家和地区、惠及所有人群。加入世界贸易组织十多年来，中国对世界经济的贡献巨大：十年来，中国总计从海外进口达8.5万亿美元，为各国发展提供了广阔市场；2000—2011年中国对世界经济的累计贡献率已经超过20%，高于美国；在2012—2017年的五年中，中国进口总规模有望超过8万亿美元，这将是中国对世界经济的重大贡献。很多世界上的政治家也都承认这一点。泰国前副总理功·塔帕朗西在接受记者采访时说：中国是世界上最稳健的经济体，中国经济是亚洲经济发展的助推器，将带动泰国等发展中国家一起走向繁荣；中国在经济发展过程中，把自己经济增长的成果与世界分享，中国的繁荣将使整个亚洲和世界受益。

中国特色社会主义走和平发展道路，致力于和谐世界建设。中国一贯倡导在和平共处五项原则的基础上同所有国家发展友好合作，维护发展中国家正当要求和共同利益，推动国际政治经济秩序朝着更加公正合理的方向发展。中国特色社会主义把坚持独立自主同参与经济全球化结合起来，强调我们既高度珍惜并坚定不移地维护中国人民经过长期奋斗得来的独立自主权利，又坚持对外开放的基本国策，始终站在国际大局与国内大局相互联系的高度审视中国和世界的发展问题，思考和制定中国的发展战略，推动建设持久和平、共同繁荣的和谐世界。

党的十二大是中国特色社会主义时代特色的发端。建设中国特色社会主义，首先要切合中国实际，从中国实际出发；其次要面向世界。中国特色社会主义的时代特色，就是要准确把握时代主题和时代特征，努力顺应时代潮流，不断适应时代要求，始终走在时代前列，吸收借鉴人类一切文明成果来建设中国的社会主义。一句话，中国特色社会主义就是要从传统社会主义建设的老路上回归人类文明的大道。邓小平在十二大开幕词中第一次明确提出了"建设有中国特色社会主义"的重大命题包含了时代特色的本质要求：一方面要注意学习和借鉴外国经验，另一方面又不要照抄照搬。因此，我党对于中国特色社会主义"时代特色"的认识和表述由此开端。

随着改革开放事业的不断推进，我们党对中国国情和时代特色的认识不断深化。1984年10月，在《中共中央关于经济体制改革的决定》中指出："为了从根本上改变束缚生产力发展的经济体制，必须认真总结我国的历史经验，认真研究我国经济的实际情况和发展要求，同时必须吸收和借鉴当今世界各国包括资本主义发达国家的一切反映现代化生产规律的先进管理方法。"这表明，我们党对于时代特色的认识有了实质性进展，从借鉴和学习外国经验，引进技术和资金，发展到"吸收和借鉴当今世界各国包括资本主义发达国家一切先进经营管理方法"，从中国特色所要求的马克思主义同中国实际相结合，拓展为要"正确对待外国经验"，使中国特色社会主义开始具备了"马克思主义与中国实际和时代特征相结合"的雏形。

党的十三大报告指出："当代国际经济关系越来越密切，任何国家都不可能在封闭状态下求得发展。在落后基础上建设社会主义，尤其要发展对外经济技术交流和合作，努力吸收世界文明成果，逐步缩小同发达国家的差距。"从中可以看出，党的十三大在时代特色的认识上又前进了一步：从吸收当今世界各国先进管理方法，到"努力吸收世界文明成果"。把建设中国特色社会主义与吸收世界文明成果联系起来，使中国的社会主义建设开始走上人类文明的大道。

1992年邓小平南方谈话标志着中国特色社会主义时代特色的基本形成。邓小平在南方谈话中指出："社会主义要赢得与资本主义相比较的优势，就必须大胆吸收和借鉴人类创造的一切文明成果。吸收和借鉴当今世界各国包括资本主义发达国家的一切现代化生产规律的先进经营方式、管理方法。"同年10月，党的十四大报告在讲到建设社会主义的外部条件时明确指出：和平与发展是当代世界两大主题，应当吸收和利用世界各国包括资本主义发达国家所创造的一切先进文明成果来发展社会主义。从邓小平南方谈话到党的十四大，我党对"时代特色"的认识和表述有了飞跃和升华：一是首次明确提出时代主题是"和平与发展"的论断；二是提出了要大胆吸收和借鉴世界各国包括资本主义发达国家一切文明成果来发展社会主义的论断；三是提出了不要被姓"社"姓"资"束缚自己的思想和手脚，计划多一点还是市场多一点，不是社会主义与资本主义的本质区别的论断。邓小平南方谈话和党的十四大表明，我党在对中国特色社会主义时代特色的认识上突破了困扰多年的意识形态禁区和经济体制禁区，从而在更加宽广的视野上更加准确地去认识和把握中国特色社会主义的时代特色。

从党的十七大到党的十八大，中国特色社会主义时代特色不断丰富和发展。进入21世纪，我国进入全面建设小康社会、加快推进社会主义现代化的新的发展阶段。以胡锦涛为总书记的党中央审时度势，适应新的发展形势和发展要求，不断丰富和发展了中国特色社会主义的时代特色。党的十七大最大的亮点就是提出并阐述了中国特色社会主义道路和中国特色社会主义理论体系的科学内涵：改革开放以来我们取得一切成绩和进步的根本原因，归结起来就是，开辟了中国特色社会主义道路，形成了中国特色社会主义理论体系。中国特色社会主义道路之所以完全正确，之所以能够引领中国发展进步，关键在于我们既坚持了科学社会主义的基本原则，又根据我国实际和时代特征赋予其鲜明的中国特色。至此，我党关于"中国特色"的两大特征、两大基石的表述达到最精确的程度，同时也表明坚持时代特色与坚持中国实际在中国特色社会主义中的重要地位和意义。

要实现在中国共产党成立一百年时全面建成小康社会，在新中国成立一百年时建成富强民主文明和谐的社会主义现代化国家的百年目标，就必须推动改革开放不断向前发展，与时俱进。如果不紧跟时代的步伐，就会被时代所淘汰，如果不把握好时代的脉搏，就把握不住时代发展的需要，改革就会失去方向，失去动力。丰富中国特色社会主义的"时代特色"，就是要把握时代的脉搏，紧跟时代的节奏，赶超时代的脚步，在改革中引领时代。

四　大学生要为实现中国梦奉献智慧和力量

坚持和发展中国特色社会主义是一项长期的艰巨的历史任务，实现两个"百年目标"和中华民族伟大复兴的中国梦需要全国人民艰苦奋斗，不断探索，勇于开拓。大学生作为中国特色社会主义的建设者和接班人，应当为实现中国梦奉献自己的智慧和力量。

（一）党和国家对青年一代的殷切期望

2012 年 5 月 4 日，胡锦涛在纪念中国共产主义青年团成立 90 周年大会上发表了重要讲话，回顾了中国青年运动的历史，历代党和国家领导人对青年的殷切期望。[①]

90 年前，在中国革命风云激荡的历史变革中，在伟大的五四运动的深刻影响下，中国共产主义青年团宣告成立。这是中国共产党为动员广大青年投身中国社会伟大变革而采取的重大行动，表明我们党充分认识到青年在中国社会发展进步中的重要地位和作用。从此，在党的领导下，在中国人民争取民族独立、人民解放和国家富强、人民富裕的长期奋斗中，中国青年运动展开了浩浩荡荡的发展征程。90 年来，在中国革命、建设、

---

① 参见胡锦涛在纪念中国共产主义青年团成立 90 周年大会上的讲话，中央政府门户网站（www.gov.cn）2012 年 5 月 4 日 22 时 13 分，资料来源：新华社。

改革各个历史时期，中国共产党始终高度重视青年、关怀青年、信任青年，对青年一代寄予殷切期望。毛泽东同志赞扬青年是"早晨八、九点钟的太阳"，强调希望寄托在青年身上，号召广大青年走与工农群众相结合的道路。邓小平同志满怀深情地指出，"青年一代的成长，正是我们事业必定要兴旺发达的希望所在"，希望广大青年争当有理想、有道德、有文化、有纪律的一代新人。江泽民同志强调，"青年兴则国家兴，青年强则国家强"，希望广大青年为党和人民事业坚韧不拔开拓前进。党的十六大以来，党中央要求全党都"关注青年、关心青年、关爱青年"，希望广大青年充分发挥聪明才智、尽情展现人生价值，让青春在为党和人民建功立业中焕发出绚丽光彩。这充分表明，中国共产党从来都把青年看做是民族的希望、祖国的未来，从来都把青年作为党和人民事业发展朝气蓬勃的推动力量，从来都热情鼓励和坚定支持青年在人民前进的伟大实践中实现人生理想和远大抱负。

2013 年 5 月 4 日，习近平总书记在与同各界优秀青年代表座谈时指出，我们党始终代表青年、赢得青年、依靠青年，始终重视青年、关怀青年、信任青年。在展望未来时强调，我国青年一代必将大有可为，也必将大有作为。广大青年要勇敢肩负起时代赋予的重任，把理想信念建立在对科学理论的理性认同上，建立在对历史规律的正确认识上，建立在对基本国情的准确把握上，永远紧跟党高高举起中国特色社会主义伟大旗帜；增强知识更新的紧迫感，如饥似渴学习，勇于到条件艰苦的基层、国家建设的一线、项目攻关的前沿去经受锻炼、增长才干；自觉树立和践行社会主义核心价值观，始终保持积极的人生态度、良好的道德品质、健康的生活情趣，努力使自己成为祖国建设的有用之才、栋梁之材。习近平强调，共青团要在广大青少年中深入开展"我的中国梦"主题教育实践活动，用中国梦打牢广大青少年的共同思想基础，用中国梦激发广大青少年的历史责任感，为每个青少年播种梦想、点燃梦想，让更多青少年敢于有梦、勇于追梦、勤于圆梦，让每个青少年都为实现中国梦增添强大青春能量。

（二）正确认识当代大学生肩负的历史责任

当代大学生肩负着全面建成小康社会，实现中华民族伟大复兴的历史责任。

从现在到 2020 年不足 7 年的时间，是我国全面建成小康社会的关键时期。目前在校的大学生将陆续离开学校走向社会，投身到国家建设的第一线。要想成为中国特色社会主义的"合格建设者"，大学生必须在思想、知识、能力和身体素质各个方面严格要求自己。

首先，要树立远大的理想和科学的信念，自觉树立和践行社会主义核心价值观，始终保持积极的人生态度和良好的道德品质、健康的生活情趣，成为一个有理想、有道德、有文化、有纪律的合格毕业生。为此，必须认真学习马克思主义和中国特色社会主义理论，不断加强道德修养，增强法制观念，克服自身的缺点和不足，按照党和国家的期望健康成长。

其次，要认真学习科学知识，不断提高自己的职业技能，不断提高自己的各方面能力，努力使自己成为祖国建设的有用之才、栋梁之材。为此，必须从入校的第一天开始，就要有知识更新的紧迫感，学好每一门必修课，尽可能地多选一些选修课，为将来参加工作打好坚实的知识基础。要注重能力的培养和提高，树立创新观念，提高职业技能。要切实纠正"六十分万岁"的错误观念以及上课玩手机、听音乐等不良习惯。应清醒地认识到，学习是一件枯燥的事情，靠的是坚韧不拔的意志，仅凭兴趣爱好是学不好一门课程的。要重视实习机会，要养成学以致用的良好习惯。那种忽视专业知识学习、为增加就业砝码热衷考各种资格证的倾向应当纠正。

再次，要重视身体锻炼，提高身体素质。过去常说"身体是革命的本钱"，今天照样可以说"身体是工作和生活的本钱"，没有一个好的身体，不仅无法适应高强度的工作需要，甚至连自己的正常生活都会受到较大影响。现在大学校园中睡懒觉、带着早饭进课堂的现象非常普遍。课外活动时间自觉锻炼的同学并不多见。要有一个好的身体，就必须养成良好的生活习惯，自觉加强体育锻炼，每个人至少要有一项自己喜欢并经常参加的体育项目。

最后，还要加强中国传统文化的学习，不断提高自己的文化水平。文化是民族的血脉，是人民的精神家园。我国是一个历史悠久文化灿烂的文明古国，中国传统文化在全面建成小康社会和实现中华民族伟大复兴过程中具有重要作用。大学生不仅是中国传统文化的继承者，更应当是创造者和传播者。由于教育体制等多方面因素的影响，"有知识，少文化"在大学生群体中有比较突出的表现。因此，大学生在学好专业的前提下还要学习中国传统文化，不断提高自己的文化素养和文化品位，成为一个有文化的大学生。

从现在到 21 世纪中叶距我国实现第二个百年目标即把我国建成富强民主文明和谐的社会主义现代化国家还有三十七年的时间，目前的在校大学生毕业后的整个职业生涯将始终面对这一奋斗目标。作为建设者，他们将是各行各业的中坚力量；作为接班人，这一群体将影响中华民族的未来走向。因此，要高举中国特色社会主义的伟大旗帜不动摇，要带领全国人民坚定不移地走中国特色社会主义道路，就必须对这一群体提出更高的要求：认真学习中国特色社会主义理论，正确认识社会发展规律、中国特色社会主义建设规律和执政规律，坚定中国特色社会主义的道路自信、理论自信和制度自信。

在校大学生毕业一段时间后将会陆续走上各个单位、各级国家机关的领导岗位，他们的民主法治理念对第二个百年目标的实现将直接起到决定作用。为此，大学生还应当在道德民主法治方面多下一些工夫，真正成为德才兼备的接班人。

（三）大学生要用实际行动为实现中国梦而奋斗

2013 年 3 月 17 日，习近平总书记在第十二届全国人民代表大会第一次会议的闭幕会上发表了重要讲话。① 习近平指出，实现全面建成小康社会、建成富强民主文明和谐的社会主义现代化国家的奋斗目标，实现中华民族伟大复兴的中国梦，就是要实现国家富强、民族振兴、人民幸福，既深深体现了今天中国人的理想，也深深反映了我们先人们不懈奋斗追求进步的光荣传统。中国梦不仅是关乎国家民族发展的美好梦想，也是关乎我们每个普通中国人的人生梦想，中国梦是民族的梦，也是每个中国人的梦。

实现中国梦必须走中国道路。这就是中国特色社会主义道路。这条道路来之不易，它是在改革开放 30 多年的伟大实践中走出来的，是在中华人民共和国成立 60 多年的持续探索中走出来的，是在对近代以来 170 多年中华民族发展历程的深刻总结中走出来的，是在对中华民族五千多年悠久文明的传承中走出来的，具有深厚的历史渊源和广泛的现实基础。中华民族是具有非凡创造力的民族，我们创造了伟大的中华文明，我们也能够继续拓展和走好适合中国国情的发展道路。全国各族人民一定要增强对中国特色社会主义的理论自信、道路自信、制度自信，坚定不移沿着正确的

---

① 参见《人民日报》2013 年 3 月 18 日第 1 版。

中国道路奋勇前进。

实现中国梦必须弘扬中国精神。这就是以爱国主义为核心的民族精神，以改革创新为核心的时代精神。这种精神是凝心聚力的兴国之魂、强国之魄。爱国主义始终是把中华民族坚强团结在一起的精神力量，改革创新始终是鞭策我们在改革开放中与时俱进的精神力量。全国各族人民一定要弘扬伟大的民族精神和时代精神，不断增强团结一心的精神纽带、自强不息的精神动力，永远朝气蓬勃迈向未来。

实现中国梦必须凝聚中国力量。这就是中国各族人民大团结的力量。中国梦是民族的梦，也是每个中国人的梦。只要我们紧密团结，万众一心，为实现共同梦想而奋斗，实现梦想的力量就无比强大，我们每个人为实现自己梦想的努力就拥有广阔的空间。生活在我们伟大祖国和伟大时代的中国人民，共同享有人生出彩的机会，共同享有梦想成真的机会，共同享有同祖国和时代一起成长与进步的机会。有梦想，有机会，有奋斗，一切美好的东西都能够创造出来。全国各族人民一定要牢记使命，心往一处想，劲往一处使，用13亿人的智慧和力量汇集起不可战胜的磅礴力量。

中国特色社会主义事业是面向未来的事业，实现中国梦是一项时间跨度大的社会工程，需要一代又一代有志青年接续奋斗。大学生要积极响应党的号召，树立正确的世界观、人生观、价值观，永远热爱我们伟大的祖国，永远热爱我们伟大的人民，永远热爱我们伟大的中华民族，在投身中国特色社会主义伟大事业中，让青春焕发出绚丽的光彩。这既是党给每个青年最强烈的信号，也是党和国家宏伟大业向大学生发出的深情召唤。

青年强则国强，青年立则国立。党中央对广大青年的高度倚重，对青年工作的高度重视，是推动祖国未来事业、激励一代又一代有志青年接续奋斗的原动力。作为高校的大学生来说，只有把自己的热情、激情、活力投身于中国特色社会主义伟大事业之中，才能让青春焕发出绚丽的光彩。唯有义不容辞地承担起历史赋予我们的使命，才能让自己的青春在中华民族伟大复兴的征程中焕发出耀眼的光辉，才能让青春在时代进步中焕发出绚丽的光彩！

参考文献

1. 胡锦涛：《坚定不移沿着中国特色社会主义道路前进　为全面建成小康社会而奋斗》，人民出版社 2012 年版。

2. 辛鸣：《十八大后党政干部关注的重大理论与现实问题解读》，中共中央党校出版社 2012 年版。

3.《十八大报告学习辅导百问》，学习出版社、党建读物出版社 2012 年版。

4. 赵中源：《"八个必须"：建设中国特色社会主义的基本要求》，《南方日报》2012 年 12 月 3 日。

5. 章传家：《不断丰富中国特色社会主义的四个特色》，《人民日报》2012 年 12 月 15 日。

练习与思考

一、简答题

1. 为什么必须坚持走中国特色社会主义道路不动摇？

2. 建设中国特色社会主义的总依据、总布局和总任务是什么？

3. 建设中国特色社会主义的基本要求是什么？

4. 中国特色社会主义的"中国特色"有哪些表现？

5. "中国梦"的主要内容是什么？

二、材料分析题

材料一：

（一）毛泽东的吃梨子理论

毛泽东在《实践论》一文中指出："知识的问题是一个科学问题，来不得半点的虚伪和骄傲，决定地需要的倒是其反面——诚实和谦逊的态度。你要有知识，你就得参加变革现实的实践。你要知道梨子的滋味，你就得变革梨子，亲口吃一吃。你要知道原子的组织同性质，你就得实行物理学和化学的实验，变革原子的情况。你要知道革命的理论和方法，你就得参加革命。"

（二）邓小平的"白猫黑猫"理论

1962 年，一些农村地区为了应对饥荒和自然灾害，自发产生了包产到户、责任田等各种各样的生产形式。7 月 2 日，中共中央书记处开会讨论"包产到户"问题。邓小平认为，哪种生产形式能够比较容易、比较快地恢复和发展农业生产，就采取哪种形式。他引用刘伯承经常说起的四川谚语："不管黄猫黑猫，只要捉住老鼠就是好猫。"陈云等对此表示赞同。"文化大革命"期间，"黄猫黑猫"这个比喻被指责为"唯生产力论"，遭到批判。1976年前后，毛泽东点名批评邓小平。毛泽东说："他这个人是不抓阶级斗争的，历来不提这个纲。还是'白猫、黑猫'啊，不管是帝国主义还是马克思主义。""黑猫白猫论"就此成名。十一届三中全会后，"猫论"成为中国将社会工作重心转移到经济发展上的一个理论标志。邓小平认为，搞理论争论，就会贻误时机，错过发展机遇。空洞的争论无济于事，真理只有在实践中才能得到检验，应该大胆地实践，大胆地试，先不要下结论，干了再说。"不管黑猫白猫，捉到老鼠就是好猫。"1985年，邓小平再度当选美国《时代》周刊年度风云人物，"不管黑猫白猫，捉到老鼠就是好猫"被摘登在《时代》周刊上。"猫论"的影响扩大到世界。

（三）习近平的"鞋子理论"

2013年3月23日，中国国家主席习近平在莫斯科国际关系学院发表题为《顺应时代前进潮流　促进世界和平发展》的重要演讲，阐述中国对当前国际形势的看法、中国的外交方针和发展中俄关系的主张。习近平在演讲中称，合作发展共赢成为时代潮流，人类越来越成为你中有我、我中有你的利益共同体。面对世界各国同舟共济的客观要求，各国人民应该一起维护世界和平。我们主张各国和各国人民共同享受尊严，鞋子合不合脚穿着才知道，一个国家的发展道路，只有这个国家的人民才知道。

根据上述材料，分析下列问题：

1. 三位领导人的比喻有何共同点？

2. 三位领导人的表述中蕴涵着什么哲学道理？

材料二：

（一）曹操煮酒论英雄

（曹操和刘备）二人对坐，开怀畅饮。酒至半酣，忽阴云漠漠，骤雨将至。从人遥指天外龙挂，操与玄德凭栏观之。

操曰："使君知龙之变化否？"

玄德曰："未知其详。"

操曰："龙能大能小，能升能隐；大则兴云吐雾，小则隐介藏形；升则飞腾于宇宙之间，隐则潜伏于波涛之内。方今春深，龙乘时变化，犹人得志而纵横四海。龙之为物，可比世之英雄。玄德久历四方，必知当世英雄。请试指言之。"

玄德曰："备肉眼安识英雄？"

操曰："休得过谦。"

玄德曰："备叨恩庇，得仕于朝。天下英雄，实有未知。"

操曰："既不识其面，亦闻其名。"

玄德曰："淮南袁术，兵粮足备，可为英雄？"

操笑曰："冢中枯骨，吾早晚必擒之！"

玄德曰："河北袁绍，四世三公，门多故吏；今虎踞冀州之地，部下能事者极多，可为英雄？"

操笑曰："袁绍色厉胆薄，好谋无断；干大事而惜身，见小利而忘命：非英雄也。"

玄德曰："有一人名称八俊，威镇九州——刘景升可为英雄？"操曰："刘表虚名无实，非英雄也。"

玄德曰："有一人血气方刚，江东领袖——孙伯符乃英雄也？"

操曰："孙策藉父之名，非英雄也。"

玄德曰："益州刘季玉，可为英雄乎？"

操曰："刘璋虽系宗室，乃守户之犬耳，何足为英雄！"玄德曰："如张绣、张鲁、韩遂等辈皆何如？"操鼓掌大笑曰："此等碌碌小人，何足挂齿！"

玄德曰："舍此之外，备实不知。"

操曰："夫英雄者，胸怀大志，腹有良谋，有包藏宇宙之机，吞吐天地之志者也。"

玄德曰："谁能当之？"

操以手指玄德，后自指，曰："今天下英雄，惟君与操耳！"

玄德闻言，吃了一惊，手中所执匙箸，不觉落于地下。时正值大雨将至，雷声大作。玄德乃从容俯首拾箸曰："一震之威，乃至于此。"

操笑曰："丈夫亦畏雷乎？"

玄德曰："圣人迅雷风烈必变，安得不畏？"

将闻言失箸缘故，轻轻掩饰过了。操遂不疑玄德。后人有诗赞曰："勉从虎穴暂趋身，说破英雄惊杀人。巧借闻雷来掩饰，随机应变信如神。"

（二）女友催着买房结婚　大学毕业生一时糊涂闹市抢劫

今年28岁的潘某是枣庄人，2010年大学毕业后一直在临沂打工。前不久，潘某在老家物色了一套首付8万元的房子。潘某只有5.5万元积蓄，还差2.5万元。前几天，潘某面对女友的催婚和开发商"如果欠款不尽快交上，将按违约处理，前期5.5万的款项另行处理"的催款通知，竟一时糊涂，萌生了抢劫凑房子首付款的念头。上过大学的潘某自知抢劫的后果，但抱着侥幸心理的他还是决定铤而走险，并花3元钱买了一把水果刀，又花1.5元买了捆胶带。2013年5月5日上午11点多，潘某乘坐27路公交车来到沂蒙路和开阳路交会处伺机抢劫。上午11点50分，市民王女士带着10岁的女儿购物后准备驾车离开时，潘某拉开车门钻进了王女士的车里，抽出水果刀逼住王女士的女儿，听到女儿哭声，王女士才意识到遇到抢劫了。王女士抽出一沓钱塞给了车内抢劫的潘某。得手的潘某慌忙下车逃跑，被擒获。在派出所里，潘某对自己的犯罪行为供认不讳。"你是个大学毕业生，犯这样的错误，后悔不？"记者问道。"后悔，可有什么用，晚了。"5日傍晚，潘某因涉嫌抢劫罪被警方刑事拘留。

（三）男子21年前资助穷学生400元助其成亿万富翁

1992年，浙江省苍南县人尤良清在北京跑业务。山东烟台人程春刚刚大学毕业，经济拮据。两人在一间招待所相识，尤良清资助了程春400元钱。

21年后，43岁的程春已是一家颇具规模的软件公司老总，身家过亿，一直感念老尤的恩情，多番辗转终于找到了他。

1992年8月，尤良清到北京燕山水泥厂推销塑料编织袋。当时，刚大学毕业的程春和同学一起被分配到水泥厂，和尤良清住在同一间招待所。短短几天，尤良清就和这群大学生成了朋友。

尤良清注意到，程春生活非常节俭，每天在单位食堂只打几样素菜。"当时看到一个年轻人就吃这么点，非常心疼。"对于资助的细节，年份已久，尤良清已经记不清了。

然而程春却一直清晰地记着当年的情形。程春说，当时，自己刚从西南科技大学化工专业毕业，成为水泥厂的一名技术员，每月的工资只有100多元。由于老家在农村，家里经济条件不好，所以特别省吃俭用。

"尤叔叔认识我没几天，我们是萍水相逢，但他对我却处处都很照顾。"程春回忆，几天后，准备回温州的尤良清突然找到程春，塞给他400元钱。程春说："我当时说什么也不肯要，尤叔叔坚持让我收下，让我多吃些好的，保重好身体，并鼓励我在厂里好好工作。那时候，400元可不是一笔小数目，一辆时髦的自行车才100元。"

拿着尤良清资助的400元，程春并没有舍得改善伙食。"那时候刚毕业，知识积累方面还是有挺大的瓶颈，我就用尤叔叔资助的钱买了与工作相关的工具书给自己充电。"几年后，善于学习的程春，敏锐地意识到互联网时代即将来临，于是重返校园深造，攻读了计算机专业硕士，这也为之后他的成功创业奠定了基础。

20世纪90年代，程春创立了一家软件公司，经过多年的打拼，目前已经拥有了上亿元的资产，在北京买了别墅定居。

阅读上述材料，回答下列问题：

1. 曹操关于英雄的论断对当代大学生有何启迪？

2. 当代青年应如何实现"个人梦"？

练习与思考参考答案

一、简答题参考答案

1. 第一，中国特色社会主义道路是近代以来中国的仁人志士在救国道路上的不断探索和中华民族发展历程的深刻总结中走出来的。

第二，中国特色社会主义道路是在中华人民共和国成立60多年的持续探索中走出来的成功之路。

第三，中国特色社会主义道路是在改革开放30多年的伟大实践中走出来的。

第四，中国特色社会主义道路是从在对中华民族五千多年悠久文明的传承中走出来的，具有深厚的历史渊源和广泛的现实基础。

2. 建设中国特色社会主义，总依据是社会主义初级阶段，总布局是五位一体，总任务是实现社会主义现代化和中华民族伟大复兴。

3. 必须坚持人民主体地位；必须坚持解放和发展生产力；必须坚持推进改革开放；必须坚持维护社会公平正义；必须坚持走共同富裕道路；必须坚持促进社会和谐；必须坚持和平发展；必须坚持党的领导。

4. 实践特色、理论特色、民族特色、时代特色。

5. 实现全面建成小康社会、建成富强民主文明和谐的社会主义现代化国家的奋斗目标，实现中华民族伟大复兴的中国梦，就是要实现国家富强、民族振兴、人民幸福，既深深体现了今天中国人的理想，也深深反映了我们先人们不懈奋斗追求进步的光荣传统。

二、材料分析题参考答案

材料一参考答案：

1. 三位领导人比喻的共同点是：通过通俗易懂、群众喜闻乐见的语言来表述重大的理论问题，庄重中含有幽默，平实中又见风趣，既十分生动形象，又非常通俗易懂，感染力很强，给世人留下了极其深刻的印象。

2. 毛泽东的"吃梨子"的表述蕴涵着实践和认识的辩证关系理论，实践决定认识，实践是检验真理的标准。邓小平的"白猫黑猫论"蕴涵着本质和形式的辩证关系理论，本质决定形式，形式是为本质服务的。习近平的"鞋子"论蕴涵着"实践决定认识"和"一切从实际出发"的哲理。鞋子合不合脚，是紧是松，是软是硬，也只有自己才能知道，与别人根本无关。旁人再怎么干涉，也是没有意义的，因为"没有实践就没发言权"。一个国家选择什么样的发展道路，采用什么样的政治制度，无疑要依靠本国国情并参照历史文化传统等多种因素来作出决定，并不是简单照搬照抄就能完成的。极少数西方国家领导人不愿尊重他国，他们总想将自己的政治制度、发展道路强加于他国，妄想以此称霸世界，终究会劳而无功。

材料二参考答案：

1. 在曹操看来，只有"胸怀大志、腹有良谋"的人才算得上英雄，那些"色厉胆薄，好谋无断；干大事而惜身，见小利而忘命"，"虚名无实"、"藉父之名"之类的人算不上英雄。因刘备具有远大志向，忠勇仁义，善于韬光养晦，谦虚谨慎，惜才爱才，仁政爱民等优良品质，所以才被曹操视为真正的英雄。三国的历史证明了曹操看人眼光独到，入木三分。

对当代大学生来说，要想成为国家的栋梁之才，必须树立为国为民的远大理想，必须不断加强道德修养，要善于韬光养晦，谦虚谨慎，要脚踏实地，刻苦学习，不断增长本领。同时还要克服"干大事而惜身，见小利而忘命"，以及追求虚名、优柔寡断等缺点和不足。只有这样，才能成为建设中国特色社会主义的有用之才，栋梁之才。

2. 首先，要把实现个人梦融入实现中国梦之中。实现"中国梦"和每个人的梦想息息相关。作为大学生，唯有将自己的梦想置身于"中国梦"之下，把个人的命运同祖国和民族的前途命运紧密联系起来，在中华民族伟大复兴的大潮中勇于担当、埋头苦干，才能创造出非凡的青春业绩。

其次，一定树立坚韧不拔的拼搏精神，永葆激情不息，持久奋斗不止。树立正确的择业观、就业观，勇于到基层去、到国家需要的地方去，在基层多锻炼、多磨炼，打牢干事创业的根基，培养吃苦耐劳、坚韧不拔的品格，脚踏实地走好每一步，扎扎实实做好每一件事，通过自身努力为实现中国梦作贡献。

再次，要善于把握时机，根据自身特点走出自己的成功之路。程春的成功表明，大学生只有不断充实自己，完善自己，抓住有利时机，勇于创业，坚持不懈地拼搏，才能在祖国建设的大潮中实现个人梦想。

最后，要坚持做人的底线，绝不可为圆自己的梦而以身试法。如果采取不劳而获甚至违法犯罪的手段，将会落一个身陷囹圄的结局。

第三讲　全面建成小康社会的目标和总体布局

胡锦涛同志在十八大报告中提出，综观国际国内大势，我国发展仍处于可以大有作为的重要战略机遇期。我们要准确判断重要战略机遇期内涵和条件的变化，全面把握机遇，沉着应对挑战，赢得主动，赢得优势，赢得未来，确保到 2020 年实现全面建成小康社会宏伟目标。十八大报告首次从中国特色社会主义经济建设、政治建设、文化建设、社会建设、生态文明建设"五位一体"的总体布局出发作出全面部署，对确保到 2020 年实现"全面建成小康社会"宏伟目标提出了新目标和新要求，既与时俱进、鼓舞人心，又立足现实、切实可行。

一　全面建成小康社会的内涵

"小康"这个概念，具有深厚的文化底蕴和丰富的内涵。它有三层含义，即中国历史上的小康理想、邓小平所设计的小康社会和十六大以来尤其是十八大所规划和设计的小康社会。这三者既相互区别又相互联系。为了准确、深刻地理解全面建成小康社会的科学内涵，需要对小康的三层含义进行比较研究。

（一）中国历史上的小康理想

"小康"是一个充满中国特色、传统内涵、文化色彩的概念。中华民族对于"小康"的企盼早在两千五百年前就已经开始了。此后，炎黄子孙向往"小康"，孜孜以求。在我国古代的历史发展中，"小康"的内涵经历了三个层次并且相互联系的演进过程。

一是指生活安定状态。"小康"一词最早出自儒家经典《诗经》。早在周朝，周王室就有派专人收集民间诗歌的制度。《诗经》作为中国最早的诗歌总集，虽然编成于春秋时期（公元前 770 年至前 476 年），但其所收集的大体是周初（公元前 841 年）至春秋中叶（公元前 620 年左右）产生于今陕西、山西、河南、山东及湖北等地流传于民间的诗歌作品，因而集中反映了当时民间普通百姓的生活情感和愿望。《诗·大雅·民劳》中说："民亦劳止，汔可小康。"意思是说，人们有劳有逸，日出而耕，日落而息，日子安定，差不多就达到小康了。这可以视为当时民间百姓对于舒心安稳的生活状态的一种向往。

二是指社会理想模式。对"小康"作出具体描述的是儒家另一经典《礼记》。据记载，孔子在年底参加完蜡祭之后，登上门楼，喟然叹息，感慨自己未能赶上"大道之行"、"天下为公"的大同时代。接着就描述了"天下为家"的小康社会："今大道既隐，天下为家，各亲其亲，各子其子，货力为己。大人世及以为礼，城郭沟池以为固，礼义以为纪，以正君臣，以笃父子，以睦兄弟，以和夫妇，以设制度，以立田里，以贤勇知，以功为己……是为'小康'。"①意思是说：现在大道不行了，人们各自为自己的家，爱自己的父母子女。于是发展了智谋，修建了城池，有了争斗和战争。为了社会安定，从大禹开始，直到周公，圣人们建立了一套礼仪制度，赏善罚恶。按照这套制度办事，大家才能够家庭和睦，上下有序，相安无事，社会稳定。这就是所谓的"小康"时代。《礼记》成书于西汉，收集的则是秦汉之际各种有关礼仪的论著，因此，其中对于"小康"的典型描述，反映了当时的文人士大夫在"天下为公"的大同社会已经过去的情况下，对社会秩序建立的构想和描绘，在某种意义上，代表了社会上层群体的社会理想模式。

三是指经济宽裕程度。任何一种社会理想的实现和社会秩序的建立，都必须以一定的经济生活为基础。因此，继孔子之后，儒家对"小康"的关注由生活状态、社会秩序进而转向经济生活的层面。管子强调："仓廪实则知礼节，衣食足则知荣辱。"不解决经济问题，人们就不可能很好地遵守礼仪。孟子对社会经济生活给予了更多更具体的关注。他主张实行"仁政"，"制民之产"，给每户"五亩之宅，树之以桑，五十者可以衣帛矣。鸡豚狗彘之畜，无失其时，七十者可以食肉矣。百亩之田，勿夺其时，数口之家，可以无饥矣"，"制民之产，必使仰足以事父母，俯足以

---

① 《礼记·礼运篇》。

畜妻子，乐岁终身饱，凶岁免于死亡，然后驱而之善，故民之从之也轻"。意思是说：给老百姓一定的土地，供其植桑种粮畜牧，上足以侍奉父母，下足以养活妻子儿女，人到 50 岁可以穿上丝绸，70 岁可以吃到肉食，平常的年份可以吃饱饭，灾荒年不至于饿死。这就是孟子"仁政"的经济生活标准。为了达到这个目标，孟子要求国家合理利用资源，保障劳动者有一定的生活资料和应有的生产条件，不要在农忙的时候征调他们，税率最好保持在 1/10 左右，不能太多。由此，我们可以把孟子"仁政"的经济目标视作小康之家的经济生活理想。这种理想一直延续，及至南宋洪迈（1123—1202 年）亦曾说过："然久困于穷，冀以小康。"把小康置于穷富之间，表达了脱贫以后对比较宽裕的经济生活的希冀和向往。这种"小康"是指"略有资产，足以自给之境"，"富有仍嫌不足，但温饱已经有余"那样一种家庭经济状况和生活水平。

生活状态—社会理想—经济水平，按照这样的逻辑演进过程，传统"小康"概念的内涵不断得以丰富，成了炎黄子孙历史实践所追求的目标。到了近代，康有为隐居在印度北部的山城大吉岭，用资产阶级的发展观对儒家"大同"和"小康"的社会理想进行改造，埋首撰写了《大同书》，卷首题词中写道："大同犹有道，吾欲渡生民。"他认为："吾中国二千年来，凡汉、唐、宋、明，不剔其治乱兴衰，总总皆小康之世也。二千年儒先所言，自荀卿、刘歆、朱子之说，不剔其真伪、粗精、美恶，总总皆小康之道也。群经诸传所发明，皆三代之道，亦不离乎小康……今者中国已小康矣，而不求进化，泥守旧方，是失孔子之意，而大悖其道也。"康有为的意思是，三代以下直到他那时为止，"小康"已不是理想，不是目标，而是历史的事实，整个中国社会皆是"小康"，他觉得是到了越过小康追求大同的时候了。这种企图超越"小康"阶段，依靠变法维新，托古改制，急于求成的"大同"，结果成了一个"乌托邦"。而"小康"思想则在民间影响深远，盛行不衰，成为中华民族梦寐以求的生活目标，世代普遍的文化心理，寻常百姓的日常用语，其文脉一直延续至今。

（二）邓小平同志对小康社会的设计与规划

以邓小平同志为核心的中国共产党人为实现中华民族的伟大复兴，衍承中国传统"小康"之文脉，设计中国现代小康之路径，从而实现了传统"小康"向现代"小康"的转换。

1979 年 12 月 6 日，邓小平同志在会见来访的日本首相大平正芳时提出，中国现代化所要达到的是小康状态。他曾经说："翻两番，国民生产总值人均达到八百美元，就是到本世纪末在中国建立一个小康社会。这个小康社会，叫做中国式的现代化。""翻两番、小康社会、中国式的现代化，这些都是我们的新概念。"① 什么是小康社会？有的专家学者认为，小康是介于温饱和富裕之间的一个生活发展阶段。不仅要从生活水平的角度来理解，还应把小康社会作为一个更加具有理论内涵的新概念，是一个体现经济和社会全面协调发展的新概念。其发展目标包括人民生活目标、经济发展目标、政治发展目标和社会发展目标等方面的内容。所以，小康社会是一个经济发展、政治民主、文化繁荣、社会和谐、环境优美、生活殷实、人民安居乐业和综合国力强盛的经济、政治、文化全面协调发展的社会，是中华民族走向伟大复兴的社会发展阶段。

邓小平指出："我们要实现的四个现代化，是中国式的四个现代化。我们的四个现代化的概念，不是像你们那样的现代化的概念，而是小康之家。""就算达到那样的水平，同西方来比，也还是落后的。所以，我只能说中国到那时也还是一个小康的状态。"② 由此，"小康"就成为邓小平理论中一个非常重要的概念。在《邓小平文选》第二、第三卷中，一共有 40 多处使用了"小康"概念。使用的文字，有的称"小康之家"，有的称"小康水平"，还有的称"小康的社会"或"小康的国家"。1984年 3 月 25 日，邓小平会见日本首相中曾根康弘时指出："翻两番，人均国民生产总值达到八百美元，就是到本世纪末在中国建立一个小康社会。这个小康社会，叫做中国式的现代化。翻两番、小康社会、中国式的现代化，这些都是我们的新概念。"③

邓小平强调指出，"小康社会"是我们的一个"新概念"。有人据此认为，邓小平所讲的"小康社会"与儒家所讲的传统"小康"没有任何相似之处和思想联系，并以邓小平从来没有引用过儒家关于"小康"的任何一句话为证。其实问题不在于读过没读过，引用没引用，而在于儒家的"小康"思想在漫长的历史进程中，已成为中华民族的文化思想传统，融化在中华民族的文化血脉之中，成为中华民族的文化心理取向，为老百

---

① 《邓小平文选》第三卷，人民出版社 1993 年版，第 237 页。
② 《邓小平文选》第二卷，人民出版社 1994 年版，第 237 页。
③ 《邓小平文选》第三卷，人民出版社 1993 年版，第 54、64、216、226、131 页。

姓所喜闻乐见，心向往之。邓小平作为炎黄子孙的一个杰出代表，同样深受民族传统文化的浸染和熏陶，因此他深知民族所求，人民所望，选用普通百姓十分熟悉的"小康"一词来阐释中国式的现代化，使中国人民感到那么亲切，那么心领神会，那么容易接受。这本身就是一种文化的传承，思想的发展，是领袖与人民在文化心理上的沟通，是传统与现代在思想发展上的衔接。正是在这种沟通对接中，邓小平实现了对传统"小康"的超越，赋予"小康"以新的时代内涵，推进了传统"小康"的现代转换。因此，邓小平所强调的"新概念"之"新"，不在于否定与传统"小康"的联系，而在于突出"小康社会"的时代特征和现代内涵。

关于小康社会的特征，邓小平做了清晰的描述。1983 年 3 月 2 日，他在与中央几位负责同志的谈话中，以苏州为例，谈到了人均收入接近 800 美元后，社会是个什么状况的问题：第一，人民的吃穿用问题解决了，基本生活有了保障；第二，住房问题解决了，人均达到 20 平方米；第三，就业问题解决了，城镇基本上没有待业劳动者了；第四，人不再外流了，农村的人总想往大城市跑的情况已经改变；第五，中小学教育普及了，教育、文化、体育和其他公共福利事业有能力自己安排了；第六，人们的精神面貌变化了，犯罪行为大大减少。1992 年，邓小平在南方谈话中又说，广东 20 年赶上亚洲"四小龙"，不仅经济要上去，社会秩序、社会风气也要搞好，两个文明建设都要超过它们，这才是有中国特色的社会主义。新加坡的社会秩序算是好的，他们管得严，我们应当借鉴他们的经验，而且比他们管得更好。由此可见，邓小平所设计的小康社会，是一个吃穿不愁、人民安居乐业的社会，是一个经济、政治、文化全面发展的社会，是一个中国特色社会主义的社会。它既不同于中国历史上儒家所设计的小康社会，也不同于康有为所设计的小康社会。儒家所设计的小康社会，是一个建立在小农经济和私有制基础之上，实行等级制和世袭制的封建社会；康有为所设计的小康社会，是一个建立在大工大商和私有制基础之上，实行君主立宪的资本主义社会；而邓小平所设计的小康社会，则是一个以公有制经济为主体、共同富裕为目标，经济、政治、文化全面发展的中国特色社会主义社会。

（三）十六大以来小康社会的建设与发展

从邓小平所设计的小康社会来看，实际上就是一个全面的小康社会。经过三十多年的改革开放，我国人民生活总体上已经达到小康水平。这是中华民族发展史上一个新的里程碑。但是，从我国的国情来看，现在达到的小康还是低水平的、不全面的、发展很不平衡的小康。所谓低水平，是指我们刚刚跨入小康的门槛，人均收入还不高，只有800—1000美元，与世界其他国家比较，我们才刚刚摘掉"低收入国家"的帽子，进入世界下中等收入国家的门槛。[①] 所谓不全面，有两层含义：一层含义是指小康生活所覆盖的人群不全面，即使低水平的小康，也还没有全面达到。2000年农村还有3000多万贫困人口温饱问题没有完全解决，2002年减为2800多万人。一些已经脱贫的，生产和生活条件还很脆弱，容易返贫。城镇有将近2000万人收入在最低生活保障线以下。城乡失业人口还相当多。还有更多的人口，虽然温饱问题得到解决，但尚未达到小康。另一层含义是指人们所享受的小康生活不全面。总的情况是：人们的衣食问题解决了，但住、行还不行，教育、医疗卫生、社会保障、生活环境差距更大，人民对治安状况、对民主进程等问题还不满意。所谓发展很不平衡，是指城乡之间、地区之间、不同收入群体之间发展水平存在很大差距。总体上说，城市进入小康的比重大，农村进入小康的比重小；东部地区进入小康的比重大，中西部地区比重小；高中低不同收入群体之间收入很不平衡，并且这种差距有扩大的趋势。显然，我们现在所达到的小康社会与邓小平所设计的小康社会是有较大差距的。

党的十六大提出了全面建设小康社会的任务。十六大报告指出，我们要在本世纪头20年，集中力量，全面建设惠及十几亿人口的更高水平的小康社会，使经济更加发展、民主更加健全、科教更加进步、文化更加繁荣、社会更加和谐、人民生活更加殷实。经过这个阶段的建设，再继续奋斗几十年，到21世纪中叶基本实现现代化，把我国建设成为富强民主文明的社会主义国家。按照这个规划，十六大把六个"更加"的总体目标从经济、政治、文化、生态四个方面进一步具体化，使之更加符合实际，更具可操作性，从而给人民以看得见、摸得着的利益，这必将在实践中起到动员人民、鼓舞人民、调动各方面积极性建设中国特色社会主义的作用。十六大对小康社会的规划，继承了邓小平小康社会的思想，同时又丰富和发展了邓小平小康社会的思想。这种丰富和发展主要体现在三个方面：第一，明确提出了生态建设的任务；第二，把民主法制建设上升到建

---

① 《邓小平文选》第三卷，人民出版社1993年版，第216页。

设社会主义政治文明的高度来认识，不仅为我国民主法制建设拓展了广阔的空间，而且丰富了我们对中国特色社会主义的认识；第三，对各方面工作提出了更加具体和更高的要求。

党的十七大报告对全面建设小康社会提出了更高的要求：我们已经朝着十六大确立的全面建设小康社会的目标迈出了坚实步伐，今后要继续努力奋斗，确保到 2020 年实现全面建成小康社会的奋斗目标。我们必须适应国内外形势的新变化，顺应各族人民过上更好生活的新期待，把握经济社会发展趋势和规律，坚持中国特色社会主义经济建设、政治建设、文化建设、社会建设的基本目标和基本政策构成的基本纲领，在十六大确立的全面建设小康社会目标的基础上对我国发展提出新的更高要求。

党的十八大报告提出了到 2020 年实现全面建成小康社会的宏伟目标。到 2020 年全面建成小康社会目标实现之时，我们这个历史悠久的文明古国和发展中社会主义大国，将成为工业化基本实现、综合国力显著增强、国内市场总体规模位居世界前列的国家，成为人民富裕程度普遍提高、生活明显改善、生态环境良好的国家，成为人民享有更加充分民主权利、具有更高文明素质和精神追求的国家，成为各方面制度更加完善、社会更加充满活力而又安定团结的国家，成为对外更加开放、更加具有亲和力、为人类文明作出更大贡献的国家。综观国际国内大势，我国发展仍处于可以大有作为的重要战略机遇期。我们要准确判断重要战略机遇期内涵和条件的变化，全面把握机遇，沉着应对挑战，赢得主动，赢得优势，赢得未来，确保到 2020 年实现全面建成小康社会宏伟目标。

综上所述，全面建成小康社会的科学内涵，就是从经济、政治、文化、社会和生态等方面建设小康社会，建成一个惠及十几亿人口的更高水平的小康社会。更简单地说，所谓全面建成小康社会，就是建设全面的小康社会。这样的小康社会是社会主义物质文明、政治文明、精神文明和生态文明协调发展的社会。

（四）小康社会的丰富内涵

小康社会是一个社会生产力发达的，人均国民生产总值和人民生活水平不断提高，国家的综合国力特别是经济实力将会显著增强的社会发展阶段。邓小平说，如果进入小康社会时，我们的人均国民生产总值达到 1000 美元，而人口已有 12 亿—12.5 亿，那么就意味着国民生产总值达到 1 万—1.2 万亿美元了。也就是说，在小康社会发展过程中，在人均国民生产总值从800—1000美元向前发展的过程中，经济总量将逐步扩大。

小康社会是一个坚持社会主义道路、不断实现社会主义本质、人民生活水平普遍提高的社会发展阶段。邓小平有一个重要的思想，这就是"不坚持社会主义，中国的小康社会形成不了"①。原因何在？他说："我们社会主义制度是以公有制为基础的，是共同富裕，那时候我们叫小康社会，是人民生活普遍提高的小康社会。"他的意思是说，在小康社会，从人均国民收入来讲生活并不富裕，但由于我们是社会主义国家，国民收入分配是使所有的人都得益，没有太富的人，也没有太穷的人。

小康社会是一个国内外市场不断扩大、国家宏观调控也不断完善的过程。邓小平说："过去我们是穷管，现在不同了，是走向小康社会的宏观管理。不能再搬用过去困难时期那些方法了。"

小康社会在经济体制和其他体制上将不断完善、定型。十一届三中全会以来制定的各项方针政策推动了我国摆脱贫困，解决温饱，走向小康社会。它们随着实践的发展，该完善的要完善，该修补的要修补，但总的是要坚定不移地坚持。邓小平设想，"恐怕再有三十年的时间，我们才会在各方面形成一整套更加成熟、更加定型的制度。在这个制度下的方针、政策，也将更加定型化"。这里说的"再有三十年的时间"，就是到2020年左右。那时，我们已经进入小康社会20年了，换句话说，小康社会将是有中国特色社会主义各种制度逐步完善和定型的过程。

小康社会还是一个科学和教育投入有较多增加，精神文明建设有大变化的发展阶段，还是一个在继续发展沿海地区的同时，突出地提出和解决好内地的发展问题的阶段。

党的十八大报告根据我国经济社会发展实际和新的阶段性特征，在党的十六大、十七大确立的全面建设小康社会目标的基础上，提出了一些更具明确政策导向、更加针对发展难题、更好顺应人民意愿的新要求，以确保到2020年全面建成的小康社会，是发展改革成果真正惠及十几亿人口的小康社会，是经济、政治、文化、社会、生态文明全面发展的小康社会，是为实现社会主义现代化建设宏伟目标和中华民族伟大复兴奠定了坚实基础的小康社会。

①　《邓小平文选》第三卷，人民出版社1993年版，第64页。

二　全面建成小康社会的目标和要求

胡锦涛同志在十八大报告中明确指出，根据我国经济社会发展实际，要在十六大、十七大确立的全面建设小康社会目标的基础上努力实现新的要求。

（一）　全面小康的含义及建设标准

1. 全面建成小康社会的含义

全面建成小康社会是党和国家到 2020 年的奋斗目标，是全国各族人民的根本利益所在。经过全党和全国各族人民的共同努力，20 世纪末，我国人民生活总体上达到小康水平，这是中华民族发展史上的一个新的里程碑。党的十六大以来，我们已经朝着全面建设小康社会的目标迈进了坚实的步伐。党的十七大顺应国内外形势的新变化和各族人民过上更好生活的新期待，把握经济社会发展趋势和规律，坚持中国特色社会主义经济建设、政治建设、文化建设、社会建设的基本目标和基本政策构成的基本纲领，在十六大确立的全面建设小康社会目标的基础上，对我国的发展提出了新的更高要求。

第一，经济建设和人民生活改善方面的目标：一是强调了国家经济总量的提高，提出"国内生产总值到 2020 年比 2010 年翻一番"；二是强调了完成工业化的任务，提出"基本实现工业化，建成完善的社会主义市场经济体制和更具活力、更加开放的经济体系"；三是强调了城市化水平的提高，提出"城镇人口的比重较大幅度提高，工农差别、城乡差别和地区差距扩大的趋势逐步扭转"；四是强调与人民生活质量有关的收入、就业和社会保障体系，提出"社会保障体系比较健全，社会就业比较充分，家庭财产普遍增加，人民过上更加富足的生活"。

第二，政治文明建设方面的目标："社会主义民主更加完善，社会主义法制更加完备，依法治国基本方略得到全面落实，人民的政治、经济和文化权益得到切实尊重和保障。基层民主更加健全，社会秩序良好，人民安居乐业。"

第三，精神文明建设和科教文化发展方面的目标："全民族的思想道德素质、科学文化素质和健康素质明显提高，形成比较完善的现代国民教育体系、科技和文化创新体系、全民健身和医疗卫生体系。人民享有接受良好教育的机会，基本普及高中阶段教育，消除文盲。形成全民学习、终身学习的学习型社会，促进人的全面发展。"

第四，生态环境建设和可持续发展方面的目标："可持续发展能力不断增强，生态环境得到改善，资源利用效率显著提高，促进人与自然的和谐，推动整个社会走上生产发展、生活富裕、生态良好的文明发展道路。"①

2. 全面建成小康社会的标准

国家有关部门参照国际上常用的衡量现代化的指标体系，考虑我国国情，从十个方面形成了全面建成小康社会的基本标准：

一是人均国内生产总值超过 3000 美元。这是实现全面建成小康社会目标的根本标志。2000 年，我国人均国内生产总值为 854 美元。按照国内生产总值翻两番的发展速度测算，到 2020 年，我国人均国内生产总值将超过 3000 美元，达到当时中等收入国家的平均水平。

二是城镇居民人均可支配收入达到 1.8 万元。过去 20 年，我国城镇居民人均可支配收入增长了 3 倍。预计今后 20 年，我国经济将继续快速发展，城镇居民收入水平能够保持过去 20 年的增长势头，到 2020 年达到 18840 元，可以稍微超过小康指标。

三是农村居民家庭人均纯收入 8000 元。过去 20 年，我国农村居民家庭人均纯收入增长了 3.5 倍，其中近十年增长 1.6 倍。随着农村改革的深入和农业现代化水平的提高，农村居民家庭人均收入达到 7210 元，基本实现小康目标，城乡居民收入差距也有所缩小。

四是恩格尔系数低于 40%。近十年，城镇居民消费的恩格尔系数下降了 15%，农村居民消费正处于新的升级过程中。2000 年，全国恩格尔系数为 46%，2010 年下降到 40%，预计到 2020 年前后下降到 35% 左右。

五是城镇人均住房建筑面积 30 平方米。近十年，每人年均增加 0.5 平方米，2000 年达到 19 平方米。预计 2020 年可以超过 30 平方米。

六是城镇化率达到 50%。我国近十年城镇化率年均提高 1%，2000 年为 36.2%。今后 20 年，我国将坚持城镇化战略，工业化也进入加速发展阶段，城镇化率每年可以提高 1 个百分点，到 2020 年达到 56%。

---

① 江泽民：《中国共产党第十六次全国代表大会报告》。

七是居民家庭计算机普及率20%。2000年，我国城乡居民家庭计算机普及率约为4.2%，其中城镇居民家庭计算机普及率为9.7%。这几年，计算机普及率呈现加快提高的趋势，到2020年可以基本实现计算机普及率20%的目标。

八是大学入学率20%。目前，我国大学入学率为11%。随着科教兴国战略力度的加大，社会力量参与办学，我国大学入学率到2015年可以达到15%，到2020年有可能超过20%，达到25%。

九是每千人医生数2.8人。2000年，我国达到每千人为2人，高于世界平均水平，到2020年预计每千人超过3人。

十是城镇居民最低生活保障率95%以上。2001年，城镇居民最低生活保障率达到71.6%，到2020年全面建成小康社会。

3. 小康社会的建设内涵

全面建成小康社会，就是要建设一个惠及十几亿人口的更高水平的、更全面的、发展比较均衡的小康社会。关于"全面建成小康社会"的含义，可以从时间、空间和质量这三个方面加以理解和把握：

从时间上看，全面建成小康社会就是要从一个起点开始不断向终点趋进的过程。全面建成小康社会的起点是从实现了"三步走"战略目标的第二步战略目标开始，即以人均国民生产总值800美元、人民生活总体上达到小康水平为起点；终点是实现第三步战略目标，即到21世纪中叶，人均国民生产总值达到4000美元，基本实现现代化。

从空间上看，全面建成小康社会可以分作空间结构和空间布局两个层次。在空间结构上，它是一个包括经济、政治、文化、军事、环境等全面发展的目标，其基本要求是：社会主义民主更加完善，社会主义法制更加完备，社会秩序良好；人民安居乐业，接受良好教育，实现人的全面发展；生态环境得到改善，人与自然更加和谐；整个社会走上生产发展、生活富足、生态良好的文明发展道路。在空间布局上，全面建成小康社会是一个发展比较均衡，工农差别、城乡差别、地区差别扩大的趋势逐步缩小，城镇人口比重超过50%，社会保障体系比较健全，家庭财产普遍增加，广大人民过上更加富足的生活的过程。

从质量内涵上看，全面建成小康社会是一个由低水平向更高水平趋进的过程。就是用大约20年的时间，使我国国内生产总值比2000年翻两番，人均超过3000美元，相当于当时中等收入国家的平均水平，使我进入经济更加发展、民主更加健全、科教更加进步、文化更加繁荣、社会更加和谐、人民生活更加殷实的更高水平的小康社会。

（二）全面建成小康社会指标选择的基本原则

1. 坚持体现科学发展观要求的原则

这是选择全面建成小康社会指标的一条最基本原则。选择全面建成小康社会的指标，必须以中国特色社会主义理论为指导，体现以人为本和全面协调可持续发展的科学发展观。促进经济社会全面协调可持续发展，是全面建成小康社会的必然要求。要从有利于促进物质文明、政治文明、精神文明和生态文明协调发展的战略高度，全面评价小康社会的进程。选择全面建成小康社会的指标，不仅要关注经济指标，而且要关注人文指标、资源指标和环境指标。

2. 坚持与国际评价现代化进程指标体系相统一的原则

如前所述，全面建成小康社会是我国现代化建设进程中的一个特定历史阶段，是中国特色的现代化进程。选择全面建成小康社会的指标，必须遵循国际上评价现代化进程的普遍原则，采用国际上反映现代化进程的通用指标。一方面现代化指标体系研究历史较长，研究较为规范；另一方面也容易与国际社会横向进行比较。因此，有必要借鉴现代化指标体系，这是研究和确定全面建成小康社会指标的基础。

3. 坚持可测度、可比较的原则

可测度包括可以数量化和数量变化的显著程度。数量化即评价指标可以用数字来描述；显著程度是指指标数量的变动是否能准确地说明事物变化水平或性质。选择全面建成小康社会指标时，要避免选用那些指标数字变化小，对小康社会进程变化不显著的指标。可比较是建立定量化评价指标的目的。可比较包括纵向比较（自身进步）和横向比较（世界位置）。坚持可比较的原则就必须认真考虑建立评价指标体系时要从中国的国情出发，要以中国现行统计指标目录和相关国际组织的统计指标目录为基础。

4. 坚持避繁就简、重点突出的原则

全面建成小康社会，涉及经济、社会、文化、政治、生态等各个方面，内容十分丰富，必须按照全面建设小康社会的科学内涵和落实科学发展观的客观要求，进行全面客观的分析评价。但是，研究评价指标时，又不可能面面俱到，只能抓住最基本的方面进行评价。既要体现全面建成小康社会的科学内涵和科学发展观的客观要求，又要抓住主要矛盾及主要矛

盾的主要方面，避免指标过多过细。此外，在选择指标和确定标准时，应当避免使用传统的城乡二重标准。

（三）十八大确定的全面建成小康社会的总体目标

十八大报告的主题中使用了"为全面建成小康社会而奋斗"，这与十七大主题中"为夺取全面建设小康社会新胜利而奋斗"的表述不同。从"建设"到"建成"，一字之变，体现了我国发展阶段的重大变化。小康社会是邓小平同志在 20 世纪 70 年代末 80 年代初在规划中国经济社会发展蓝图时提出的战略构想。在 20 世纪末基本实现小康的情况下，党的十六大报告明确提出了"全面建设小康社会"。

"建设"是过程，"建成"是结果。经过数十年的艰苦努力，这一战略目标的实现已遥遥在望。十八大报告首次明确提出全面"建成"小康社会，是对全国人民的庄严承诺，是对全世界的郑重昭告，同时指明了未来八年非同寻常的历史方位及其对于全面建成小康社会的关键意义。总体来讲，全面建成小康社会的目标有以下几个方面：

一是经济持续健康发展。十八大报告提出，转变经济发展方式取得重大进展，在发展平衡性、协调性、可持续性明显增强的基础上，实现国内生产总值和城乡居民人均收入比 2010 年翻一番，这是坚持科学发展的"两个翻一番"。同时，科技进步对经济增长的贡献率大幅上升，进入创新型国家行列，这意味着要着力增强创新驱动发展新动力。还提出了走"中国特色新型工业化、信息化、城镇化、农业现代化道路"的"新四化道路"，这就要求工业化基本实现，信息化水平大幅提升，城镇化质量明显提高，农业现代化和社会主义新农村建设成效显著，区域协调发展机制基本形成。并强调必须实行更加积极主动的开放战略，使对外开放水平进一步提高，国际竞争力明显增强。

二是人民民主不断扩大。十八大报告提出，民主制度更加完善，民主形式更加丰富，人民积极性、主动性、创造性进一步发挥。报告特别提出社会主义协商民主是我国人民民主的重要形式，要完善协商民主制度和工作机制，推进协商民主广泛、多层、制度化发展。依法治国基本方略全面落实，法治政府基本建成，司法公信力不断提高，人权得到切实尊重和保障。这就特别强调了充分发挥法治在国家治理中的重要作用，把社会主义法治提高到一个新的高度。

三是文化软实力显著增强。十八大报告提出，倡导和践行"富强、民主、文明、和谐，自由、平等、公正、法治、爱国、敬业、诚信、友善"24 个字的社会主义核心价值观，使社会主义核心价值体系深入人心，使公民文明素质和社会文明程度明显提高。报告强调，全面建成小康社会，实现中华民族伟大复兴，必须推动社会主义文化大发展大繁荣，兴起社会主义文化建设新高潮，提高国家文化软实力，发挥文化引领风尚、教育人民、服务社会、推动发展的作用。要使文化产品更加丰富，公共文化服务体系基本建成，文化产业成为国民经济支柱性产业，中华文化走出去迈出更大步伐，社会主义文化强国建设基础更加坚实。

四是人民生活水平全面提高。十八大报告提出，基本公共服务均等化总体实现，这体现了维护最广大人民根本利益的新高度。要求全民受教育程度和创新人才培养水平明显提高，进入人才强国和人力资源强国行列，教育现代化基本实现，这体现了努力办好人民满意的教育。要求就业更加充分，这体现了就业是民生之本。要求收入分配差距缩小，中等收入群体持续扩大，扶贫对象大幅减少，这体现了发展成果由人民共享。要求社会保障全民覆盖，人人享有基本医疗卫生服务，住房保障体系基本形成，这体现了促进社会和谐稳定的新要求。

五是资源节约型、环境友好型社会建设取得重大进展。十八大报告提出，主体功能区布局基本形成，这就要求推动各地区严格按照主体功能定位发展，构建科学合理的城市化格局、农业发展格局、生态安全格局。提出资源循环利用体系初步建立，这就要求发展循环经济，促进生产、流通、消费过程的减量化、再利用、资源化。提出单位国内生产总值能源消耗和二氧化碳排放大幅下降，主要污染物排放总量显著减少，这就要求控制能源消费总量，加强节能降耗，支持节能低碳产业和新能源、可再生能源发展，确保国家能源安全，强化水、大气、土壤等污染防治。提出森林覆盖率提高，生态系统稳定性增强，人居环境明显改善，这就要求加大自然生态系统和环境保护力度，努力建设美丽中国。

胡锦涛同志在十八大报告中明确指出，全面建成小康社会，必须以更大的政治勇气和智慧，不失时机深化重要领域改革，坚决破除一切妨碍科学发展的思想观念和体制机制弊端，构建系统完备、科学规范、运行有效的制度体系，使各方面制度更加成熟更加定型。要加快完善社会主义市场经济体制，完善公有制为主体、多种所有制经济共同发展的基本经济制度，完善按劳分配为主体、多种分配方式并存的分配制度，更大程度更广范围发挥市场在资源配置中的基础性作用，完善宏观调控体系，完善开放型经济体系，推动经济更有效率、更加公平、更可持续发展。加快推进社会主义民主政治制度化、规范化、程序化，从各层次各领域扩大公民有序政治参与，实现国家各项工作法治化。加快完善文化管理体制和文化生产经营机制，基本建立现代文化市场体系，健全国有文化资产管理体制，形成有利于创新创造的文化发展环境。加快形成科学有效的社会管理体制，完善社会保障体系，健全基层公共服务和社会管理网络，建立确保社会既充满活力又和谐有序的体制机制。加快建立生态文明制度，健全国土空间开发、资源节约、生态环境保护的体制机制，推动形成人与自然和谐发展现代化建设新格局。

胡锦涛同志指出，如期全面建成小康社会任务十分艰巨，全党同志一定要埋头苦干、顽强拼搏。国家要加大对农村和中西部地区扶持力度，支持这些地区加快改革开放、增强发展能力、改善人民生活。鼓励有条件的地方在现代化建设中继续走在前列，为全国改革发展作出更大贡献。

（四）从整体高度把握全面建成小康社会的目标要求

从"人民生活达到小康"到"全面建设小康社会"，再到"全面建成小康社会"，清楚地展现出我们党在小康社会建设问题上的认识脉络。小康社会建设的目标从侧重强调经济发展和人民生活水平的提高，逐步扩展为"五位一体"的发展目标。

党的十八大在总结十六大和十七大以来全面建设小康社会成就的基础上，进一步提出了全面建成小康社会的目标要求。对此，我们应该深刻认识和理解，特别是要依据历史唯物主义的方法论，将这一目标放在社会主义现代化建设的历史进程中，从整体的高度去把握。

众所周知，"小康"原本是中国古代思想史上的一个概念；而借用这一概念来表示中国现代化进程中的一个特殊阶段，是由邓小平同志提出的。应该说，从改革开放初到党的十八大，关于小康社会建设的认识和实践经历了一个逐步展开的过程。

20世纪70年代末，中国从十年动乱中走出来，进入改革开放和社会主义现代化建设的新时期。邓小平同志领导我们党从中国的具体实际出发，制定了"三步走"的现代化战略：第一步是1980—1990年，实现国民生产总值翻一番，解决人民的温饱问题；第二步是1990—2000年，国民生产总值再翻一番，人民生活达到小康水平；第三步则是从21世纪初到 21 世纪中叶，再用 50 年左右的时间，使人均国民生产总值达到中等发达国家的水平，人民生活比较富裕，基本实现现代化。"小康"这一历史概念就这样被赋予了新的内涵，成为中国现代化总体战略中的重要一环。

"三步走"战略提出之后，我们党领导人民进行了坚持不懈的努力，一步步地将其付诸实施。到 20 世纪末，我们如期实现了第一步和第二步战略目标，人民生活总体上达到了小康水平。但这是否就算是进入小康社会了呢？2002 年召开的中共十六大，对这个问题做出了一个令人关注的重要回答。十六大报告首先肯定了已有的成就，认为"这是社会主义制度的伟大胜利，是中华民族发展史上的一个新的里程碑"；但与此同时，报告又在深刻分析我国社会各领域发展状况的基础上，作出了一个十分清醒的判断，认为"现在达到的小康还是低水平的、不全面的、发展很不平衡的小康。"根据进入新世纪后的新的形势，十六大正式提出"要在本世纪头二十年，集中力量，全面建设惠及十几亿人口的更高水平的小康社会"，并从经济、政治、文化、社会以及生态等各个方面，对全面建设小康社会的目标作了具体论述，其中包括"国内生产总值到 2020 年力争比 2000 年翻两番"等具体指标。同时，十六大报告还明确指出，全面建设小康社会是我国"实现现代化战略第三步战略目标必经的承上启下的发展阶段"；而全面建设小康社会的目标，"是与加快推进现代化相统一的目标"。

2007 年，根据我国社会各领域改革和发展的新的形势，党的十七大又在十六大确立的整体目标的基础上，对全面建设小康社会提出了"新的更高要求"，其中强调了转变发展方式、实现经济"又好又快"发展，"扩大社会主义民主"，"加强文化建设"，"加快发展社会事业"，"建设生态文明"等内容，并将经济发展指标修改为"人均国内生产总值到 2020 年比 2000 年翻两番"。

2012 年，党的十八大总结了过去 5 年以及十六大以来 10 年发展的成就和经验，又根据新的实际，对全面建成小康社会进一步提出了新的要求，包括"经济持续健康发展"、"人民民主不断扩大"、"文化软实力显著增强"、"人民生活水平全面提高"、"资源节约型、环境友好型社会建设取得重大进展"等方面，并根据经济发展的实际情况，提出了"实现国内生产总值和城乡居民人均收入比 2010 年翻一番"这一新的发展指标。十八大要求全党，全面把握机遇，沉着应对挑战，确保到 2020 年实现

"全面建成小康社会"的宏伟目标。至此，我们党对小康社会建设的认识和实践又进入了一个新的阶段。

从"人民生活达到小康"到"全面建设小康社会"，再到"全面建成小康社会"，清楚地展现出我们党在小康社会建设问题上的认识脉络。小康社会建设的目标从侧重强调经济发展和人民生活水平的提高，逐步扩展为包括经济、政治、文化、社会等各个领域在内的整个社会结构体系的发展目标，而且还包括了生态环境和可持续发展方面的目标，从而使小康社会真正成为一个完整的社会发展阶段。这里的关键在于"全面"二字，它不能仅仅从一般意义上去理解，而必须从整体的高度去把握；这便需要借助于历史唯物主义的方法论，从社会结构体系和中国社会主义现代化的历史进程做出分析。

按照历史唯物主义的观点，人类社会是一个由经济、政治、文化、社会等基本领域所构成的完整的结构体系，这些领域不是相互隔绝和孤立地存在着，而是内在地联系着的；它们相互作用、相互制约，形成一个有机的整体。相应的，人类社会的发展进程，也不是各个领域孤立发展的过程，而是各个领域在相互联结中的统一发展进程。同时，人类社会与自然界之间，也是相互制约和联系着的，人类社会的存在与发展，离不开自然环境的支持。因此，认识和解决社会发展实践中的重大战略问题，就不能仅仅着眼于其中的某个领域，而必须把它放到整个社会结构体系内部和外部的有机联系中去，从整体的高度去研究；我们所说的小康社会建设，正是这样的重大战略问题，因而也必须具备这样的整体高度。

进一步说，既然我们将小康社会建设作为社会主义现代化进程中的一个特殊阶段来对待，那么就应该遵循现代化进程本身的内在逻辑。所谓现代化是指人类社会从传统社会向现代社会的转化；从历史唯物主义的观点来看，这是技术社会形态视角内的一种深刻转型，其实质是从农业社会转向工业社会和信息社会。而由于历史的原因，中国是在经济社会形态已进入社会主义阶段的条件下推进现代化，由此便形成社会主义现代化的特殊进程。从基本内容来说，所谓现代化同样涵盖社会各个领域，包括经济现代化、政治现代化、文化现代化以及社会其他领域的现代化；从更广泛的意义上说，还应包括人类社会与自然界之间关系的现代化。现代化的这些不同领域和方面同样是有机地联系着的，只有从整体的高度将它们协调统一起来，才能真正有效地加以推进。而小康社会建设作为社会主义现代化进程中的一个特殊阶段，也必须符合这一进程的整体性要求，与各个领域和方面的现代化进程相衔接。只有这样，才能真正使小康社会建设的目标"与加快推进现代化相统一"。

十八大提出的全面建成小康社会的战略目标，正是体现了这样一个整体高度。按照十八大报告的论述，这一目标涉及社会的各个领域：在经济领域里，要使经济持续健康发展；在政治领域里，要使人民民主不断扩大；在文化领域里，要使文化软实力显著增强；在社会领域里，要使人民生活水平全面提高；在生态领域里，要使资源节约型、环境友好性社会建设取得重大进展。而所有这些不同领域的建设目标，都不是孤立的、互不相干的，而是紧密联系着的。要真正实现这些目标，就不能将它们分割开来，片面地加以对待，而必须着眼于它们之间的有机联系，将各个领域的建设协调起来加以推进，使这些目标从整体上得到实现。

十八大报告在论述全面建成小康社会的目标要求时，还突出强调要"不失时机地深化重要领域的改革"，并具体阐述了经济领域、政治领域、文化领域、社会领域以及生态领域的改革任务和要求。而需要注意的是，报告中有关改革的这些论述都是在"全面深化"的主题下进行的，对此也同样应从整体的高度去理解。中国的改革从一开始就是涵盖社会各个领域的全面的改革，是"中国的第二次革命"；由于改革的任务十分艰巨，我们采取了渐进式战略，从经济领域的改革入手，各领域改革逐步推开。经过30多年的艰苦努力，已取得了重大成果，旧的计划经济体制被打破，新的社会主义市场经济体制初步建立起来；而随着经济体制改革取得突破，政治体制改革、文化体制改革以及社会其他领域的体制改革也都在不断深化。如今，在新的发展阶段上，中国的改革正面临着一个新的更高要求，这就是进一步加强顶层设计，将各领域的改革更好地协调和统一起来，作为一个整体向前推进。各领域的改革之间本来都是相互联系和制约着的，一些深层次问题更是涉及方方面面，只有从整体高度配套推进各领域的改革，才能真正攻克难关，取得突破。①

---

① 贾高建：《从整体高度把握全面建成小康社会的目标要求》，《学习时报》2013年6月3日。

三　全面建成小康社会的总体布局

党的十八大不仅明确提出了全面建成小康社会目标的新要求，而且明确提出"建设中国特色社会主义，总依据是社会主义初级阶段，总布局是五位一体，总任务是实现社会主义现代化和中华民族伟大复兴"，"全面落实经济建设、政治建设、文化建设、社会建设、生态文明建设五位一体总体布局，促进现代化建设各方面相协调，促进生产关系与生产力、上层建筑与经济基础相协调，不断开拓生产发展、生活富裕、生态良好的文明发展道路。"

（一）"五位一体"总体布局的提出

从世界范围看，人类社会正在跨入生态文明时代。众所周知，工业革命造成了生产力的空前解放和发展，创造了巨大的物质财富，同时导致了生态环境恶化。保护生态环境，加强污染治理已成为世界各国人民的共同心声。中国作为发展中国家，目前正处于工业化中期，面临严重的生态环境挑战。当务之急是如何避免重蹈发达国家"先污染、后治理"的覆辙，加紧由传统工业文明向生态文明的转变，走新型工业化道路。从国内形势看，改革开放以来，我国经济快速发展，创造了举世罕见的奇迹，成就辉煌。但发展中付出的资源、环境代价较大，发展不平衡、不协调的矛盾突出。如何破解难题，走出困境，实现良性循环，事关改革、发展大局。面对资源约束趋紧、环境污染严重、生态系统退化的严峻形势，必须树立尊重自然、顺应自然、保护自然的生态文明理念，把生态文明建设放在突出地位，融入经济建设、政治建设、文化建设、社会建设各方面和全过程，努力建设美丽中国，实现中华民族永续发展。

全面建成小康社会有科学的理论依据。全面建设小康社会是马克思主义中国化的最新成果，是马克思社会发展理论与建设有中国特色社会主义实践相结合的产物。党的十六大在对中国国情作出正确判断的基础上，把全面建设小康社会作为新世纪最初20年的阶段性目标，制定了全面建设小康社会的宏伟纲领。党的十七大提出全面建设小康社会更加全面、均衡、科学的发展目标和要求，既与十六大提出的宏伟目标的要求相一致，又根据经济社会发展新的阶段性特征，作了进一步补充、完善和深化，从而构成了经济建设、政治建设、文化建设、社会建设和生态文明建设五个方面的目标体系，为确保按期建成小康社会提供了重要理论支撑。

全面建成小康社会有坚实的实践基础。作为我国现代化建设的阶段性目标，全面小康社会与我国现代化建设"三步走"战略是一致的。以毛泽东同志为核心的第一代中央领导集体带领全国人民艰苦奋斗，建立起了独立的、比较完整的工业体系和国民经济体系。以邓小平同志为核心的第二代中央领导集体基于对时代特征、历史方位的准确把握，提出了小康社会目标，制定了"三步走"发展战略，党的十五大把"三步走"战略具体化。经过全国人民的不懈努力，在 20 世纪末人民生活顺利达到了小康水平。党的十六大以来，我们朝着建设一个更高水平、更全面、更平衡的小康社会的目标迈进，在以胡锦涛同志为总书记的党中央坚强领导下，成功地把社会主义现代化建设推进到新的发展阶段，为全面建成小康社会打下了坚实基础。

全面建成小康社会有充分的现实条件。在改革开放 30 多年一以贯之的接力探索中，我们党坚持以马克思列宁主义、毛泽东思想、邓小平理论、"三个代表"重要思想为指导，勇于推进实践基础上的理论创新，围绕坚持和发展中国特色社会主义，提出了一系列紧密相连、相互贯通的新思想、新观点、新论断，形成了科学发展观，对新形势下"实现什么样的发展"、"怎样发展"等重大问题作出了科学回答，为全面建成小康社会提供了清晰的理论指导。经过 30 多年改革开放，我国国民经济持续发展，人民生活水平不断提高，综合国力和国际地位显著提高，为全面建成小康社会打下了坚实的物质基础。社会主义市场经济体制逐步完善；以公有制为主体、多种所有制经济共同发展的基本经济制度，按劳分配为主体、多种分配方式并存的分配制度不断完善；宏观调控体系不断完善；开放型经济体系正在形成；社会主义民主政治正向制度化、规范化、程序化方向发展；文化管理体制和文化生产经营机制正在完善；科学有效的社会管理体制加快形成；生态文明制度正加快建立，为全面建成小康社会提供了重要的制度保障。[①]

① 蜀轩理：《学习十八大报告关于全面建成小康社会重要论述》，《四川日报》2012 年 11月 19 日。

（二）"五位一体"总体布局的理论内涵

1. 加快完善社会主义市场经济体制和加快转变经济发展方式

以经济建设为中心是兴国之要，发展仍是解决我国所有问题的关键。只有推动经济持续健康发展，才能筑牢国家繁荣富强、人民幸福安康、社会和谐稳定的物质基础。必须坚持发展才是硬道理的战略思想，绝不能有丝毫动摇。

在当代中国，坚持发展才是硬道理的本质要求就是坚持科学发展。以科学发展为主题，以加快转变经济发展方式为主线，是关系我国发展全局的战略抉择。要适应国内外经济形势新变化，加快形成新的经济发展方式，把推动发展的立足点转到提高质量和效益上来，着力激发各类市场主体发展新活力，着力增强创新驱动发展新动力，着力构建现代产业发展新体系，着力培育开放型经济发展新优势，使经济发展更多依靠内需特别是消费需求拉动，更多依靠现代服务业和战略性新兴产业带动，更多依靠科技进步、劳动者素质提高、管理创新驱动，更多依靠节约资源和循环经济推动，更多依靠城乡区域发展协调互动，增强长期发展后劲。

坚持走中国特色新型工业化、信息化、城镇化、农业现代化道路，推动信息化和工业化深度融合、工业化和城镇化良性互动、城镇化和农业现代化相互协调，促进工业化、信息化、城镇化、农业现代化同步发展。

2. 坚持走中国特色社会主义政治发展道路和推进政治体制改革

人民民主是我们党始终高扬的光辉旗帜。改革开放以来，我们总结发展社会主义民主正反两方面经验，强调人民民主是社会主义的生命，坚持国家一切权力属于人民，不断推进政治体制改革，社会主义民主政治建设取得重大进展，成功开辟和坚持了中国特色社会主义政治发展道路，为实现最广泛的人民民主确立了正确方向。

政治体制改革是我国全面改革的重要组成部分。必须继续积极稳妥推进政治体制改革，发展更加广泛、更加充分、更加健全的人民民主。必须坚持党的领导、人民当家做主、依法治国有机统一，以保证人民当家做主为根本，以增强党和国家活力、调动人民积极性为目标，扩大社会主义民主，加快建设社会主义法治国家，发展社会主义政治文明。要更加注重改进党的领导方式和执政方式，保证党领导人民有效治理国家；更加注重健全民主制度、丰富民主形式，保证人民依法实行民主选举、民主决策、民主管理、民主监督；更加注重发挥法治在国家治理和社会管理中的重要作用，维护国家法制统一、尊严、权威，保证人民依法享有广泛权利和自由。要把制度建设摆在突出位置，充分发挥我国社会主义政治制度优越性，积极借鉴人类政治文明有益成果，绝不照搬西方政治制度模式。

3. 扎实推进社会主义文化强国建设

文化是民族的血脉，是人民的精神家园。全面建成小康社会，实现中华民族伟大复兴，必须推动社会主义文化大发展大繁荣，兴起社会主义文化建设新高潮，提高国家文化软实力，发挥文化引领风尚、教育人民、服务社会、推动发展的作用。

建设社会主义文化强国，必须走中国特色社会主义文化发展道路，坚持为人民服务、为社会主义服务的方向，坚持百花齐放、百家争鸣的方针，坚持贴近实际、贴近生活、贴近群众的原则，推动社会主义精神文明和物质文明全面发展，建设面向现代化、面向世界、面向未来的，民族的、科学的、大众的社会主义文化。

建设社会主义文化强国，关键是增强全民族文化创造活力。要深化文化体制改革，解放和发展文化生产力，发扬学术民主、艺术民主，为人民提供广阔文化舞台，让一切文化创造源泉充分涌流，开创全民族文化创造活力持续迸发、社会文化生活更加丰富多彩、人民基本文化权益得到更好保障、人民思想道德素质和科学文化素质全面提高、中华文化国际影响力不断增强的新局面。

4. 在改善民生和创新管理中加强社会建设

加强社会建设，是社会和谐稳定的重要保证。必须从维护最广大人民根本利益的高度，加快健全基本公共服务体系，加强和创新社会管理，推动社会主义和谐社会建设。

加强社会建设，必须以保障和改善民生为重点。提高人民物质文化生活水平，是改革开放和社会主义现代化建设的根本目的。要多谋民生之利，多解民生之忧，解决好人民最关心最直接最现实的利益问题，在学有所教、劳有所得、病有所医、老有所养、住有所居上持续取得新进展，努力让人民过上更好的生活。

加强社会建设，必须加快推进社会体制改革。要围绕构建中国特色社会主义社会管理体系，加快形成党委领导、政府负责、社会协同、公众参与、法治保障的社会管理体制，加快形成政府主导、覆盖城乡、可持续的基本公共服务体系，加快形成政社分开、权责明确、依法自治的现代社会组织体制，加快形成源头治理、动态管理、应急处置相结合的社会管理机制。

5. 大力推进生态文明建设

建设生态文明，是关系人民福祉、关乎民族未来的长远大计。面对资源约束趋紧、环境污染严重、生态系统退化的严峻形势，必须树立尊重自然、顺应自然、保护自然的生态文明理念，把生态文明建设放在突出地位，融入经济建设、政治建设、文化建设、社会建设各方面和全过程，努力建设美丽中国，实现中华民族永续发展。

坚持节约资源和保护环境的基本国策，坚持以节约优先、保护优先、自然恢复为主的方针，着力推进绿色发展、循环发展、低碳发展，形成节约资源和保护环境的空间格局、产业结构、生产方式、生活方式，从源头上扭转生态环境恶化趋势，为人民创造良好生产生活环境，为全球生态安全作出贡献。①

（三）"五位一体"总体布局提出的理论与实践意义

在社会主义建设事业如何进行总体布局这一重大战略问题上，中国共产党人进行了长期不懈的探索。

以毛泽东同志为核心的第一代中央领导集体明确提出四个现代化的思想，对我国社会主义建设的探索作出了重要贡献。

以邓小平同志为核心的第二代中央领导集体，在党的十二届六中全会第一次明确提出："我国社会主义现代化建设的总体布局是：以经济建设为中心，坚定不移地进行经济体制改革，坚定不移地进行政治体制改革，坚定不移地加强精神文明建设。"

以江泽民同志为核心的第三代中央领导集体，在党的十五大报告中明确提出要实现物质文明、政治文明和精神文明全面发展。这就形成了物质文明、政治文明、精神文明"三位一体"的社会主义建设总体布局。

以胡锦涛同志为总书记的党中央，提出构建社会主义和谐社会的战略任务，建设富强、民主、文明、和谐"四位一体"的总体布局，党的十七大还提出了全面建设小康社会奋斗目标的新要求，在提出推进四大建设的同时，提出了建设生态文明的目标，这已经蕴涵着"五位一体"格局的形成。

---

①　胡锦涛：《中国共产党第十八次全国代表大会报告》。

党的十八大报告，又把生态文明建设摆在中国特色社会主义事业总体布局的高度，明确提出"五位一体"的战略部署。

从"三位一体"到"四位一体"再到"五位一体"的发展历程，是我们党对社会主义建设实践经验的科学总结，是对中国特色社会主义理论体系的进一步完善，是科学发展观在我们党执政实践中的不断深化与拓展，是中国共产党执政为民理念丰富发展的具体体现，全面适应了新世纪新阶段我国改革开放和社会主义现代化建设进入关键时期的客观要求，充分体现了广大人民群众的根本利益和共同愿望，深刻反映了中国共产党对社会主义建设规律的新认识。

五位一体总布局标志着我国社会主义现代化建设进入新的历史阶段，体现了我们党对于中国特色社会主义的认识达到了新境界。五位一体总布局与社会主义初级阶段总依据、实现社会主义现代化和中华民族伟大复兴总任务有机统一，对进一步明确中国特色社会主义发展方向，夺取中国特色社会主义新胜利意义重大。

五位一体总布局代表了人民群众的根本利益和共同愿望。改革开放三十多年来，我国经济社会发展取得了举世瞩目的辉煌成就，综合国力与国际地位显著提升，人民生活水平不断提高，全面建设小康社会取得重大进展。亿万人民在物质生活得到基本保障后，不仅对物质生活水平和质量提出了新的更高的要求，而且在充分行使当家做主的民主权利、享有丰富的精神文化生活、维护社会公平正义、拥有健康美好的生活环境等方面都有了新的期待。十八大提出，五位一体建设总布局，纳入生态文明建设，提出要从源头扭转生态环境恶化趋势，为人民创造良好生产生活环境，努力建设美丽中国，实现中华民族永续发展，是我国社会主义现代化发展到一定阶段的必然选择，体现了科学发展观的基本要求。牢牢把握五位一体总布局，就一定能推动当代中国全面发展进步，使中国特色社会主义更加生机勃勃。

把握五位一体总布局，必须深刻理解五大建设的丰富内涵。五位一体总布局是一个有机整体，其中经济建设是根本，政治建设是保证，文化建设是灵魂，社会建设是条件，生态文明建设是基础。只有坚持五位一体建设全面推进、协调发展，才能形成经济富裕、政治民主、文化繁荣、社会公平、生态良好的发展格局，把我国建设成为富强民主文明和谐的社会主义现代化国家。十八大报告对下一阶段工作提出经济持续健康发展、人民民主不断扩大、文化软实力显著增强、人民生活水平全面提高、资源节约型和环境友好型社会建设取得重大进展。这是党中央根据我国经济社会发展实际，对全面推进五位一体建设提出的新要求。落实这些新要求，需要全党全国人民加倍努力。

把握五位一体总布局，必须全面贯彻落实十八大相关部署。在经济建设方面，要加快完善社会主义市场经济体制，加快转变经济发展方式，不断增强发展后劲，促进工业化信息化城镇化和农业现代化同步发展。在政治建设方面，要坚持走中国特色社会主义政治发展道路，坚持党的领导、人民当家做主、依法治国有机统一，加快建设社会主义法治国家，建立健全权力运行约束和监督体系，让权力在阳光下运行。在文化建设方面，要加强社会主义核心价值体系建设，全面提高公民道德素质，丰富人民精神文化生活，增强文化整体实力和竞争力，建设社会主义文化强国。在社会建设方面，要以保障和改善民生为重点，多谋民生之利，多解民生之忧，加快健全基本公共服务体系，加强和创新社会管理，推动和谐社会建设。在生态文明建设方面，加大自然生态系统和环境保护力度，加强生态文明制度建设，努力实现绿色发展，努力建设美丽中国。

把握五位一体总布局，必须自觉运用科学发展观指导实践。五位一体总布局体现了科学发展观的深刻内涵，是当代中国促进人的全面发展的必然要求。要坚持以人为本的核心立场、全面协调可持续的基本要求和统筹兼顾的根本方法，始终把实现好维护好发展好最广大人民根本利益作为工作出发点和落脚点，从现代化建设全局的高度积极应对新矛盾新问题，处理好当前与长远、局部与全局的关系，统筹城乡发展、区域发展、经济社会发展、人与自然和谐发展、国内发展和对外开放，努力促进生产关系与生产力、上层建筑与经济基础相协调，不断开拓生产发展、生活富裕、生态良好的文明发展道路。

宏伟目标鼓舞人心，美好前景凝聚力量。坚定不移地推动经济建设、政治建设、文化建设、社会建设、生态文明建设五位一体协调发展，必将推动全面建成小康社会目标如期实现，创造中华民族更加美好的未来！

参考文献

1. 胡锦涛：《坚定不移沿着中国特色社会主义道路前进　为全面建成小康社会而奋斗》，人民出版社 2012 年版。

2. 辛鸣：《十八大后党政干部关注的重大理论与现实问题解读》，中共中央党校出版社 2012 年版。

3.《十八大报告学习辅导百问》，学习出版社、党建读物出版社 2012 年版。

4. 石国亮：《形势与政策》，国家行政学院出版社 2013 年版。

练习与思考

一、简答题

1. 结合十八大报告相关内容，简述如何全面提高公民道德素质。

2. 全面建成小康社会的总体目标是什么？

3. 全面建成小康社会指标选择的基本原则是什么？

4. 简述"五位一体"总体布局提出的理论与实践意义。

二、材料分析题

材料一：

浙江武义县后陈村是全县经济条件较好的村，但由于财务使用不透明，村民从 20 世纪 90 年代以来连续向县纪委、街道反映村里问题，却长期得不到彻底解决。2002 年和 2003 年，连续两任村支书因经济问题被查处。2004 年年初，村里有 1000 亩土地被征用，获补偿金 1900 多万元，在人均发放 7000 多元后，还剩 1000 多万元。如何处理这些集体资产成为村内一个难题。为帮助村民寻找从根本上解决问题的办法，由县纪委牵头组建的村务监督改革指导小组进驻后陈村，指导组在大量听取村民意见的基础上，决定组建一个相对独立于村委会及村党支部的监督委员会，真正能从根本上让村民有效制约村干部的权力。6 月，后陈村在海选村委会委员的基础上由群众选举产生了全国第一个村级民主监督组织——村务监督委员会，与村党支部、村委会一起称为"三委会"。

监督委员会成立不久，即对村里两口池塘的承包进行了全程监督，结果每口池塘三年的承包价从 2.8 万元升至 5.8 万元，2005 年后陈村举行垃圾清运投标会，村委会主任主持会议，监委会主任到场监督，不到 5 分钟结果就出来了，没有人对投标公正性表示质疑。

监委会成立后，后陈村每年的创收情况，包括出租土地给广告公司做广告牌、旧粮站出租、经营沙场、村留土地上的杉树出售，以及向上级部门申请到的资金补助等，每一笔都要经过监委会审核后公布。2004年，当年的招待开支是23909元，比前些年下降近一半，村干部再不能拿着发票随便报销了。在村财务公开栏前，村民告诉记者："过去简直是胡来，集体的钱像是干部自己的，现在不一样了。"监委会主任说："我的职责就是看他们有没有按程序办事，有没有搞暗箱操作。"

监委会成立以来，后陈村的固定收入逐年增加，村干部连续八年实现零违纪，村民连续八年实现零上访。村两委已顺利完成了三次换届。最近的一次换届，村两委成员一个没动，全部高票当选，一次通过。

目前，浙江省3万多个行政村，村村建立了村务监督委员会，实现了村级监督组织全覆盖，村务监督委员会这一有效而不需要太大监督成本的权力制衡制度，对建立乡村"阳光权力体系"共建和谐社会带来重要启迪。村务监督委员会这一制度创新已被写进《中华人民共和国村民委员会组织法》，并在全国推行。

根据上述材料，回答下列问题：

（1）后陈村是如何通过制度创新来保障权力在阳光下运行的？

（2）全国第一个村务监督委员会的建立对推进基层民主制度建设有何启示？

材料二：

材料1："蓝蓝的天上白云飘，白云下面鸡儿跑"，这是内蒙古半农半牧草原上恢复生态、建设"美丽中国"的新鲜场景。草原散养牧鸡，鸡吃草籽、昆虫，不用饲料、添加剂，提高了肉蛋品质、增加了牧民收益，又能有效控制草原虫害。牛羊改吃农田秸秆，既可让过度放牧的草场得到休息，又把大量秸秆变废为宝，避免其田间焚烧带来的空气污染，而粪便或沼渣还田又增加了农田地力。这一新模式取得了良好的生态效益和经济效益。

材料2：十八大报告出现了"美丽中国"的提法。指出：建设生态文明，是关系人民福祉、关乎民族未来的长远大计。面对资源约束趋紧、环境污染严重、生态系统退化的严峻形势，必须树立尊重自然、顺应自然、保护自然的生态文明理念，把生态文明建设放在突出地位，融入经济建设、政治建设、文化建设、社会建设各方面和全过程，努力建设"美丽中国"，实现中华民族永续发展。

请根据上述材料，并结合你对现实的理解，谈谈建设"美丽中国"对我国经济发展的要求。

材料三：

党的十八大报告根据我国经济社会发展实际和新的阶段性特征，在党的十六大、十七大确立的全面建设小康社会目标的基础上，提出了一些更具明确政策导向、更加针对发展难题、更好顺应人民意愿的新要求，以确保到2020年全面建成的小康社会，是发展改革成果真正惠及十几亿人口的小康社会，是经济、政治、文化、社会、生态文明全面发展的小康社会，是为实现社会主义现代化建设宏伟目标和中华民族伟大复兴奠定了坚实基础的小康社会。

十八大报告中首次将总体布局的"四位一体"发展到了"五位一体"，请根据上述材料，并结合你对现实的理解，简要分析在全面建成小康社会的过程中不重视全面建设带来的危害是什么，并指出全面建设的重大意义有哪些。

练习与思考参考答案
一、简答题参考答案

1. 结合十八大报告相关内容，简述如何全面提高公民道德素质。

一是要坚持依法治国和以德治国相结合，加强社会公德、职业道德、家庭美德、个人品德教育，弘扬中华传统美德，弘扬时代新风。

二是推进公民道德建设工程，弘扬真善美、贬斥假恶丑，引导人们自觉履行法定义务、社会责任、家庭责任，营造劳动光荣、创造伟大的社会氛围，培育知荣辱、讲正气、作奉献、促和谐的良好风尚。

三是深入开展道德领域突出问题专项教育和治理，加强政务诚信、商务诚信、社会诚信和司法公信建设。

四是加强和改进思想政治工作，注重人文关怀和心理疏导，培育自尊自信、理性平和、积极向上的社会心态。

五是深化群众性精神文明创建活动，广泛开展志愿服务，推动学雷锋活动、学习宣传道德模范常态化。

2. 全面建成小康社会的总体目标是什么？

（1）经济持续健康发展。

（2）人民民主不断扩大。

（3）文化软实力显著增强。

（4）人民生活水平全面提高。

（5）资源节约型、环境友好型社会建设取得重大进展。

3. 全面建成小康社会指标选择的基本原则是什么？

（1）坚持体现科学发展观要求的原则。

（2）坚持与国际评价现代化进程指标体系相统一的原则。

（3）坚持可测度、可比较的原则。

（4）坚持避繁就简、重点突出的原则。

4. 简述"五位一体"总体布局提出的理论与实践意义。

从"三位一体"到"四位一体"再到"五位一体"的发展历程，是我们党对社会主义建设实践经验的科学总结，是对中国特色社会主义理论体系的进一步完善，是科学发展观在我们党执政实践中的不断深化与拓展，是中国共产党执政为民理念丰富发展的具体体现，全面适应了新世纪新阶段我国改革开放和社会主义现代化建设进入关键时期的客观要求，充分体现了广大人民群众的根本利益和共同愿望，深刻反映了中国共产党对社会主义建设规律的新认识。

二、材料分析题参考答案

材料一参考答案：

（1）完善制约和监督机制，保证人民赋予的权力始终用来为人民谋利益。确保权力正确行使，必须让权力在阳光下运行，必须完善制约和监督机制。

材料中，浙江武义县后陈村通过成立村务监督委员会使得本村的创收逐年增加，并在全国推行，取得了良好效果。所以，我国应全面通过制度创新来保障权力在阳光下运行。要保障权力在阳光下运行，应采取如下措施：

第一，坚持用制度管权管事管人，保障人民知情权、参与权、表达权、监督权，是权力正确运行的重要保证。

第二，要确保决策权、执行权、监督权既相互制约又相互协调，确保国家机关按照法定权限和程序行使权力。

第三，坚持科学决策、民主决策、依法决策，健全决策机制和程序，建立决策问责和纠错制度。凡是涉及群众切身利益的决策都要充分听取群众意见，凡是损害群众利益的做法都要坚决防止和纠正。

第四，推进权力运行公开化、规范化，完善党务公开、政务公开、司法公开和各领域办事公开制度，健全质询、问责、经济责任审计、引咎辞职、罢免等制度，加强党内监督、民主监督、法律监督、舆论监督，让人民监督权力，让权力在阳光下运行。

（2）浙江武义县后陈村通过成立的全国第一个村务监督委员会，给我国建立乡村"阳光权力体系"共建和谐社会带来重要启迪，村务监督委员会这一制度创新已被写进《中华人民共和国村民委员会组织法》并在全国推行。这说明我国需要健全基层党组织领导的充满活力的基层群众自治机制，以扩大有序参与、推进信息公开、加强议事协商、强化权力监督为重点，拓宽范围和途径，丰富内容和形式，保障人民享有更多更切实的民主权利。全心全意依靠工人阶级，健全以职工代表大会为基本形式的企事业单位民主管理制度，保障职工参与管理和监督的民主权利。发挥基层各类组织协同作用，实现政府管理和基层民主有机结合。

材料二参考答案：

（1）贯彻和落实科学发展观，统筹人与自然和谐发展。

（2）转变经济发展方式，促进经济增长由主要依靠增加物质资源消耗向主要依靠科技进步、劳动者素质提高，管理创新转变。

（3）加强能源资源节约和生态环境保护，增强可持续发展能力，把建设资源节约型、环境友好型放在工业化、现代化发展战略的突出位置，落实到每个单位、每个家庭。

（4）引导消费者转变消费方式，保护环境、绿色消费。

（5）引导企业加快技术创新，采用先进技术，提高劳动生产率，节约资源，实现经济效益和环境效益的统一。

（6）加强宏观调控，并发挥市场在资源配置中的基础作用，实现资源的优化配置，提高资源利用效率。

材料三参考答案：

十八大报告中首次将"四位一体"的总布局发展到了"五位一体"，增加了生态文明建设的重要内容，这是经济社会统筹发展的需要，也是全面建成小康社会的重要内容与体现。

第一，经济、政治、文化、社会、生态文明是一个统一的整体，如果忽视了其中的任何一个方面，都将影响到其他方面的正常发展。如果忽视了生态文明建设，一方面不利于生态文明的保护，在经济社会的发展过程中可能会带来严重的环境污染与破坏，不利于人民群众的身心健康；另一方面也不利于经济社会的统筹发展。整个社会的发展是一个有机整体，忽视了生态文明建设虽然可以在短时间内取得经济的快速发展，但是生态问题会反过来影响到经济的长远发展，不利于经济社会的统筹发展。

第二，全面建设小康社会目标的提出，意义重大。

（1）从"三位一体"到"四位一体"再到"五位一体"的发展历程，是我们党对社会主义建设实践经验的科学总结，是对中国特色社会主义理论体系的进一步完善。

（2）五位一体总布局标志着我国社会主义现代化建设进入新的历史阶段，体现了我们党对于中国特色社会主义的认识达到了新境界。

（3）五位一体总布局代表了人民群众的根本利益和共同愿望。牢牢把握五位一体总布局，就一定能推动当代中国全面发展进步，使中国特色社会主义更加生机勃勃。

（4）五位一体总布局是一个有机整体，其中经济建设是根本，政治建设是保证，文化建设是灵魂，社会建设是条件，生态文明建设是基础。只有坚持五位一体建设全面推进、协调发展，才能形成经济富裕、政治民主、文化繁荣、社会公平、生态良好的发展格局，把我国建设成为富强民主文明和谐的社会主义现代化国家。

第四讲　完善市场经济体制，
转变经济发展方式

以经济建设为中心是兴国之要，发展仍是解决我国所有问题的关键。只有推动经济持续健康发展，才能筑牢国家繁荣富强、人民幸福安康、社会和谐稳定的物质基础。我们必须坚持发展是硬道理的战略思想，决不能有丝毫动摇。

在当代中国，坚持发展是硬道理的本质要求就是坚持科学发展。以科学发展为主题，以加快转变经济发展方式为主线，是关系我国发展全局的战略抉择。要适应国内外经济形势新变化，加快形成新的经济发展方式，把推动发展的立足点转到提高质量和效益上来，着力激发各类市场主体发展新活力，着力增强创新驱动发展新动力，着力构建现代产业发展新体系，着力培育开放型经济发展新优势，使经济发展更多依靠内需特别是消费需求拉动，更多依靠现代服务业和战略性新兴产业带动，更多依靠科技进步、劳动者素质提高、管理创新驱动，更多依靠节约资源和循环经济推动，更多依靠城乡区域发展协调互动，不断增强长期发展后劲。

坚持走中国特色新型工业化、信息化、城镇化、农业现代化道路，推动信息化和工业化深度融合、工业化和城镇化良性互动、城镇化和农业现代化相互协调，促进工业化、信息化、城镇化、农业现代化同步发展。

一　全面深化经济体制改革①

党的十八大作出了全面深化经济体制改革和加快完善社会主义市场经济体制的战略部署，新一轮经济体制改革的热潮正在兴起。

---

① 张宇：《全面深化经济体制改革若干重大问题的思考》，《红旗文稿》2013 年第 5 期。

（一）深化经济体制改革的方向

深化经济体制改革必须坚持正确的方向，这就是社会主义市场经济的改革方向。对于这一问题认识不清，就会在实践中出现方向性的偏差。应当看到，虽然社会主义市场经济体制改革目标的确立已经有了 20 多年的历史，但人们对于如何理解社会主义市场经济的实质一直存在着不同的认识。比如，有人认为，市场经济作为资源配置的方式是没有社会属性的，现代市场经济只有先进与落后之分，没有社会制度之分；有人认为，建立市场经济就必须与西方制度接轨，而不应当强调中国特色；还有人认为，社会主义意味着社会公平，而市场经济意味着高的效率，社会主义市场经济就是社会公平＋市场效率。上述看法都是有片面性的，只看到了市场经济的共性，而没有看到市场经济的个性，从而割裂了一般与特殊、共性与个性的辩证关系，不能正确地认识市场经济的实质。市场经济是存在于不同社会制度形态的共同现象，从这个意义上说，它不姓"社"也不姓"资"，是中性的；另一方面，市场经济又总是与一定的社会制度结合在一起的，是一个社会的历史的范畴，从这个意义上说，它又必然具有特殊的社会属性和具体特点。现实的市场经济是一般与特殊、共性与个性的有机统一。我们既不能把市场经济与资本主义混同起来，否定市场经济的共性；也不能把市场经济与社会制度割裂开来，否定市场经济的个性。这一点，我们党的理论是很明确的。党的十四大报告在提出我国经济改革的目标是社会主义市场经济体制的同时，特别强调："社会主义市场经济体制是同社会主义基本制度结合在一起的。"邓小平同志指出："社会主义市场经济优越性在哪里？就在四个坚持"，[①] 即"四项基本原则"。江泽民同志指出："我们搞的市场经济，是同社会主义基本制度紧密结合在一起的。如果离开了社会主义基本制度，就会走向资本主义。"[②] 胡锦涛同志在党的十七大报告中，把"坚持社会主义基本制度同发展市场经济结合起来"作为我国改革开放获得成功的重要经验之一。

社会主义市场经济是同社会主义基本制度结合在一起的。这种结合，一方面发挥了市场机制信息灵敏、效率较高、激励有效、调节灵活等优点，增强了经济发展的活力；另一方面发挥了社会主义经济中生产资料公

---

① 中共中央文献研究室编：《邓小平年谱》（1975—1997）（下），中央文献出版社 2004 年版，第 1363 页。

② 江泽民：《论社会主义市场经济》，中央文献出版社 2006 年版，第 202 页。

有制、按劳分配、计划调节、统筹兼顾、独立自主、团结互助等制度的优势，克服了资本主义市场经济固有的盲目性、自发性和滞后性以及经济危机、贫富分化等缺陷和弊病，这就从理论和实践上超越了以私有制为基础的资本主义市场经济的教条，极大地促进了社会生产力的发展，为发展中国特色社会主义提供了强大动力和体制保障，也为科学社会主义的发展和人类文明的进步开辟了前所未有的广阔道路。深化经济体制改革之所以要毫不动摇地坚持社会主义市场经济改革方向，最根本的原因就在于此。

能否把社会主义市场经济的改革方向等同于市场化改革方向呢？严格地讲，不能这样简单等同。这是因为，作为改革目标的社会主义市场经济包括两个方面的内容：一是发挥市场机制在资源配置中的基础性调节作用；二是坚持完善社会主义基本经济制度。发挥市场机制的基础性作用，要求建立自主经营的企业制度、市场调节的价格机制、健全的市场体系、充分的市场竞争。这些方面的改革可以简称为市场化改革。而完善社会主义基本经济制度，则要求建立以公有制为主体、多种所有制经济共同发展的基本经济制度和以按劳分配为主体、多种分配方式并存的分配制度，发挥社会主义国家宏观调控的作用，保障社会的公平正义，实现社会成员的共同富裕。这些方面的改革显然不能用市场化改革加以概括，甚至是相反的，是对市场经济的局限和弊端的纠正、调节和超越，是社会主义的优越性所在。在社会主义市场经济中，充分发挥市场机制的作用，实现资源的市场化，固然是深化改革的基本要求，但完善基本经济制度和分配制度，实现共同富裕和保障公平正义，同样也是深化改革的应有之义。这两个方面的有机结合，才能完整准确地体现社会主义市场经济的本质和社会主义市场经济改革方向的要求。

（二）深化经济体制改革的目标

对于经济体制改革的目标，必须从两个方面来认识：一个是基本制度，另一个是经济体制。从基本制度方面看，改革是社会主义制度的自我完善和发展；从经济体制方面看，改革是建立和完善社会主义市场经济体制。改革初期，我们经常可以听到这样一种说法，即中国的改革是改体制而不是改制度，这种看法的合理之处在于它肯定了改革的社会主义性质，但在理论上是不准确和不严密的。所谓制度，一般指的是要求大家共同遵守的办事规程和行动准则，如企业制度、市场制度、价格制度、税收制度、金融制度，等等，从这些方面看，制度与体制并无根本区别，都是经济体制改革的对象。即使从基本制度的角度看，也存在改革的问题。我们党在发展中国特色社会主义的实践中所确立的以公有制为主体、多种所有制经济共同发展的基本经济制度，以按劳分配为主体、多种分配方式并存的分配制度，以及社会主义市场经济等，就是对社会主义基本制度和社会主义本质的创新和发展。没有对社会主义基本制度和本质特征的这种创新和发展，就不可能实现从高度集中的计划经济体制向充满活力的社会主义市场经济体制的历史性转变，也就不可能实现社会主义制度的自我完善和发展。

因此，全面深化经济体制改革包括了相互联系的两个方面的内容：一方面要完善社会主义基本经济制度，另一方面要完善社会主义市场经济体制。党的十八大报告正是这样表述全面深化改革开放的目标的。从经济方面看，全面深化改革开放的目标是：加快完善社会主义市场经济体制，完善公有制为主体、多种所有制经济共同发展的基本经济制度，完善按劳分配为主体、多种分配方式并存的分配制度，完善宏观调控体系，更大程度更广范围地发挥市场在资源配置中的基础性作用，完善开放型经济体系，推动经济更有效率、更加公平、更加可持续地发展。上述目标，既包括了完善社会主义基本经济制度和分配制度的内容，又包括了完善社会主义市场经济体制的内容，涵盖了中国特色社会主义经济的生产、分配和交换等主要环节，以及基本制度、经济体制和对外开放等主要方面，形成了一个比较完整的制度体系，为新的历史条件下全面深化经济体制改革指明了方向。

正确认识深化经济体制改革的上述目标，需要明确以下几点：

第一，改革是社会主义制度的自我完善和发展，绝不能否定和抛弃社会主义制度。要特别警惕把资本主义市场经济作为所谓的普世价值，并以此为标准来确定中国经济体制改革的目标，设计中国经济体制改革的蓝图，主张全面推行私有化、自由化，与资本主义世界体系完全接轨，实行西方资本主义的民主宪政；符合这种标准的所谓的改革才是真正的改革，与这种标准不相符合的制度比如公有制、计划调节、共同富裕和共产党的领导等，都被看作旧制度的残余和改革的障碍。同时，也要警惕对市场经济的改革提出质疑，主张重回传统社会主义老路的观点。这两种观点看似对立，实则相通，都否定了中国特色社会主义道路和社会主义市场经济的改革方向。

第二，中国改革开放的历史成就和已有成果，是深化经济体制改革的基础和出发点。党的十一届三中全会以来，中国的经济体制改革不断向前推进，从总体上看，中国已经成功实现了从高度集中的计划经济体制到充满活力的社会主义市场经济体制的历史转折，确立了以社会主义初级阶段基本经济制度、分配制度和社会主义市场经济为核心的中国特色社会主义经济制度，形成了社会主义市场经济体制，中国特色社会主义经济制度已经在实践中展示出极大的优越性和强大的活力。只有承认这一点，增强我们的制度自信，才能承前启后，继往开来，把中国的经济体制改革进一步推向前进。那种认为经济改革已经陷入停滞、正在面临崩溃，因而需要推倒重来，进行激进式变革的观点是不符合事实的。

第三，现行的经济制度和经济体制还存在不少矛盾和问题，深化经济体制改革的任务依然繁重。发展中不平衡、不协调、不可持续以及基本经济制度不完善、收入分配不公、贫富差距过大、腐败现象严重等问题依然突出，需要通过全面深化经济体制改革加以解决。这些问题的产生是由多种因素造成的，需要全面具体分析：有市场化不足的问题，如市场体系不健全、政府职能不到位等；也有所谓的泛市场化问题，如公共服务产业化、权钱交易现象蔓延等；还有法律、政策和管理上不完善的问题；更多的问题则是发展中的问题，如自主创新能力低、城乡二元结构分割等。特别需要强调的是，在市场经济体制和市场经济运行规律已在经济生活中起支配作用的条件下，我们不宜再把现实中出现的所有问题都归结为计划经济的残余或者市场化改革不彻底。相反，经济波动、收入分配不公、货币拜物教等问题，在很大程度上是市场经济的固有弊病，即使在发达的完善的市场经济中也是不可避免的。这些弊病需要通过完善社会主义制度、发挥社会主义制度的优势加以克服，寄希望于用所谓彻底市场化的办法解决市场化固有的缺陷，无异于缘木求鱼。

构建更加成熟更加定型的经济制度，归根结底，就是要使社会主义制度的本质得到更充分的体现，而这又在很大程度上取决于是否实现了社会的共同富裕。社会主义的本质，是解放生产力，发展生产力，消灭剥削，消除两极分化，最终达到共同富裕。解放发展生产力是手段，最大限度地满足整个社会日益增长的物质文化需要，实现人的全面发展和社会的共同富裕是目的，二者的有机统一体现了社会主义的本质特征和优越性。完善的基本经济制度和分配制度，最终要体现在共同富裕上。实现以人为本的科学发展，构建社会主义和谐社会，保障和改善民生，维护社会公平正义，建设为人民服务的政府，最终也都要通过共同富裕体现出来。党的十八大报告明确指出，共同富裕是中国特色社会主义的根本原则，必须坚持走共同富裕道路。深化经济体制改革必须全面贯彻这一根本原则，切实解决现行经济制度中存在的种种弊端，进一步解放发展生产力，实现共同富裕，使发展成果更多更公平地惠及全体人民，使社会主义制度的优越性更好地得到发挥。

（三）坚持和完善基本经济制度

基本经济制度是一个社会经济制度的基础，是决定一个社会生产、分配、交换、消费等各个环节以及社会的基本性质和发展方向的根本因素，深化经济体制改革首先必须坚持和完善我国的基本经济制度。在这一问题上，目前面临许多重要的理论和政策问题需要我们深入研究。比如，现阶段我国公有制经济存在的条件和基础是什么？优越性表现在哪些方面？以公有制为主体和国有经济为主导的具体含义是什么？用什么指标来衡量？社会主义国家的国有经济与资本主义国家的国有经济的性质有什么区别？作用有什么不同？如何认识非公有制经济的性质和作用，处理好鼓励、支持、引导非公有制经济的关系？如何完善农村基本经营制度，提高农业的组织化程度，壮大集体经济实力？等等。应当看到，虽然我国社会主义基本经济制度已经确立，并成为指导我国经济改革与发展的宪法准则，但是，在市场经济条件下，所有制结构的变动在很大程度上取决于市场机制的作用，受到市场竞争、全球化、资本流动等多种因素的影响，必然会处于动态变化之中。在这样的条件下，如果缺乏有效的体制机制和法律措施的保障，单纯依靠市场自发作用，基本经济制度的实现就有可能落空。建立和完善基本经济制度的保障机制，关键是要确立基本经济制度的调控主体，由其负责对基本经济制度的发展状况进行调研，督促基本经济制度各项法律和政策措施的落实，协调各种所有制经济的关系。我们已经形成了比较完整和成熟的宏观经济调控体系，但是还没有形成比较完整成熟的所有制结构调控体系，后者的重要性丝毫不低于前者，甚至更为重要。

深化经济体制改革必须毫不动摇地巩固和发展公有制经济，发挥国有经济的主导作用。在社会主义市场经济中，国有经济的主导作用是由公有制的主体地位赋予的，社会主义国有经济是为了促进国民经济稳定协调和有计划的发展，巩固和完善社会主义制度，实现社会的共同富裕和广大人民群众的根本利益。否定公有制的主体地位和国有经济的主导作用，必然会加剧劳动与资本的对立、财富分配的两极分化，催生私人资本特别是大资本的形成，导致金融寡头的出现，破坏社会的稳定，导致社会的混乱，动摇中国特色社会主义事业的根基，最终将严重阻碍生产力的健康发展。在这一点上，不应当有丝毫的含糊。

我国国有企业的改革发展已经初步形成了与市场经济相适应的体制机制和布局结构，但还存在一些问题，有待通过进一步改革加以解决。主要包括：国有企业的布局还比较分散，"集中力量办大事"和统筹发展的优势还需进一步发挥；国有企业管理中存在管理者以权谋私和重大决策不够规范等问题，需要进一步完善管理体制；国有经济分布于不同部门和地区，管理的统一性和规范性有待提高；国有企业作为全体人民共同所有的企业，其民主管理和监督机制需要进一步健全，等等。需要强调的是，深化国有企业改革绝不是要实行私有化或让国有企业退出竞争领域，而是要形成与公有制经济关系相适应的更加完善的经济管理体制，进一步做强做优国有经济，使其更好地为全体人民的利益服务。那种把国有企业改革的目标曲解为私有化，并进而把国有经济的做强做大视为改革的倒退的观点是与我国国有经济改革和发展的方向背道而驰的，也不符合广大人民群众的愿望和要求。

非公有制经济是社会主义市场经济的重要组成部分和推动国民经济发展的重要力量。改革开放以来，我国民营经济获得了巨大发展，也面临不少问题，这些问题有外部因素也有内部因素。从外部因素看，存在着市场准入限制，融资渠道狭窄，实际税费负担较重，企业合法权益不时遭受侵犯等问题。针对这些问题，需要采取切实有效的政策措施，进一步积极鼓励、支持、引导非公有制经济发展。但是，毋庸讳言的是，我国民营经济的发展除了外部条件的制约，还受到内部因素的限制，经营模式粗放，技术创新能力不足，社会责任意识薄弱，"家族式"、"家长制"治理方式弊端严重，甚至违法违规经营也时有发生。这些内部因素也制约着非公有制企业的发展壮大。因此，需要在改善外部环境和加强自身素质两个方面齐头并进、共同努力。

（四）深化收入分配制度改革

收入分配制度改革需要解决的最主要问题或者主要矛盾是什么？人们对这个问题的认识不一致，是制约收入分配制度改革进一步深化的一个重要原因。比较流行的一种观点认为，当前我国收入分配制度存在的主要问题是不同区域、部门和行业之间收入差距过大，收入分配改革的主要目标就是缩小居民收入差距。这种观点并没有抓住问题的根本。这是因为：收入差距的大与小是相对的，而不是绝对的，判断收入分配制度好与坏的关键并不在于收入差距的大小，而在于收入分配合理与否，是否符合公平的原则。那么，判断收入分配是否合理是否公平的标准是什么呢？就是基本经济制度和分配制度。所谓社会公平，不过是一定社会经济关系在法律和道德上的反映，社会主义社会的公平原则是建立在社会主义初级阶段的基本经济制度和分配制度基础上的。按劳分配是公有制经济中个人收入分配的基本原则，它强调多劳多得，少劳少得，实现劳动平等和报酬平等，既反对剥削，又反对两极分化。多种分配方式并存，允许资本、知识、技术、信息、管理、土地和其他自然资源等生产要素按贡献参与分配，是多种所有制形式在分配中的实现，有利于让一切劳动、知识、技术、管理和资本的活力竞相迸发，让一切创造社会财富的源泉充分涌流，使各种资源都得到充分有效的利用。收入分配制度改革的目标就是完善按劳分配为主体、多种分配方式并存的基本分配制度，建立有利于生产力发展和共同富裕的合理的分配关系，把提高效率与促进公平结合起来。显然，这一目标不能仅仅归结为缩小收入差距。

现在的问题是，虽然按劳分配为主体、多种分配方式并存的分配制度作为我国基本分配制度的地位已经确立，但其具体含义和实现机制在现实中并不很清楚，理论和实践上都存在不少疑问，这是我国收入分配领域比较混乱，收入分配制度改革多年来进展不大的一个重要原因。

从基本经济制度和基本分配制度出发，才能准确把握当前我国收入分配面临的主要矛盾，找到缩小收入差距和深化分配制度改革的有效途径。问题的关键是要区分两类性质不同的收入差距：

一类收入差距发生在普通劳动者之间，主要是因不同部门、地区、行业之间劳动者的素质或贡献和生活费用的差别造成的。这类收入差距的产生有其合理性，体现了按劳分配和市场经济的要求，有利于调动生产者的积极性。但其中也存在不合理因素，比如，许多私有企业工人工资长期低于生存工资水平，劳动力再生产的成本在相当程度上由劳动者自身承担；国有企业收入分配的约束机制不够健全，高管人员收入水平和职务消费缺乏有效约束，等等。这些问题需要通过分配制度的改革加以解决。

另一类收入差距是由财产占有（包括生产资料、房地产、各种金融资产和自然资源）上的差别造成的。这类收入差距是多种所有制和多种分配方式并存的市场经济发展的必然产物，有利于发挥市场机制的作用。但如果没有社会主义基本经济制度和基本分配制度为保障和政府的有效调节，而是按照资本主义市场经济的规律任其发展，则会导致财富占有和收入分配的两极分化。

那么，当前收入分配差距扩大的主要根源是什么呢？马克思主义政治经济学告诉我们，生产决定分配。导致贫富差距扩大的主要因素不可能是劳动收入，而只能是财产收入。据有关资料，目前我国城乡居民的收入差距、最高省与最低省的收入差距，以及收入最高行业与最低行业的收入差距都在三倍左右或更多一些。但是，由于所有制结构和财产关系的日益多元化，最贫穷阶层和最富裕阶层在财产占有上以及由此产生的收入上的差距，却只是小巫见大巫。特别是财产收入差距中存在的不公平不合理因素，更是引起人民群众普遍不满，危害极大。

因此，深化收入分配制度改革，一方面，要加大收入再分配的调节力度，加快健全以税收、社会保障、转移支付为主要手段的再分配调节机制；另一方面，要坚持完善基本经济制度和分配制度，深化初次分配制度的改革。具体来说，一是关键部门和重要领域的生产资料必须掌握在国家手中，并完善其监督管理机制，保障其为人民的利益服务；二是维护劳动收入的主体地位，鼓励人们通过自己的劳动和智慧获得应有的报酬；三是努力实现居民收入增长和经济发展同步，劳动报酬增长和劳动生产率提高同步；四是提高居民收入在国民收入分配中的比重，提高劳动报酬在初次分配中的比重；五是完善国有企业分配制度，切实贯彻按劳分配为主体的原则，保证同工同酬，加强国有企业高管薪酬管理，建立健全国有资本收益分享机制；六是在非公有制经济中，积极稳妥推行工资集体协商和行业性、区域性工资集体协商，逐步解决一些行业、企业职工工资过低的问题；七是完善公共资源占用及其收益分配机制，加大对高收入财产性收益和自然资源利用的税收调节。

（五）处理好政府与市场的关系

政府与市场的关系是经济体制的核心问题，对于这一问题历来众说纷纭，认识不一。从历史上看，曾经出现过自由放任的市场经济、有调节的市场经济、有计划的市场经济、福利国家市场经济、政府主导的市场经济等不同的形态。在自由放任的市场经济中，政府是"守夜人"，主要承担保护产权的职责；在有调节的市场经济中，政府不仅保护产权，而且进行宏观调节，维护经济的稳定；在有计划的市场经济中，政府不仅保护产权，进行宏观调节，而且还制订经济发展计划；在福利国家市场经济中，政府的主要职责是提供完善的福利保障；在政府主导型市场经济中，政府成了经济和社会发展的主导性力量。可见，政府与市场之间的关系并不是固定不变的，而是随着社会制度、发展阶段和国际国内环境的变化而变化的。

正确认识社会主义市场经济中政府与市场的关系，必须从中国的国情出发，把握三个主要的维度：一是市场经济的一般规律；二是经济发展的历史阶段；三是中国特色社会主义经济制度的要求。以上三个维度的结合，使社会主义市场经济中政府的经济职能具有自己特殊的内容，主要包括：

（1）计划统筹。政府从社会的全局和长远利益出发，对国民经济和社会发展进行有计划的调节，统筹兼顾各方面的关系。

（2）经济调节。政府对宏观经济运行中社会供求的矛盾运动进行调控，以实现社会供求在总量上和结构上保持基本平衡。

（3）市场监管。政府依法对市场主体及其行为进行监督和管理，维护公平竞争的市场秩序。

（4）社会管理。政府通过制定社会政策和法律，依法管理和规范社会组织与社会事务，维护社会和谐。

（5）公共服务。政府通过提供公共产品和服务，为公众参与经济、政治、文化、社会活动提供保障和创造条件。

（6）保障民生。政府以提高人民物质文化生活水平为目标，努力使全体人民学有所教、劳有所得、病有所医、老有所养、住有所居。

（7）国有资产管理。政府作为国有经济的所有者，代表全体人民对国有资产进行有效监管，保证国有资产的保值和增值。

（8）收入分配调节。通过市场的自发力量加以实现，政府对收入过程进行必要的调节。

总之，社会主义市场经济中政府的作用，不仅在于弥补市场的缺陷，补充市场的不足，更重要的是推动经济和社会的持续协调发展，巩固和完善社会主义制度，解放和发展生产力，实现共同富裕。政府宏观调控与市场调节都是社会主义市场经济的本质要求，二者是统一的，是相辅相成、相互促进的。建立和完善社会主义市场经济体制，必须充分发挥市场在资源配置方面的基础性作用，积极推进资源配置的市场化，减少政府对市场经济的直接干预。同时，也必须摆脱"大市场小政府"的自由主义教条的束缚。事实是，从早期资本主义到现代资本主义的发展过程中，政府所承担的经济职能是多了而不是少了，政府的规模是扩大了而不是缩小了，现代市场经济中政府的作用早已超出"守夜人"的范围，广泛介入了经济社会的各个领域，政府的强弱已经成为决定一个国家国际地位和国际竞争力的决定性因素，小政府、弱政府的自由理想早已成为历史的遗迹。我国是一个以公有制为基础的社会主义大国，面临着工业化、信息化、市场化、全球化的几重重大历史变革在同一个时代的交织和叠加，经济的快速发展、社会的急剧转型和世界格局的大变动大调整，使国际国内各种矛盾异常复杂尖锐。在这样的条件下，没有党中央的强有力的统一领导和政府强有力的引导推动，不可能完成社会主义现代化的历史任务。

党的十八大报告提出："经济体制改革的核心问题是处理好政府和市场的关系，必须更加尊重市场规律，更好地发挥政府作用。"这一论断反映了社会主义市场经济的本质要求，也具有很强的现实针对性。在政府与市场的关系上，既存在政府对微观经济活动干预过多、市场体系不健全、市场机制的基础性作用不够充分的问题，也存在政府宏观调控的科学性、有效性、权威性需要提高，政府职能转变没有到位，政府管理体制不尽合理，一些该管的事情却没管好的问题。因此，加快完善社会主义市场经济体制，一方面要围绕着更加尊重市场规律推进相关领域的改革，进一步简政放权，健全市场体系，完善生产要素和资源价格形成机制，推进城乡之间要素的自由流动，增强市场的活力；另一方面要围绕更好地发挥政府作用推进相关领域的改革，进一步完善财税体制、金融监管体制、宏观调控体系，深化行政管理体制改革，推动决策的科学化民主化，维护公平正义，促进共同富裕，使"看不见的手"与"看得见的手"更好地结合起来。

（六）深化经济体制改革的方式

20 世纪 80 年代末 90 年代初，从传统计划经济向市场经济的过渡形成了两条明显不同的道路，即苏联东欧的激进式改革和中国的渐进式改革。中国经济改革的成功，不仅在于它向世人昭示了社会主义与市场经济是可以结合的，而且还在于它在实践中探索出了一条有中国特色的渐进式改革道路或改革方式，其主要特点是：

（1）自上而下与自下而上相结合，在坚持统一领导的前提下，充分发挥基层单位在制度创新中的积极性和创造性，尊重群众的首创精神。

（2）双轨过渡，增量先行，在保留计划协调的前提下，通过在新增资源中逐步扩大市场调节比重的办法来逐步向市场经济过渡。

（3）整体协调，重点突破，在坚持全国一盘棋的前提下，分部门、分企业、分地区各个突破，由点到面，实现经济体制的整体转换。

（4）兼顾改革、发展与稳定，把改革的力度、发展的速度和社会可承受的程度统一起来。

（5）从实际出发，摸着石头过河，循序渐进，先试验后推广，并根据实践的需要不断调整改革的思路。

目标决定方法，方法内生于目标，不能脱离改革的性质和目标来抽象讨论改革的方式问题。中国的经济改革之所以采取了渐进式的改革方式，从根本上来说是由社会主义市场经济这一目标的特殊性质决定的。这是因为：第一，改革是社会主义制度的自我完善与发展，而不是社会主义制度的根本否定。改革的这一根本性质，决定了改革的方式和过程必然具有温和渐进的特点。在这里，新旧体制之间不是泾渭分明、截然对立的，而是具有明显的连续性和继承性。第二，中国目前处在社会主义初级阶段，市场化与工业化、体制模式的转型与发展模式的转型是结合在一起的，因此，市场经济的形成和发展必然要经历一个比较长的历史过程。第三，人们对改革的认识并不是先验的固定不变的，而是随着实践和理论的发展而不断发展的，特别是社会主义市场经济作为人类历史上一种新的市场经济形态，其成熟和完善以及对它的科学认识必然需要一个较长的过程。

实践证明，中国的渐进式改革是一种成功的改革方式。那么，在新的历史条件下深化经济体制改革，是不是还需要采取这种渐进式的改革方式呢？回答是肯定的。因为，决定中国渐进式改革的一些基本条件如改革的性质、目标和具体的国情等并没有发生根本的变化。但是，与改革初期相比，现阶段经济体制改革面临的形势和任务发生了重要的变化，渐进式改革方式的具体特点必然也会有所不同：一是随着经济体制日渐成熟，人们对改革规律的认识也在不断深入，这就有可能在深化改革的过程中更加注重整体设计，统筹安排，系统推进。二是随着经济利益的多元化和社会矛盾的复杂化，人们对改革的认识也会产生明显的分歧，这就需要在深化改革的过程中更加注重统筹兼顾，民主决策，协调好改革进程中的各种利益关系。三是随着社会主义市场经济体制的逐步完善和中国特色社会主义经济制度的逐步成熟，增量与存量、新体制与旧体制长期并存的双轨制过渡方式的空间越来越小。四是整体配套和重点突出的领域和环节发生了变化，国有企业作为经济改革中心环节和价格改革作为经济成败关键的特殊地位不复存在，社会领域、民生领域和保障公平的改革日益重要。

人民群众是历史的创造者，只有为了人民而改革，依靠人民而改革，中国的经济体制改革才能最终取得成功。

二 实施创新驱动发展战略[①]

十八大报告中指出，要实施创新驱动发展战略。创新驱动是科学发展观的要求，也是转变经济发展方式的要求。只有通过创新驱动，中国经济才能实现由大到强。

世界经济史证明，世界经济的发展就是靠创新引领的发展，是创新促使经济发展，不断从已有的层次上升到更高的层次。众多的经济学家从经济发展的角度考察了创新，认为经济发展并非是已有产业的单纯数量增加，而是质的飞跃，是产业突变基础上的经济增长，创新"驱动"着经济发展。

人类经济发展呈现周期性。经济学家熊彼特考察了经济发展中的周期，认为重大创新引领了经济发展过程中的长周期。例如，1783—1844年是所谓的产业革命时期，而且专指第一次产业革命；第二次长波是1842—1899年，是所谓的"蒸汽机和钢铁时代"；到20世纪20年代末，是电器、化学和汽车对于经济发展发挥重要作用的时代。

近期的情况也是如此。20世纪90年代末以及21世纪初的世界性的经济发展，主要是IT产业和网络技术引领的结果。用新的所谓知识经济的成果去改造传统产业是这一时期技术创新的显著特征。2008年开始的、由美国次贷危机引发的世界性的金融危机之所以迟迟难以走出低谷，尽管原因很多，但没有产生新的产业兴奋点无疑是其中的重要原因。

---

① 李义平：《创新驱动与转变经济发展方式》，《光明日报》2012年11月15日。

世界经济发展的不平衡也在于创新的非均衡出现。马克思的超额剩余价值理论告诉我们，哪个资本家率先采用了先进的技术，哪个资本家就可以获得超额的社会回报。同理，在世界经济发展的历史中，哪个国家率先实现了创新，哪个国家便可以率先发展，并且具有正的马太效应。

（一）市场经济是创新的机器

历史证明，虽然在其他社会形态下也有创新，但批量的、使创新成为常规的只能是市场经济。

市场经济之所以能够推动创新，首先在于激烈的竞争和短暂的超额利润的压力使得企业不得不创新，不创新就难以生存。在市场经济下，充分的竞争和资本的自由流动使得利润被迅速地平均化，而市场的压力又使得企业不能不把创新作为生存的常态举措。市场对创新者的奖励是超额利润和持续发展，对在创新方面落后的企业的惩罚是淘汰出局。实际上，即使在创新方面走在前沿的企业，也只能获得短暂的超额利润。

其次，经济周期，特别是下行期的压力是激励创新的杠杆。在经济发展的高潮时期，人们对未来投资作乐观预期，投资增多，产能增大。然而随着产能的增加，市场随之变得饱和直至萧条，进入经济周期的下行期，即危机阶段。危机阶段具有挤出泡沫，淘汰落后，兼并重组，按照效率最大化原则重新配置资源的功能，结构调整和创新更多发生在这个阶段。对于这种现象，马克思曾经总结性地指出，固定资本的更新是资本主义走出危机的契机。这里的固定资本更新，讲的正是创新，是新产业、新产品的出现。因此，虽然市场经济国家从来都没有消除过经济周期中的下行阶段，即危机阶段，但它们的创新和经济发展却在一浪高过一浪地蓬勃发展。

更多的创新之所以发生在经济下行阶段，原因在于危机以及价值规律作用的强制性。马克思曾经形象地指出，这种强制性作用"就像房屋倒在人的头上，重力定律强制地为自己开辟道路一样"。价值规律的作用是市场经济下的创新之源。

最后，市场经济的文化是有利于创新的文化。作为一种体制，必须有与之相适应的文化。与市场经济相适应的文化有很多要点，例如正确地对待财富、讲诚信，等等，尤其是其特有的冒险精神及容忍不同于传统思维的氛围，是有利于激发创新的。

人们会习惯性地认为，在创新中人才很重要，实际上制度比人才更重要。正是因为市场经济下一系列有利于创新的制度安排，才使得创新成为市场经济的常态。比如，市场经济促进了经济发展，经济发展又反过来支持了教育，刺激了必不可少的人力资本投资，这就是市场经济的制度安排。再比如，企业的自由进出，独立的基础科学研究，知识产权的保护，基于投入与收益的比较的创新，避免了在创新问题上的弄虚作假等，都是市场经济中有利于创新的制度安排。

（二） 创新的主体是企业家

人类活动的最终目的是满足社会的消费性需求，社会的消费性需求拉动着经济的发展。企业和企业家的职能就在于把人们潜在的需求变成现实的需求，把抽象的需求变成形象的、可以操作的需求，甚至可以理解为在新的层面上创造一种新的需求，由此而使本企业盈利并长久生存，使社会经济充满活力，这个过程就是一个创新的过程。正是在这个意义上，我们才说创新是企业家的天职，一个企业家一旦不创新了，他就不是企业家了。

企业家的创新不同于工程技术人员的创新，是瞄准市场需求，遵守投入和产出规律的创新，从这个意义上讲，企业家更像商人，把握着创新的市场走向。市场经济下企业家的创新是永远没有止境的。经济学家熊彼特曾经比喻企业家的竞争和体育运动很相似，像拳击比赛一样，"存在着创造的欢乐，把事情办成功的欢乐。"马克斯·韦伯则说："这种需要人们不停地工作的事业已成为他们生活中不可或缺的组成部分了。"

在市场经济下，企业、企业家是创新的主体，政府需要做的是创造能使企业平等竞争的环境，创造能有利于千千万万企业家脱颖而出的环境。在当今世界，哪个国家、哪个地区能够造就千千万万的企业家，哪个国家、哪个地区就充满生机，经济就蓬勃发展。

十八大报告中指出，"经济体制改革的核心问题是处理好政府和市场的关系，必须尊重市场规律，更好地发挥政府作用。"尊重市场规律和更好地发挥政府的作用，需要正确地界定政府发挥作用的边界，这对创新驱动十分重要。创新驱动是让企业家在广阔的市场中去探索、去试验。政府退出市场，回归到能够发挥自己比较优势的领域，是创造良好竞争环境的关键所在。"更好地发挥政府作用"的政府必须是有限的政府。

三　推进经济结构战略性调整[①]

党的十八大提出了推进经济结构战略性调整重大决策。这是加快转变经济发展方式的主攻方向。

（一）推进经济结构战略性调整意义重大

一是可以加快转变经济发展方式。我国传统的发展方式存在着一系列弊端：如高投资、高消耗、高浪费导致的经济低效率，在经济高速增长的同时付出沉重的环境代价，社会发展不协调问题愈益突出，区域和城乡之间发展不平衡的问题没有从根本上得以缓解，进出口贸易不平衡和出口方式粗放，等等，其根本原因在于经济结构不合理。因此，推进经济结构战略性调整是转变经济发展方式的主攻方向。

二是可以实现国民经济持续平稳增长。促进经济增长一靠需求，二靠供给。在市场经济条件下，不仅要保持供给量的增加，更重要的是保持供需结构一致。需求结构处于不断变动中，供给结构也要不断地调整以适应变化了的需求结构。经济结构合理的重要标志，就是供给结构要适应需求结构，没有需求，质量再好也只是产品，不能成为真正的商品。十八大报告中指出，到2020年我国城乡居民人均收入要比2010年翻一番。这就意味着在未来相当长一段时间内，我国城乡居民收入还将继续保持快速增长势头。收入的快速增长决定了消费结构的快速升级，对高档耐用消费品需求将呈现快速上升趋势，小汽车、住房和旅游将成为主导产业，对文化、教育等消费也将呈现快速增长趋势。只有不断地对经济结构进行战略调整，才能适应不断变化的需求结构，促进经济健康发展。

三是有助于实现全面建成小康社会和社会主义现代化建设的目标。全面建成小康社会和实现社会主义现代化，不仅仅是经济总量和居民收入等方面量的指标，更包括产业、城乡、区域结构改善等方面质的指标，没有结构改善就不可能全面建成小康社会和实现社会主义现代化。

四是可以牢牢抓住国际经济结构调整升级带来的机遇，有效应对各种挑战。发达国家在本轮国际金融危机之后，纷纷制定战略性新兴产业发展

---

① 赵振华：《继续推进经济结构战略性调整》，《光明日报》2012年11月15日。

规划。未来综合国力竞争的实质，就是战略性新兴产业的竞争。从机遇来看，我国可以直接承接国外产业结构的升级浪潮，加速技术进步的步伐。从挑战来看，一方面，发达国家不可能把关键技术转移到中国，如果不加快结构调整，中国与发达国家的技术差距会越来越大；另一方面，由于我国生产要素价格提高，现有一些产业会流向其他发展中国家，出现产业空心化倾向，必须加快推进国内经济结构的战略性调整，才能抓住机遇，迎接挑战。

（二）经济结构战略性调整必须坚持的原则

第一，协调原则。对于不同的经济结构，协调有不同的含义。就产业结构而言，就是各个产业之间及其内部有一个适当的比例。对于区域结构来说，就是各个区域能够根据各自特点发展优势产业，区域之间能够形成一个合理的产业分工体系。对于城乡结构来说，就是要形成一个城乡相互促进和分工合理的结构。对于需求结构而言，就是消费、投资、出口协同拉动经济增长。

第二，促进国民经济持续健康增长原则。经济结构调整本身不是目的，根本目的是要促进国民经济持续健康增长。在未来几十年，我国国民经济增长有两大目标，短期目标是 2020 年全面建成小康社会，长期目标是 21 世纪中期达到中等发达国家水平，无论是短期目标还是长期目标，都有赖于国民经济持续健康增长。要在经济增长中调整经济结构，通过经济结构调整促进经济更好地增长。

第三，促进就业原则。经济结构调整要有利于增加就业。当然，促进就业并不是不要经济结构调整，也不是要求所有产业都围绕增加就业这一目标。要在淘汰落后产业的同时，大力发展新兴产业，创造出更多新的就业岗位。

第四，可持续发展原则。可持续发展是人类面临的共同课题。要建设美丽中国，经济结构战略性调整必须考虑可持续发展，实现经济与社会、上一代与下一代、人与自然的和谐相处。

（三）经济结构战略性调整的政策选择

首先，要优化产业结构。产业结构优化是经济结构战略性调整的核心。要加快产业结构优化，实现三大产业之间及其内部关系协调和升级。要继续加强第一产业，巩固第一产业的基础地位，提升第二产业，增强第二产业的核心竞争力，大力发展第三产业，让第三产业在国民经济中发挥更大作用。三大产业的产值和劳动力比例由目前的"二、三、一"结构调整为"三、二、一"结构。要继续走中国特色的农业现代化道路、新型工业化道路和服务业现代化道路。三大产业都需要进一步提高产品或服务质量，在国际市场上形成有影响力的品牌，增加产品或服务的附加值。要在改造提升传统产业的同时，大力发展战略性新兴产业。要根据不同情况选择劳动密集型、资本密集型、技术密集型和知识密集型等各种生产要素的结构组合。要充分发挥市场机制在经济结构调整中的基础性作用，同时也要充分发挥政府在产业结构调整中的引导作用。

其次，要积极推进城镇化。城乡结构调整的目标和核心就是城镇化和城乡一体化。城镇化和城乡一体化是一个国家现代化程度的重要标志，是解决我国农村剩余劳动力的主要途径和提高农民收入的根本出路。要走中国特色的城镇化道路，实施大中小城市和小城镇协调发展战略。要充分发挥大城市带动第三产业发展、节约土地资源、提高经济效益等优势，同时也要充分发挥小城市适合于农民转移，基础设施投资相对较少，便于管理等优势。要制定适合于城市发展的综合政策体系，清除城市发展的体制障碍，提升城市发展质量，增强城市综合承载能力。要促进农村经济社会全面发展，使农村和城市的发展相协调。

再次，要促进区域协调发展。优化区域经济结构，克服盲目和重复建设，形成全国各地区之间既有分工又有协作的区域经济结构，促进区域经济协调发展。在优化区域经济结构上，要注意处理好东部、中部和西部的关系。区域经济协调发展并不意味着东、中、西部以同样的速度同步发展，而是要让每一个地区都能够从自身实际出发，发挥各自优势，实现共同发展。同时，各个区域之间要有合理的功能定位，经济特区要在体制创新和扩大开放方面做出新的探索；东部地区要进一步推动产业结构升级，增强自主创新能力和国际竞争力，在改革开放和科学发展方面走在前列；中部地区要加大产业结构调整力度，重点是加强粮食主产区生产能力和农产品加工转化能力建设，加强能源、原材料基地和综合交通体系建设，发展先进制造业和高新技术产业；西部地区应加强基础设施建设、生态环境建设，根据自身优势发展特色优势产业。

最后，要改善需求结构。在消费、投资和出口这三大需求中，要千方百计扩大消费需求，形成扩大消费需求的长效机制，通过增加城乡居民收入特别是中低收入者收入，来提高居民的消费能力；要进一步优化投资结构，提高投资效益，把以政府投资为主转变为政府和社会共同投资，把以城市投资为主转变为城乡共同投资，把以东部地区投资为主转变为东中西部共同投资，要更多投向农业和战略性新兴产业，更多转向民生领域；要提高出口产品质量，打造出口产品品牌，提高出口产品附加值。

四 推动城乡发展一体化[①]

在城乡二元结构和计划经济体制基础上形成的城乡二元经济社会管理体制，是影响我国从根本上解决"三农"问题的一大体制性障碍。对此，党的十八大报告明确指出：解决好农业农村农民问题是全党工作重中之重，城乡发展一体化是解决"三农"问题的根本途径。

（一） 我国在推动城乡发展一体化方面已经积累了宝贵经验

党的十六大以来的 10 年，是我国农业农村发展最快、农民得实惠最多的 10 年。这固然是由于我国整个经济的持续快速增长，使国家具备了实施一系列前所未有的强农惠农富农政策的经济实力，但更主要的，还是因为党中央明确了要把解决好"三农"问题放在全党工作重中之重的位置、着力统筹城乡经济社会发展、加快形成城乡发展一体化新格局的指导思想。世纪之交，我国实现了总体小康，在这个基础上，党的十六大报告明确提出要在 21 世纪头 20 年内把我国建设成为全面的小康社会。为了实现这个宏伟目标，党的十六大报告明确把"统筹城乡经济社会发展，建设现代农业，发展农村经济，增加农民收入"作为全面建设小康社会的重大任务。尔后不久，胡锦涛总书记对"实现全面建设小康社会的宏伟目标，最艰巨最繁重的任务在农村"、"把解决好农业、农村和农民问题作为全党工作重中之重"的判断和要求作出了深刻阐述。此后，就有了一系列以前难以想象的强农惠农富农政策的密集出台，农业农村发展和农民增收状况都有了明显改观。在总结十六大以来经验的基础上，党的十七大报告进一步提出："要加强农业基础地位，走中国特色农业现代化道路，建立以工促农、以城带乡长效机制，形成城乡经济社会发展一体化新格局。"在党的十六大、十七大报告精神指引下，近十年我国农业和农村

[①] 陈锡文：《推动城乡发展一体化》，《求是》2012 年第 23 期。

发展取得了举世瞩目的成就，城乡之间的经济社会关系也开始发生积极变化。

我国粮食连续8年增产，年总产量从2003年的8614亿斤增长到2012年的11791亿斤，年均增产350多亿斤。农民人均纯收入连续8年较快增长，从2003年的2622元提高到2012年的7919元，年均增收540多元，尤其是近两年连续出现了农民人均纯收入增幅高于城镇居民人均可支配收入增幅的可喜局面，城乡居民的收入差距由此有所缩小。同时，农民进城务工经商乃至举家外出到城镇定居的种种束缚正在加快解除。到2011年年底，全国农民工数量已突破2.5亿人，其中举家外出的农民工数量已突破3000万人，农民工已经成为我国诸多行业产业工人中的主体力量。农村劳动力的大规模流动和进城务工经商，不仅为城镇和工商业的发展带来了新生力量、加强了城乡之间经济社会的交融，更为发展现代农业和促进农民收入较快增长开辟了新的空间。与2002年相比，我国农业劳动力的数量减少了7000多万人，乡村中从事农业的劳动力比重降低了12个百分点以上，平均每个农业劳动力实际经营的耕地面积由此扩大了20%以上。2011年，全国农民人均纯收入中的工资性收入达2963.4元，占人均纯收入总额的42.5%。与2000年相比，农民人均工资性收入增加了2261.1元，在人均纯收入中的比重提高了11.3个百分点；同期农民人均家庭经营性收入增加了1794.7元，在人均纯收入中的比重下降了17.2个百分点。工资性收入已经成为新世纪以来我国农民收入增长的重要支柱。

近十年来，农业农村的发展和农民的增收，主要得益于党的一系列强农惠农富农政策的密集出台。从彻底免除农业税到推进乡镇机构改革，从实行对种粮农民生产的直接补贴到建立粮食最低收购价制度，从提出把国家基础设施建设和社会事业发展的重点放到农村，到农村义务教育经费保障制度、新型农村合作医疗制度、农村最低生活保障制度、新型农村社会养老保险制度的建立，从全面推进集体林权制度改革到明确农村土地承包关系要保持稳定并长久不变，从大幅度提高农村扶贫标准，到分类指导城镇户籍制度改革政策的出台等，广大农民在这些方面多年的期盼开始得到实现，这使得蕴藏在亿万农民群众中最丰厚的发展动力得到了极大调动，由此也造就了我国农业农村发展的新的黄金时期。党的十六大以来我国实行统筹城乡发展、推进形成城乡经济社会发展一体化新格局的成就鼓舞人心、经验弥足珍贵，是我们继续推动城乡发展一体化的宝贵财富。

（二）推动城乡发展一体化的基础

我国人多地少，解决好十几亿人口的吃饭问题，始终是治国安邦、实现稳定和发展的基础，对此在任何时候都不能掉以轻心。

近年来，我国粮食等主要农产品产量连年快速增长，基本满足了市场的需求。但同时也要看到，这些年也是我国经济发展、人民生活水平提高和城镇化推进速度最快的时期，社会对粮食等主要农产品的需求在快速增长。我国农业基础薄弱的状况尚未根本改变，农业生产力的发展仍然明显滞后。在近年农产品需求旺盛的背景下，粮食等主要农产品供给的增长，赶不上经济社会发展需要和人民生活水平提高速度的迹象已经开始显现。粮、棉、油、糖、肉、奶等主要农产品的进口数量在逐步增加。据有关专家测算，如按我国农产品单位面积的产量计算，目前进口粮、油等主要农产品的数量，已相当于我国在境外利用了6亿亩以上的农作物播种面积。在经济全球化背景下，合理利用国际国内两种资源、两个市场，对于弥补我国农业资源的相对不足、加强与农产品出口国的经济合作都有利。但我国作为人口大国，对粮食等主要农产品的进口必须有度，否则就会影响国家粮食安全，影响经济、社会改革发展稳定的大局。因此，在推进工业化、城镇化的进程中，必须按照党的十八大报告所要求的那样：加快发展现代农业，增强农业综合生产能力，确保国家粮食安全和重要农产品有效供给。

发展我国农业，再靠增加水土资源和化肥等投入，不仅余地已经很小，而且还会加重对生态环境的不利影响，因此，必须走中国特色农业现代化的道路，在工业化、信息化、城镇化深入发展中同步推进农业现代化。要在坚持实行最严格的耕地保护制度和不断完善国家对农业支持保护体系的基础上，用现代生产条件装备农业，用现代科技手段改造农业，用现代产业体系提升农业，用现代发展理念引领农业，用现代组织形式经营农业，用培育和造就大批新型农民来发展现代农业。要增加各方投入，大力改造中低产田，全面提升农业的水利化、机械化、信息化水平，通过提高农业的土地产出率、资源利用率、劳动生产率和市场竞争力，来保障我国粮食等主要农产品有效供给持续增长的能力。

（三）推动城乡发展一体化的要求

农业是受市场和自然双重因素影响的产业，也是经济效益相对较低而社会效益重大的产业。我国农业目前总体上经营规模狭小、科技含量不高，绝大多数农户缺乏快速积累资金的能力，仅靠农民的力量难以加快我国农业农村现代化的进程。因此，党的十八大报告明确要求：坚持工业反哺农业、城市支持农村和多予少取放活方针，加大强农惠农富农政策力度，让广大农民平等参与现代化进程、共同分享现代化成果。

当前我国的城乡发展差距主要体现在以下三个方面：

一是农业科技含量、劳动生产率低，这必须通过加快发展现代农业来解决。

二是农村基础设施建设和社会事业发展滞后，农村生产生活条件差。对此，党的十八大报告明确要求：坚持把国家基础设施建设和社会事业发展重点放在农村，深入推进新农村建设和扶贫开发，全面改善农村生产生活条件。党的十六大以来，随着社会主义新农村建设的深入推进，国家不断加大对农村路、电、水、气等基础设施建设的投入。2002 年至今，全国新建改建农村公路 271 万公里，经改造后的农村电网已覆盖 95% 的农户，解决了 3.26 亿农村人口的饮水安全问题，新增农村沼气用户 3000 多万户，改造农村危房 460 万户，农村的生产生活条件得到明显改善。推进城乡基本公共服务均等化也取得实质性进展，免费义务教育惠及 1.3 亿农村学生，新型农村合作医疗制度已覆盖 97% 的农民，农村最低生活保障制度覆盖了 5300 万贫困农民，新型农村养老保险制度在 2012 年底对农村实现全覆盖。但总的看，国家投入的农村基础设施存在着建设等级低、缺乏有效管理养护机制等问题。农村基本公共服务和社会保障的制度虽已经建立，但其服务和保障的水平与城镇仍存在较大差距。因此，必须长期坚持把国家基础设施建设和社会事业发展重点放在农村的方针，使公共财政支出进一步向农村倾斜，让农民能够更充分享受经济发展和社会进步的成果。

三是城乡居民收入总体上还存在较大差距。2011 年，我国农民人均纯收入为 6977 元，当年的收入增长额达到了 1058 元，是历史上农民人均纯收入增收首次超过千元的一年。而同期城镇居民人均可支配收入为21810 元，是农民人均纯收入的 3.13 倍。这个差距虽比 2009 年的 3.33倍、2010 年的 3.23 倍有所缩小，但仍显示出缩小城乡居民收入差距的难度之大。党的十八大报告要求：着力促进农民增收，保持农民收入持续较快增长。这就要采取综合性措施，多渠道解决农民增收中的难题。当前制约农民增收的突出矛盾有三个：一是农民家庭经营的生产成本在不断上升。农民家庭经营费用占总收入的比重，2000 年为 36.6%，2010 年为 42.6%，2011 年为 45.8%。要有针对性地采取加大生产补贴力度、完善农产品价格形成机制、降低农产品流通成本、大力发展农业政策性保险等措施，提高务农收益、增加农民收入。二是农民创业和扩大生产面临资金、技术、人才短缺的困难。要在财政、金融、税收等方面采取有效措施鼓励有条件的农民创业，并在提供技术和培养人才等方面向农业农村倾斜，支持农民发展各种开发式农业、规模种养业、设施农业、农产品加工业和旅游休闲农业等，帮助农民从合理利用农村多种资源中增加收入。三是农民向非农产业转移就业仍面临一系列困难。要进一步拓展农村劳动力外出务工经商的空间，保障农民工的合法收入和各项合法权益，降低他们在外的生活成本，着力提高农民纯收入中的工资性收入比重。

农村最低生活保障制度全覆盖后，尽管农村贫困人口的温饱问题已基本解决，但离脱贫致富仍有相当大距离。国家在公布新的扶贫开发纲要的同时，大幅度提高了农村的扶贫标准，并把 11 个集中连片特困地区和实行特殊政策的西藏、新疆南疆地区和四省藏区确定为今后 10 年扶贫攻坚的主战场。要增加扶贫开发投入，加大对口帮扶和社会扶贫力度，努力完成新纲要提出的各项扶贫开发任务。

（四）推动城乡发展一体化的动力

推动城乡发展一体化的实质是破除城乡二元结构的体制。党的十八大报告要求：要加大统筹城乡发展力度，增强农村发展活力，逐步缩小城乡差距，促进城乡共同繁荣。显然，要实现这一目标，就必须在城乡两方面都大力推进改革创新。

深化农村改革，要适应工业化、城镇化快速推进中农村经济社会发生深刻变化的新形势，要针对农业劳动力大规模转移、市场经济的观念和机制在农业农村中不断深化、现代农业技术和装备更普遍应用等新情况，在切实保障农民各项合法权益的基础上，大力推进农业的组织和制度创新。党的十八大报告对此提出了明确的方向和总体要求：坚持和完善农村基本经营制度，依法维护农民土地承包经营权、宅基地使用权、集体收益分配权，壮大集体经济实力，发展农民专业合作和股份合作，培育新型经营主体，发展多种形式规模经营，构建集约化、专业化、组织化、社会化相结合的新型农业经营体系。要在稳定和完善以家庭承包经营为基础、统分结合的双层经营体制基础上构建新型农业经营体系，要在切实保障农民合法财产权益基础上提高农业生产经营的组织化程度、发展多种形式的规模经营，要在增强农村集体经济组织实力和服务能力的同时发展各类农民专业合作组织、农业社会化服务组织和农业产业化经营体系，提高农业生产的专业化、集约化、规模化、社会化、组织化程度。

2011年，我国第二、第三产业的增加值在国内生产总值中已占89.9%，城镇化率已达51.3%。在今后工业化、城镇化的进程中，不仅要尽快改变从农业农村中提取发展资金的做法，而且要加大反哺农业、支持农村发展的力度。党的十八大报告明确要求：改革征地制度，提高农民在土地增值收益中的分配比例。加快完善城乡发展一体化体制机制，着力在城乡规划、基础设施、公共服务等方面推进一体化，促进城乡要素平等交换和公共资源均衡配置，形成以工促农、以城带乡、工农互惠、城乡一体的新型工农、城乡关系。只要我们认真贯彻党的十八大精神，坚定不移地按照十八大报告所指出的方向推进城乡改革和发展，就一定能够实现形成城乡经济社会发展一体化新格局的目标。

五 全面提高开放型经济水平[①]

党的十八大报告强调，适应经济全球化新形势，必须实行更加积极主动的开放战略，完善互利共赢、多元平衡、安全高效的开放型经济体系，全面提高开放型经济水平。

（一）加快转变对外经济发展方式

重点是转变外贸和利用外资方式。改革开放以来，我国对外贸易发展迅速，我国已成为世界第二大贸易国。但与此同时，出口贸易中也存在着出口商品多为附加值较小的低技术的产品和资源性、高耗能、高污染产品仍占较大比重等问题。为此，一方面要优化出口商品结构，努力提高"三个比重"，即尽快提高机电产品、高新技术产品和农产品在出口产品中的占比。大力发展服务贸易，支持软件、文化和中医药等重点领域服务出口。另一方面要加快提高企业自主创新能力。帮助企业提高自主研发和技术创新能力，不断开发和扩大具有自主知识产权优势的产品出口。加强

---

① 王金龙：《全面提高开放型经济水平》，《人民日报》2012年12月17日。

引进技术和消化吸收相结合，不断提升传统出口产品的科技含量，提高出口竞争力。同时把扶持自主品牌特别是高科技自主品牌作为转变外贸发展方式的核心环节。逐步形成一批具有一定规模和较强竞争力的出口商品群。

转变利用外资方式的重点是发挥好外资在产业升级方面的积极作用。一方面借助外资促进各产业以技术为重点的自身素质的提高，统筹国内产业结构升级和承接国际制造业转移，引导外资更多地投向高技术产业、高端制造环节。另一方面借助外资促进第三产业的比重不断上升。我国服务业总体水平较为落后，扩大服务业开放，吸收外商投资，有利于引进新的服务业态、管理方式，培养服务业管理人才，并随着人才流动，向本土服务企业产生明显的溢出效应。我国服务贸易长期处于逆差状态，服务外包有利于提高我国服务业出口竞争力、解决中高层次劳动就业和扩大服务出口，要高度重视并加以发展。

（二）坚持进出口并重，内外需协调

要树立新型对外经济合作观念，坚持在平等、互利、互惠的基础上同世界各国发展经贸关系，既努力争取和维护我国正当权益，又妥善处理同其他国家的利益关系，尽量减少我国对外经济贸易摩擦。当前国际经济复苏缓慢，外部需求依然疲软，为保持经济长期平稳较快发展，必须继续把经济增长的基本立足点放到扩大国内需求上。但是，这并不意味着要忽视或放弃外需。作为一个开放的经济体，中国经济已经融入了世界，内需和外需都是推动经济平稳较快发展的重要动力。如果一味地强调以内需为主，而促进外贸稳定增长的政策措施不到位，一旦出口持续下降幅度过大，必然导致企业停产倒闭增多、失业人员增加等经济和社会问题。

从本质上讲，内需与外需也是相互影响、相互促进的。一方面，内需的快速增长为扩大外需奠定了坚实的基础。国内市场和生产的扩大，可以增强产业竞争力，提高产业配套能力，为进一步扩大出口创造条件；国内研发和技术设备投资的增加，可以带动出口产品的技术含量和附加值的提高，推动高新技术产品出口。另一方面，外需可以直接带动国内消费、投资和政府开支的增加。出口可以直接带动就业，提高居民的收入，拉动国内消费；外需扩大形成的规模经济和产业集聚效应，有利于降低中、高档消费品价格，促进国内消费结构升级；外需作为最终需求，对相关产业及其上下游产业的投资需求具有引导作用和乘数效应；制成品出口增加形成的技术外溢效应，可以带动国内技术进步和产业升级。

（三）提高利用外资综合优势和总体效益

要发挥利用外资在推动科技创新、产业升级、区域协调发展等方面的积极作用，坚持以我为主、择优选择，积极稳妥推进服务业开放，促进"引资"与"引智"相结合，引导外资向中西部地区转移和增加投资。

提高利用外资综合优势和总体效益，一方面要尽可能地提高其对国内经济发展的积极作用，比如外商投资企业的创新，是我国建设创新型国家的一部分，其技术溢出将有利于增强本土企业的创新能力。未来吸收外资，要把提高外资项目的技术水平与溢出效应放在重要位置。同时要发挥好外资在区域协调发展方面的积极作用。东部地区要继续发挥经济外向程度高和资金、人才、技术、区位、配套能力等方面优势，率先实现利用外资由"量"到"质"的转变。同时明确不同的区域定位，引导外资更多地投向中西部地区和东北地区等老工业基地优势产业和特色产业。在全国逐步取消外资优惠政策的过程中，适当保持中西部地区的政策优势。另一方面还要尽可能降低吸引外资付出的成本，防止负面作用。控制引资的政策成本，控制引资的土地、资源与环境成本，控制招商引资的直接成本，实现从"招商引资"向"招商选资"的转变，降低招商成本。

（四）加快走出去步伐，增强竞争新优势

创新对外投资和合作方式是加快走出去步伐、构筑我国参与国际经济合作和竞争新优势的重要路径。

第一，积极开展跨国并购。支持具备条件的企业在全球整合资源链，树立自己的国际知名品牌，打入国际主流市场。以企业为主体，全面提升生产要素跨境流动水平；加强海外能源资源合作开发；推动从生产制造向研发和市场营销环节延伸，从制造业向服务业延伸，从以"绿地投资"为主向"绿地"和"并购"多种投资方式并举转变。

第二，加强国际能源资源互利合作。推动在资源富集地区进行能源资源开发、农业项目综合开发和远洋渔业资源开发，建立多元、稳定、可靠的能源资源供应保障。

第三，开展境外加工贸易。通过加工贸易方式，可以有效释放我国已经形成的充足生产能力，规避贸易壁垒，带动相关产品的出口。要继续推进我国已启动的境外经济贸易合作区的建设，从政策、资金、配套服务等方面积极支持企业"走出去"。

第四，继续推动对外间接投资。以国家外汇投资公司等方式，拓展境外投资渠道，逐步形成以企业和居民为主体的对外间接投资格局。继续促进中资境外企业对外投资方式向投资办厂带动跨国并购、股权置换、境外上市、设立研发中心、创办工业园区、科技园区等多种形式发展。

（五）提高抵御国际经济风险能力

随着我国国内经济与世界经济的联系更加紧密，影响经济社会稳定和发展的外部因素进一步增多，风险进一步加大。例如，我国能源进口大幅度增加，能源消费的对外依赖程度持续上升。近年来外贸依存度最高时段已经达到70%以上，国际市场的风吹草动必然影响到我国的对外贸易，进而影响到整个国民经济运行。外商直接投资也是一把"双刃剑"，如果使用得当，外资可以促进我国经济发展，增强我国的经济竞争力，改善国家经济安全。但是，如果管理失当，则可能出现外资在国内市场的垄断、对战略行业的控制等风险，威胁国家经济安全。

如何增强抵御国际经济金融风险的能力？一方面要通过上面提到的措施，全面提高企业、产业和整个国民经济的竞争力，特别是增强作为经济血脉的金融业的整体实力，以此打牢抵御国际经济金融风险的基础；另一方面建立健全风险预警和突发事件应急处理机制，提高规避风险和化解风险的能力。要密切关注世界经济走势，对苗头性、趋势性问题早发现、早研究、早采取措施。要建立健全国内市场运行监控体系和国际收支预警机制，加强对商品进出口、资本跨境流动的监测。强化对各种金融风险的监测和对金融市场的监管，提高金融企业的抗风险能力。此外，还应充分利用我国经济发展迅速、国内市场广阔、综合实力不断提高的有利条件，积极参与国际经济规则的制定，促进公平合理的国际经济新秩序的构建，为增强抵御国际经济金融风险的能力创造良好的外部条件。

练 习 与 思 考

一、简答题

1. 正确认识深化经济体制改革的目标需要明确哪些内容？

2. 为什么说市场经济是创新的机器？

3. 经济结构战略性调整的政策选择包括哪些？

二、材料分析题

材料一：

材料 1：近日有报道称，据人力资源和社会保障部统计，目前，电力、电信、金融、保险、烟草等行业职工平均工资是其他行业职工的2—3 倍，如果再加上工资外收入和福利待遇上的差异，实际收入差距可能在5—10 倍之间。此外，2000 年我国行业最高人均工资水平是行业最低人均工资水平的 2.63 倍，到 2005 年这一比例已增至 4.88 倍，而国际上公认行业收入差距的合理水平在 3 倍左右，超过 3 倍则需要加以调控。这些数据再次引发了人们对于收入分配公平的讨论。

——摘自《北京日报》

材料 2：我们不仅要通过发展经济，把社会财富这个"蛋糕"做大，也要通过合理的收入分配制度把"蛋糕"分好，让全体人民都能够共享改革发展成果。逐步形成中等收入者占多数的"橄榄形"分配格局。

——《论述发展社会事业和改善民生的重大问题》

根据上述材料请回答：

（1）我国收入差距为什么会持续扩大？

（2）如何改革收入分配制度，规范收入分配秩序？

材料二：

材料 1：新中国成立 50 多年来，我国 GDP 增长了 10 多倍，矿产资源消耗增长了 40 多倍。我国资本形成占 GDP 的比重，1980 年为 34.9%，1995 年为 40.8%，2000 年为 36.4%，2003 年高达 42.7%，大大高于美国、德国、法国、印度等一般为 20% 左右的水平。过去数年，每增加一亿元 GDP 需要的固定资产投资分别是 1.8 亿元、2.15 亿元、1.6 亿元、4.49 亿元和 4.99 亿元。

材料 2：目前，我国国内生产总值只占全世界的 4% 左右，但原煤、钢材、水泥的消耗量分别占全世界消耗量的 31%、30% 和 40%，石油、铁矿石的进口依存度分别达到 40%、60% 以上，主要污染物排放量已经超出环境容量。

材料 3：我国石油剩余可采储量为 23.8 亿吨，以目前的产能计算，14 年后出现石油枯竭局面。根据国际能源署（IEA）最新估计，我国石油外部依赖度 1995 年仅为 7.6%，到 2020 年将达到 75%。

我国水资源总量 2.8 万亿立方米，人均水资源量 2200 立方米，仅为世界平均水平的 1/4。目前，我国缺水总量为 300 亿—400 亿立方米，全国 669 座城市中有 400 座供水不足，110 座严重缺水。

我国人均耕地只有 1.41 亩，不到世界平均水平的 1/2，并且耕地后备资源十分紧缺。目前，我国水土流失面积 356 万平方公里，占国土面积的 37%。一些地方用地粗放、浪费，土地承载压力空前突出。

根据上述材料请回答：

（1）根据材料 1、2、3，分析我国不能走粗放型经济增长道路的原因。

（2）根据材料，说明我国加快经济发展方式转变的意义。

（3）结合材料，谈谈转变经济发展方式的要求。

练习与思考参考答案

一、简答题参考答案

1. 正确认识深化经济体制改革的目标，需要明确以下几点：

第一，改革是社会主义制度的自我完善和发展，绝不能否定和抛弃社会主义制度。

第二，中国改革开放的历史成就和已有成果，是深化经济体制改革的基础和出发点。

第三，现行的经济制度和经济体制还存在不少矛盾和问题，深化经济体制改革的任务依然比较繁重。

2. 历史证明，虽然在其他社会形态下也有创新，但批量的、使创新成为常规的只能是市场经济。

市场经济之所以能够推动创新，首先在于激烈的竞争和短暂的超额利润的压力使得企业不得不创新，不创新就难以生存。其次，经济周期、特别是下行期的压力是激励创新的杠杆。最后，市场经济的文化是有利于创新的文化。

3. 经济结构战略性调整的政策选择包括：

首先，要优化产业结构。产业结构优化是经济结构战略性调整的核心。

其次，要积极推进城镇化。城乡结构调整的目标和核心就是城镇化和城乡一体化。

再次，要促进区域协调发展。优化区域经济结构，克服盲目和重复建设，形成全国各地区之间既有分工又有协作的区域经济结构，促进区域经济协调发展。

最后，应改善需求结构。

二、材料分析题参考答案

材料一参考答案：

（1）①体制改革不到位，分配制度改革滞后；②收入分配调控政策不完善、作用发挥不充分，是导致收入差距扩大的重要原因；③收入差距扩大，还与区域之间发展不平衡有关；④收入差距扩大有着深刻的历史原因。比如，城乡二元结构等等。

（2）深化收入分配制度改革，要坚持和完善按劳分配为主体、多种分配方式并存的分配制度，健全劳动、资本、技术、管理等生产要素按贡献参与分配的制度，初次分配和再分配都要处理好效率和公平的关系，再分配更加注重公平。逐步提高居民收入在国民收入分配中的比重，提高劳动报酬在初次分配中的比重。着力提高低收入者收入，逐步提高扶贫标准和最低工资标准，建立企业职工工资正常增长机制和支付保障机制。创造条件让更多群众拥有财产性收入。保护合法收入，调节过高收入，取缔非法收入。

材料二参考答案：

（1）根据影响经济增长因素在经济增长中所起作用，一般可将社会总资本扩大再生产或者经济增长划分为两种类型。如果经济增长主要依赖生产要素在原来技术水平基础上投入的数量扩张，即土地、资本、劳动等生产要素投入量的增加，可称为粗放型的经济增长方式；如果经济增长主要靠全要素生产率的提高来推动，则称为集约型的经济增长方式。

近年来，我国经济发展过快、过热，一方面，表现为高投入，主要靠投入拉动经济增长；另一方面，主要是第二产业，即资源型企业、行业如钢铁、水泥、电解铝等重化产业投资过热、增长过快，高投入、高消耗、高污染、低产出、低效益，以致煤、油、电、运营高度紧张，粗放型增长严重抬头，经济发展付出了很大的资源和环境代价，加剧了生产扩张与资源消耗、生产规模与环境恶化的矛盾。这样的经济增长方式，既不符合国情，也难以提升国际竞争力，必将损害经济长期稳定发展和社会持续进步的基础，最终难以为继，因此已经到了需要刻不容缓地加以转变的关键阶段。

加快转变经济发展方式是实现科学发展的核心内容。只有由过去主要靠增加投入、扩大投资规模、生产要素利用效率低、资源和环境的代价大、经济整体素质不高、竞争力不强的粗放式经济增长，转变为科技含量高、经济效益好、资源消耗低、环境污染少、人力资源优势得到充分发挥的低代价经济增长，才能推动整个社会真正走上生产发展、生活富裕、生态良好的文明发展道路。经济发展方式的转变是化解资源环境约束、提高经济增长质量和效益、实现可持续发展的必由之路。

（2）对加快转变经济发展方式是我国经济发展的重要方针和重大战略的理解。第一，转变经济发展方式是经济发展规律的科学反映，是对我国经济实现又好又快发展的历史必然性的深刻把握。第二，转变经济发展方式是对经济发展指导原则的新发展新跨越。

（3）转变经济发展方式的要求是对新时期经济发展的全景式覆盖。

其一，转变经济发展方式，要坚持走新型工业化道路。

其二，转变经济发展方式，要坚持城乡和区域经济协调发展战略。

其三，转变经济发展方式，要进一步扩大内需。

其四，转变经济发展方式，要推动产业结构升级。

其五，转变经济发展方式，要通过节能减排建设资源节约型、环境友好型社会。

第五讲　深化政治体制改革，
　　　　保证人民当家做主

政治体制改革与经济体制改革相适应是正确的选择，政治体制改革既不应超前，也不能滞后。政治体制改革在 20 世纪 70 年代末 80 年代初，改革开放起步的时候，发挥了很重要的作用。在吸取"文化大革命"教训的基础上，中国形成了"三个统一"的民主政治发展道路，这是中国政治文明的重要成果。从一定意义上来讲，中国的改革开放是从政治体制改革开始的。改革开放以来，我们总结发展社会主义民主正反两方面经验，强调人民民主是社会主义的生命，坚持国家一切权力属于人民，不断推进政治体制改革，社会主义民主政治建设取得重大进展，成功开辟和坚持了中国特色社会主义政治发展道路，为实现最广泛的人民民主确立了正确方向。人民民主是我们党始终高扬的光辉旗帜。

一　政治体制改革的历史回顾

（一）近代改革尝试

从鸦片战争到甲午战争的一系列失败，使中国人第一次萌发了制度创新与宪政改革的思想。然而，维新运动在顽固派的镇压下失败了，随后顽固派被迫推行的"新政"与"仿行宪政"则已难挽危局，做了清王朝的陪葬，而民国初年的政党政治在议员们的吵闹声与军阀们的枪炮声中也彻底破产了。于是屡败屡战的民主革命的先行者孙中山，在总结历史经验教训之后提出了"以党治国"的思想，认为革命要经过"军政时期"和"训政时期"才能到达"宪政时期"。"军政时期"的任务是建立国家政权，"训政时期"的任务是领导国家并巩固国家政权。他指出："破坏之后便须建设，而民国有如婴孩，其在初期，惟有使党人立于保姆之地，指导提携之，否则颠堕如往昔之失败矣。"面对军阀混战、列强蚕食和低劣的国民素质，他认识到不建立一个坚强有力的革命政党，不实行党魁集权，推行党、政、军三位一体的一党政治，就无法实现宪政民主。一党政治实行以党建国、以党治国，"夫以党建国者，本党为民众夺取政权，创立民国一切规模之谓也。以党治国者，本党以此规模策训政之效能，使人民自身能确实用政权之谓也。于建国治国过程中，本党始终以政权之保姆自任。其精神与目的完全归宿于三民主义之具体的实现。"也即是以政权付诸国民、实行宪政民主为归宿，所以从理论上讲这种一党政治与一党专政完全不同。然而，蒋介石打着孙中山"以党治国"的旗号，搞一党独裁统治，阻遏宪政民主的发展，导致官僚腐败、政治孤立，经济崩溃、军事失利、局面失控。

中国共产党争自由、争民主、争人权、争宪政的民主建国主张及其在根据地、解放区内的民主实践，同国民党"一个主义、一个政党、一个领袖"的独裁叫器及其在国统区内的腐败专制统治形成了鲜明的对照。1940年，毛泽东提出，民主共和国将实行各革命阶级的联合专政，实行各级人民代表大会制度和无差别的真正普遍平等的选举制，实行混合经济、节制资本、平均地权的政策，并保证在新民主主义阶段不实行无产阶级专政的社会主义制度。同年，在延安各界宪政促进会成立大会上，毛泽东演讲说："中国缺少的东西固然很多，但是主要的就是少了两件东西：一件是独立，一件是民主。这两件东西少了一件，中国的事情就办不好。""宪政是什么呢？就是民主的政治。""是什么民主政治呢？是新民主主义的政治，是新民主主义的宪政。""这个宪政运动的方向，……它必然是依照人民所规定的路线走去的。这是一定的，因为全国人民要这样做，中国的历史要这样做，整个世界的趋势要我们这样做，谁能违拗这个方向呢？历史的巨轮是拖不回来的。""一定要争取民主和自由，一定要实行新民主主义的宪政，如果不是这样做，照顽固派的做法，那就会亡国。"在1945年，毛泽东号召人们克服一切困难，团结全国人民，废止国民党的法西斯独裁统治，实行民主改革，将中国建设成为一个独立、自由、民主、统一和富强的新国家，并指出："有些人怀疑共产党得势之后，是否会学俄国那样，来一个无产阶级专政和一党制度。我们的答复是：几个民主阶级联盟的新民主主义国家，和无产阶级专政的社会主义国家，是有原则上的不同的。""中国在整个新民主主义制度期间，不可能、因此就不应该是一个阶级专政和一党独占政府机构的制度。"他还指出："自由是人民争来的，不是什么人恩赐的。""人民的言论、出版、集会、结社、思想、信仰和身体这几项自由，是最重要的自由。"并提出应当在人民享有充分自由的前提下，"在全部国土上进行自由的无拘束的选举，产生民主的国民大会，成立统一的正式的联合政府。"得人心者得天下，失人心者失天下。共产党的成功与国民党的失败再一次验证了这一真理。

（二）新中国成立初期与改革开放时期的改革

新中国成立以后，政治形势的发展日新月异，"新民主主义的宪政"很快就被湮没在轰轰烈烈的社会主义改造运动中。1953 年，毛泽东同志指出："'确立新民主主义社会秩序'的想法，是不符合实际斗争情况的，是妨碍社会主义事业的发展的。"到 1956 年中共八大时，我国生产资料私有制的社会主义改造就取得了决定性的胜利，中国宣布已经从新民主主义社会进入社会主义社会，而新民主主义的政治秩序也就被新民本主义的政治秩序所代替。新民本主义的政治秩序的本质特征是革命干部阶层的代统治，"民本"的"民"也仅仅是一个群体概念，而非个体概念。在新民本主义的政治秩序里，中国共产党一方面不断地强化党的绝对领导地位与作用，另一方面又不断地强化党建、党员教育和集体领导制度，要求全体党员都要以人民为本，全心全意地为人民服务，以便使党能真正地代表人民的根本利益，为人民当好家执好政。革命干部阶层的代统治在新民本主义社会的初期显示了巨大的效能，社会变革日新月异。然而，从一定的角度看，新民本主义的政治秩序与孙中山先生所主张的"训政时期"的政治秩序却有相似之处。

改革开放以来，我国的政治体制改革采取在坚持四项基本原则的前提下以经济建设为中心逐步推进的渐进发展战略，在风风雨雨中主要经历了四个时期。

第一，政治体制改革的启动时期（1978—1986 年）。政治体制改革的主要成果有以下几点：（1）邓小平题为《党和国家领导制度的改革》的讲话发表，成为我国政治体制改革的指导性文件。讲话集中分析了我国政治体制存在弊端的主要表现、成因和危害，系统阐述了改革的目标、方向和应遵循的原则。党的十二大首次使用"政治体制改革"用语，并明确提出"建设高度的社会主义民主，是我们的根本目标和根本任务之一"。（2）加强了党的集体领导制度，健全党内监督制约机制，成立了纪律检查机关和中央书记处，并颁布了《关于党内政治生活的若干准则》。（3）加强国家权力机构和行政机构的建设，加强立法和司法工作，进行政府机构改革，并在基层试行党政企分开。（4）解决领导干部任职终身制问题，设立中央顾问委员会，建立干部离退休制度，加强干部队伍的"四化"建设。

第二，政治体制改革的"初步构想时期"（1986—1989 年）。政治体制改革在前一时期经济改革成果的推动下全面展开。1986 年 6 月 28 日，邓小平指出：政治体制改革同经济体制改革应该相互依赖，相互配合。只搞经济体制改革，不搞政治体制改革，经济体制改革也搞不通。我们所有的改革最终能不能成功，还是决定于政治体制的改革。同年，党的十二届六中全会把政治体制改革摆到了社会主义现代化建设总体布局的战略地位。1987 年，十二届七中全会通过《政治体制改革总体设想》，随后党的十三大勾画了改革蓝图，提出要建立高度民主、法制完备、富有效率、充满活力的社会主义政治体制，并对政治体制改革的紧迫性、目的、对象、原则、长远目标与近期目标等内容作了全面阐述。同年，全国人大通过了《村民委员会组织法（试行）》，迈开了基层民主实践的一大步。1988 年，"以转变政府管理职能为关键"的政府机构改革启动，同时开始推行党政分开、起草《国家公务员条例》。1989 年，全国人大通过《中华人民共和国行政诉讼法》，使依法行政的法治意识开始形成。在这一时期，我国在加强人大立法权与监督权、改进选举制度、建立社会协商与对话机制等多方面都有所建树。然而，汹涌而来的"六四风波"却使我国的政治体制改革陷入困境。

第三，政治体制改革的调整时期（1989—1997 年）。我们对改革、稳定、发展三者之间的关系有了新的认识，江泽民同志在党的十四大报告中继续强调指出："没有民主与法制就没有社会主义，就没有社会主义现代化。"市场经济体制的全面确立，使原有国家与社会的关系、上层建筑与经济基础的关系都发生了深刻的变化，政治文化也向理性化、开放化演进。在这一时期，政治体制改革在落实公务员制度、转变政府职能、调整中央与地方间的关系等方面取得了重要成果，但总体而言，处于半徘徊状态。

第四，政治体制改革的继续推进时期（1997 年以后）。政治体制改革在市场经济所带来的全方位变化的压力下，重新成为党和政府及社会关注

的热点问题。1997 年 5 月 29 日，江泽民同志指出，中国的政治体制改革
要继续推进。同年 9 月，在党的十五大报告中，江泽民同志提出要进一步
扩大社会主义民主，逐步实现社会主义民主的制度化、法制化，并将
"依法治国，建设社会主义法治国家"作为跨世纪纲领提了出来，从而树
立起了我国民主法制建设史上新的里程碑。十五大报告还提出，要加快立
法速度，提高立法质量，力争到 2010 年形成有中国特色的社会主义法律
体系，并强调要维护宪法和法律的尊严，尊重和保护人权，推进司法改
革，实行公开办事制度等。同年 10 月和 1998 年 10 月，我国先后签署了
《经济、社会、文化权利国际公约》与《公民权利和政治权利国际公约》。
1998 年 3 月，政府机构改革再次启动。此后，政府机构改革、农村村民
民主自治、依法治国、宪政民主、司法改革、政治体制改革等问题引起了
社会各界广泛的关注和讨论，新一轮思想解放拉开序幕。

二　政治体制改革的指导思想与发展战略

（一）政治体制改革的指导思想

政治体制改革的目的是更好地发展社会生产力，充分发挥社会主义的
优越性。也就是说，要在政治上创造出比资本主义国家更高更切实的民
主，并且造就出比这些国家更多更优秀的人才。政治体制改革的对象主要
是权力过分集中、官僚主义严重以及封建主义影响根深蒂固等社会政治现
象。政治体制改革必须遵循积累渐进原则、有利于稳定原则和建设有中国
特色社会主义民主政治的原则，采取坚决、审慎的方针，有领导、有秩序
地逐步展开。政治体制改革的长远目标是建立高度民主、法制完备、富有
效率、充满活力的社会主义政治体制。政治体制改革的近期目标是建立有
利于提高效率、增强活力和调动各方面积极性的领导体制，具体来说就是
实行党政分开；进一步下放权力；改革政府工作机构；改革干部人事制
度；建立社会协商对话制度；完善社会主义民主政治的若干制度（包括
人民代表大会制度、多党合作与政治协商制度、民主选举制度、基层民主
生活制度、民族区域自治制度以及充分发挥群众团体作用等内容）；加强
社会主义法制建设等。

社会主义法治国家的经济基础是市场经济，政治基础是宪政民主社

会，思想基础是公民文化。法治首先需要一整套能充分体现宪政原则的完备的法律体系，需要一种能切实保证法治实施的权力制衡架构。法治的价值基础是法律平等原则，价值前提是承认并保障人权。为确保人权不受践踏，就必须根据法律至上和程序正当原则，建立专门的司法审查和违宪审查机构，确保司法独立，并切实监督政府依法行政，执政党依法治国。有学者指出，法制、依法治国和法治国都不是法治，而只是实行法制的人治。当立法者是多数的民众时，便是大众民主；当立法者是仁慈的君主时，便是开明专制；当立法者是专制君主或独裁者时，便是暴政。是否承认以基本人权为前提，以及能否确立相应的制度保障，是法治和法制、依法治国及法治国的根本分歧之所在。

宪政民主社会政治生活的主要标志有以下几条：

（1）实行"宪政民主"。宪政的基础是"共和"，而"用和平的方式参与公共事务是人类活动的最高形式，这便是'共和'"；宪政以立宪为起点，它是验证宪法真实性、有效性和"正当性"的关键环节，是宪法形式的展开和实现，也是宪法的支柱、动力和灵魂；宪政的根本原则是限政与法治，这意味着"要建立有限的、负责的政府，防止专横的威权的和绝对的统治"，以实现"对与'人民主权'直接结合在一起的政治权力的限制"。宪政的根据和内容是民主，而现代民主必定是宪政保障和规范下的民主；宪政的目的是保障公民的权利不受国家权力的侵犯，也即保障人权，而公民权利与国家权力及其相互关系，则构成了宪政系统的支点。

（2）实行完善的自由竞选制度。公开、自由和公平的选举是民主的实质，而且是不可或缺的必要条件。在这种选举中候选人可以自由地竞争选票，而且基本上所有的成年人都可以参加选举。用这种方式来界定，民主政治涉及两个维度，一个是竞争，一个是参与。而这种参与选举又和"言论、出版、结社、集会的社会和政治自由的存在"以及选举过程的公开与公平密不可分，同时，对政治结社、政党活动限制的程度以及对新闻自由限制的程度等其他标准也成为测量民主的重要依据。

（3）实现"大众参政化"。广泛的参政可以提高人民对政府的控制，也可以提高政府对人民的影响力。现代化日益将大众利益卷入其中，从而客观上激发起人们希望通过政治组合参与政治来维护和扩大自身权益的强烈冲动，而经济的发展和技术的进步又为广泛的政治参与提供了物质技术基础，这就使得政治系统对社会各个层面的全面开放也即政治公开化成为必然。"大众参政化"的实质意义在于，任何公民只要需要或者想参与政治，就能够随时有效地参与政治，而这正是"非现代化政治体系"所无法提供的政治功能。

（4）形成有发育成熟的公民文化。宪政的落实不在于用法律条文来表达一种价值追求，而在于使人们把对宪政与自由的信念完全地融入到人们的血液中去，融入代代相传的文化传统中去，以形成一种现代的公民文化。这种公民文化以先进的政治法律理论及其观念，健全的公民意识与宪政精神，良好的政治、职业与社会道德，高度的科学教育文化水准等为主要内容，发挥维护、运行、促进宪政秩序的重要功能。只有形成了这样的公民文化，宪政秩序才能历久弥坚。

当然，我国政治体制改革的目标不是建设一般抽象的宪政民主国家，而是建设有中国特色社会主义人民民主的法治国家。中国特色民主政治有三大特点：

第一，从基本结构上看，是党的领导、人民当家做主、依法治国的统一。也就是说，既要保障人民的权利、自由，使社会发展获得源源不断的动力；又要集中民智、民力，统筹兼顾，实现国家的战略性发展。中国的经济建设和社会发展之所以取得了如此巨大的成就，和这样的一种结构是有直接关系的。

第二，在实现人民的权利方面，要逐步地进行。权利既不是天赋的，也不是争来的。从根本上讲，权利是经济社会发展的产物。当具备了条件的时候，应当保障和扩大人民的权利。而条件不具备的情况下，权利只能逐步地发展。

第三，中国的政治发展道路并没有完结，还需要进一步地探索，根据条件、任务和环境，主要是国际环境，来决定改革的策略和进度。所以，从一定意义上讲，中国的政治体制改革是没有时间表的，也不可能事先人为地制定一个什么时间表，一切要从实际出发，谨慎地、周全地进行。

（二）政治体制改革的发展战略

中国是采用"间距"渐进型发展战略的典型国家，这一发展战略把当代中国的政治现代化进程划分为以下三个彼此联系的不同阶段：

1. "适应性政治改革"阶段（约 1978—2002 年）

由于在这一阶段大部分时期，经济改革的任务异常复杂而艰巨，市场经济体制尚未建立或发育不够成熟，社会利益格局正在逐步趋向多元化，而其他政治现代化条件也不完全具备，这就使宪政制度化（包括民主制度化与制度民主化）的具体目标模式难以成熟，甚至只有模糊的轮廓，因此难以达成政治共识。于是，这一阶段的政治体制改革主要是适应经济体制改革的需要，进行局部改革，为经济建设开路、护航，而并不涉及全局性、深层次的政治体制变革。这种状况必然导致宪政制度化的发展落后于社会经济变革，落后于自发成长的社会动员与政治参与要求。政治体制的权威性与社会的稳定性由此受到潜在的强有力的挑战。因此，对自发成长的社会动员与政治参与要求予以合理的抑制和积极的引导就成为必要。在这一阶段，诸如新闻自由、结社自由、游行、示威、集会、请愿自由、公开竞选自由等易于激发社会动员和政治参与要求的一系列行为，都将受到有限的、合理的引导和控制。而这一做法不仅缓冲了宪政制度化的压力，而且也为夯实宪政制度化的基础创造了有利条件。如果不这样做，就必然导致政治冲突加剧、政治权威流失、社会主义失败、中华民族分裂的严重后果。在这一阶段，我们成功地确立起了市场经济体制，并不断推进行政体制改革和立法与司法工作，以使国家政治法制体系能适应市场经济体制的要求。同时，我们也开始逐步确立法治与宪政精神，并在其他各领域推行具有探索性和尝试性的政治改革措施（如农村基层民主建设），以总结经验教训，不断积累全局性政治体制改革的条件。但在这一阶段最重要也最具有深远意义的事情，莫过于对宪政制度化具体目标模式的超前性探索与建设性研究，莫过于争取政治体制改革共识的理性化行为。而抑制与引导政策的积极意义，也以这种探索、研究与理性化行为的产出成效性为前提。

2. 宪政制度化的全面展开阶段（约 2002—2017 年）

在这一阶段，市场经济体制已经发育成熟，政府机构改革也已顺利完成，立法工作跃上新台阶，社会利益多元化格局基本形成，公民的法治与宪政意识逐步提高，世界范围的民主化潮流继续发展，而深层次的经济改革由于政治体制改革的滞后局面而难以继续推进，导致要求政治改革的呼声越来越高。同时，前一阶段对于宪政制度化具体目标模式的建设性研究成果与政治共识的初步达成，使宪政制度化的全面展开成为可能。于是，在党和政府的领导下，政治体制改革逐步进入全局性的宪政制度化建设阶段。在这一阶段，思想解放与人的解放成为时代的主题和改革的先导，社会政治生活日趋活跃。在这种情况下，法治原则与理性精神将为社会稳定提供保证，而适当地保留运用"积极的引导政策"的主动权，维护并加强改革的领导者权威也十分必要，因为政治稳定是宪政制度化建设顺利进行的重要保证。在这一阶段，宪政制度化建设的主要任务是大力推进执政党领导体制改革、司法体制改革、人大制度改革、政协制度改革、行政体制改革与选举制度改革等，努力建立具有中国特色社会主义的宪政制度体系。邓小平指出："必须使民主制度化、法律化，使这种制度不因领导人的改变而改变，不因领导人的看法和注意力的改变而改变。"建设社会主义法治国家的关键在中国共产党，而政治体制改革的突破口也在中国共产党。政治体制改革要成功，就必须首先建设一个具有完备制度作保障的民主集中制的党，切实改善党的领导方式，并处理好党与司法机关、行政机关、人大、政协以及其他社会团体的关系，领导和支持人民当家做主。

3. 参与民主化阶段

当宪政制度化的建设任务基本完成，也即当新的政治体制得以确立，"参与民主化"的一系列前提条件都已具备时，"积极的引导政策"就该完全结束自己的历史使命，使政治现代化进程进入"参与民主化"的发展阶段。参与体制的完善和发展，参与意识、参与能力的普遍提高，为公民参与的扩大创造了平和、理性、健康的环境。在这一阶段，国家对结社自由、新闻、言论、出版自由、公民人身自由以及公民游行、示威、集会、请愿等政治诉求的自由，都将依照宪政原则与法律规定予以充分保护。在完全的法治秩序下，政府开始支持社会成员进一步巩固宪政制度，扩大政治参与。这无疑将是政治现代化历史进程中影响最深入、最广泛、最具有划时代历史意义的伟大阶段，因为它的到来标志着具有中国特色社会主义人民民主的宪政制度的基本建成。

邓小平曾在1992年指出："改革开放迈不开步子，不敢闯，说来说去就是怕资本主义的东西多了，走了资本主义道路。""社会主义要赢得与资本主义相比较的优势，就必须大胆吸收和借鉴人类社会创造的一切文明成果。""改革开放胆子要大一些，敢于试验，不能像小脚女人一样。""没有一点闯的精神，没有一点'冒'的精神，没有一股气呀、劲呀，就走不出一条好路，走不出一条新路，就干不出新的事业。不冒点风险，办什么事情都有百分之百的把握，万无一失，谁敢说这样的话？""从现在起到下世纪中叶，将是很要紧的时期，我们要埋头苦干。我们肩膀上的担子重，责任大啊！"他还意味深长地预言说："恐怕再有三十年的时间，我们才会在各方面形成一整套更加成熟、更加定型的制度。在这个制度下的方针、政策，也将更加定型化。"

从1992年向后推30年，正好是2022年（也即党的二十大召开之际）。回顾历史，从1898年的"百日维新"、1901年的"新政改革"、1906年的"预备立宪"，到1907年8月27日颁布《钦定宪法大纲》，正式宣布为期9年的"预备立宪"开始（允诺9年后即召开国会，推行宪政），总共不过9年时间。但人们仍然认为9年预备期太长，并迫使清政府宣布把9年预备期缩短为5年，决定于1913年召开国会，推行宪政。结果怎样呢？改良的步伐还是跟不上革命的步伐，1912年2月12日，清王朝宣告灭亡。再看国民党政权，从1928年6月宣布"训政时期"开始，到1948年3月宣布"结束训政，实施宪政"，不过20年时间（其间还经历了10年国共战争和8年抗战），但结果又怎样呢？宪政改革的步伐还是跟不上革命的步伐，1949年4月23日，南京解放，国民党在大陆的统治宣告覆灭。为什么会这样呢？因为无论是清政府还是国民党政府，都缺乏宪政改革的主动精神与自觉意识，不是他们带领人民推行宪政改革，而是人民迫使他们推行宪政改革。更何况慈禧对"百日维新"的镇压早已使人们对清政府失去信心，而蒋介石对孙中山"新三民主义"的背叛，也早已使人民大众看清了国民党独裁统治的本质。如果我们能在2017—2021年间完成宪政制度化的艰巨任务，基本建成具有中国特色社会主义人民民主的宪政制度，进入"民主参与化"阶段，那么，这一宪政制度就将是我们给予"十月革命"一百周年和建党一百周年最好的献礼。

三　政治体制改革的核心内容

把"以党治国"转变为"依法治国"，这是我国政治体制的核心内容。邓小平在1986年的一次谈话中指出："政治体制改革包括什么内容……首先是党政要分开，解决党如何善于领导的问题。这是关键，要放在第一位。"[1]"以党治国"和"坚持党的领导"是两个概念。任何执政党无不致力于实现自己的理想，但不是包办代替政府的工作，而是应当通

---

[1] 《邓小平文选》第三卷，人民出版社1993年版，第177页。

过制定正确的路线、方针、政策，通过广大党员的模范带头作用，使人民群众自觉地拥护党的领导。近百年来，中国共产党为中国革命和建设作出了巨大贡献，赢得了中国各族人民的衷心爱戴。在人民支持下取得政权以后，党仍是一个政治组织，但"不是向群众发号施令的权力组织，也不是行政组织和生产组织"（中国共产党十二大报告），党在国家生活的各方面起着领导作用，主要是政治思想的领导，而不是代替政权机构的工作，不是干预具体事务，相反，按照党章，党还"必须保证国家的立法、司法、行政机关，积极主动地、互相协调地、独立负责地工作"。邓小平说过：党的领导机关"有向政府提出建议的权力，绝对没有命令政府的权力"。①

（一）要实行"依法治国"，要有一部好的宪法

1982 年制定的现行宪法，即八二宪法，则是在全新的基础上诞生的。这次修改宪法立足于中国的实际，同时注意参考外国的经验，为此搜集了几十个国家的宪法，借鉴、吸收其中进步的因素。在宪法的撰写上更是下足了工夫，字斟句酌，力求严谨、完备、周密、准确，一字不多，一字不漏，避免一切可能发生的误解或曲解。1982 年 12 月 4 日，全国人大五届五次会议在听取了彭真所作的关于宪法修改草案的报告之后，进行了认真审核。采取无记名投票方式通过了这部宪法。当天，全国人大五届五次会议主席团就向全中国、全世界发布公告："中华人民共和国宪法已由全国人大会议通过，现予公布施行。"这是我国实行"依法治国"的里程碑，是现行宪法。此后四次修宪，更将依法治国、保障人权、保护合法的私有财产等写入宪法，使现行宪法更加完善。

宪法是国家的根本大法，是一切法律、法规、制度的源头。现在世界上绝大多数的国家都制定了宪法。但是，有的国家立宪只是为了"好看"，把宪法当作"花瓶"，说了不做，立而不行。有的国家立宪是为了维护其独裁专制，公然规定必须由某人、某家族或某集团世世代代统治国家，这是反民主的伪宪法。宪法的宗旨是"保障公民权利，限制政府权力"，唯有以此宗旨制定宪法，并且有效施行的国家，才能称为宪政民主的国家。

八二宪法在以下三方面都表现得旗帜鲜明：

---

① 《邓小平文选》第一卷，人民出版社 1992 年版，第 13 页。

第一，它贯穿了"主权在民"的思想。明确规定：国家的"一切权力属于人民"，人民行使国家权力的机关是全国人大和地方各级人大（第二条）；明确规定"民主选举"（第三条）；明确规定：全国人民代表大会是最高国家权力机关（第五十七条）；明确规定：国家主席、国务院、中央军委主席、最高人民法院院长、最高人民检察院院长都由全国人大选举产生（第六十二条），并有罢免权力（第六十三条）。

第二，它体现了"权力制衡"的原则。明确规定：在全国人大统一行使国家权力的前提下，由全国人大和全国人大常委会行使国家立法权（第五十八条）；规定：国务院是最高国家行政机关（第八十五条）；规定：法院和检察院独立行使审判权和检察权，不受行政机关、社会团体和个人的干涉（第一百二十六条和第一百三十一条）。还具体规定，人民法院、人民检察院和公安机关办理刑事案件，应当分工负责、互相制约（第一百三十五条）。这是中国特色的"权力分立"即"权力制衡"制度。唯有权力分立，才能充分保障公民的权利，这是铁的政治规律。在大百科全书中，无论二权、三权或四权分立，都译作 Separation of Powers，即权力分立，也即权力制衡。

第三，它保证公民享有广泛的自由权利。明确规定：我国公民"在法律面前一律平等"（第三十三条）；规定公民有言论、出版、集会、结社、游行、示威的自由（第三十五条），有宗教信仰自由（第三十六条）；规定公民的人身自由、人格尊严、住宅不受侵犯（第三十七、三十八、三十九条）；等等。我国宪法赋予公民的权利，同世界上各先进国家的宪法比较，是毫不逊色的。

（二）坚持党的领导是政治体制改革的保证

回顾新中国成立，我们党成为执政党以来，一共召开过十一次党的全国代表大会。从抗战胜利前 1945 年党在延安召开的七大，到新中国成立后第七年 1956 年召开执政后第一次党的全国代表大会——党的八大，相隔了 11 年时间。从八大到"文化大革命"中 1969 年召开的九大，中间又相隔了 13 年。中共作为大国的执政党，全国党代会不按党章规定召开，反映出党和国家政治生活的不正常。而党的九大到十大（1973 年）只相隔 4 年，党的十大到十一大（1977 年）也是 4 年，都是因为重大政治事件（林彪外逃，"四人帮"被抓起来了）而提前召开的。从党的十一届三中全会拨乱反正，进入改革开放历史新时期以后，我们党才按党章规定五年召开一次全国代表大会，走上正轨。从1982年召开十二大，到2012年召开的十八大，都是五年一届全国党代表大会。

党的八大正确分析了我国的社会主要矛盾，提出由阶级斗争转向以经济建设为主的正确路线，提出反对个人崇拜方针，在党章中删去毛泽东思想的指导地位，发扬党内民主，开启了由革命党向执政党转变的良好开端。但好景不长，受1956年底国际形势尤其是"波匈事件"的影响，我们党的主要领导人思想起了变化，错误判断国际国内形势，背离了八大的路线方针。1957年由党的整风转入反右派斗争，发动"大跃进"、人民公社运动，就开始了二十年"左"的统治，尤其是"文化大革命"，把国家折腾到经济崩溃的边缘。

党的十二大，在十一届三中全会的历史转折基础上，正确总结了从八大以来正反两方面重大历史经验，首次明确提出解放思想、改革开放，走中国特色社会主义道路的战略目标，开启了中国社会主义现代化建设的历史新时期。从十二大以后六次党代会政治报告的题目都定在"中国特色社会主义"上，一以贯之，坚定不移，主调不变。这开启了邓小平同志主政的政治时代。

党的十三大，提出社会主义初级阶段理论，提出党的"一个中心、两个基本点"的基本路线，专章阐述了政治体制改革的必要性及党政分开、信息公开、民主对话等具体改革要求，提出"政府主导市场，市场引导企业"的经济改革方向，就是市场化改革方向。十三大还在党的历史上首次实行中央委员会和顾问委员会成员差额选举，应当说是发扬党内民主比较好的一次党代会。

党的十四大，是在邓小平南方谈话指引下，全国兴起第二次解放思想热潮，突破"姓社姓资"的思想禁锢，在重要历史关头把改革开放推进到一个新的历史阶段下召开的。这次党代会确定了中国经济体制改革主要目标就是建立社会主义市场经济体制，并开启了老一代领导集体向新一代领导集体制度化、程序化、规范化交接班的先例。这两件大事确立了十四大的重要历史地位。

党的十六大关于政治建设方面提出，改革主要任务是坚持完善社会主义制度，加强社会主义法制，改革完善党的领导方式和执政方式，改革完善决策机制，深化行政管理体制改革，推进司法制度改革，深化干部人事制度改革，加强对权力的制约和监督，维护社会稳定。发展民主，健全民主制度，是改革的内容。具体的是要健全民主制度，丰富民主形式，扩大有序的政治参与，保障人民依法实行民主选举、民主决策、民主管理、民主监督的权力。

党的十七大在政治改革方面提出，要扩大民主，保障人民当家做主，人民当家做主是社会主义民主的本质和核心，要丰富民主形式，拓宽民主渠道，依法实行民主选举、民主决策、民主管理、民主监督，保障人民的知情权、参与权、表达权、监督权，发展基层民主，落实依法治国方针，加快行政管理体制改革，建立健全监督机制，保证政府在阳光下运行，要建立问责制，服务型政府，等等。温家宝总理在多个场合谈到政治体制改革。2004年"两会"记者招待会上，他就比较全面地谈了政治体制改革，他说："社会主义只有吸收世界一切先进的文明成果，才能使自己发展。"谈到具体的改革的时候，他说："从我上任的那一天起，就确立了政治体制改革的三个目标。第一，就是要建立科学民主决策的机制，包括集体决策的制度、专家咨询的制度、社会公示和公证的制度、责任追究制度。第二，我们政府还要依法行政，建设法治政府。只有依法行政，建设法治政府才能依法治国，建设法治国家。我们要使政府依法行政，做到合理、合法，程序完备、公开公正、便民高效、诚实守信、责权统一。第三，我们要接受各方面的监督，包括人民代表大会的监督，政协的民主监督，听取各方面的意见，包括社会舆论和人民群众的意见。"这是他对政治体制改革的比较全面的观点。

党的十八大，是在我国进入"转型期陷阱"与全面建设小康社会的决定性阶段的重要历史关头，召开的一次党的全国代表大会。此时，机遇与挑战交织，改革与发展难度加大，利益博弈错综复杂，如何重聚改革共识，重造改革动力，攻坚克难重启改革，迫在眉睫。同时，又要开创新老交替新规范，所以引起全世界瞩目。

（三）政治体制改革的动力

社会在发展，特别是2002年以后，中国社会发生了一个根本性的变革，这个变革以公民社会的出现为迹象。基层公民的维权推动着中国的政治改革。例如三个博士上书全国人大常委会审查《城市流浪乞讨人员收容遣送办法》是否违宪，还有物业小区维权，村民委员会维权，农民土地问题，城市拆迁问题，来自公民社会的动力越来越强烈。人民富裕了，有了一定的经济地位，一个有经济利益的人，必定要有一定的保障。而互联网的发展，使公民有了前所未有的个人自由表达的空间，成为对公共政策和政府官员形成广泛的舆论监督的力量。这场改革围绕的是法律和权利的实现，而不是观念和理论的讨论。对法律和权利的解释，使政府权力不断受到来自公民社会的挑战和约束。如果我们的政府能够认识到这个问题，这是一件好事。维权是一种好的事情，不是坏事。西方社会早期的时候，是体制外的——革命、冲突、阶级之间的斗争，这是自由资本主义时代；自由资本主义后期，民权运动就已经开始在体制内来改造社会。在自由资本主义时代，马克思号召人们革命，马克思的预见没有错，资本主义如果那样发展下去肯定会灭亡。但是马克思没有预见到资本主义会被改造，也会吸收社会主义的东西，也会吸收马克思本人的东西。后来恩格斯主张，我们可以有合法的手段，通过选举、工人运动的方法来取得权利，这就是民权运动，比如西方国家的黑人运动、妇女运动、学生运动、工人运动，使得他们取得政治上的权利。权利斗争的结果是获得了投票权，这就解决了社会最基本的问题——劳资关系。这种政治管理、治理的方式，是改革的动力要克服的思想障碍。

中国政治体制的改革已经不可拖延。持续30多年的经济改革创造的社会繁荣，是进行政治体制改革的良好时机。随着经济的快速增长，广大的人民群众产生了越来越强烈的、被抛弃的感觉。政府和民众之间的对立加剧，特别是在基层。从现在起深化政治体制改革可能是好的选择。

四　政治体制改革的重要意义

历史的经验充分证明，没有民主的经济繁荣是不可持续的，没有民主制度的大国是不可以成为强国的。只要统治者励精图治，不打仗，让人民休养生息，完全可以创造一时的经济繁荣，古代一朝君王在任时可以创造所谓的盛世。我国近代也有过。西方国家在战后，东亚"四小龙"用30年左右的时间创造了经济繁荣。世界历史上，有过不少的国家经济繁荣的大国崛起：西班牙、葡萄牙、荷兰、英国、法国、德国、美国、日本等。那些民主制度没有过关的国家，崛起了又趴下了。可见，只有建立起民主的制度并保障人权的国家，经济的繁荣才能持续下来。托克维尔曾说："在行政集权的一定时代和一定的地区，可能把一个国家的一切可以使用的力量结集起来迎来战争的凯旋，但却无补于一个民族的持久的繁荣。我相信民主政府经过时间的推移一定能显示它的实力，如果一个民主国家，由共和政府管理一个世纪，那么在这个世纪结束的时候它一定会比相邻的专制国家更富有，更加人丁兴旺，更加繁荣。"

中国古代也曾有过繁荣和盛世，汉代、唐代、清代都有盛世，但都在历史的硝烟中灰飞烟灭。晚清洋务运动中的改革开放，创造了工业、交通通信和国防的相当程度的现代化。但是，由于政治民主化制度没有过关，经济改革的成就毁于一旦。在西方发达国家的历史中，工业化和民主化的发展方向大体是并行的，德国民主化落后于工业化，国内危机导致德国两次发动世界大战。日本也有相似的情况。历史告诉我们，在威权国家，经过一个时期的经济高速增长以后，如果不及时进行民主化转型，经济发展势头将很难长期保持下去。所以，我们要在大好形势下，有一些忧虑，有一些危机感，不要以为经济改革取得成就就不需要政治改革了。

政治体制改革是我国全面改革的重要组成部分。必须继续积极稳妥推进政治体制改革，发展更加广泛、更加充分、更加健全的人民民主。必须坚持党的领导、人民当家做主、依法治国有机统一，以保证人民当家做主为根本，以增强党和国家活力、调动人民积极性为目标，扩大社会主义民主，加快建设社会主义法治国家，发展社会主义政治文明。要更加注重改进党的领导方式和执政方式，保证党领导人民有效治理国家；更加注重健全民主制度、丰富民主形式，保证人民依法实行民主选举、民主决策、民主管理、民主监督；更加注重发挥法治在国家治理和社会管理中的重要作用，维护国家法制统一、尊严、权威，保证人民依法享有广泛权利和自由。要把制度建设摆在突出位置，充分发挥我国社会主义政治制度优越性，积极借鉴人类政治文明有益成果，绝不照搬西方的政治制度模式。

（一）支持和保证人民通过人民代表大会行使国家权力

人民代表大会制度是保证人民当家做主的根本政治制度。要善于使党的主张通过法定程序成为国家意志，支持人大及其常委会充分发挥国家权力机关作用，依法行使立法、监督、决定、任免等职权，加强立法工作组织协调，加强对"一府两院"的监督，加强对政府全口径预算决算的审查和监督。提高基层人大代表特别是一线工人、农民、知识分子代表比例，降低党政领导干部代表比例。在人大设立代表联络机构，完善代表联系群众制度。健全国家权力机关组织制度，优化常委会、专委会组成人员知识和年龄结构，提高专职委员比例，增强依法履职能力。

健全社会主义协商民主制度。社会主义协商民主是我国人民民主的重要形式。要完善协商民主制度和工作机制，推进协商民主广泛、多层、制度化发展。通过国家政权机关、政协组织、党派团体等渠道，就经济社会发展重大问题和涉及群众切身利益的实际问题广泛协商，广纳群言、广集民智，增进共识、增强合力。坚持和完善中国共产党领导的多党合作和政治协商制度，充分发挥人民政协作为协商民主重要渠道作用，围绕团结和民主两大主题，推进政治协商、民主监督、参政议政制度建设，更好协调关系、汇聚力量、建言献策、服务大局。加强同民主党派的政治协商。把政治协商纳入决策程序，坚持协商于决策之前和决策之中，增强民主协商实效性。深入进行专题协商、对口协商、界别协商、提案办理协商。积极开展基层民主协商。

巩固和发展最广泛的爱国统一战线。统一战线是凝聚各方面力量，促进政党关系、民族关系、宗教关系、阶层关系、海内外同胞关系的和谐，夺取中国特色社会主义新胜利的重要法宝。要高举爱国主义、社会主义旗帜，巩固统一战线的思想政治基础，正确处理一致性和多样性的关系。坚持长期共存、互相监督、肝胆相照、荣辱与共的方针，加强同民主党派和无党派人士团结合作，促进思想上同心同德、目标上同心同向、行动上同心同行，加强党外代表人士队伍建设，选拔和推荐更多优秀党外人士担任各级国家机关领导职务。全面正确贯彻落实党的民族政策，坚持和完善民族区域自治制度，牢牢把握各民族共同团结奋斗、共同繁荣发展的主题，深入开展民族团结进步教育，加快民族地区发展，保障少数民族合法权益，巩固和发展平等团结互助和谐的社会主义民族关系，促进各民族和睦相处、和衷共济、和谐发展。全面贯彻党的宗教工作基本方针，发挥宗教界人士和信教群众在促进经济社会发展中的积极作用。鼓励和引导新的社会阶层人士为中国特色社会主义事业作出更大贡献。落实党的侨务政策，支持海外侨胞、归侨侨眷关心和参与祖国现代化建设与和平统一大业。

（二）全面推进依法治国

法治是治国理政的基本方式。要推进科学立法、严格执法、公正司法、全民守法，坚持法律面前人人平等，保证有法必依、执法必严、违法必究。完善中国特色社会主义法律体系，加强重点领域立法，拓展人民有序参与立法途径。推进依法行政，切实做到严格规范公正文明执法。进一步深化司法体制改革，坚持和完善中国特色社会主义司法制度，确保审判机关、检察机关依法独立公正行使审判权、检察权。深入开展法制宣传教育，弘扬社会主义法治精神，树立社会主义法治理念，增强全社会学法尊法守法用法意识。提高领导干部运用法治思维和法治方式深化改革、推动发展、化解矛盾、维护稳定能力。党领导人民制定宪法和法律，党必须在宪法和法律范围内活动。任何组织或者个人都不得有超越宪法和法律的特权，绝不允许以言代法、以权压法、徇私枉法。

深化行政体制改革。行政体制改革是推动上层建筑适应经济基础的必然要求。要按照建立中国特色社会主义行政体制目标，深入推进政企分开、政资分开、政事分开、政社分开，建设职能科学、结构优化、廉洁高效、人民满意的服务型政府。深化行政审批制度改革，继续简政放权，推动政府职能向创造良好发展环境、提供优质公共服务、维护社会公平正义转变。稳步推进大部门制改革，健全部门职责体系。优化行政层级和行政区划设置，有条件的地方可探索省直接管理县（市）改革，深化乡镇行政体制改革。创新行政管理方式，提高政府公信力和执行力，推进政府绩效管理。严格控制机构编制，减少领导职数，降低行政成本。推进事业单位分类改革。完善体制改革协调机制，统筹规划和协调重大改革。

（三）健全权力运行制约和监督体系

坚持用制度管权管事管人，保障人民知情权、参与权、表达权、监督权，是权力正确运行的重要保证。要确保决策权、执行权、监督权既相互制约又相互协调，确保国家机关按照法定权限和程序行使权力。坚持科学决策、民主决策、依法决策，健全决策机制和程序，发挥思想库作用，建立健全决策问责和纠错制度。凡是涉及群众切身利益的决策都要充分听取群众意见，凡是损害群众利益的做法都要坚决防止和纠正。推进权力运行公开化、规范化，完善党务公开、政务公开、司法公开和各领域办事公开制度，健全质询、问责、经济责任审计、引咎辞职、罢免等制度，加强党内监督、民主监督、法律监督、舆论监督，让人民监督权力，让权力在阳光下运行。

完善基层民主制度。在城乡社区治理、基层公共事务和公益事业中实行群众自我管理、自我服务、自我教育、自我监督，是人民依法直接行使民主权利的重要方式。要健全基层党组织领导的充满活力的基层群众自治机制，以扩大有序参与、推进信息公开、加强议事协商、强化权力监督为重点，拓宽范围和途径，丰富内容和形式，保障人民享有更多更切实的民主权利。全心全意依靠工人阶级，健全以职工代表大会为基本形式的企事业单位民主管理制度，保障职工参与管理和监督的民主权利。发挥基层各类组织协同作用，实现政府管理和基层民主有机结合。

中国特色社会主义政治发展道路是团结亿万人民共同奋斗的正确道路。我们一定要坚定不移沿着这条道路前进，使我国社会主义民主政治展现出更加旺盛的生命力。

参考文献

1.《中国政治》，今日中国出版社 1998 年版。

2. 塞缪尔·P. 亨廷顿：《第三波——20 世纪后期民主化浪潮》，上海三联书店 1998 年版。

3. 塞缪尔·P. 亨廷顿：《变化社会中的政治秩序》，生活·读书·新知三联书店 1989 年版。

4.《邓小平文选》第二、三卷，人民出版社 1993—1994 年版。

5.《马克思恩格斯选集》第 1、42 卷。

6. 胡锦涛：《坚定不移沿着中国特色社会主义道路前进　为全面建成小康社会而奋斗》，2012 年 11 月 8 日。

练习与思考

一、单项选择题

1. 社会主义民主政治的本质是（　　）。

A. 民主集中制　　　　　　　　　B. 坚持共产党领导

C. 人民当家做主　　　　　　　　D. 坚持社会主义道路

2. 我国的国体是（　　）。

A. 人民民主专政　　　　　　　　B. 人民代表大会制度

C. 多党合作制度　　　　　　　　D. 民族区域自治制度

3. 我国的政体是（　　）。

A. 人民民主专政　　　　　　　　B. 人民代表大会制度

C. 多党合作制度　　　　　　　　D. 民族区域自治制度

4. 政治体制是（ ）。

A. 政治制度的具体表现和实施形式 B. 决定政治制度的性质

C. 人民民主专政 D. 政治制度

5. 党领导人民治理国家的基本方略是（ ）。

A. 依权治国 B. 依法治国

C. 依计划治国 D. 依方针政策治国

二、多项选择题

1. "政治权力不过是用来实现经济利益的手段。"恩格斯这句话明确地说明了（ ）。

A. 政治是一种上层建筑 B. 政治是建立在经济基础之上的

C. 政治是经济的集中表现 D. 政治与经济是相互联系的

2. 毛泽东曾讲道："中国缺少的东西固然很多，但是主要的就是少了两件东西：一件是（ ），一件是（ ）。这两件东西少了一件，中国的事情就办不好。"

A. 独立 B. 权力

C. 民主 D. 军队

3. 邓小平指出，政治体制改革同经济体制改革的相互关系是（ ）。

A. 两者相互依赖，相互配合

B. 只搞经济体制改革，不搞政治体制改革

C. 所有的改革最终能不能成功，还是决定于经济体制的改革

D. 所有的改革最终能不能成功，还是决定于政治体制的改革

4. 在党的十五大报告中，江泽民同志提出要进一步扩大社会主义民主，逐步实现社会主义民主的（ ）、（ ），并将"依法治国，建设社会主义法治国家"作为跨世纪纲领提了出来。

A. 制度化 B. 社会化

C. 民主化 D. 法律化

5. 政治体制改革必须遵循的原则是（ ）。

A. 必须坚持四项基本原则 B. 必须从中国的实际出发

C. 必须分步骤、有领导、有秩序地进行 D. 必须坚持三条评价标准

三、简答题

1. 改革开放以来，我国的政治体制改革主要经历了几个时期？

2. 政治体制改革的指导思想是什么？

3. 中国特色民主政治有什么特点？

4. 温家宝总理谈政治体制改革的目标内容是什么？

练习与思考参考答案

一、单项选择题答案　C、A、B、A、B

二、多项选择题答案　CD、AC、AD、AD、ABC

三、简答题答案

1. 改革开放以来，我国的政治体制改革主要经历了几个时期？

主要经历了四个时期。

第一，政治体制改革的启动时期（1978—1986 年），政治体制改革的主要成果有，邓小平题为《党和国家领导制度的改革》的讲话发表，党的十二大首次使用"政治体制改革"用语，并明确提出"建设高度的社会主义民主，是我们的根本目标和根本任务之一"。

第二，政治体制改革的"初步构想时期"（1986—1989 年），政治体制改革全面展开。党的十二届六中全会把政治体制改革摆到了社会主义现代化建设总体布局的战略地位。然而，"六四风波"却使我国的政治体制改革陷入困境。

第三，政治体制改革的调整时期（1989—1997 年），党的十四大报告指出："没有民主与法制就没有社会主义，就没有社会主义现代化。"市场经济体制的全面确立，使原有国家与社会的关系、上层建筑与经济基础的关系都发生了深刻的变化，政治文化也向理性化、开放化演进。

第四，政治体制改革的继续推进时期（1997 年以后），党的十五大报告提出要进一步扩大社会主义民主，逐步实现社会主义民主的制度化、法律化，并将"依法治国，建设社会主义法治国家"作为跨世纪纲领提了出来，从而树立起了我国民主法制建设史上新的里程碑。1998 年 3 月，新一轮思想解放拉开序幕。

2. 政治体制改革的指导思想是什么？

政治体制改革的对象主要是权力过分集中、官僚主义严重以及封建主义影响根深蒂固等社会政治现象。政治体制改革必须遵循积累渐进原则、有利于稳定原则和建设有中国特色社会主义民主政治的原则，采取坚决、审慎的方针，有领导、有秩序地逐步展开。政治体制改革的长远目标是建立高度民主、法制完备、富有效率、充满活力的社会主义政治体制。

3. 中国特色民主政治有什么特点？

中国特色民主政治有三大特点：

第一，从基本结构上看，是党的领导、人民当家做主、依法治国的统一。也就是说，既要保障人民的权利、自由，使社会发展获得源源不断的动力；又要集中民智、民力，统筹兼顾，实现国家的战略性发展。中国的经济建设和社会发展之所以取得了如此巨大的成就，和这样的一种结构是有直接关系的。

第二，在实现人民的权利方面，要逐步地进行。权利既不是天赋的，也不是争来的。从根本上讲，权利是经济社会发展的产物。当具备了条件的时候，应当保障和扩大人民的权利。而条件不具备的情况下，权利只能逐步地发展。

第三，中国的政治发展道路并没有完结，还需要进一步地探索，根据条件、任务和环境，主要是国际环境，来决定改革的策略和进度。所以，从一定意义上讲，中国的政治体制改革是没有时间表的，也不可能事先人为地制定一个什么时间表，一切要从实际出发，谨慎地、周全地进行。

4. 温家宝总理谈政治体制改革的目标内容是什么？

第一，就是要建立科学民主决策的机制，包括集体决策的制度、专家咨询的制度、社会公示和公证的制度、责任追究制度。

第二，我们政府还要依法行政，建设法治政府。只有依法行政，建设法治政府才能依法治国，建设法治国家。我们要使政府依法行政，做到合理、合法，程序完备、公开公正、便民高效、诚实守信、责权统一。

第三，我们要接受各方面的监督，包括人民代表大会的监督，政协的民主监督，听取各方面的意见，包括社会舆论和人民群众的意见。这是他对政治体制改革的比较全面的观点。

第六讲　加强文化强国建设，增强文化创造活力

文化是一种社会现象，是人们长期创造形成的产物。同时又是一种历史现象，是社会历史的积淀物。确切地说，文化是指一个国家或民族的历史、地理、风土人情、传统习俗、生活方式、文学艺术、行为规范、思维方式、价值观念等。

人类社会发展到今天，文化与经济、政治相互交融的特点日益显著。一方面，在经济发展中，文化的作用越来越重要，为推动经济建设，发展教育事业、培养各种高素质人才、提高劳动者素质越来越重要。文化产业迅速崛起，文化消费更加丰富，文化生产力在现代经济总体格局中的作用越来越突出。另一方面，随着民主和法制建设的发展，人们为了参与政治生活，需要更高的文化素质。随着世界多极化的发展，奉行霸权主义的国家，借助文化渗透的方式，竭力推销自己的价值观念，企图削弱和取代别国的民族文化，以推行强权政治。这使世界范围内反对文化霸权主义的斗争，成为当代国际政治斗争的重要内容。

一　文化强国的内涵

当今世界，各国之间综合国力竞争日趋激烈，文化越来越成为民族凝聚力和创造力的重要源泉，越来越成为综合国力竞争的重要因素。"文化强国"乃是指与其他国家相比较，我们的文化更加强盛。当今时代，文化的强盛主要应该体现在具有先进的文化生产力、巨大的文化凝聚力和超强的文化软实力三个方面。

（一）文化强国应具有先进的文化生产力

先进文化成为生产力，是经济社会发展到一定阶段的必然现象。随着

人类社会生产力的发展，人类的生活水平也开始逐渐提高。当人的生存条件有了基本的物质保障之后，人们的精神文化需求开始迅速增长。如果说经济产品是为了满足人们物质需求的产品，那么，文化产品就是为了满足人们精神需求的产品。文化生产力已经成为社会生产力的重要组成部分，主要表现为：一方面，文化与经济相互交融，物质产品中的文化附加值越来越高；另一方面，文化产业的诞生，使得文化生产直接成为经济发展的动力。当今时代，世界各国都在抢抓新的发展机遇，都把发展文化产业作为国家发展的新战略，文化产业在全球范围内出现了一个新的发展浪潮。目前，文化产业增加值在世界各国国内生产总值中所占比重不断增长，美国、意大利等已经达到1/4；日本、韩国等已经达到1/5；全世界文化产业增加值总量已经占到GDP总量的1/10以上。在中国，2004年以后，文化产业已经成为我国发展速度最快的产业，按照平均增速估算，到2016年，我国文化产业增加值占国内生产总值的比重将达到5%，在全国范围内可以实现文化产业成为国民经济支柱性产业的目标。

一个文化生产力落后的国家，是没有资格自称文化强国的。

（二）文化强国应具有巨大的文化凝聚力

文化是民族的基因，文化是民族的生命，文化消亡则民族消亡，文化兴盛则民族兴盛，文化与民族的关系至关重要。文化兴盛，所产生的民族凝聚力就大；文化衰落，所产生的民族凝聚力就小，这是世界文化发展的一个普遍规律。而文化所能产生的民族凝聚力的大小，又取决于文化能否代表最广大人民群众的根本利益。人民群众是文化的载体，文化是内化在人们心灵中的价值观念、思想信仰、知识体系和道德规范。因此，文化具有两种不同的特质：其一，一种文化因子，只有在符合人们根本利益要求的时候，人们才会自觉自愿地接受，满怀珍爱地守护，矢志不渝地追求，这种向心力，是文化的一种有条件的特质。其二，强权可以不让人们做，不让人们说，不让人们听，不让人们看，不让人们写，但是，永远无法不让人们想，这是文化的一种无条件的特质。因此，作为我国社会的主导文化，必须符合最广大人民群众的根本利益，"坚持把遵循社会主义先进文化前进方向、人民群众满意作为评价作品最高标准"。只有这样，才能使我国的文化不断保持和增强凝聚力。

（三）文化强国应具有超强的文化软实力

"软实力"的概念，是美国哈佛大学教授约瑟夫·奈最先提出的，是

"通过吸引而非强迫或收买的手段来达己所愿的能力"，包括国家的凝聚力、吸引力和意识形态等无形力量，是"一种吸引力，让别的国家不由自主跟随你"。这种无形力量的实质也就是文化的力量，因此，"软实力"也可以称作文化软实力。一个国家是不是文化大国，是不是在文化上处在中心位置，最根本的标志是它是否保持着极大的文化吸引力、辐射力和影响力，甚至成为"好生活"的代名词。一个在世界上真正拥有支配地位的国家，必须是以文化而不只是在政治、经济、军事或产业上领先的国家，它必须在文化上成为世界的领头羊。18 世纪英国大文豪约翰逊说："如果你对伦敦厌倦了，那就意味着你对人生也厌倦了。"可见，伦敦作为当时的文化中心，其标志不在一些具体的产业，而在它具有塑造价值观、引领人类文明方向的力量。

二　加强社会主义文化强国建设的战略意义

（一）加强文化强国建设是全面建成小康社会的必然要求

以党的十八大为标志，我国进入全面建成小康社会的决定性阶段。全面建成小康社会的衡量标准有多个，但在广大群众心目中的全面小康社会的主要标志就是既要让人民过上殷实富足的物质生活，又要让人民享有健康丰富的文化生活。文化软实力显著增强，是全面建成小康社会的重要目标和重要保证。如果没有文化的繁荣发展、离开文化的支撑和保障，全面建成小康社会目标就不可能实现。现在我们达到的小康还是低水平的、不全面的、发展很不平衡的小康，其中一个重要的方面就是城乡居民的文化生活水平还比较低，特别是随着人民生活从温饱达到总体小康，文化消费进入快速增长期，人民对丰富精神文化生活的期待越来越高。只有加强社会主义文化强国建设，才能凝聚起全社会推动文化改革发展的强大力量，进一步解放和发展文化生产力，显著增强国家文化软实力，更好满足人民日益增长的精神文化需求，切实保障人民基本文化权益，确保全面建成小康社会奋斗目标如期实现。

（二）加强文化强国建设是夺取中国特色社会主义新胜利的必然要求

文化建设是中国特色社会主义事业"五位一体"总体布局的重要组成部分。没有社会主义文化的繁荣昌盛，就没有社会主义现代化。改革开放以来特别是党的十六大以来，我们党始终把文化建设放在党和国家全局工作重要战略位置，推动我国文化建设取得了巨大成就，为坚持和发展中国特色社会主义提供了强大精神力量。经过这些年的改革和发展，我们越来越深刻地认识到，无论是推动经济社会又好又快发展，还是改善民生、促进社会和谐，都要求我们必须加快文化改革发展步伐，提高国家文化软实力，兴起社会主义文化建设新高潮，建设社会主义文化强国。同样，只有加强社会主义文化强国建设，才能更好发挥文化引领风尚、教育人民、服务社会、推动发展的重要作用，推动文化建设与经济建设、政治建设、社会建设、生态文明建设协调发展，夺取中国特色社会主义新胜利。

（三）加强文化强国建设是实现中华民族伟大复兴的必然要求

文化是民族的血脉，是人民的精神家园。没有文化的积极引领，一个国家、一个民族不可能屹立于世界民族之林。综观世界几千年历史，中华民族之所以历经磨难而生生不息、绵延不绝，一个重要原因就是我们有深厚的文化传统，有共同的精神家园。源远流长、博大精深的中华文化，滋养着中华民族的凝聚力，激发着中华民族的创造力，是中华民族生存和发展的根本。当今世界正处在大发展大变革大调整时期，各种思想文化交流交融交锋更加频繁，文化在综合国力竞争中的地位和作用更加凸显，维护国家文化安全任务更加艰巨，增强国家文化软实力，中华文化国际影响力要求更加紧迫。实现中华民族伟大复兴，离不开中华文化繁荣兴盛。只有加强社会主义文化强国建设，才能进一步提升民族凝聚力和创造力，增强我国综合国力和中华文化国际影响力，形成具有核心竞争力的文化优势，为实现中华民族伟大复兴提供强大动力和有力支撑。

三　建设社会主义文化强国的现实途径

（一）社会主义核心价值体系建设是社会主义文化强国建设首要任务

社会主义核心价值体系是兴国之魂，决定着中国特色社会主义发展方向。社会主义核心价值体系作为社会意识形态的本质体现，集社会主义价值理念之大成，把党倡导的基本理论、思想观念、价值取向系统凝练地整合在一起，深刻揭示了共同思想道德基础的基本内涵和基本要求。建设社会主义文化强国，必须把社会主义核心价值体系建设作为首要任务，融入国民教育、精神文明建设和党的建设全过程，贯穿改革开放和社会主义现代化建设各领域，体现到精神文化产品创作生产传播各方面，用社会主义核心价值体系引领社会思潮、凝聚社会共识，在全党全社会形成统一指导思想、共同理想信念、强大精神力量、基本道德规范。要坚持不懈用中国特色社会主义理论体系武装全党、教育人民，深入学习实践科学发展观；广泛开展理想信念教育，引导干部群众深刻认识中国共产党领导和中国特色社会主义制度的历史必然性和优越性，自觉把个人理想融入中国特色社会主义共同理想之中，把广大人民团结凝聚在中国特色社会主义伟大旗帜之下；大力弘扬民族精神和时代精神，深入开展爱国主义、集体主义、社会主义教育，丰富人民精神世界、增强人民精神力量。加强社会主义核心价值体系建设，一项基础性工作就是培育和践行社会主义核心价值观。这对于更好地凝聚全党全国各族人民的思想、在日趋激烈的国际思想舆论竞争中掌握主动权和话语权具有十分重要的意义。要坚持宣传教育、示范引导、实践养成与制度建设相衔接，倡导富强、民主、文明、和谐，倡导自由、平等、公平、正义，倡导爱国、敬业、诚信、友善，积极培育和践行社会主义核心价值观，并使之成为全体人民的共同价值追求。

（二）深化文化体制改革是社会主义文化强国建设的内在要求

文化体制改革是解放和发展文化生产力的必由之路。党的十六大以来，文化体制改革坚持观念创新与实践创新相促进、典型引路与面上推开相衔接、重点突破与全面深化相结合，走过了不平凡的历程，取得了历史性的突破，文化生产力不断解放、文化创造活力充分焕发，文化事业文化产业协调发展、全面繁荣。党的十八大报告科学把握当今文化发展趋势和我国文化发展方位，作出了深化文化体制改革的重大决策，提出了新的目标要求，这对于扎实推进社会主义文化强国建设，实现中华民族伟大复兴，具有十分重大的意义。

第一，全面深化改革开放迫切要求深化文化体制改革。党的十八大站在全面建成小康社会的战略高度，对全面深化改革开放提出了新的目标要求。全面深化改革开放，将使文化赖以存在的体制环境发生更加深刻变化，进一步推动文化与市场的接轨已经成为文化发展的必然选择。这有利于进一步提高文化资源配置的质量、效益和速度，拓展精神文化产品创作、生产、传播和消费空间。与此同时，如何使文化体制改革与经济体制、社会体制、行政管理体制和事业单位等各方面改革相衔接，着力深化体制改革，破解制约文化深层次矛盾和问题，打牢文化繁荣发展的体制机制基础，是我们必须认真研究、切实解决的重大课题。

第二，经济全球化深入发展迫切要求深化文化体制改革。经济全球化必然带来文化产品和服务的全球化。随着我国对外开放的进一步扩大，既为我们学习借鉴世界优秀文化成果，推动我国文化走向世界、提高文化软实力提供了有利条件，也使我国文化面临激烈的国际竞争。从目前情况看，我国文化体制还不能完全适应经济全球化的新形势，国有经营性文化单位参与文化市场竞争的能力还不强，深厚的文化底蕴和丰富的文化资源还没有转化为国际影响力和竞争力。如果不加快发展，形成我们自己的文化优势，就难以在激烈的国际文化竞争中站稳脚跟。这就要求我们必须深化文化体制改革，创新体制机制，形成有竞争力的文化产业，在日趋激烈的国际文化竞争中赢得主动，维护国家文化安全。

第三，现代传播技术迅猛发展迫切要求深化文化体制改革。数字技术、网络技术的迅猛发展和广泛应用，深刻改变了人们获取知识、传递信息、鉴赏文化的渠道和方式，既极大地增强了文化的创造力和传播力，为催生新兴文化业态和新的表现形式提供广阔空间，也对占领新兴文化阵地、运用现代传播技术加快文化改革发展、维护国家信息安全和文化安全提出了新的要求。能不能紧紧抓住信息化深入发展的历史机遇，加快文化与科技融合，使主流文化占据新媒体阵地和文化传播制高点，关系到社会主义先进文化能不能广泛传播、深入人心，关系到我国文化产品能不能更有力地影响世界、造福人类。这就要求我们必须深化文化体制改革，建立与现代传播技术迅猛发展相适应的体制机制，促进文化与科技融合，加快构建以企业为主体、市场为导向、产学研相结合的文化技术创新体系，催生新的文化业态，用先进技术传播先进文化，不断增强我国文化整体实力和竞争力。

总之，我们必须以更大的政治勇气和智慧，不失时机深化文化体制改革，加快完善文化管理体制和文化生产经营机制，基本建立现代文化市场体系，完善国有文化资产管理体制，形成有利于创新创造的文化发展环境，为建设社会主义文化强国提供有力制度保障。

（三）加强文化人才队伍建设是社会主义文化强国建设的重要保障

文化强国建设，队伍是基础，人才是关键。我国历来有重视人才的传统。新中国成立特别是改革开放以来，我国人才事业进入加快发展阶段，无论是人才总量、人才素质还是人才效能，都有新的发展，各类人才在经济社会发展中发挥了重要作用，为文化强国建设创造了良好条件。从总体上说，尽管近年来我国文化人才队伍建设得到了发展，但还远远满足不了文化产业发展的实际需要。文化强国战略的确立，对文化人才队伍提出了更高的要求。

第一，要坚持以人为本的科学人才观。人才资源是第一资源，文化体制改革和文化建设的成绩取得离不开人才队伍的支撑。牢固树立科学人才观，把以人为本的观念贯穿文化人才队伍建设始终，进一步发挥文化人才队伍的支撑作用。用战略眼光看待人才工作，把对人才的重视真正体现在发现培养、选拔和使用的各个方面和各个环节，最大限度地发挥人才资源开发在宣传文化事业中的基础性、战略性、决定性作用。

第二，优化人才结构，适应专业要求。培养、引进、用活专业拔尖人才、复合型人才、科技人才等高层次、高素质人才，已经成为加强文化人才队伍建设的重中之重。根据文化发展规律，创新人才培养模式，优化人才结构，提升人才层次，着力培养造就一批文化大师、一批各专业领域的领军人物、一批懂经营善管理的复合型人才、一批掌握现代传播技术的专门人才。要以培养高层次人才和高技能人才为重点，加强统筹，大力培养各级各类人才，努力建设一支门类齐全、结构优化、规模宏大、适应长远发展的人才队伍。

第三，建立健全文化人才队伍培养机制。加强专业文化工作队伍、文化企业家队伍建设，扶持资助优秀中青年文化人才主持重大课题、领衔重点项目，抓紧培养善于开拓文化新领域的拔尖创新人才、掌握现代传媒技术的专门人才、懂经营善管理的复合型人才、适应文化走出去需要的国际化人才。创新人才培养模式，实施高端紧缺文化人才培养计划，搭建文化人才终身学习平台。

第四，加强基层文化人才队伍建设。基层文化人才队伍是文化改革发展的基础力量。要制定实施基层文化人才队伍建设规划，完善机构编制、学习培训、待遇保障等方面的政策措施，吸引优秀文化人才服务基层。

（四）增强全民族文化创造活力是社会主义文化强国建设的关键

在人类改造世界的实践过程中，文化创造力的激发和释放推动着人类社会和人自身的不断进步和发展。文化创造力是衡量一个国家或者民族兴盛的重要标志，只有具有强大的、生机勃勃的文化创造活力的国家或者民族才能够更有效地维护和保存既有的文化传统，也才能更有力地掌控和把握自身文化的发展方向；文化创造力也是社会和谐、进步、发展的重要标志。因为文化创造力的水平关系社会的发展进程，只有先进的文化才具有强大的生命力、才能推动社会的进步。

第一，建设有利于创新创造的文化发展环境。文化引领风气之先，是最需要创新的领域。创新是文化富有生机和活力的不竭动力。文化一旦停滞僵化，就必然走向消亡。建设社会主义文化强国，必须顺应时代发展新要求和人民精神文化生活新期待，加快完善文化管理体制和文化生产经营机制，基本建立现代文化市场体系，健全国有文化资产管理体制，形成有利于创新创造的文化发展环境。

第二，营造宽松和谐的文化氛围。尊重文化产品创作生产规律，坚持社会责任和创作自由相结合，坚持弘扬主旋律和提倡多样化相统一，发扬学术民主、艺术民主，提倡体裁、题材、形式、手段充分发展，推动观念、内容、风格、流派积极创新，为一切有利于陶冶情操、愉悦身心、寓教于乐的文化创作提供广阔空间。尊重文化工作者的创造性劳动，鼓励探索、宽容失败，尊重差异、包容多样，使一切改革创新的观念得到尊重、一切改革创新的举措得到支持、一切改革创新的成果得到肯定，推动文化工作者的创造精神和创造活力竞相迸发。要积极开展正确的文艺评论，鼓励文化工作者相互尊重、平等交流、取长补短，共同营造风清气正、和谐奋进的良好氛围。

第三，发挥人民群众文化创造积极性。牢固树立马克思主义群众观点，自觉贯彻党的群众路线，充分尊重人民在文化建设中的主体地位和首创精神，为人人成为社会主义文化建设者提供广阔舞台，依靠人民的智慧和力量推动文化繁荣发展。广泛开展群众性文化活动，提高社区文化、村镇文化、企业文化、校园文化等建设水平，引导群众在文化建设中自我表现、自我教育、自我服务。要积极搭建公益性文化活动平台，依托重大节庆和民族民间文化资源，组织开展群众乐于参与、便于参与的文化活动。支持群众依法兴办文化团体，精心培育植根群众、服务群众的文化载体和文化样式，及时总结来自群众、生动鲜活的文化创新经验，推广大众文化优秀成果，在全社会营造鼓励文化创造的良好氛围，让蕴藏于人民中的文化创造活力得到充分发挥。

四　深化文化体制改革需要正确处理四个关系

随着社会主义市场经济的深入发展和对外开放的不断扩大，文化赖以生存和发展的经济基础、体制环境和社会条件发生了深刻变化，实现文化事业全面繁荣和文化产业快速发展，进一步解放和发展文化生产力，迫切需要深化文化体制改革。而深化文化体制改革，繁荣发展社会主义先进文化，首先应当破除思想认识和观念上的误区，正确处理好四个关系。

（一）正确处理社会效益与经济效益的关系

坚持社会效益第一，努力实现社会效益与经济效益的统一，是深化文化体制改革的基本原则，我们必须牢牢把握。经营性文化产业在追求经济效益的同时必须讲求社会效益，公益性文化事业在着眼于社会效益的同时也应当讲求成本核算。在市场经济条件下，文化既有意识形态属性又有商品价值属性，文化单位既有事业属性又有产业属性，这就决定了文化改革和发展必须坚持社会效益第一，努力做到经济效益与社会效益两者的统一。但是，在实际工作中，处理好两者关系并不容易。有的常常把两者对立起来，陷入坚持意识形态属性就不能发展文化产业和发展文化产业就无法坚持意识形态属性的悖论之中。事实上，尽管两者之间确实存在着对立的一面，但是处理得好，完全可以实现两个效益的良性互动。在社会效益与经济效益的关系上，社会效益是前提，在此前提下要尽可能地实现经济效益的最大化，也就是说，我们所要追求的应是综合效益的最大化，而不是单一效益的最大化。应该看到，中国市场经济的日益成熟，将无可阻挡地迫使文化大幅度地走向产业化经营，加快文化产业发展已经成为不可阻挡的时代潮流，社会效益只有通过和借助于文化产业的载体才能得以实现。所以，我们将加快文化产业发展，把提高文化的经济效益作为深化改革的重要突破口，牢固树立文化不仅是产业而且是充满活力的"朝阳产业"观念。

（二）正确处理政府推动与市场化运作的关系

政府与市场都是文化体制改革的重要推动力，但两者作用的大小、程度和方式应随着改革的推进作相应的调整。在改革之初，政府的"第一推动力"显得尤为重要，如果没有政府强有力的推动和引导，就不可能冲破长期形成的计划体制的樊篱和既得利益的制约，从而真正解放和发展文化生产力。但是，在文化日益走向市场的条件下，市场就成了改革成败的关键，即便是政府推动也必须以市场导向为基础，只有符合市场经济的推动才是真正有力的推动。因此，在文化体制改革中，不是要不要政府推动的问题，而是政府如何推动的问题。政府推进文化改革也有一个与时俱进、开拓创新的问题，要努力以文化发展的规律指导改革，以市场经济的办法推动改革，进而为文化的长远发展创造有利环境。政府对文化领域的管理主要体现在政策调节、市场监管、社会管理和公共服务等宏观方面。对公益性文化事业单位重点是增加投入、转变机制、增强活力、改善服务，全面引入竞争机制；对经营性文化产业要创新体制、转换机制、面向市场、培育市场主体，制定和健全与文化体制改革相配套的劳动人事、收入分配和社会保障制度。

（三）正确处理"软实力"与"硬道理"的关系

当今时代，经济与文化相互融合，密不可分。经济发展为文化发展提供必要的经济基础，文化发展为经济发展提供了强大的内在动力源泉。因此，必须转变重经济发展轻文化建设的观念，破除文化建设是"软任务"的思想误区，认识到文化是国家的软实力，发展文化也是硬任务、硬道理。提升国家文化软实力是实现民族振兴的必然要求，是增强我国综合国力、增强国家竞争力、赢得国际竞争的必然要求。发展是硬道理，是解决中国所有问题的关键，也是提高国家文化软实力的关键。21世纪头20年是我国社会主义现代化建设的重要战略机遇期，也是文化发展的重要战略机遇期。要树立强烈的机遇观念、发展观念，推动我国文化事业全面繁荣和文化产业快速发展。要把发展公益性文化事业作为保障人民基本文化权益的重要途径，不断提高公共文化产品和服务的供给能力；要坚持以市场为主导，充分发挥国有文化企业的骨干作用，保护好、引导好民营企业投资文化产业的积极性，迅速扩大我国文化产业的规模，使文化产业占国民经济比重明显提高、国际竞争力显著增强；要实施重大文化产业项目带动战略，打造具有核心竞争力的文化产品和文化品牌。

（四）正确处理文化事业与文化产业的关系

公益性文化事业主要是指政府向社会提供的公共文化服务。发展公益性文化事业要以政府为主导，增加投入、转换机制、增强活力、改善服务，实现和保障人民群众的基本文化权益。经营性文化产业是指通过市场来组织文化产品和服务的生产、传播和消费。发展经营性文化产业要以市场为主导，创新体制、转换机制、面向市场、壮大实力，满足人民群众多方面、多样性、多层次的精神文化需求。

文化事业和文化产业，如车之双轮、鸟之双翼，是文化建设不可或缺的两个方面，也是文化体制改革需要高度重视的两个领域。深化文化体制改革需要准确区分文化事业和文化产业，根据不同性质，制定不同政策，提出不同要求，一手抓公益性文化事业，一手抓经营性文化产业，这是文化体制改革的基本思路，也是繁荣发展社会主义文化的必然选择。在社会主义市场经济条件下，文化事业和文化产业构成了文化建设的两个"轮子"，只有通过深化文化体制改革，把这两个"轮子"都转起来，才能推动社会主义文化快速发展。另外，文化事业和文化产业性质功能有所不同，但又相互联系、相互促进。在深化文化体制改革的过程中，我们一定要正确区分和把握两者的不同性质，坚持"两手抓"，既集中力量办好公益性文化事业，又放手发展经营性文化产业，推动文化事业和文化产业相互配合、共同发展。

五　大学生应当在社会主义文化强国建设中发挥积极作用

大学生是最新文化产品的接受者和传播者，又是我国文化创新的重要力量，有资格在文化创新和文化发展过程中扛起冲锋的大旗。从认识上看，高校完备的思想政治教育体系让大学生具备较强的政治理论素质，浓厚的学术氛围给予了学生优厚的文化创新环境；从实践来看，高校充裕的课后时间和开放活泼的校园文化使学生有充足的精力投身于课余的文化实践中。因此，大学生应充分利用高校提供的各种资源，在文化强国建设中发挥其先进性作用。

（一）大学生应坚定马克思主义信仰，树立正确的人生观和价值观

社会主义先进文化建设是文化强国建设的重要内容，但"新"文化与"先进"文化具有质的区别。要充分发挥大学生在文化强国建设中的先进性作用，首先应明确何谓社会主义先进文化。江泽民同志曾明确指出，当代中国的先进文化，是指以马克思主义为指导，以培养有理想、有道德、有文化、有纪律的"四有"公民为目标的，面向现代化、面向世界、面向未来的，民族的、科学的、大众的中国特色社会主义文化。坚定的马克思主义信仰规定了我国文化的社会主义性质。当代大学生的文化创新和文化实践要以马克思主义为内在信仰，保证文化产品与社会主义先进文化的发展要求相符合，与大众的文化需求相适应。人的活动是实践和认识的高度统一，大学生不仅要在认识上坚定马克思主义信仰，而且要在实践中运用马克思辩证唯物主义和历史唯物主义的观点自觉树立正确的人生观和价值观。我国的 GDP 总量已经稳居世界第二位，在经济取得蓬勃发展的同时，各种诱惑也随之而来。大学生是社会的年轻群体，如果不能尽早树立积极的人生观和集体主义的价值观，很容易受到不良信息的蛊惑和诱导。当代大学生应树立为人民服务的人生观，以正确的人生态度对待生活，在服务人民、奉献社会中实现自己的人生价值。同时应秉承集体主义价值观，以社会主义核心价值体系为指导，以追求个人、家庭、国家、全人类的和谐与全面协调可持续发展为价值取向，自觉抵制西方的拜金主义、享乐主义和极端个人主义。

（二）大学生应提升个人文化品位，倡导健康的生活方式

文化品位泛指一人的文化欣赏水平和文化价值评价，鲜明体现了个人的文化素养和道德修养。作为社会中最具活力的群体，大学生的文化品位影响着整个社会的文化风尚，其文化品位应与其文化素养和道德修养相一致。在文化产品的选择上，大学生应选择内容积极、反映高尚精神追求的文化产品，自觉抵制庸俗、低俗、媚俗的文化。文化品位决定着文化创新成果的品质，大学生文化品位的提升，保证了高校文化创新成果的品质，又必将带动整个社会文化品位的不断提高。建设社会主义文化强国的目标之一是在全社会形成积极向上的精神追求和健康文明的生活方式。大学生文化品位的提升外在地表现为对健康生活方式的推崇。健康的生活方式不仅要求人们在精神状态上昂扬向上，生活习惯上也应规律和健康。个人的活动必须与社会相适应、与环境相和谐。在日常生活中，大学生应注意保持良好的情绪，规律饮食和作息，艰苦朴素，保护环境，追求身与心、人与自然的和谐状态。例如，近两年西方倡导"低碳生活"概念传入我国后，首先被包括大学生群体在内的知识分子所接受和提倡，进而在中国掀起了一股"低碳生活"的热潮。在这个过程中，大学生的先进性作用十分明显，不仅使"低碳"成为环保的代名词，而且把"低碳"、节约的生活方式变为一种时尚的社会潮流。

（三）大学生应充分利用高校学术环境，创造出高质量的文化产品

马克思在《德意志意识形态》一文中指出："统治阶级的思想在每一个时代都是占统治地位的思想。这就是说，一个阶级是社会上占统治地位的物质力量，同时也是社会上占统治地位的精神力量。"在人类历史上，文化从来都是统治阶级的"专属"，是统治阶级用以治理人民的工具，而人民真正能够享用到的文化产品少之又少。社会主义制度下，传统的"精英垄断"文化转变为社会主义新时期的大众文化，人民大众不仅拥有了文化欣赏的权利，自身也转变为文化创作的主体。文化创新需要良好的土壤，需要有一个人人精神焕发、心情欢畅、充满激情与活力的环境，高校恰好具备了所有的必需条件。高校浓厚的学术氛围，优越的学术环境为大学生的文化创作提供了得天独厚的理论环境和实践条件，大学生有能力创造出高质量的文化产品，为文化产业发展服务，为社会主义文化建设添砖加瓦。党的十七届六中全会明确指出要让文化产业成为国民经济支柱性产业，充分发挥文化产业对经济发展的推动能力。在社会主义市场经济条件下，高校文化创新产品有能力突破校园的界限，在市场环境下转变为"文化商品"，带来巨大的经济收益和社会收益，促进我国文化产业的向前发展。以话剧为例，北京市的朝阳剧场、蜂巢剧场、人艺小剧场、保利剧院、海淀剧院等一系列现代与后现代主义话剧的演出中心不仅为在校大学生展示文化创作成果提供了舞台，又能够创造可观的经济收益、形成广泛的文化影响，可谓一举多得。

（四）大学生应不断开拓新型传播渠道，积极投身社会实践

没有社会实践，再先进的文化理论也难以发挥作用；离开了有效的传播渠道，再优秀的文化创新成果也难以在社会上形成影响。大学生不但要致力于文化创新，更应注重文化传播渠道的开拓和应用，积攒更丰富的文化素材，检验自己的文化成果，提升自己的文化创新能力。随着信息技术的飞速发展，电子媒介已经逐渐取代纸质媒介，成为人们获取信息的主要渠道。网络 Web2.0 应用技术的出现让信息的传播效率和传播范围都得到了大幅扩展，大学生应勇于尝试新型传播媒介，更迅速有效地传播文化创新成果。例如，近日网络上掀起的一股"红色微电影"热潮，就为社会主义核心价值体系的传播提供了新渠道。"微电影"是指专门运用在各种新媒体平台上播放的、适合在移动状态和短时休闲状态下观看的、具有完整策划和系统制作体系支持的具有完整故事情节的"微型放映"、"微周期制作"、"微规模投资"的视频短片。这种少时长、少投资、少场地要求的文化传播新方式非常适合大学生的创作条件。建党80周年之际，伴随着中华学子对党的无限热爱，"红色微电影"应运而生。"红色微电影"将马克思主义中国化理论成果和中国革命感人事迹融入微电影当中，在网络等新兴媒体上播放，达到了迅速传播社会主义核心价值体系的目的。"红色微电影"一经出现就形成了强烈的社会影响，腾讯网还推出了"百部红色微电影评选活动"，进一步扩大了"红色微电影"的影响力。这次成功的文化实践再次证明：大学生不仅能够创作出优秀的文化作品，还有能力运用新型的传播渠道扩大作品的影响力，在占领文化创新前沿阵地的同时保持了自身在文化实践领域的先进性。

（五）大学生应主动捍卫国家文化利益，培养文化自觉和文化自信

中国是具有五千多年文明发展史的国家，传统文化资源十分丰富。如何合理利用中华文化的宝贵资源，同时又能体现社会主义新时代的文化新特征，是当代大学生文化实践过程中需要完成的一大任务。早在几十年前，邓小平同志就提出，和平与发展是当今时代的主题。国际大背景下的大国博弈由以往的军事对抗转变为综合国力的较量。近年来，世界各国的关系随着经济全球化趋势日益紧密，不仅经济上时有摩擦，文化上也显现冲突。西方国家的文化霸权主义随着中外文化的不断交流渗入我国，成为社会主义文化发展的不和谐因素。因此，文化软实力的增强对我国的文化安全至关重要。

随着中国对外交流范围的日益广泛，中国所面临的文化挑战也日益增多。西方拜金主义和个人主义的资产阶级价值观随着网络等新型媒介传入我国，对我国本土文化造成不小的冲击。针对这种现状，党的十七届六中全会提出了文化自觉和文化自信的概念。"文化自觉指一个民族、一个政党在文化上的觉悟和觉醒，包括对文化在历史进程中地位作用的深刻认识，对文化发展规律的正确把握，对发展文化历史责任的主动担当。文化自信是一个国家、一个民族、一个政党对自身文化价值的充分肯定，对自身文化生命力的坚定信念。"大学生应对社会主义文化的优越性抱有充分自信，勇于同任何形式的文化霸权行为作斗争。在此过程中，大学生一方面要加深对本民族文化的认识，做好中华文化的吸收和传承；另一方面要自觉捍卫国家文化利益，发挥"领头羊"效应，引导整个社会形成高度的文化自觉和文化自信。

综上所述，大学生的文化先进性不仅应体现于文化创新领域，还应显现在文化实践领域，国家的文化强国建设战略对新时代的大学生提出了新的任务和诸多挑战，只有争做"有理想、有道德、有文化、有纪律"的新时代知识青年，充分发挥并保持自身在文化领域的先锋地位，大学生才能够创作出更多更好的作品，才能够在文化强国建设过程中发挥积极的推动作用，才能够在我国对外文化交流过程中维护好国家文化安全和民族文化利益，最终同全国人民一道实现共产主义伟大理想。

参考文献

1. 《〈中共中央关于深化文化体制改革　推动社会主义文化大发展大繁荣若干重大问题的决定〉辅导读本》，人民出版社 2011 年版。

2. 胡锦涛：《坚定不移沿着中国特色社会主义道路前进　为全面建成小康社会而奋斗》，2012 年 11 月 8 日。

3. 刘云山：《坚持中国特色社会主义文化发展道路　努力建设社会主义文化强国》，《人民日报》2011 年 10 月 28 日。

4. 蒙一丁：《文化强国内涵探析》，《长白学刊》2012 年第 3 期。

练习与思考

一、简答题

1. 加强社会主义文化强国建设的战略意义是什么？

2. 深化文化体制改革需要正确处理哪些关系？

3. 为什么必须进行文化体制改革？

二、材料分析题

材料一：

材料 1：据文化部资料，美国文化娱乐产品已成为第一出口项目；日本的音像产业成为国民生产的第二大产业，已超过汽车工业的产值；英国文化产业的年产值将近 600 亿英镑，从业人员约占全国就业人数的 5%。

材料 2：我国各地的招商引资已经进入文化竞争的新阶段。从 21 世纪初开始，在各地优惠政策和环境趋同的情况下，外商更加关注投资区的文化竞争力。这一点在我国"长三角"、"珠三角"经济区及江浙经济发达区表现得尤其明显，这些地区的许多城市千方百计挖掘城市的文化内涵，或构造现代文化的新载体，初步形成了通过提高文化竞争力扩大招商引资的新优势。

材料3：从全球中国热开始，外国人开始学习中国的戏曲、武术、书法等传统文化到《论语》、《孙子兵法》等经典著作被国外在政治、军事、经济中的学习和应用。不仅在一定程度上证明了我国文化在世界文化史中的重要地位，也反映了我国文化在当今快速发展的社会中仍具有很高的价值，值得学习、推崇。

根据上述材料论述文化软实力在文化强国建设中的重要作用。

材料二：

材料1：北京师范大学文学院副教授张国龙，每次在讲课或作讲座时，但凡涉及经典名著，都会当场做小调查，但结果常常让他意外。"不少本应耳熟能详的作品却鲜有人知道，更不用说阅读了。比如，我国的《三言》、《二拍》，国外的《简·爱》、《呼啸山庄》等。要知道，我调查的对象多是人文专业的大学生、研究生。"

材料2：大学生张广义和他的微公益团队，多年来就在校园周边捡拾一个个废弃的空水瓶，然后用卖瓶子的钱再换回一个个温暖水杯，送给山区的孩子。

根据上述材料，请你谈一下作为一名大学生在文化强国建设中应该怎么做。

练习与思考参考答案
一、简答题参考答案

1. 第一，加强社会主义文化强国建设是全面建成小康社会的必然要求。

第二，加强社会主义文化强国建设是夺取中国特色社会主义新胜利的必然要求。

第三，加强社会主义文化强国建设是实现中华民族伟大复兴的必然要求。

2. 第一，正确处理社会效益与经济效益的关系。

第二，正确处理政府推动与市场化运作的关系。

第三，正确处理"软实力"与"硬道理"的关系。

第四，正确处理文化事业与文化产业的关系。

3. 文化体制改革是解放和发展文化生产力的必由之路。

第一，全面深化改革开放迫切要求深化文化体制改革。

第二，经济全球化深入发展迫切要求深化文化体制改革。

第三，现代传播技术迅猛发展迫切要求深化文化体制改革。

二、材料分析题参考答案

材料一参考答案：

文化软实力包括国家的凝聚力、吸引力和意识形态等无形力量。一个国家是不是文化大国，是不是在文化上处在中心位置，最根本的标志是它是否保持着极大的文化吸引力、辐射力和影响力。第一，提高综合国力竞争力。第二，提升国际形象。第三，建设中华民族的精神家园。

一个在世界上真正拥有支配地位的国家，必须是以文化而不只是在政治、经济、军事或产业上领先的国家，它必须在文化上成为世界的领头羊。

材料二参考答案：

第一，大学生应坚定马克思主义信仰，树立正确的人生观和价值观。

第二，大学生应提升个人文化品位，倡导健康的生活方式。

第三，大学生应充分利用高校学术环境，创造出高质量的文化产品。

第四，大学生应不断开拓新型传播渠道，积极投身社会实践。

第五，大学生应主动捍卫国家文化利益，培养文化自觉和文化自信。

第七讲　创新社会管理，建设和谐社会

社会建设是中国特色社会主义总体布局的重要组成部分。把社会建设放在更加突出的位置，加快推进社会建设，既是对我国改革开放和现代化建设经验的科学总结，也是推进我国经济社会科学发展和谐发展的战略举措。加强社会建设，是社会和谐稳定的重要保证。必须从维护最广大人民根本利益的高度，加快健全基本公共服务体系，加强和创新社会管理，推动社会主义和谐社会建设。

一　社会管理的含义和基本任务

（一）社会管理的含义

社会管理是政府和社会组织为促进社会系统协调运转，对社会系统的组成部分、社会生活的不同领域以及社会发展的各个环节进行组织、协调、指导、规范、监督和纠正社会失灵的过程。广义上看，社会管理是由社会成员组成专门机构对社会的经济、政治和文化事务进行的统筹管理；在狭义上仅指在特定条件下，由权力部门授权对不能划归已有经济、政治和文化部门管理的公共事务进行的专门管理。

（二）社会管理的基本任务

社会管理的基本任务包括协调社会关系、规范社会行为、解决社会问题、化解社会矛盾、促进社会公正、应对社会风险、维持社会和谐等方面。

二　新中国成立以来我国社会管理体制的演变

新中国成立以来，我国社会管理体制的演变经历了四个阶段。

（一）传统社会管理体制形成巩固阶段（1949—1978 年）

从 1949 年 10 月 1 日到 1978 年 12 月的 30 年中，在高度集权的政治体制和计划经济体制基础上，我国建立了"国家—单位—个人"的一元主体社会管理格局。执政党和政府成为社会管理的唯一主体。当时的社会管理体系还包括五种"体制"：一是作为国家进行社会控制和福利供给职能延伸的"议行合一、政社合一"的人民公社体制；二是作为单位体制补充的城市街道办事处和居民委员会体制（街居制）；三是依靠政治—身份来划分的阶级分类体制并辅之以运动式、批斗式的政治管理体制；四是作为党和政府传送带的群团组织体制；五是城乡分割、限制人口自由流动的户籍制度。传统社会管理体制依靠严密的社会控制维持社会秩序，实行平均主义分配，这样的社会管理体制窒息了整个社会的创造活力，牺牲了个体的自由和权利。

（二）传统社会管理体制趋于解体阶段（1978—1992 年）

我国改革开放的过程是一个工作重心转移的过程，从"以阶级斗争为纲"转移到了"以经济建设为中心"。改革开放的过程也是放权让利、调动各方积极性的过程，向地方放权、向企业放权的过程使各级地方政府和国有企业得到了自主权，调动了企业的积极性。高度集权的政治体制逐步为适度行政性分权的政治和行政体制所取代。政治和经济逐步分开，私人经济部门在公共部门旁边成长起来。农民向城市和工业服务业的转移步伐逐步加快，但这一时期农民工还被称为"盲流"。政府作为唯一的社会管理主体的地位受到严重冲击，人民公社体制、政治—身份性阶级分类体制先后解体，运动式、批斗式的管理方式被新的法制化管理方式所取代，城乡分割的户籍制度日益松动，作为社会控制细胞和福利供给者的单位逐渐变为比较单纯的工作场所。

（三）现代社会管理体制奠定基础阶段（1992—2002 年）

党的十四大确立了建立社会主义市场经济体制的目标后，市场化导向的经济体制改革步伐明显加快。到十六大前夕，我国社会主义市场经济体制已经初步建立，市场开始在资源配置中发挥基础性作用。个体经济和私营经济获得较快发展，在经济增长和社会就业方面发挥着越来越重要的作用。民间组织管理从定期清理走向依法登记管理。城市社区建设提上了党和政府的议程，农村村民自治走上了规范化管理的轨道。所有这些都为现代社会管理体制的建立奠定了基础。但这一时期教育、医疗、住房、社会保险、社会福利等社会事业发展中过于强调商业化和社会化的资源动员机制，过于强调职工个人和企事业单位所应担负的责任，政府有意无意地淡化自身在提供社会性公共服务中所应担负的责任，由此导致社会性公共服务供给严重不足和享受基本公共服务方面地区差别、城乡差别和外来人口与本地人口差别的扩大。社会组织发展受到的限制和控制较多，仍然属于社会管理的对象，在社会服务方面仅发挥有限的拾遗补阙的作用。

（四）现代社会管理体制的完善阶段（2002年至今）

党的十六大提出了全面建设小康社会的奋斗目标，我国社会建设进入新的发展阶段。在国家和社会日益分离的基础上，一个相对独立于国家和企业的社会生活领域逐步形成，利益分化和多样化导致的社会矛盾冲突凸显出来，以维护社会秩序为己任的社会管理的重要性越来越突出。2004年召开的党的十六届四中全会明确提出构建社会主义和谐社会的目标，并正式提出了"建立健全党委领导、政府负责、社会协同、公众参与的社会管理格局"，从而明确了社会管理的领导体制。党的十六届六中全会就构建社会主义和谐社会的相关制度建设做出了全面部署。党的十七大正式将社会建设与经济建设、政治建设和文化建设并列，作为总体布局的重要组成部分，从而拉开了社会体制改革的大幕。2011年2月19日，胡锦涛总书记在中央党校举行的省部级主要领导干部社会管理及其创新专题研讨班发表的讲话中强调，要"扎扎实实提高社会管理科学化水平，建设中国特色社会主义社会管理体系"。2011年的全国"两会"上，"社会管理创新"一词首次以重要篇幅写入政府工作报告。2012年7月出台的《中共中央 国务院关于加强社会创新管理的意见》是我国第一个关于创新社会管理的正式文件。以科学发展观为统领将社会建设与经济建设、政治建设和文化建设结合起来实现社会的良性运行与协调发展，以构建社会主义和谐社会为目标，将社会秩序与社会发展贯通起来，实现社会建设与社会管理并举，这标志着我国的现代社会管理体制建设进入了一个自觉构建的阶段。

　　经过这些年来的不懈努力，特别是进入 21 世纪以来的自觉构建，我国已经初步建立起现代社会管理体制的基本框架。社会管理和公共服务已经成为各级政府的重要职能，社会发展支出在各级政府财政支出中所占比例逐步增大，公共产品配置中政府的主导作用日益明显。随着民间组织数量的不断增加，政府向社会组织购买服务的兴起，社会的协同作用初步显现。志愿服务和慈善捐赠成为资源动员和公众参与的重要形式。社会政策法规体系建设方面，我国在社会救助、社会保险、村民自治、民间组织登记管理、和谐劳动关系、妇女儿童、残疾人、老年人等弱势群体权益保护、应急管理、安全监管和社会治安等方面先后颁布了一批法律和行政法规。城乡基层社会管理体系建设方面，村民自治获得长足发展，一些地方为发挥居民委员会自治作用进行了居民委员会和社区服务站分设的探索。城市社区建设和社区服务发展迅速，农村社区建设开始起步。社会组织管理体系形成了登记管理和业务管理相结合的双重管理体制，并从不定期清理走向依法管理。一些地方政府如上海、北京等探索通过建立"枢纽型"社会组织代替政府业务主管部门实现对民间组织的集约式服务和监督管理。另外，我国也已经初步建立起覆盖城乡的社会保障体系。通过疏通利益诉求渠道、建立劳动者集体协商平台、劳动争议调解仲裁制度、改革收入分配制度，利益协调体系已见雏形。流动人口管理实现了从限制控制向服务管理的转变，废止了限制人口自由流动的收容遣返制度，基本实现了属地化管理和多元化服务。社会立法和社会政策更加关注弱势群体权利保护和资源倾斜，一些地方还建立了维护妇女儿童、外来工等弱势群体的跨部门协作、法律援助和社会化维权机制。在社会服务体系建设中，国家鼓励和支持社会资金参与公共产品的生产和供给，积极探索社会服务的多中心供给模式，在一些领域建立了社会服务的监管法律。我国社会工作正在由过去封闭式、行政性、非专业化向开放式、社会化、专业化、职业化过渡。社会工作人才队伍正在不断发展壮大。应急管理领域的"一案三制"（应急方案和应急体制、应急机制、应急法制）和"一网五库"（应急工作联络网、法规库、救援队伍库、专家库和典型案例库、救援物资库）体系已经建立。社会治安体制积极引入社会化和市场化机制，保安服务和群众治安联防在单位和社区治安中的地位和作用日益重要，初步形成了由人防、技防、物防结合的社会治安防控体系。安全监管成为政府市场监管的主要内容，安全监管的法律法规、组织机构逐步健全。

三　目前我国社会管理体制存在的主要问题

十六届四中全会以来，我国社会管理体制改革正式提上日程，改革的方向和总体思路不断明确，社会管理体制改革取得了很大成绩，积累了丰富的经验。但是，由于社会结构和社会需求结构的深刻变化，我国社会管理体制仍然不能适应经济社会发展的需要，影响社会和谐稳定的因素大量存在甚至有激化的趋势。

（一）社会管理理念不够准确

社会管理行为和社会管理措施都源于社会管理理念。我国社会管理的理念仍然十分陈旧，主要表现为：

1. 重经济建设、轻社会管理的思想仍然十分突出

一些地方领导干部仍然只是重视经济增长，招商引资、上大项目，追求 GDP 增长是他们的主要追求，对于社会民生建设缺乏兴趣和热情，等到社会矛盾突出、突发事件出现时，他们才会想起社会管理问题，采取临时抱佛脚的态度。

2. 重视强势群体权利、轻弱势群体权利保障的现象仍然存在

在社会管理中，不少人有意无意把服务和执法的天平倾向了强势群体一边。在征地、拆迁、市容市政管理中，一些领导干部更多地考虑既得利益团体和强势群体的利益，对弱势群体生存和发展的困难关注不够，大大地挤压了弱势群体谋生的空间。一些地方领导干部热衷于与明星大腕和商人老板结交朋友，对于普通群众的疾苦关心不够。企业家们建立了各种各样的商会、协会、俱乐部，处于弱势地位的工人特别是农民工和农民基本上处于没有组织的状态，缺少组织的依托和关怀，也缺乏利益表达和权利维护的有力组织保障。

3. 管控思想严重、服务意识淡薄

社会管理本来应该是管理和服务并重，管理中有服务，服务中有管理。但是，很多地方领导干部习惯于"管"、"卡"、"压"，习惯于围、追、堵、截，习惯于没收财物，习惯于收费办证、罚款了事。社会管理人员对于被管理和服务的社会成员具有心理和道德上的优越感，习惯于居高临下，习惯于颐指气使、发号施令；对于群众的需求、难处和疾苦，缺少

主动调查了解和上达。

（二）社会管理主体不够多元化

社会事务纷繁复杂，社会问题各式各样，社会需求千差万别，利益关系错综复杂，政府不可能包打天下，包揽所有社会管理事项，需要多元化的治理主体。十六届四中全会明确提出要构建"党委领导、政府负责、公众参与、社会协同"的社会管理新格局。但是，政府仍然是社会管理唯一主体的状况并未得到明显改变，导致了两种情况的普遍存在：

1. 政府包揽一切不堪重负

政府什么都想管，管了很多管不了，也管不好的事项，地方政府就像大保姆无所不管，"越位"、"错位"现象经常发生，公共权力侵入私人领域的现象时有发生。社会管理领域仍然存在着较为严重的政事不分，事业单位、社会组织行政化倾向严重，一些事业单位和行业组织实际成为官僚机构，成为"二政府"。基层自治组织大多承担着政府指派的行政管理任务。一些本来应该由社会组织和市场解决的问题，政府却承担下来，成本很高但效率却不高，耗费大量人力、物力和财力，群众却不满意，很多矛盾集中到政府身上，出力不讨好。

2. 社会管理领域存在空白

有些事情没有人去管，政府缺位，其他社会管理主体也缺位。近年来，一些城市频繁出现的出租车罢运事件充分表明，一些群体的利益诉求无法正常表达，正当合理的利益得不到有效保护。群众越级上访数量始终高位运行也表明，一部分群众的合理要求得不到有效回应，社会矛盾在基层政府难以有效化解。不少地方政府对于外来人口的合法权益没有给予应有重视，疏于对他们的社会管理，两种群体、两种社会结构的并存，为黑帮团伙和黑社会性质的犯罪提供了基础和土壤。

（三）社会管理方式不够灵活

由于政府对自身定位不准，对社会组织的作用认识不足，对公民权利缺少应有的尊重，一些地方在社会管理中仍然存在着简单管理甚至粗暴管理的现象，社会管理主要采取单一行政干预手段，即政府凭借政权力量，依靠自上而下的行政组织制定、颁布、运用政策和指令的方法来实现国家对全社会的领导、组织和管理。对传统社会管理资源和手段利用不足。硬管理有余，软管理不足，缺少柔性化的道德教化、沟通协调。社会矛盾纠纷调处解决的手段单一。虽然在形式上已经建立了从调解、仲裁、复议、诉讼到信访、上访等一整套纠纷解决渠道，但是，现有的纠纷解决机制还存在渠道不畅通、公正无保障、效力未确定的问题。因此，很多时候，人们"信访不信法"、"信闹不信理"。大量法院裁定后的案件又重新进入信访渠道，最终由领导人批示甚至包案才能"息诉罢访""人走事了"。

（四）社会管理法规不健全

我国有关社会管理的法制建设滞后，有些领域还存在着一些法律空白。在对社会组织的管理上，我国目前还没有一部专门的社会组织管理的基本法律。目前只有国务院颁布的《社会团体登记管理条例》和《民办非企业单位登记管理暂行条例》，民政部出台的《取缔非法民间组织暂行办法》、《民办非企业单位登记暂行办法》和民政部与其他部门联合下发的规范性文件等。这些法规或政府性规章总体上数量少，层次不高，缺乏配套，有的可操作性不强。对于如何规范大量的信访行为，如何引导和利用社会舆论，如何引导和利用新兴媒体，如何有效管理城市，如何有效保障公民的社会保障权益，缺乏法律规定。

（五）社会管理载体不够明确

计划经济时期，城市的单位和农村的人民公社是社会管理的最主要载体，单位办社会，人民公社政社合一，因此，计划经济时期的社会成员被称为"单位人"和"公社社员"。随着城市单位体制和农村人民公社体制的解体，"单位人"变成了"社会人"。发达国家社会管理的经验表明，现代社会中的"社会人"最终要变成"社区人"，社区是实施社会管理的基本单元和最重要载体。我国社区建设虽然取得了一定成就，但是，社区在社会管理中的作用有限，城市居民对于社区的认同感和归属感不强、对于社区事务的参与度不高；另外，大量的城市外来人口特别是农民工基本上游离于社区之外，成为"漂泊的社会人"。很多时候地方政府在进行社区建设和管理规划时并没有充分考虑外来人口的权益和需求，外来人口处于无根和无奈的漂泊状态。

（六）社会管理人才缺乏

社会管理是一项专业很强的事业，需要专门的人才，特别需要大量受过专门训练的社会工作人才。但是，我国社会工作人才队伍的总量不足，结构不合理。从世界范围看，专业社会工作者占总人口的比例是：日本5‰，加拿大2.2‰，美国2‰，中国香港1.7‰，而我国只有0.3‰，与发达国家或地区存在较大差距。我国的现状是：一方面社会需要大量的社会工作专业人才，另一方面则是社会工作专业毕业生就业困难。在性别和年龄构成方面，目前女性社会工作者远远多于男性，而且大多是 40—50 岁的转岗人员，新生力量严重不足。

　　社会管理方面的诸多问题带来的直接后果是社会管理效果不够好，社会问题和社会矛盾增多，社会和谐稳定压力增大。进入 21 世纪以来，我国大规模的群体性事件频繁发生，群众上访数量居高不下，从根本上说，根源于经济发展的同时社会管理工作没有跟上，社会管理体制改革严重滞后，政府的公信力下降。因此，应加快社会建设，更新社会管理理念，创新社会管理体制，建立与社会主义市场经济体制相适应的社会管理体制。今后，要强化政府社会管理和公共服务职能，大力发展社会组织，加快事业单位改革，改革户籍制度，推进和谐社区建设和管理，畅通利益诉求表达渠道，培育社会主义核心价值观，加强应急管理工作，培养和使用好社会工作人才，严格依法实施社会管理。

四　当前我国社会管理面临的新情况、新问题

（一）社会流动加快，管理好巨大流动人口任务繁重

　　工业化、城镇化的快速发展形成了规模巨大的流动人口。但我国并未出现巴西、印度等一些国家工业化、城镇化过程中的严重贫民窟现象，这是我国社会管理方面的一个成就。但多数城市的农村进城流动人口难以真正融入城市生活体系，在户籍、就业、住房、子女教育、社会保障等诸多方面面临很多困难。进城流动人口多数聚居在城乡结合部和地下建筑，多数城市过去按照城市人口配备的社会管理和公共服务体系，也没有根据新的人口布局进行调整，往往造成流动人口聚居的城乡结合部的管理力量非常薄弱，由此而引发的偷盗、抢劫、黑社会、贩毒吸毒、卖淫嫖娼等社会问题，在一些流动人口大规模聚居的地区比较突出。管理好规模巨大的流动人口，涉及社会管理体制的方方面面，任务十分繁重。

（二）土地征用、房屋拆迁引发的矛盾冲突持续增多

　　进入 21 世纪以来，中国城镇化进程加快，这是经济社会发展的必然趋势。在土地增值成为地方经济重要推动力和政府可支配财政收入重要来源的刺激下，新一轮"土地置换"形成热潮，大规模圈占农地和强行拆

迁问题引发的社会问题增多，由此引发的恶性事件、群体性事件频繁发生，对社会和谐稳定产生不利影响。如何在人口城镇化和土地非农化的过程中处理好发展和稳定的关系，防止和杜绝严重损害农民利益的事件发生，需要给予高度重视。

（三）非公有制劳动密集型企业劳动关系紧张问题突出

我国初级劳动力市场供求关系正在发生深刻变化，新增劳动力数量在逐年下降，预计到"十三五"期间将会转变为负增长。与此同时，虽然理论上农村还有两亿多劳动力需要转移出来，但由于农业劳动力老龄化现象严重，农村老年劳动力与初级非农劳动力市场上的青年劳动力需求难以匹配，致使2004年以来间断出现的"招工难"问题常态化和加剧。在此背景下，农民工的工资水平进入快速上升阶段，新生代农民工的劳动保护意识和维权意识也明显增强，不愿再返回农村生活和难以在城市留下成为新生代农民工面临的困境。而劳动力成本的增加、原材料价格的提升和人民币的升值，都在压缩劳动密集型出口企业的利润空间和影响企业主的利益。在此背景下，当前非公有制劳动密集型企业劳动关系紧张问题非常突出，劳动关系冲突显化。2010年，以南海本田工厂为代表的以加薪为目标的集体停工事件，产生了"蝴蝶效应"，波及沿海其他地区，全国先后发生数十起规模较大的集体停工事件。而富士康企业新生代农民工的连续跳楼自杀事件，令全社会震惊。这些事件折射出新生代农民工维权意识的增强和对和谐体面劳动关系的渴望。因此，如何在新的形势下协调好劳动关系，把劳动关系冲突纳入法制轨道加以规范、调解和处理，是当前亟待解决的问题。

（四）农村基层财政力量薄弱，一些地方的基层干群关系需要理顺

我国自1994年实行分税制以来，财政总体情况转好，但全国多数地方县以下基层财政仍相对薄弱，相当一部分乡镇财政在高额负债运行。2006年国家取消农业税以后，一些农业生产地区的基层财政主要靠转移支付，财政状况更加困难。在一些地方，基层事权和财权不匹配的情况非常突出，各种需要地方财政配套拨款的社会事务较多，虽然中央三令五申严禁"乱收费"，但一些地方政府在缺乏财源的情况下变换名目向群众收费的问题仍屡禁不止。加之改革开放以来一些地方历届政府积累了许多社会问题，而基层往往容易注重当前政绩并遵行"今朝不理前朝政"规则，致使当前涉及基层干群关系的问题较多，甚至形成民怨。如何在新形势下处理好基层干群关系，建设好社会主义新农村，这是涉及国家长治久安的社会管理的大问题。

（五）基层管理体制发生变化，解决社会问题的机制弱化

我国社会管理的基础，过去比较依赖于工作"单位"，"单位组织"也是过去把问题解决在基层的机制。现在，绝大多数城镇从业人员从"单位人"变成"社会人"。在这种情况下，造成政府往往要直接面对分散的个人，治理的摩擦成本大量增加，自上而下社会事务的贯彻和落实，自下而上社会问题的调解和解决，都受到阻碍。比如税收、治安、民政、社保、就业、卫生防疫，以及征兵、献血这样的社会事务，现在仅靠"单位"已很难贯彻落实；另外，基层发生的一些社会纠纷和社会矛盾，现在无法"解决在基层"，对老百姓来说，"打官司"成本太高，而且相当一部分群众"信访不信法"，而找基层政府反映诉求，现在又强调政企分开、政社分开，所以越级上访、到北京上访的现象越来越突出，群众上访和地方政府拦截上访形成尖锐冲突。在一些地方，有些社会问题由于多年积累形成普遍民怨，很容易因意外事情造成群体性事件。所以，如何降低社会管理的成本，形成有效地把问题化解在基层的社会机制，是社会管理体制需要探索的新问题。

（六）收入差距扩大、分配不公问题成为引发社会问题的深层原因

现阶段收入差距的持续扩大，已经成为影响中国发展稳定的重大问题和引发各种社会问题的深层原因。我国目前收入差距格局，有许多不同于一般国家的特点：一是我国是在平均计划分配制度基础上演变成收入差距较大的国家，在这一过程当中，分配状况和政策取向变化很大，民众对收入分配的看法分歧也很大。二是除了市场分配的差距，在国家财政的再分配方面也有很大差距，如不同地区之间同级公务员的工资水平也有很大差距，不仅民众对分配差距过大的状况有意见，干部群体对目前的分配体制也有诸多怨言，而且根据调查，我国同一些收入差距客观程度相当的国家和地区相比，我国民众对收入分配状况的主观不满程度要高得多。三是面临一些调整收入分配的两难问题，例如一方面群众对一些国有垄断企业负责人的高额年薪问题反映强烈，另一方面我国国有垄断企业人才又面临国际垄断企业猎头公司的争夺。四是一些权钱交易和贪污腐败现象将贫富差距问题在人们心理上进一步扩大，造成一些"仇富"现象。在改革发展的实践中妥善处理好公平和效率关系，理顺收入分配的秩序，形成公平合理的分配制度，这必然要触及既有的利益格局，这既需要勇气和远见，也需要智慧和社会管理的技术。但如果说改革开放以来的最大成就是经济的快速发展和人民生活水平的极大提高，那么最大的尚未解决好的问题恐怕就是收入分配问题。

（七）群体性事件问题突出，各种新型社会风险需要高度重视

近年来，群体性事件在群众中引起较大反响。尽管造成这些问题的原因是多方面的，但绝大多数上访和群体性事件，反映的是民生和经济利益方面的诉求，如提升劳动福利和待遇、提高征地拆迁补偿标准、抗议企业环境污染、追究医疗事故责任，等等。这些事件，有的属于侵害群众利益造成的"直接利益冲突的群体性事件"，也有的属于社会普遍不满情绪的宣泄造成的"无直接利益冲突的群体性事件"。特别是"无直接利益冲突的群体性事件"，具有难以预测、扩散迅速、容易引起大规模混乱的现代风险的特点，值得特别关注。另外，近年来频繁发生的一些食品安全和环境安全事件，也多具有难以预测和容易引起民众恐慌的现代风险特点，需要高度重视。

（八）社会转型加速，社会治安面临的问题日趋复杂

随着社会转型的加速，社会流动加快，各种社会治安问题也呈现多发态势，社会管理面临诸多难点。尽管各级公安机关采取了一系列措施，严厉打击各种犯罪行为，但刑事犯罪总量仍在高位运行，新型犯罪持续增多，特别是黑恶势力犯罪、严重暴力犯罪、网络诈骗犯罪以及各种侵财犯罪等，严重危害公共安全和社会秩序，给人民生活带来极大的危害。社会治安综合治理是社会转型期的一项长期任务。

以上社会管理面临的新情况、新问题，有的是在社会结构转型和体制转轨过程中，因结构冲突、体制摩擦、规范空白、法律法规不健全造成的，也有的是快速发展过程中因各种原因历史积累和遗留的，还有的是因我们工作缺位、方法不当或某些工作失误形成的。这些问题都需要我们在加强和创新社会管理的过程中逐步加以解决。

五　西方国家社会管理的经验

（一）政府职能简介

政府职能是政府在经济和社会生活中所固有的功能，是适应国家的根本目的而形成的政府活动的基本方向和基本内容。它分为政治统治职能和公共管理职能两大类。其中，公共管理职能，是其政治统治职能得以实现的基础。在资本主义的发展过程中，各国政府的公共管理职能随着经济和社会的发展而呈现出不断加强的趋势，其内容、范围和模式在不同的历史阶段也具有不同的表现。因此，研究西方国家政府公共管理职能的转变，特别是深入分析20世纪70年代以来的新变化，不仅对于我们了解当代资本主义有重大意义，而且对于在我国现阶段如何正确认识和发挥政府的公共管理职能具有一定的借鉴作用。从资本主义发展的历史上看，在自由竞争时期，经济运行主要受市场机制的支配，政府对经济和社会生活的管理职能相对弱小，而政治镇压职能比较强大。造成这种状况的原因主要是由于当时资本主义国家虽然挣脱了封建专制的枷锁，建立了资产阶级专政，但并没有完全彻底地打碎封建主义的国家机器。因此，为了巩固自己的新兴政权，防止封建势力的复辟，西方资产阶级政府职能的重点必须放在政治统治上。同时，在当时的经济界，为了摆脱封建专制制度以及重商主义对市场经济发展的束缚，普遍要求限制政府的作用，他们认为，政府的权力如果超出了其保护私有财产的范围，就不可避免地侵犯了人的自由权利。因此，他们强烈要求政府对经济发展采取"自由放任"的政策，让商品经济在自由放任的状态下运行。英国古典经济自由主义理论奠基人和集大成者亚当·斯密对当时政府职能的特征，作了最好的阐述。他主张"管事最少，政府最好"，充分肯定私人经济活动和"看不见的手"即市场机制的作用，对政府的职能则表示出极大的怀疑。亚当·斯密把政府比喻为"守夜人"，把它的职能明确地限定为："第一，保护社会，使其不受其他独立社会的侵犯。第二，保护社会成员，使其不受社会任何其他人的侵犯和压迫，这就是说，要设立严正的国家机关。第三，建立并维持某些公共事业及某些公共设施。这样的政府的职能是非常有限的。"由于早期资本主义市场经济是一种完全自由的市场经济体制，经济运行完全靠市场这只"看不见的手"来自行调节，它在有效配置资源、调动生产经营者的积极性、促进经济发展、推动社会进步等方面都发挥了重要作用。但是，市场不是万能的，并不是所有的社会问题都可以依靠市场来解决。社会治安、环境保护、社会保障等诸多社会问题是无法仅仅依靠市场来解决的，这也就是"市场失灵"之处。而市场自身无法解决的社会问题，正是政府应该发挥作用的地方。随着工业革命在西方主要资本主义国家的扩展，资本主义由自由竞争阶段向垄断阶段的过渡，资本主义市场经济所固有的一系列弊端诸如失业、贫富分化、周期性经济危机等更为严重，特别是 1929—1933 年经济危机的爆发，更清楚地暴露了市场机制的局限性，也宣告了"自由放任"政策在理论和实践上的破产。凯恩斯以"有效需求"为基础论证了国家全面干预的合理性。他认为，导致周期性危机爆发的根源是投资需求和消费需求的不足，而仅靠市场自发调节是无法自动扩大这种需求的；市场机制的失灵，为政府干预经济活动留出了空间；政府应该通过财政和货币政策调控市场经济的运行，以国家干预促进经济增长；政府不仅要履行其传统职能，而且要对充分就业、物价稳定、经济增长、国际收支平衡、收入均等化等问题负责。以美国为代表，西方主要资本主义国家采纳了凯恩斯主义的主张，普遍推行了国家干预政策，加大了对经济社会生活管理的范围和力度，公共管理活动明显加强。各国政府试图通过向社会提供大量公共服务、加强对社会公共事务的有效管理来寻求广泛的社会支持，以便全面处理工业化、城市化进程中出现的人口膨胀、环境污染、社会秩序混乱等问题。

（二）"福利国家"

在 20 世纪，西方各国政府扩展公共管理职能的一个重要表现就是"福利国家"的建设。"福利国家"是政府以社会总体代表的身份，试图通过国民收入的再分配来矫正社会自身所固有的不平等和不公正的趋向，并以此作为保证经济持续增长的一种手段。"福利国家""不仅包括提供更多的基础设施和公共设施，而且还包括为教育和医疗卫生提供广泛的支持"。在典型的"福利国家"——英国，以社会保障及相关服务为基础，以消除贫困、疾苦、肮脏、无知和懒散五大社会病害为目标，以普遍性、统一性和全面性为原则，逐步建立了"从摇篮到坟墓"的社会保障体系。即使是美国这样一个被公认为是西方各国中政府职能最小的国家，政府的公共管理也"似乎是无穷无尽的"，它"要为年老、病死、无依无靠、伤残以及失业提供保障；为老年人和穷人提供医疗照顾；为小学、中学、大学和研究生提供各级教育；为公路、水路、铁路和空中运输提供管理经费；提供警察和防火措施；提供卫生设施和污水处理；为医学、科学和技术研究提供经费；管理邮政事业；进行太空探索活动；维护公园和娱乐活动；为穷人提供住房和适当的食物；制定职业训练和劳力安排规划；净化空气和水；重建中心城市；保持充分就业和稳定的货币供应；调整商业活动和劳资关系；消灭种族和性别歧视"。所以，这时的西方各国政府已不仅仅是"守夜人"的角色，而更多的是在扮演着"管家婆"的角色：在社会经济生活中，政府扮演了公共物品的提供者、负外在效应的消除者、收入和财富的再分配者、市场秩序的维护者和宏观经济的调控者等角色。正是由于各国政府全面而有力的干预，在一定程度上弥补了市场的缺陷，保证了西方各国战后近30年经济的持续"繁荣"。

（三）西方政府公共管理职能转型

1. 政府公共管理职能的重新界定与定位

处理好"掌舵"与"划桨"的关系，把政府的决策职能和管理职能区分开来，明确政府应该干什么，不应该干什么，应该怎样干。政府应该从参与办经济实体和社会团体的大量社会事务中解脱出来，将这些职能交给或还给社会，由社会经济组织或中介组织去承担。政府的主要职能是制定法律和规章制度，监督和执行法律法规。政府的财政开支，相当大的部分应该用于教育、科研和社会福利事业。同时，要建立比较完善的社会保障制度，使政府的公共服务得到较好的实施和加强。

2. 政府的"企业化"

由于国家经济活动的现代化和社会活动的集中化，政府职能范围在不断扩大。但与此同时，政府为扩大管理职能所能动用的资源（如财政、人才等）却是有限的。因此，政府原有的管理模式必须改革，要像企业那样，不断以新的方式，运用其资源来创造最大限度的生产率和效能。因此，要移植私营企业的管理方法，争取在少扩大或不扩大政府支出的前提下来满足社会对政府的需求。政府"企业化"在美国最突出。克林顿总统极力推行的"再造政府运动"，旨在建立"由竞争驱动、对公众负责、分权式和企业化的政府"。在英国，撒切尔夫人执政期间曾有计划地安排所有中高级行政官员到私营企业中去工作或学习，把企业有效的管理方法和经验引进到政府工作部门中。在瑞士，许多州、市政府也采用了企业化的方式来加强公共部门的管理。

3. 政府公共管理职能的"分权化"

有许多政府公共管理部门被改为准政府机构或独立出去，这些机构协助政府处理诸如社会福利、社会保障、社会服务等过于繁杂而不能包罗的事务，履行政府的某些管理和服务职能。如英国的"下一步行动方案"把一些部门的中下层组织转变为具有独立性质的单位，实现决策职能和执行职能的分离。1988—1996 年，将近 75% 的公务员在 126 个执行机构中工作。美国克林顿政府在政府改革中的一项重要工作就是将社会福利政策的有关项目，从政府中分离出去，让一些独立的机构去承担，以达到减少常设机构，裁减政府人员的目的。同时，公共管理机构内部的工作人员实行个人分权，使他们在工作中有一定的灵活性。"让管理者管理"成为这次政府公共管理职能转型的一句著名口号。

（四）政府公共服务的社会化

政府公共服务的社会化就是在公共服务领域引入市场机制，政府不仅要向社会提供公共服务，而且要充分利用市场和社会的力量，推行公共服务社会化，其主要形式有以下四种。

1. 推行政府公共管理的市场化

把市场规则广泛引入政府的公共管理部门，改变过去形式单一、垄断，引入竞争机制，通过合同、承包等多种形式，在公营部门内部重组市场，把以市场为导向，注重公民自由选择服务机构的思想应用到政府公共管理中去，以提高效率。最普遍的做法是推行业务合同出租制。政府通过合同的形式在公共领域中引入市场机制，通过投标者的竞争和制约行为完成公共服务的"准市场化"，在不扩大政府规模，不增加公共财政支出的情况下，改善公共服务的提供，提高行政效率，增强行政能力。以英国为例，英国的公共服务行业，如环保、医疗、社会保障等领域被认为是建立在合同基础上的，甚至在监狱管理等国家传统的基本职能领域，合同也占有相当的比重。这种做法，既借社会资源来提高公共服务能力，又通过价格机制显示出真实的社会需求。

2. 打破政府垄断，提倡竞争，以私补公

政府采取政策优惠等手段鼓励和吸引私人资本投入到政府包揽的事业中，如社会保险、退休保障、中小学、工业、医疗卫生服务等领域，以弥补政府财力与服务能力的不足。

3. 建立政府部门与私营工业固定的或非固定的伙伴关系

如美国的通信卫星公司、联邦房地产联合会等作为政府的固定伙伴，履行着政府要求的特定的管理职能。政府合作部门则在土地征用等方面给其以某种方式的优惠。非固定关系的伙伴与合作则采取在核发许可证时，提出一些附加条件等形式，要求私营公司提供特定的社会服务。

4. 公共服务社区化

政府授权社区并鼓励各社区建立公益事业如老人院、收容院、残疾人服务中心等，社会工作部门、警察局等政府机构出面组织邻里互助、街道联防等，以改进社会服务和控制犯罪活动。社区授权不仅改变了人们对未来的设计，给人们注入自信心，而且还为他们解决自己的问题提供了比正常公共服务更好的办法。目前，尽管这场以采用商业管理的理论、方法和技术、引入市场机制、提高公共管理水平及服务质量为主要特征的西方政府公共管理职能的改革还处在探索之中，但已被越来越多的国家所效仿，并已初见成效。比如，英国工业从 20 世纪 80 年代开始逐渐复苏，失业率大大低于欧洲大陆的德国、法国，行政效率和公共服务的质量明显提高，这在很大程度上应归功于撒切尔夫人执政以来持续不断的改革。此外，通过"绩效评估"等措施，提高了公共管理部门的工作效率。在改革措施最为激进的新西兰，在经济增长率、失业率等方面也取得了一定成效。在1993 年《世界竞争力报告》中，新西兰的政府质量在工业化国家中排名第一，企业社区信心指数排名第二。

六　以保障和改善民生作为社会建设的重点

党的十八大报告指出："加强社会建设，必须以保障和改善民生为重点。提高人民物质文化生活水平，是改革开放和社会主义现代化建设的根本目的。要多谋民生之利，多解民生之忧，解决好人民最关心最直接最现实的利益问题，在学有所教、劳有所得、病有所医、老有所养、住有所居上持续取得新进展，努力让人民过上更好生活。"[①] 从我国当前社会建设的实际情况来看，大力加强社会建设必须重点做好以下几个方面的工作：

（一）努力办好人民满意的教育

1. 坚持教育优先发展

优先发展教育是党和国家提出并长期坚持的一项重大方针。只有坚持教育优先发展，才能实现人力资源的先行开发，培养造就数以亿计的高素

---

① 胡锦涛：《坚定不移沿着中国特色社会主义道路前进　为全面建成小康社会而奋斗》，人民出版社 2012 年版，第 34 页。后面所引用的十八大报告原文参见第 35—39 页。

质劳动者、数以千万计的专门人才和一大批拔尖创新人才，把我国沉重的人口压力转化为人力资源优势，为推进经济社会科学发展提供强大的人才保证和智力支撑。

2. 全面贯彻党的教育方针

党的教育方针凝聚了党和人民对教育事业的总体要求，明确了中国特色社会主义教育道路的基本原则。党的十六大对党的教育方针作出了符合时代特点、顺应人民意愿、遵循教育规律的精辟概括，党的十八大强调要"全面贯彻党的教育方针"、"全面实施素质教育"。面对新形势新要求，特别指出，"坚持教育为社会主义现代化建设服务、为人民服务，把立德树人作为教育的根本任务，培育德智体美全面发展的社会主义建设者和接班人。"这深刻阐释了努力办好人民满意的教育的丰富内涵，强调教育要为社会主义现代化建设服务、为人民服务，坚持以人为本、立德树人这一本质要求。我们要把全面贯彻党的教育方针融入学校教育、家庭教育、社会教育全过程，着力提高学生思想道德素质，全面培养具有社会责任感、创新精神、实践能力的一代新人。

3. 推动教育事业协调发展

推动教育事业科学发展，必须优先发展教育、坚持以人为本、坚持改革创新、促进教育公平、重视教育质量，这是我国教育改革发展必须长期遵循的工作方针。党的十八大明确提出："办好学前教育，均衡发展九年义务教育，基本普及高中阶段教育，加快发展现代职业教育，推动高等教育内涵式发展，积极发展继续教育，完善终身教育体系，建设学习型社会。"这一系列部署，立足全面建成小康社会全局，践行终身学习观念，推动形成中国特色社会主义现代教育体系，维护最广大人民根本利益，对于促进全体人民学有所教、学有所成、学有所用具有重要意义。贯彻落实党的十八大精神，要扎实推进各级各类教育全面协调可持续发展，实现更高水平的普及教育，形成惠及全民的公平教育，提供更加丰富的优质教育，构建体系完整的终身教育，健全充满活力的教育体制，为到2020年基本实现教育现代化、基本形成学习型社会、进入人力资源强国行列而努力奋斗。

4. 深化教育改革创新

人民满意的教育，必须是更高质量的教育，必须深化改革创新。党的十八大报告明确要求："深化教育领域综合改革，着力提高教育质量，培养学生社会责任感、创新精神、实践能力。"贯彻落实党的十八大精神，要坚持以素质教育为导向，以提高质量为核心，更加注重教育内涵发展；要坚持科学的教育质量观，把促进人的全面发展和适应社会需要作为衡量质量的根本标准，为每个学生提供适合的教育，着力提升学生思想道德素质、科学文化素质和健康素质；要"深化教育领域综合改革"，以人才培养体制改革为核心，系统推进考试招生制度、现代学校制度、管理体制、办学体制、投入保障制度改革，深化基础教育课程改革，加快职业教育和高等教育教学改革，努力搭建终身学习"立交桥"，要"鼓励引导社会力量兴办教育"；要把教育资源配置和学校工作重点集中到强化教学环节、提高教育质量上来，制定教育质量国家标准，健全教育质量保障体系，形成科学的质量评价体系，努力实现教育质量整体提升，教育现代化水平明显提高，优质教育资源总量不断扩大，更好地满足人民群众接受高质量教育的需求。

5. 大力促进教育公平

坚持教育的公益性和普惠性，是中国特色社会主义教育的显著特征。人民满意的教育，既在于均等化的基本公共教育服务，更是受教育机会、公共教育资源配置机制、教育制度规则的公平状况都有显著提高的教育。党的十八大报告在大力促进教育公平方面作出明确的制度安排，强调要"大力促进教育公平，合理配置教育资源，重点向农村、边远、贫困、民族地区倾斜，支持特殊教育，提高家庭经济困难学生资助水平，积极推动农民工子女平等接受教育，让每个孩子都能成为有用之才"。贯彻落实党的十八大精神，要以加快基本公共教育服务均等化步伐、建立全面覆盖困难群体的资助政策体系和帮扶制度为重点，强化政府责任，完善资源配置制度，健全法制保障，促进教育资源向重点领域、关键环节、困难地区和薄弱学校倾斜，着力保障农民工子女、残疾儿童少年、家庭经济困难学生的受教育权利，逐渐缩小教育发展中的区域差距、城乡差距和义务教育学校之间的校际差距，为所有学生开辟不同的成长成才之路。要健全保障教育公平的规则程序，加强制度建设和社会监督，在推进校务公开及招生"阳光工程"、促进民办教育健康持续发展等方面，用更为规范的管理协调来维护教育公平。

6. 加强教师队伍建设

教育大计，教师为本。有好的教师才有好的教育，一个国家和地区的教育水平，根本上取决于其教师队伍的整体素质。今后，人民群众对教育的满意程度，将更多地取决于教师队伍建设的水平。党的十八大报告明确指出："加强教师队伍建设，提高师德水平和业务能力，增强教师教书育人的荣誉感和责任感。"贯彻落实党的十八大精神，要以努力造就一支师德高尚、业务精湛、结构合理、充满活力的高素质专业化的教师队伍，造就一批教学名师和学科领军人才为目标，切实加强师德师风建设，着力提高教育教学能力，创新教师教育培养模式，深化教师管理制度改革，完善教师考核评价制度，提高教师的地位待遇。特别是要加强农村教师队伍建设，创新农村教师补充机制，改进培训体制机制，全面提升农村教师的整体素质和能力。要着重从制度上鼓励优秀人才长期从教、终身从教，大力宣传教书育人楷模的先进事迹，进一步形成全社会尊师重教的良好氛围，为推动教育事业科学发展、办好人民满意的教育奠定坚实而可靠的基础。

（二）推动实现更高质量的就业

职业是谋生的手段，就业是民生之本。党的十八大报告要求实现更高质量的就业。要想做好就业工作，就必须从以下四个方面着手。

1. 建立促进就业的政策支持体系

促进就业离不开政策的支持。要切实解决劳动力供求总量矛盾和劳动力结构性矛盾突出的问题，充分发挥国家宏观经济社会政策在促进就业工作中的重要作用。国家要实行有利于促进就业的产业政策、经贸政策、投资政策、财政和税收政策、信贷政策等。具体包括：政府应当把扩大就业作为重要因素考虑，统筹协调产业政策与就业政策；国家鼓励各类企业在法律、法规规定的范围内，通过兴办产业或者拓展经营，增加就业；鼓励发展劳动密集型产业、服务业、非公有制经济、中小企业，多渠道、多方式增加就业岗位；国家发展国内外贸易和国际经济合作，拓宽劳动者就业渠道；在安排政府投资和确定重大建设项目时，应当发挥投资和建设项目带动就业的作用；应当根据就业状况和就业工作目标，在财政预算中安排适当的资金用于促进就业工作；国家实行有利于促进就业的税收政策，鼓励企业增加就业岗位，鼓励劳动者自主创业，扶持失业人员再就业；国家实行有利于促进就业的信贷政策，鼓励金融机构改进金融服务，支持增加就业，对自主创业人员在一定期限内给予小额信贷等扶持；县级以上地方人民政府根据本地区实际情况，在维护国家财政税收、信贷政策统一的前提下，可以制定有利于促进就业的具体政策措施。

2. 规范市场秩序

应当培育和完善统一、开放、竞争、有序的人才和劳动力市场，规范市场秩序，创造公平的就业环境，促进劳动者通过市场实现就业。用人单位招用人员、职业中介机构从事职业中介活动不得以民族、种族、性别、宗教信仰、年龄、身体残疾等因素歧视劳动者，农村劳动者进城就业享有与城镇劳动者平等的劳动权利。政府及其有关部门应当加强对职业中介机构的管理，提高职业中介机构的服务质量，并对职业中介机构设立的条件、程序，以及职业中介机构从事职业中介活动的原则作出规定。国家建立劳动力调查统计制度和就业登记、失业登记统计制度，逐步完善用人单位用工备案制度。

3. 加强职业教育和培训

一是国家依法发展职业教育，鼓励开展职业培训。政府根据经济社会发展和市场需求，制订并实施以就业为导向的职业能力开发计划，加强对劳动者的职业技能操作训练。

二是鼓励和支持各类职业院校、职业技能培训机构和用人单位依法开展就业前培训、在职职业技能培训、继续教育培训和再就业培训。

三是逐步推行劳动预备制度，对未能继续升学的初高中毕业生实行一定期限的职业培训。

四是各级政府应当组织和引导进城就业的农村劳动者参加技能培训，鼓励各类培训机构为进城就业的农村劳动者提供技能培训，增强其就业能力。

五是国家建立促进劳动者就业的职业能力评价体系，对规定的职业实行职业资格证书制度。

4. 加强就业服务和就业援助

各级政府应当完善公共就业服务制度，建立健全公共就业服务体系，提高公共就业服务的质量和效率。政府设立的公共就业服务机构应当为劳动者免费提供服务项目。各级政府应当建立健全就业与再就业援助制度，将就业援助与解决就业困难人员的生产生活结合起来，对就业困难人员实行优先扶持和重点帮助；政府投资开发的公益性岗位，应当优先安排符合岗位要求的就业困难人员。

（三）千方百计增加居民收入

党的十八大报告提出，到 2020 年实现国内生产总值和城乡居民人均收入比 2010 年翻一番。这是我们党根据我国经济社会发展的新形势，着眼于全面建成小康社会确定的重要目标。实现这一目标，必须坚持以经济建设为中心，推动经济持续健康发展，不断增加社会财富；在此基础上，坚持走共同富裕的道路，进一步完善按劳分配为主体、多种分配方式并存的分配制度，以千方百计增加居民收入为重点，合理调整收入分配关系，解决好收入分配差距较大问题，实现发展成果由人民共享。

1. 进一步深化收入分配制度改革

要切实扭转居民收入在国民总收入中的比重、劳动报酬在初次分配中的比重下降趋势，合理调整国民收入分配格局。努力实现居民收入增长和经济发展同步，劳动报酬增长和劳动生产率提高同步，提高居民收入在国民收入分配中的比重，提高劳动报酬在初次分配中的比重。初次分配和再分配都要兼顾效率和公平，再分配更加注重公平。建立公共资源出让收益合理共享机制。建立健全公共资源有偿使用制度和公平、公正、公开的出让机制。完善国有资本收益分享机制，建立健全覆盖全部国有企业、国有资本经营预算和收益分享制度，合理分配和使用国有资本收益。扩大国有资本收益上缴范围，提高上缴比例。建立健全公共资源和国有资本收益主要用于公共支出的机制，重点用于保障和改善民生。

2. 必须完善劳动、资本、技术等要素按贡献参与分配的初次分配机制

处理好按劳分配为主体与资本、技术、管理等生产要素按贡献参与分配的关系。要加大劳动报酬保护力度，以体现按劳分配在基本分配制度中的主体地位。加快改革完善工资制度，缓解初次分配领域不公平的问题。建立规范的最低工资制度，有效保证普通劳动者工资收入随国民经济、社会平均工资同步增长，随着物价水平变动及时调整。深化企业和机关事业单位工资制度改革，推行企业工资集体协商制度，形成反映劳动力市场供求关系和企业经济效益的工资决定机制和正常增长机制。完善资本、技术、管理等生产要素按贡献参与分配机制。进一步促进生产要素市场化改革，打破垄断和条块分割，推动生产要素自由流动。建立规范的要素市场，更好地发挥市场在要素价格形成中的基础性作用，形成主要由市场决定要素价格的机制。加强知识产权保护，保障技术成果在收入分配中的应得份额。健全相关制度和政策措施，防止资本、管理等要素超额分配，防止非市场因素参与分配。

3. 健全以税收、社会保障、转移支付为主要手段的再分配调节机制

健全的再分配调节机制，对于调节收入分配关系，缩小城乡、区域和社会成员之间收入差距，促进收入分配公平具有重要作用。一是加大对城乡贫困人口的转移支付力度。调整财政支出结构，集中更多财力用于保障和改善城乡贫困群众的基本生活。要大力促进城乡基本公共服务均等化。大幅增加对"三农"的转移性支出，提高农村居民收入。大幅度增加扶贫开发投入，对不具备生存和致富条件的地区，加大移民扶贫力度。二是进一步深化税制改革。逐步提高直接税在税收中的比重。改革个人所得税制，研究推进综合和分类相结合的个人所得税制度，切实减轻中低收入者纳税负担，有效调节过高收入。建立健全调节存量财富的税收制度。三是加快健全社会保障体系。按照全覆盖、保基本、多层次、可持续的要求，加快推进覆盖城乡居民的社会保障体系建设。完善最低生活保障制度，保障好城乡贫困人口的基本生活。健全覆盖城乡居民的基本养老、基本医疗保险制度，保障全体人民老有所养、病有所医。促进慈善事业发展，发挥慈善事业在调节收入分配和作为社会保障制度重要补充的作用。

4. 多渠道增加居民财产性收入

要进一步深化改革、加强立法、完善制度，有效保护居民的合法财产和财产收益。一是适度扩大存贷款利率浮动范围，逐步缩小存贷款利差，保护存款人权益。加强上市公司监管，明确和落实分红制度，持续回报股东。支持社会保险基金积极稳妥地进入资本市场，并将投资收益划入统筹基金和个人账户，实现保值增值。二是在加强市场监管和风险防范基础上，拓宽居民投资渠道。鼓励商业银行等金融机构研发大众化理财产品，丰富债券基金、货币基金等基金产品。发挥机构投资者专业理财的优势和作用。促进创业投资规范发展。鼓励居民金融资产投向实体经济，支持有条件的企业实施员工持股计划。三是依法保障农民对承包土地占有、使用、收益等权利。按照依法自愿有偿原则，允许农民以转包、出租、互换、转让、股份合作等形式流转土地承包经营权，确保农民分享土地承包经营权流转收益。改革征地制度，缩小征地范围，提高征地补偿标准，逐步实现农村集体建设用地与国有建设用地同权同价。四是鼓励有条件的地方推进农村集体经济组织产权制度改革。积极发展农村土地股份合作以及社区合作、专业合作等合作形式，鼓励农户利用土地承包经营权、农用设备、技术、资金等入股，拓宽农民租金、股息、红利等财产性收入渠道。

5. 规范收入分配秩序

加强收入分配领域的法制建设，建立公正合理的收入分配秩序，切实保护合法收入、增加低收入者收入、调节过高收入、取缔非法收入。一是健全工资保障机制。针对容易发生拖欠的行业企业，完善工资保证金制度，建立健全打击恶意欠薪制度。完善劳动争议处理机制，加大劳动保障监察执法力度，切实维护劳动者权益。二是规范机关事业单位和国有企业工资外收入、非货币福利。完善部门预算制度和国库集中收付制度，在各级机关及直属事业单位全面推行公务卡支付结算。加强事业单位创收管理，严格控制国有及国有控股企业高管人员职务消费。加强监督检查，严肃查处违规违纪行为。三是加大廉政建设和反腐败工作力度。严格执行领导干部收入、房产、投资、配偶子女从业等情况定期报告制度。探索实施领导干部报告个人有关事项在一定范围内公开制度。严厉打击非法收入。加强国企改制、矿产资源开发、土地出让、工程建设、资本市场等重点领域的监督管理，深入治理商业贿赂；依法严肃查处以权谋私、权钱交易、行贿受贿、操纵股市、内幕交易、偷税漏税、走私贩私等违纪违法行为。

（四）统筹推进城乡社会保障体系建设

党的十八大报告提出全覆盖、保基本、多层次、可持续的社会保障工作方针，把"广覆盖"调整为"全覆盖"，要求实现人人享有基本社会保障的目标。首次提出以增强公平性、适应流动性、保证可持续性为重点的社会保障制度改革原则，具有很强的针对性和前瞻性，我们应当深刻理解、认真贯彻。增强公平性，就是要更好地体现制度的公平性，实现城乡各类群体的全覆盖，逐步提高社会保障的总体水平，着力缩小城乡差距和地区差距，同时注重"机会公平"，坚持公平与效率、权利与义务、统一性与灵活性相结合，增强社会保障的激励约束机制；适应流动性，就是要更好地适应人员跨城乡、跨地区、跨就业形态流动的形势，稳步提高各险种的统筹层次，整合城乡社会保障制度，完善社会保险关系转移衔接办法，推进社会保障规范化和标准化管理，实现社会保障的城乡统筹和区域统筹，促进人力资源合理流动；保证可持续性，就是要更加注重制度的长期稳定可持续运行，既要立足当前，着力解决现实突出问题和历史遗留问题，又要着眼长远，通过做实个人账户、实现基础养老金全国统筹、扩大社会保障基金筹资渠道等途径，夯实社会保障的物质基础，建立社会保障制度长期稳定运行的长效机制。

统筹推进企业和机关事业单位社会保险制度改革。在进一步完善企业社会保险制度的同时，积极稳妥推进机关事业单位社会保险制度改革，实行单位与个人缴费、统账结合的基本制度，建立基本养老金待遇与缴费长短和多少更紧密联系的激励机制，实行适合机关事业单位特点的补充养老保险办法，实现企业与机关事业单位各项社会保险制度的有效衔接，实现新老制度的平稳过渡。

整合城乡居民基本养老保险和基本医疗保险制度。把新农保和城镇居民养老保险整合为城乡居民基本养老保险制度，把新农合和城镇居民基本医疗保险整合为城乡居民基本医疗保险制度，实现城乡居民在这两项基本制度上的平等和管理资源上的共享。

逐步做实养老保险个人账户，实现基础养老金全国统筹。更好地体现我国养老保险社会统筹和部分积累相结合的制度要求，在确保当期养老金发放的前提下，进一步做实个人账户，探索新的筹资来源，完善做实的办法。实现基础养老金全国统筹，厘清中央与地方政府的责任，进一步统一规范养老保险制度，实现养老保险关系在全国范围内顺畅转移接续，更好地发挥社会统筹的调节作用，更好地保障退休人员和老年居民的基本生活。

建立兼顾各类人员的社会保障待遇确定机制和正常调整机制。研究合理确定社会保障待遇水平的科学方法，实现社会保障待遇的正常调整，使保障水平持续、有序、合理增长。继续提高企业退休人员基本养老金，坚持和健全"多缴多得、长缴多得"的机制。在全面实施新农保和城镇居民养老保障制度的基础上，稳步提高基础养老金待遇水平，并向高龄老人适当倾斜。逐步提高基本医疗保险最高支付限额，推进居民医保、新农合门诊医疗费用统筹，逐步将门诊常见病、多发病纳入保障范围。在提高整体水平的同时，要合理界定各类群体的待遇差距，发挥社会保障调节社会分配的功能，逐步形成各类人员社会保险待遇的合理关系。

扩大社会保障基金筹资渠道，建立社会保险基金投资运营制度，确保基金安全和保值增值。扩大和开辟新的社会保障资金筹资渠道，建立社会保障战略储备基金，进一步充实已经建立的全国社会保障基金，以有效应对我国人口老龄化问题，实现社会保障基金的长期平衡。社会保险基金关系参保人员的切身利益，是参保人员的养命钱和保命钱，既要确保各项待遇当期支付和基金安全，切实加强基金监督，又要加快建立社会保险基金投资运营制度，拓宽基本养老保险基金投资渠道，探索新的基金投资运营方式，努力实现保值增值。

加快健全覆盖城乡居民的社会保障经办管理体制和便民快捷的服务体系。要进一步理顺社会保障行政管理体制，建立与统筹层次相适应的社会保险经办管理体制，更加有效地利用各种管理资源。要加快社会保障规范化、信息化、专业化建设，规范和优化社会保障管理服务流程，推进标准化建设，实行精确管理，提高管理服务水平，加快推行社会保障卡，努力实现为城乡所有参保人员"记录一生，保障一生，服务一生"的目标。

（五）提高人民健康水平

健康既是每个人的愿望和毕生追求，也是促进人全面发展的必然要求。党的十八大把提高人民健康水平作为社会建设的重要目标，体现了党全心全意为人民服务的宗旨和以人为本的科学发展观的要求。根据我国目前的实际情况，要实现提高人民健康水平这一目标，必须做到以下五点：

第一，要有更加健全的医疗保障体系，人人拥有基本医保，由个人、社会、政府共同筹集医保基金，群众看病可报销，能够看得起病。

第二，要有更加完善的医疗服务体系，医疗机构布局合理，中西医并重，百姓生了病后可以方便、快捷地到达医院，能够看得上病；同时，要有较好的医疗卫生人才队伍和医疗设备，能够看得好病。

第三，要有更加普及的公共卫生服务体系，通过健康教育、注射疫苗等传染病防控措施，预防减少或延缓疾病的发生。

第四，要有更加公平的药品供应保障体系，改革和完善食品药品安全监管体制机制，保障食品安全，使更多的人能够获得廉价而有效的药物，得到更好的治疗。

第五，要有更加高效的行业监管体制，加强安全质量管理，控制医药费用过快上涨，制止医院盲目扩张，治理医药购销领域商业贿赂，维护人民群众健康权益。

七　创新社会管理的原则和主要内容

（一）创新社会管理应当坚持的基本原则

从社会管理的基本理念出发，根据现行社会管理体制的现状和面临的问题，我国社会管理体制改革应遵循以下原则：

第一，坚持公民社会理念，建设权利型社会。所谓权利型社会，是指政府的根本责任在于保障公民权利，并使公民享有各种政治、经济、社会和文化权利，达到社群合作和社会互助的一种社会政治状态。公民社会理念和权利社会理念表现在社会管理领域则主要包括：（1）坚持社会公平正义，促进人民群众享有基本公共服务权利平等和机会均等，维护公民各项基本权利，切实保护社会弱势群体的利益。（2）培养公民的参与意识和参与能力，促进公共参与的发展，真正体现和维护公民参与国家各项管理的基本权利，促进社会的自我管理、自我服务和独立发展。

第二，坚持治理理念，促进政府主导与社会管理社会化相结合。社会管理体制改革要求强化市场经济条件下政府社会管理和公共服务的职能，要求确立政府在推进社会发展中的主导地位。同时，由于社会资源占有主体的多元化，社会管理和社会发展不再只是政府的事务，社会管理体制的改革也要求政府转变观念和职能，坚持治理和善治理念，同时整合市场和社会组织的参与力量，发挥各种社会力量在社会管理中的主体地位，形成社会管理的社会化，而不再是过去政府对社会的单向统治和管控。

第三，坚持有限政府和服务政府理念。政社分开是中国社会管理体制改革的方向之一，切实转变政府的社会职能，建立有限政府，进一步剥离政府包揽和直接从事的社会管理事务，同时又要积极培育和发展各类专业性的非政府组织和社会中介组织，以取代政府退出领域的管理。同时，政府必须坚持公共服务是社会管理的前提，没有社会服务，也就谈不上社会管理。建立服务政府的理念，改变原有的自上而下的控制式管理模式，而注重社会服务、社会发展和社会建设，建立公共性财政体系，从满足公民社会需求出发，大力进行社会发展和社会服务的投入。

第四，坚持市场手段与法治手段的结合。政府要把经济生活"总指挥"的角色让位给市场机制，通过市场机制的作用实现资源的最优配置，政府职能从以前重生产建设、重经济干预转变到社会发展和社会管理的职能上来，从全面控制经济领域的管理中腾出精力和空间来完成那些因市场失效而需要政府加强的社会管理职能，并且通过制定社会政策和法规，通过法治的手段管理和规范社会组织、社会事务，调节和平衡社会利益，化解社会矛盾和社会冲突，维护社会公平和正义，保护公民的基本权利，实现社会秩序的稳定。

第五，坚持控制与协商相结合。在处理各种矛盾和纠纷的过程中，要坚持控制与协商相结合。在加强协商协调的过程中，一定要把握好适度原则。既要善于抓住、抓准最大多数人的共同利益与不同阶层具体利益的结合点，正确处理不同阶层、不同群体的利益，又要通过建立健全社会利益的表达、协调和保护机制，引导群众以理性合法的形式表达利益诉求，解决利益矛盾；既要运用法律机制和利益机制来约束、规范人际社会行为，又要注重人文关怀和心理疏导，积极培育人们奋发进取、理性平和、开放包容的社会心态。

（二）创新社会管理的主要内容

1. 完善社会管理的格局，充分发挥社会各方面的力量

加强和创新社会管理，要形成和完善党委领导、政府负责、社会各方协同、公众广泛参与的社会管理格局。

党委领导、政府负责、社会协同、公众参与的社会管理格局中包含了多个社会管理主体，也体现出不同的管理主体在社会管理体制中所处的地位、所承担的责任是不同的。"坚持党的领导"作为四项基本原则之一被载入了《中华人民共和国宪法》。党委领导是社会管理格局的根本，社会管理格局中的其他主体在参与社会管理过程中必须坚持党委领导。党委领导是党委在宪法和法律规定的范围内对社会管理进行领导，这种领导主要不体现为对管理的直接领导，而是体现为对其他管理主体的领导。党委领导不能超越法律，不能以党代法。为在社会管理中发挥领导核心作用，党要积极主动地宣传党的方针、政策、主张，使非党干部和群众自觉自愿地接受这些主张并把它转化为自觉的行动，包括把这些主张转化为法律和制度，再依此来管理国家和社会的各种事务。在社会管理创新中最能体现党的领导的，应是社会管理创新的"顶层设计"。这种"顶层设计"，就是要把实现社会主义发展的价值放到创新的核心位置，按照"立党为公、执政为民"的宗旨，从"问政于民、问计于民、问需于民"的立场出发，明确发展价值，绘制好改革蓝图，为进一步深化改革提供持久的动力。

社会管理创新的目标是形成"党委领导、政府负责、社会协同、公众参与"的社会管理格局。我国的社会组织主要包括社会团体、基金会和民办非企业单位，一是人民团体，包括工会、妇联、共青团、科协、文联等，它们一般具有自上而下的全国组织体系，在财政供给、行政职级、管理体系等方面基本参照政府公务员体系。二是事业单位，主要指我国公

立的教育、医疗、新闻出版、文化团体、科研机构等，它们实行不同于政府公务员管理体制和企业市场聘任管理体制的事业单位管理体制。三是社区居民自治组织，主要是我国城乡居民的基层自治组织，在城市是居委会，在农村是村委会。四是社会组织，主要包括社团、基金会、民办非企业单位和中介服务组织等，其业务范围涉及教育、科技、文化、卫生、环保、公益、慈善等社会生活的多个方面。它们具有民间性、非营利性、公益性等特征，活跃在经济、社会、文化和政治生活的各个领域，对承担社会管理职能、维护市场竞争秩序、为经济社会发展提供咨询服务、促进社会公益事业发展、推进和谐社区建设和社会稳定起到了非常重要的作用。目前"社会协同和公众参与"过弱，应是亟须弥补的短板。应当大力发展社会组织，扩大公众参与，这样才能构建一个责权明晰、有序参与、开放多元、富有活力的社会体系。改革开放以来，中国共产党制定了推进基层民主等一系列方针政策，为我国民间组织和公民社会的成长创造了制度空间。党中央提出"建设和谐社会"，而"和谐社会"离不开民间组织的平台和公众参与的内容。"和谐社会"不是没有矛盾，而是能够很好地对矛盾进行"整合"，即增加社会结构的开放、包容和弹性；增加社会成员诉求自由表达的机会和参与社会公共事务的渠道；整合国内各种互相冲突的利益群体，构建起通过谈判、妥协消除社会成员间纷争的机制。因此，党在领导社会管理体制创新中，对于依法建立的服务类社会组织，应鼓励它们的发展，让它们在法律框架内最大限度发挥积极性和创造性，以满足我国人民日益增长的社会服务需求。社会管理创新的重要内容是转变和完善政府对社会组织的行政管理职能，使政府从公益服务的唯一提供者转变为保证者，制定规划、规则和加强监督、评估，保障社会组织在党和政府领导下发挥公共服务功能，从而形成完善的"社会协同和公众参与"机制。

2. 统筹协调各方面利益，处理好维权与维稳的关系

进一步加强和完善党和政府主导的维护群众权益机制，协调好人民群众的根本利益、现阶段群众的共同利益以及特殊群体的特殊利益之间的关系。形成科学有效的利益协调机制、诉求表达机制、矛盾调处机制、权益保障机制。要妥善处理各种人民内部矛盾，坚决纠正损害群众利益的不正之风，切实维护群众合法权益。在改革和发展的过程中，要始终坚持处理好维护群众权益和维护社会稳定的关系，既不能以"维稳"的名义压制

群众"维权"的诉求，也不能以"维权"的名义破坏社会的和谐稳定。

要下决心在建立公平合理的收入分配制度上有所突破。下大力气整顿收入分配秩序，打击各种非法牟利行为，取缔各种非法收入，从源头上治理贪污腐败现象，统筹治理一般竞争行业与垄断行业的收入差距过大问题，规范公务员的工资制度体系，协调劳动收益与资本收益的关系，坚决扭转收入分配差距的扩大趋势，维护社会公平正义，让人民群众共享改革发展的成果。

3. 加强基层基础建设，把城乡社区建设成社会管理新的基础

在新的社会管理格局中，要特别注意发挥社区在基层社会管理中的作用。社区是居民自治组织，但同时也肩负着基层自我管理、自我服务的任务，很多"社区服务中心"肩负着几十种服务功能，包括税收、治安、就业、社会保障、社会福利、社会救助、卫生、防疫、精神文明建设，等等，群众用"社会千条线，社区一根针"来形容社区功能的广泛性。社区在基层社会管理中的作用越来越重要，随着社会主义市场经济的发展，人们维护自身权益的意识不断增强，这也会带来围绕权益保护而产生的一些权益纠纷，所以需要从社区开始，使社区工作逐步专门化和专业化，建立起"把问题解决在基层"的新机制。要妥善规范社区委员会、业主委员会和物业委员会之间的关系，形成我国基层基础建设的合力。

4. 发展专业化的社会管理人才队伍，做好新形势下的群众工作

党的十六届六中全会的决定提出，要"建立一支宏大的社会工作人才队伍"。我们要像十一届三中全会以后大力培养和发展经济管理人才队伍那样，大力培养和发展社会管理人才队伍。要把社会管理与社会服务联系起来，寓社会管理于社会服务之中，在社会服务中不断改进和完善社会管理。不能把社会管理简单地理解为"管、卡、压"，也不能把社会管理简单地理解为解决上访、群体性事件以及维护社会稳定。社会管理涉及社会建设的方方面面，涉及就业、社会保障、收入分配、教育、医疗、住房等各种民生问题。要把以人为本、关注民生作为新形势下社会管理工作的职业精神和职业道德，大力提高新形势下群众工作的专业化水平，开创社会管理和群众工作的新局面。要通过大力发展志愿者队伍和开展志愿者活动，形成自助互助、奉献诚信的良好社会风气。

5. 建立健全公共安全体系，注重防范新型社会风险

我国用了30多年的时间，完成了很多国家在现代化中用上百年的时

间完成的发展转变过程。发展时间的压缩，也使很多不同发展阶段面临的问题压缩在同一时空。我国当前面临的社会问题，既有火灾、交通事故、矿难、旱灾涝灾、地震、劳动纠纷、贫富冲突等传统安全问题，也面临难以预测、扩展迅速、容易引起恐慌的化学污染、核污染、食品安全、不明传染病、金融危机、恐怖主义等新型社会风险。这些不同性质的安全问题有时交织在一起，增加了处理的难度。要进一步建立健全我国的公共安全体系，加强政府和民众的应急应对能力，普及公共安全教育，提高防范、抵御和治理新型社会风险的能力，完善公共安全领域的制度建设和法制建设。

6. 发展壮大社会组织，调动广大群众参与社会管理的积极性

在社会管理实践中，要充分发挥社团、行业组织和中介组织等社会组织提供服务、反映诉求、规范行为的作用。要通过积极培育各类社会组织，加强和改进对各类社会组织的管理和监督，完善社会化服务网络，努力形成社会管理和社会服务的合力，不断满足人民群众日益增长的物质文化需求。当前和今后一个时期，要以社会组织服务经济社会发展为核心，以提高社会组织能力建设为重点，推进管理体制创新，建立法制健全、管理规范、分类管理、分级负责的社会组织管理体系。要适应发展社会主义市场经济和政府转变职能的需要，着力培育发展经济类、公益类、农村专业经济协会和社区民间组织，支持和引导科、教、文、卫、体以及随着人民生活水平的提高逐渐涌现的新型社会组织。同时要加强对社会组织活动的依法监管，形成社会组织自我发展、自我管理、自我教育、自我约束的运行机制，加大对非法、违法、违纪社会组织的查处力度，打击邪教组织、黑社会、非法传销组织和社会敌对组织，保证社会组织的健康发展。

7. 完善社会管理的法律体系建设，强化社会管理中的依法治理

改革开放以后，我国法制建设取得巨大成就，依法治国的局面基本形成。但与经济领域的立法相比，我国在社会领域的立法还相对滞后。特别是在社会管理方面，无法可依、有法不依和以行政决定代替依法治理的情况，在一些地方还相当普遍的存在。社会管理的法律法规，是中国特色社会主义法律体系的重要组成部分，要适应构建社会主义和谐社会以及把社会建设摆在突出位置的需要，加快完善社会管理法律法规体系的步伐，特别是完善劳动关系纠纷、土地征用、房屋拆迁、社会治安、生产安全、食品药品安全、环境保护等方面的法律法规建设，进一步强化社会管理中的

依法治理，维护社会和谐稳定。

8. 加强道德和诚信体系建设，提升社会管理的软实力

在创新社会管理体制的过程中，不但要重视硬实力建设，也要注重软实力建设。要加强社会主义核心价值体系在民主法治、和谐正义、共同富裕等方面的价值建设，更新社会管理的理念，完善与新型社会管理体制相配合的道德秩序、诚信体系和行为规范。要加强以社会公德、职业道德和家庭美德为基本内容的公民道德建设，倡导爱国守法的传统道德、诚信敬业的职业道德和互助友爱的家庭美德。发挥道德规范和道德舆论在遏制拜金主义、享乐主义、极端个人主义、欺骗欺诈、以权谋私、腐化堕落等行为方面的作用，形成鼓励见义勇为、扶危济困、乐于奉献和维护社会公平正义的社会氛围和机制。社会建设需要每一个社会成员的积极参与。全党全国人民行动起来，就一定能开创社会和谐人人有责、和谐社会人人共享的生动局面。

参考文献

1. 俞可平：《推进社会管理体制的改革创新》，《学习时报》2010 年 1 月 16 日第 388 期。

2. 李培林：《重视推进社会管理体制改革》，中国社会学网，2005 年 10 月 20 日。

3. 王思斌：《社会工作专业化及本土化实践》，社会科学文献出版社 2006 年版。

4. 习近平：《群众工作室社会管理基础性经常性根本性工作》，《共产党员》2011 年第 3 期下。

5. 丁元竹：《2012 年进一步创新社会管理的几点思考》，《中共中央党校学报》2012 年第 1 期。

6. 徐治立：《科学治理多元参与政策理念、原则及其模式》，《中国人民大学学报》2011 年第 6 期。

7. 谢伏瞻：《千方百计增加居民收入》，《经济日报》2012 年 11 月 24 日。

8. 尹蔚民：《统筹推进城乡社会保障体系建设》，《求是》2013 年第 3 期。

练习与思考

一、简答题

1. 新中国成立以来我国的社会管理体制经历了怎样的发展变化？

2. 当前我国社会管理面临哪些新情况、新问题？

3. 在创新社会管理体制的过程中应当坚持哪些原则？

4. 加强社会建设的重点有哪些？

二、材料分析题

材料一：

材料1：中国新闻网2011年7月15日报道：惠州市打造了四个富有特色的网络问政平台，实现了全方位互动。第一，编写《惠民在线信息摘报》全方位收集民意直达决策层。第二，开设"惠民在线"论坛——全媒体在线即时交流。第三，创建网络问政综合信息平台——全天候受理网民问题。第四，开通"书记微博"——市领导与网民的"直通车"。

材料2：据中国新闻网2011年7月15日报道，自2010年8月开始，北京市东城区试行网格化社会服务管理新模式，目前已将区属17个街道205个社区划分成了589个社会管理网格，建立了以"人、地、物、事、情、组织和房"为核心的7大类、32小类、170项信息、2043项指标的基础信息数据库，实现了"人进户，户进房，房进格，格进图"的工作目标。

通过精细管理，精准指挥，精心服务，北京市东城区真正发挥了网格化模式在社会建设和管理中的作用，解决了许多实际问题。今年春节期间，全区的火灾、火情下降数创历史新高；全国"两会"期间，全区110刑事类警情、刑事手段类警情和刑事立案数均实现了大幅下降。

根据上述材料，你认为在社会管理工作中，怎样做到以人为本？

材料二：

材料1：2011年8月13日，北京管庄拆迁政策强制执行，上午八点半，朝阳法院工作人员来到朝阳路，将坚守两年多的"钉子户"孟老太家的三间平房强制拆除。其间，住在房内的孟老太和老伴被强制送往医院，随后又被安置在王四营乡一间约15平方米的房屋内。截至昨晚，拆迁双方仍未对补偿协议达成一致。

材料2：2011年，偏凉子村启动了城中村改造工程，110多户村民房屋拆成废墟，剩余的30多户因赔偿条件谈不拢未拆。两年来谈判一直在进行，至今年5月初只剩下4户村民。2013年5月9日清晨，数百村民聚集"钉子户"于普顺家门口，村支书及部分村民下跪求其拆房。

上述材料反映了我国目前社会管理中存在的哪些问题？应当怎样解决？

练习与思考参考答案

一、简答题参考答案

1. 新中国成立以来我国的社会管理体制经历了怎样的发展变化？

（1）传统社会管理体制形成巩固阶段（1949—1978年）。

（2）传统社会管理体制趋于解体阶段（1978—1992年）。

（3）现代社会管理体制奠定基础阶段（1992—2002年）。

（4）现代社会管理体制的完善阶段（2002年至今）。

2. 当前我国社会管理面临哪些新情况、新问题？

（1）社会流动加快，管理好巨大流动人口任务繁重。

（2）土地征用、房屋拆迁引发的矛盾冲突持续增多。

（3）非公有制劳动密集型企业劳动关系紧张问题突出。

（4）农村基层财政力量薄弱，一些地方的基层干群关系需要理顺。

（5）基层管理体制发生变化，解决社会问题的机制弱化。

（6）收入差距扩大、分配不公问题成为引发社会问题的深层原因。

（7）群体性事件问题突出，各种新型社会风险需要高度重视。

（8）社会转型加速，社会治安面临的问题日趋复杂。

3. 在创新社会管理体制的过程中应当坚持哪些原则？

第一，坚持公民社会理念，建设权利型社会。

第二，坚持治理理念，促进政府主导与社会管理社会化相结合。

第三，坚持有限政府和服务政府理念。

第四，坚持市场手段与法治手段的结合。

第五，坚持控制与协商相结合。

4. 加强社会建设的重点有哪些？

（1）努力办好人民满意的教育。

（2）推动实现更高质量的就业。

（3）深化收入分配制度改革，坚持共同发展、共享成果。

（4）统筹推进城乡社会保障体系建设。

（5）提高人民健康水平。

（6）加强和创新社会管理。

二、材料分析题参考答案

材料一参考答案：

1. 认真听取人民群众的意见。

2. 坚持依法办事。

3. 及时解决问题。

材料二参考答案：

1. 社会管理理念不够准确。

2. 社会管理主体不够多元化。

3. 社会管理方式不够灵活。

4. 社会管理法规不健全。

第八讲　加强生态保护，建设美丽中国

改革开放 30 多年来，伴随经济的快速发展，日益严峻的环境问题逐渐演变为人类社会发展的重大问题。在工业化、城镇化快速发展的过程中，自然资源紧缺、生态环境恶化、经济增长方式粗放等问题日趋严重，迫使我们对经济社会发展方式和资源环境保护等现实问题进行深入的思考。十六届五中全会提出"建设资源节约型环境友好型社会"，党的十七大首次把生态文明建设作为建设小康社会的要求之一，党的十八大则把生态文明建设提到与经济、政治、文化、社会四大建设并列的高度，作为建设中国特色社会主义"五位一体"的总体布局之一，并将"美丽中国"作为生态文明建设的目标，体现了党对社会发展规律和中国特色社会主义建设规律认识的重大飞跃，具有重大的现实意义和深远的历史意义。我们应当清醒地认识我国当前的生态环境形势，增强环境保护意识，为建设美丽中国贡献力量。

一　我国生态环境形势严峻

（一）生态环境和生态环境问题的含义

生态是指生物（原核生物、原生生物、动物、真菌和植物五大类）之间和生物与周围环境之间的相互联系、相互作用。环境是相对于某一事物并对该事物产生影响的所有外界事物的总和。按照环境的属性，通常将环境划分为自然环境和社会环境。自然环境是指客观存在的各种自然因素的总和，包括大气环境、水环境、土壤环境、地质环境和生态环境。生态环境是指影响人类生存与发展的水资源、土地资源、生物资源以及气候资源数量与质量的总称，是关系到人类自身生存与社会和经济持续发展的复合生态系统。生态环境与自然环境在含义上十分相近，但严格说来，生态环境并不等同于自然环境。自然环境的外延比较广，各种天然因素的总体都可以说是自然环境，但只有具有一定生态关系构成的系统整体才能称为生态环境。仅由非生物因素组成的整体，虽然可以称为自然环境，但并不能叫做生态环境。

生态环境问题是指人类为其自身生存和发展，在利用和改造自然的过程中，对自然环境破坏和污染所产生的危害人类生存的各种负反馈效应。

（二）目前我国生态环境问题的主要表现

1. 土地资源先天不足，水土流失、荒漠化和土壤污染比较严重

国土是一个民族、一个国家赖以生存的最基本条件。国土资源的多少和优劣是决定一个国家生存和发展的重要因素，对于一个人口众多的发展中大国来说，尤其重要。中国土地总量位居世界第三，但人均占有土地面积只有 0.8 公顷，是世界平均水平的 1/3。山地、高原、丘陵面积占国土面积的 69.27%，所构成的复杂地形地质条件，在重力梯度、水力梯度的外应力作用下容易造成水土流失，再加上地质新构造运动较活跃，山崩、滑坡、泥石流危害严重。同时，还有分布广泛、类型多样、演变迅速的生态环境脆弱带，例如，沙漠、戈壁、冰川、永久冻土及石山、裸地等面积就占国土面积的 28%。此外，还有沼泽、滩涂、荒漠、荒山等利用难度大的土地。特殊的地理位置使中国季风气候显著，雨热同季，夏季炎热多雨，冬季寒冷干燥。降水量的分布异常导致全国范围内旱涝灾害频繁，严重影响工农业生产。暴雨强度大、分布广，是造成洪涝、水土流失乃至泥石流、山崩、塌方、滑坡的重要外在原因。

土壤在整个生态系统中起着关键的作用，是人类赖以生存的基础。土壤的形成是一个复杂而缓慢的过程，根据成土母质和环境的不同，形成 1 厘米的土壤一般需要几百年的时间，有的地区，如我国西南岩溶区则需要上千年的时间。水土流失是指在自然条件和人类活动作用下水力、风力、重力等应力导致的水土资源和土地生产力的破坏和损失。

我国是世界上水土流失最严重的国家之一。当前我国水土流失主要表现为三个特点：

第一，面积大，范围广。根据遥感调查，全国现有土壤侵蚀面积达到 357 万平方公里，占国土面积的 37.2%。水土流失不仅广泛发生在农村，而且发生在城镇和工矿区，几乎每个流域、每个省份都有。从我国东、中、西三大区域分布来看，东部地区水土流失面积 9.1 万平方公里，占全

国的 2.6%；中部地区 51.15 万平方公里，占全国的 14.3%；西部地区 296.65 万平方公里，占全国的 83.1%。

第二，强度大，侵蚀重。我国年均土壤侵蚀总量 45.2 亿吨，约占全球土壤侵蚀总量的 1/5。主要流域年均土壤侵蚀量为每平方公里 3400 多吨，黄土高原部分地区甚至超过 3 万吨，相当于每年 2.3 厘米厚的表层土壤流失。全国侵蚀量大于每年每平方公里 5000 吨的面积达 112 万平方公里。

第三，成因复杂，区域差异明显。东北黑土区的水土流失主要发生在坡耕地上，平均每年流失表土 0.4—0.7 厘米，初垦时黑土层厚度一般在 80 厘米左右，垦殖 40 年后减至 50—60 厘米。水土流失严重的耕地黑土层已完全消失，露出下层黄土。北方土石山区大部分地区土层浅薄，岩石裸露。土层厚度不足 30 厘米的土地面积占本区土地总面积的 76.3%。黄土高原区土层深厚疏松、沟壑纵横、植被稀少，降水时空分布不均。这一区域是我国土壤侵蚀量最高的区域，有 11.5 万平方公里的土地侵蚀量大于每年每平方公里 5000 吨。北方农牧交错区由于过度开垦和超载放牧，植被覆盖度低，风力侵蚀和水力侵蚀交替发生。长江上游及西南诸流域地质构造复杂而活跃，山高坡陡，人地矛盾突出，坡耕地比重大。耕作层薄于 30 厘米的耕地占 18.8%。由于复杂的地质条件和强降雨作用，滑坡、泥石流多发。西南岩溶区土层瘠薄，降雨强度大，坡耕地普遍，耕作层薄于 30 厘米的耕地占 42%。有的地区土层甚至消失殆尽，石漠化面积达 8.8 万平方公里，南方红壤区岩层风化壳深厚，在强降雨作用下极易发生侵蚀。西部草原区由于干旱少雨，超载过牧，过度开垦，草场大面积退化，沙化严重。

水土流失既是土地退化和生态恶化的主要形式，也是土地退化和生态恶化程度的集中反映，对经济社会发展的影响是多方面、全局性的和深远的，甚至是不可逆的。其危害主要表现在四个方面：

第一，导致土地退化，耕地毁坏，使人们失去赖以生存的基础，威胁国家粮食安全。我国人均占有耕地面积远低于世界平均水平，人地矛盾突出，严重的水土流失又加剧了这一矛盾。我国因水土流失而损失的耕地平均每年约 100 万亩。北方土石山区、西南岩溶区和长江上游等地有相当比例的农田耕作层土壤已经流失殆尽，母质基岩裸露，彻底丧失了农业生产能力。按现在的流失速度推算，50 年后东北黑土区 1400 万亩耕地的黑土层将丧失殆尽；35 年后西南岩溶区石漠化面积将增加一倍。

第二，导致江河湖库淤积，加剧洪涝灾害，对我国防洪安全构成巨大威胁。水土流失导致大量泥沙进入河流、湖泊和水库，削弱了河道的行洪和湖库调蓄能力。黄河水患的症结就在于黄土高原的水土流失，1950—1999 年下游河道共淤积泥沙 92 亿吨，致使河床普遍抬高 2—4 米。辽河干流下游部分河床已高于地面 1—2 米，也已成为地上悬河。全国 8 万多座水库年均淤积 16.24 亿立方米。洞庭湖年均淤积 0.98 亿立方米。泥沙淤积是造成调蓄能力下降的主要原因之一。

同时，由于水土流失使上游地区土层变薄，土壤蓄水能力降低，增加了山洪发生的频率和洪峰流量，增加了一些地区滑坡、泥石流等灾害的发生机会。泥石流是水土流失的一种极端表现形式，陡峭的地形、大量松散固体物质和高强度降雨是形成泥石流的三个必要条件，植被破坏、陡坡开荒、生产建设过程中的乱挖乱弃等不合理活动都会导致径流增加，加大泥石流发生的频率，扩大泥石流的规模，加重危害程度。

第三，恶化生存环境，加剧贫困，成为制约山丘区经济社会发展的重要因素。水土流失破坏土地资源、降低耕地生产力，不断恶化农民生产、生活条件，制约经济发展，加剧贫困程度，导致山丘区出现"种地难、吃水难、增收难"。水土流失与贫困互为因果、相互影响，水土流失最严重地区往往也是最贫困地区。我国 76% 的贫困县和 74% 的贫困人口生活在水土流失严重区。多数革命老区水土流失严重，群众生活困难。赣南15 个老区县中，有 10 个是水土流失严重县；陕北老区县 25 个，全部为水土流失严重县。同时，我国西南、西北许多少数民族区也多为水土流失严重区，贵州省铜仁地区和黔西南布依族苗族自治州 11 个民族县，全部为水土流失严重县；甘肃省临夏回族自治州 7 个民族县，全部为水土流失严重县。

第四，削弱生态系统功能，加重旱灾损失和面源污染，对我国生态安全和饮水安全构成严重威胁。水土流失与生态恶化互为因果：一方面，水土流失导致土壤涵养水源能力降低，加剧干旱灾害；另一方面，水土流失作为面源污染的载体，在输送大量泥沙的过程中，也输送了大量化肥、农药和生活垃圾等面源污染物，加剧水源污染。全国现有重要饮用水源区中作为城市水源地的湖库，95% 以上处于水土流失严重区。水土流失还导致草场退化，防风固沙能力减弱，加剧沙尘暴；导致河流湖泊萎缩，野生动物栖息地消失，生物多样性降低。

荒漠化是由于气候变化和人类不合理的经济活动等因素，使干旱、半干旱和具有干旱灾害的半湿润地区的土地发生了退化，即土地退化，也叫"沙漠化"。在人类诸多的环境问题中，荒漠化是最为严重的灾难之一。它给人类带来贫困和社会不稳定。

中国荒漠化形势十分严峻，是世界上荒漠化严重的国家之一。荒漠化面积大、分布广、类型多，全国荒漠化土地面积超过262.2万平方公里，占国土总面积的27.3%，其中沙化土地面积为168.9万平方公里，主要分布在西北、华北、东北13个省区市。

土壤污染对我国社会经济发展、生态环境、食品安全和农业可持续发展构成严重威胁，并危害人的健康。我国土壤污染程度在加剧。目前受重金属污染的耕地面积近2000万公顷，约占耕地总面积的1/5。受矿区污染土地达200万公顷，石油污染土地约500万公顷，固体废弃物堆放污染约5万公顷，"工业三废"污染耕地近1000万公顷，污水灌溉的农田面积达330多万公顷。土壤污染使全国农业粮食减产已超过1300万吨，因农药和有机物污染、放射性污染、病原菌污染等其他类型的污染所导致的经济损失难以估计。由于污染，土壤的营养功能，净化功能，缓冲功能和有机体的支持功能正在丧失。

2. 我国水资源短缺、水污染严重、水生态恶化等问题很突出

水是生命之源、生产之要、生态之基。新中国成立以来特别是改革开放以来，我国在水资源开发、利用、配置、节约、保护和管理工作方面取得了显著成绩，为经济社会发展、人民安居乐业作出了突出贡献。但必须清醒地看到，人多水少、水资源时空分布不均是我国的基本国情和水情，水资源短缺、水污染严重、水生态恶化等问题十分突出，已成为制约经济社会可持续发展的主要瓶颈。

我国是一个人均水资源短缺、水旱灾害频繁发生的国家。降水资源总量约6万亿吨，平均年径流总量为27115亿立方米，水资源总量居世界第六位，但中国人口众多，人均水资源量只有2100立方米，仅为世界人均水平的28%，人均水资源占有量在世界仅列第121位，被联合国列为13个贫水国家之一。

我国水资源供需矛盾突出。全国年平均缺水量500多亿立方米，2/3的城市缺水，农村有近3亿人口饮水不安全。根据现有数据预测，到

2030 年，中国总用水量为 7000 亿—8000 亿立方米，而届时全国实际可利用水资源量仅为 8000 亿—9000 亿立方米，水资源开发利用接近极限。如果不及早采取有力措施，中国将迎来严重的水危机。

我国水资源利用方式比较粗放，用水浪费比较严重。我国农田灌溉水有效利用系数仅为 0.5，与世界先进水平 0.7—0.8 有较大差距；目前我国平均每立方米水实现国内生产总值仅为世界平均水平的 20%；万元GDP 用水量高达 399 立方米，而发达国家仅 55 立方米；一般工业用水重复利用率在 60% 左右，发达国家已达 85%。我国用水浪费也较为严重，许多城市输配水管网和用水器具的漏失率高达 20% 以上。此外，我国在污水处理回用、海水、雨水利用等方面也处于较低水平，用水浪费进一步加剧了水资源的短缺。

水资源过度开发造成了严重的生态环境问题。为解决工农业生产和生活用水问题，不少地方水资源过度开发，黄河流域开发利用程度已经达到76%，淮河流域也达到了 53%，海河流域更是超过了 100%，已经超过承载能力，引发一系列生态环境问题。过度开采地下水导致地面下沉、塌陷、海水倒灌等严重后果；过度利用江河湖泊造成河水断流，湖泊面积减少甚至消失，湿地萎缩，生物多样性丧失等问题。

水体污染严重，危及生命健康。由于工业"三废"和生活污水、垃圾等未经处理直接排放或虽经处理未达标排放，导致地表水、地下浅层水和近海海水污染严重，水功能区水质达标率较低。2012 年 2 月 16 日，水利部副部长胡四一发布的最新数据是：功能区水质达标率仅为 46%，2010 年 38.6% 的河床劣于三类水，2/3 的湖泊富营养化。国家海洋局2007 年 1 月 12 日在北京发布的《中国海洋环境质量公报》显示，2006年，中国海域总体污染形势依然严峻，过半近岸海域未达到清洁海域水质标准，1/4 的近岸海域水质处于中度污染和严重污染状态。80% 的入海排污口超标排放污染物。据世界卫生组织报告，全世界发展中国家 1/3 的城市人口得不到安全卫生的饮用水。全世界 80%—90% 的疾病和 33% 的死亡率与受污染的饮用水有关，平均每天有 2.5 万人死于通过水传染的疾病。据此，世界著名医学博士、日本的林秀光先生在其著作《因水而死》中大声疾呼：人类每年饮用不干净的水是疾病的主要原因，如果不改变水的质量，人类将因水而死亡。

3. 森林覆盖率低，生态系统退化严重

新中国成立以来，我国先后共开展了七次全国森林资源清查。第七次全国森林资源清查（2004—2008 年）结果显示，全国森林面积 19545.22 万公顷，活立木总蓄积量 149.13 亿立方米，森林蓄积量 137.21 亿立方米，森林覆盖率 20.36%，比 1949 年的 8.6% 净增 11.76 个百分点。我国森林面积居俄罗斯、巴西、加拿大、美国之后，列世界第五位；森林蓄积量居巴西、俄罗斯、美国、加拿大、刚果民主共和国之后，列世界第六位。我国人工林保存面积 6168.84 万公顷，蓄积 19.61 亿立方米，人工林面积列世界第一位。

总体上看，我国森林资源仍存在总量不足、质量不高、分布不均衡的问题。我国的森林覆盖率只有世界平均水平的 2/3，人均占有森林面积不到世界人均占有量的 1/4，人均占有森林蓄积量仅相当于世界人均占有蓄积量的 1/7。造林良种使用率仅为 51%，与林业发达国家的 80% 相比，还有很大差距。

我国林业部门负责建设的森林、湿地、荒漠三大自然生态系统，土地总面积超过 90 亿亩，约占国土面积的 63%。虽然我国生态建设取得了重大成就，但自然生态系统退化、生态布局不平衡、生态承载力低的问题依然十分严峻。森林分布碎片化和质量不高、功能不强的问题尤为突出，森林作为陆地生态系统主体的功能没有充分发挥。湿地生态系统还有一半尚未得到保护，面积减少、功能退化的趋势依然在持续。荒漠生态系统问题更加严重，沙化土地面积占国土面积的 18%，土地沙化已成为我国最大的生态问题。[①] 我国湿地面积占世界湿地面积 10%，但已有近 40% 的湿地受到中度和严重威胁。其他生态系统也退化严重，造成生态功能下降，生态平衡失调，已对国土安全构成严重的威胁。

我国是世界上生物物种最丰富的国家之一，但目前已有 4000—5000 种高等植物濒危或接近濒危，占我国高等植物总数的 15%—20%，经过确认的我国珍稀濒危重点动植物分别达 258 种和 354 种。在《濒危野生动植物物种和国际贸易公约》所列的 640 个物种中，我国占有 156 个。

---

① 韩乐悟：《我国沙化土地占国土面积 18% 生态系统退化严重》，《法制日报》2012 年 12 月 28 日。

外来物种不断侵入我国，严重威胁我国生物物种的安全。如 20 世纪 80 年代初随木材贸易从美国侵入我国的红脂大小蠹，1997 年在山西省大面积爆发，使大片油松在数月间毁灭。目前该物种已经蔓延到河北、河南两省，严重危及其他野生动植物赖以生存的生态环境。另外，还有美国白蛾、大米草、麝鼠、豚草、紫茎泽兰、空心莲子草等外来物种，已严重影响到我国许多地区，对本地区生物多样性造成了巨大威胁，到了难以控制的局面。因此，我国生物物种安全问题严重。

赤潮被喻为海洋的"红色幽灵"，是海洋生态系统中的一种异常现象。它是由海藻家族中的赤潮藻在特定环境条件下爆发性地增殖造成的，这个特定环境就是来自陆地上的氮磷等营养物质的集中爆发，促使海水富营养化。随着现代化工业、农业生产的迅猛发展，沿海地区人口的增多，大量工农业废水和生活污水排入海洋，其中相当一部分未经处理就直接排入海洋，导致近海、港湾富营养化程度日趋严重。同时，由于沿海开发程度的增高和海水养殖业的扩大，也带来了海洋生态环境和养殖业自身污染问题；海运业的发展导致外来有害赤潮种类的引入；全球气候的变化也导致了赤潮的频繁发生。2006 年 2 月，国家统计局公布，全国近岸海域 293 个海水水质监测点中，严重污染海域面积约为 2.9 万平方公里；对 18 个海洋生态监控区监测表明，主要海湾、河口及滨海湿地生态系统均处于不健康或亚健康状态。海洋最终成了人类排放的污染物的最终归宿地，成了藏污纳垢的地方。

4. 大气污染严重，雾霾、沙尘暴、酸雨等危及人的健康

按照国际标准化组织（ISO）的定义，"大气污染通常是指由于人类活动或自然过程引起某些物质进入大气中，呈现出足够的浓度，达到足够的时间，并因此危害了人体的舒适、健康和福利或环境污染的现象"。

随着人口的增加和经济的飞速发展，大气污染也呈日趋严重之势。目前，世界性的大气污染问题主要表现在温室效应、酸雨和臭氧层破坏三个方面。我国的大气污染状况也十分严重，主要表现在大气中总悬浮颗粒物普遍超标，二氧化硫污染保持较高水平，机动车尾气排放量增加迅猛，氮氧化物污染呈加重趋势，酸雨区范围不断扩大，沙尘暴频发，雾霾天气增加。

去冬今春以来，雾霾和 PM2.5 这两个概念频繁出现在各大新闻媒体报道中，引起了社会的广泛关注。雾是由大量悬浮在近地面空气中的微小

水滴或冰晶组成的气溶胶系统，是近地面层空气中水汽凝结（或凝华）的产物。霾也叫雾霾，是指空气中的灰尘、硫酸、硝酸、有机碳氢化合物等粒子使大气混浊，视野模糊并导致能见度恶化，如果水平能见度小于10000 米时，将这种非水成物组成的气溶胶系统造成的视程障碍称为霾（Haze）或灰霾（Dust – haze）。霾与雾的区别在于发生霾时相对湿度不大，水汽含量达到 90% 以上叫雾，低于或等于 80% 叫霾。在城市空气质量预报中的可吸入颗粒物和总悬浮颗粒物是人们比较熟悉的大气污染物。可吸入颗粒物又称 PM10，是指直径大于 2.5 μm 等于或小于 10 μm，可进入人体呼吸系统的颗粒物。PM2.5 是指大气中直径小于或等于 2.5 μm 的颗粒物，又称为可入肺颗粒物，粒径在 10 μm 以上的颗粒物，会被挡在人的鼻子外面；粒径在 2.5 μm 至 10 μm 之间的颗粒物，能够进入人体上呼吸道，但部分可通过痰液排出体外；而粒径在 2.5 μm 以下的亚微颗粒物，会被吸入人体肺部，进入支气管，干扰肺部的气体交换。所以 PM2.5 数值越高，表明空气污染越严重。

沙尘暴是沙暴和尘暴（duststorm）两者兼有的总称，是指强风把地面大量沙尘物质吹起并卷入空中，使空气特别混浊，水平能见度小于 1000 米的严重风沙天气现象。其中沙暴是指大风把大量沙粒吹入近地层所形成的挟沙风暴；尘暴则是大风把大量尘埃及其他细粒物质卷入高空所形成的风暴。

酸雨是指 pH 值小于 5.6 的雨雪或其他形式的降水。雨、雪等在形成和降落过程中，吸收并溶解了空气中的二氧化硫、氮氧化物等物质，形成了 pH 值低于 5.6 的酸性降水。酸雨主要是人为的向大气中排放大量酸性物质造成的。我国的酸雨主要是因大量燃烧含硫量高的煤而形成的，大部分属于硫酸雨，小部分为硝酸雨。此外，各种机动车排放的尾气也是形成酸雨的重要原因。近年来，我国一些地区已经成为酸雨多发区，酸雨污染的范围有扩大的趋势。

雾霾、沙尘暴和酸雨等都是大气污染的具体表现形式，它不仅给工农业生产和交通运输带来严重影响，更重要的是危及人类的健康。全国人大代表、广州呼吸疾病研究所所长钟南山院士针对"造成雾霾天的 PM2.5 对人体有害，但沙尘暴对人体健康影响不大"的说法在接受记者采访时指出："沙尘天对人体同样有害，沙尘暴主要是大颗粒，对上呼吸道造成影响，也会危害鼻咽和眼睛。但与雾霾不一样，大颗粒不会进入人的肺部。因此，尽管同样有害，但危害程度还是不一样，雾霾危害应该更大。"①

二　我国生态环境问题的人为因素分析

导致我国生态环境问题的原因多种多样，既有自然地理条件先天不足等客观原因，又有思想认识、经济发展模式、产业结构、能源结构等人文经济因素影响，主要原因则在于人为因素的影响。

（一）思想认识不够，生态环境保护意识薄弱

马克思主义认为，认识和实践的关系是辩证的统一：实践决定认识，认识对实践具有能动的反作用。正确的认识能够指导实践使实践顺利进行，达到预期的效果；错误的认识指导实践时，就会对实践产生消极的乃至破坏性的作用，使实践失败。尽管中国传统文化中自古就有"天人合一"的哲学思想，但既没有成为全民的共识，也没有成为主流指导思想。马克思主义虽然是我们党的指导思想，但马克思恩格斯关于人和自然的关系的理论及其告诫却长期没引起重视并转化为行动纲领。

人与自然的和谐发展是马克思主义的基本观点和要求。马克思指出："人靠自然界生活——但人在改造自然界的时候必须遵循客观规律，否则就要遭到客观规律的惩罚。自然界对人类违反客观规律的行为的惩罚，有时候是在较短的时间内表现出来的，有时候则是经过较长时间（几十年、几百年、几千年等）才充分表现出来。"② 恩格斯则告诫说："我们不要过分陶醉于我们对自然界的胜利。对于每一次这样的胜利，自然界都报复了我们。每一次胜利，在第一步都确实取得了我们预期的结果，但是在第二步和第三步却有了完全不同的、出乎预料的影响，常常把第一个结果又取消了。美索不达米亚、希腊、小亚细亚以及其他各地的居民，为了想得到耕地，把森林都砍完了，但是他们梦想不到，这些地方今天竟因此成为荒芜不毛之地，因为他们使这些地方失去了森林，也失去了积聚和贮存水分的中心。阿尔卑斯山的意大利人，在山南坡砍光了在北坡被十分细心地保

---

① 《雾霾比沙尘危害更大　沙尘不会进肺部》，《人民日报》2013年3月10日。
② 《马克思恩格斯全集》第42卷，人民出版社1979年版，第95页。

护的松林，他们没有预料到，这样一来，他们把他们区域里的高山牧畜业的基础给摧毁了；他们更没有预料到，他们这样做，竟使山泉在一年中的大部分时间内枯竭了，而在雨季又使更加凶猛的洪水倾泻到平原上。在欧洲传播栽种马铃薯的人，并不知道他们也把瘰疬症和多粉的块根一起传播过来了。因此我们必须时时记住：我们统治自然界，决不象征服者统治异民族一样，决不象站在自然界以外的人一样，——相反地，我们连同我们的肉、血和头脑都是属于自然界，存在于自然界的；我们对自然界的整个统治，是在于我们比其他一切动物强，能够认识和正确运用自然规律。"[1]

正是由于我们在认识上和指导思想没能正确认识和处理人与自然界的辩证关系，没有树立保护生态环境的意识，才导致了一系列破坏生态平衡的行为的广泛存在以及由此产生的一系列生态环境问题。

（二）人口的过快增长对生态环境带来沉重压力

人既是生产者又是消费者，作为消费者的时间要远远长于生产者。一个国家人口的增长速度和数量应当和资源的承载能力相适应。新中国成立时只有4.5亿人，1953年、1964年、1982年、1990年、2000年、2010年我国共进行了六次全国人口普查，全国人口总数分别为：5.7亿、7.23亿、10.31亿、11.6亿、12.95亿和13.39亿。[2] 人口的过快增长使得竭泽而渔、杀鸡取卵式的掠夺性资源开发行为随处随时可见：开荒造田、围湖造田大行其道，森林过度砍伐、草原过度放牧屡见不鲜。几十年后，水土流失、草原退化、湖泊缩减、河水断流、湿地剧减、洪水泛滥、旱灾频繁、动物灭绝、植物种类剧减等一系列生态环境问题相继显现，甚至发生舟曲泥石流[3]之类的重大生态灾难。

（三）产业结构不合理，经济增长方式粗放

经济增长是靠资本、资源、劳动力和技术等生产要素的投入推动的。各种要素的组合不同，经济增长会呈现不同的方式。如果经济增长主要依靠资本、资源和劳动要素投入数量的增加来推动，增长就是粗放式的；如

---

① 《马克思恩格斯全集》第20卷，人民出版社1979年版，第519页。

② 参见国家统计局《全国人口普查公报》。

③ 2010年8月7日22时许，甘肃省甘南藏族自治州舟曲县突降强降雨，县城北面的罗家峪、三眼峪泥石流下泄，由北向南冲向县城，造成沿河房屋被冲毁，泥石流阻断白龙江、形成堰塞湖。据中国舟曲灾区指挥部消息，截至8月21日，舟曲特大泥石流灾害中遇难1434人，失踪331人。

果经济增长主要依靠技术的进步和生产效率的提高来推动，增长就是集约式的。推进经济增长方式从粗放型向集约型的转变，就是使经济增长从主要依靠增加要素投入和物质消耗推动，转向主要依靠提高各类要素的投入产出效率推动。

产业结构不合理、产业层次低、第三产业发展滞后、地区产业结构趋同是长期制约我国国民经济增长质量和经济增长方式转变的根本原因。近年来，我国的经济结构调整和经济增长方式转变取得了一定进展。但从根本上看，第二产业特别是重化工业超长发展，第三产业发展缓慢以及高投入、高消耗、高排放、不协调、难循环、低效率的粗放式经济增长方式仍未发生根本转变。由于经济结构不合理和经济增长方式粗放，尽管我们实现了快速增长，但付出的资源环境代价和发展成本巨大。

（四）能源结构不合理，资源利用效率低

能源结构是指一次性能源总量中各种能源的构成及其比例关系，包括生产结构和消费结构。我国能源结构的特点可以概括为："富煤、贫油、少气。"

在我国的能源结构中，煤炭占最主要部分，中国一次能源生产和消费结构中，煤炭比重分别高达 76% 和 68.9%，是世界上煤炭比重最高的国家。燃煤造成的二氧化硫和烟尘排放量占排放总量的 70%—80%，成为温室效应和大气污染的罪魁祸首。目前，我国的能源消费结构中煤炭占68%，石油占 23.45%，而被称为"清洁能源"的天然气、可燃冰、风能、太阳能、潮汐能等能源在我国能源结构中只占很小的比重且不具有全国性。

据《2006 中国可持续发展战略报告》对世界 59 个主要国家的资源绩效水平的调查排序，中国资源绩效居世界倒数第 6 位。我国的能源利用效率为 33%，比发达国家低约 10 个百分点。钢、水泥、纸和纸板的单位产品综合能耗比国际先进水平高 40%、45% 和 120%。我国一吨煤产生的效率仅相当于美国的 28.6%，欧盟的 16.8%，日本的 10.3%，工业用水重复利用率要比发达国家低 15—25 个百分点。另外，我国矿产资源的总回收率大概是 30%，比国外先进水平低了 20 个百分点；我国建筑节能、建筑高能耗问题十分突出，建筑物能耗比国外先进水平要高 50% 以上。国际经验表明，进入资本密集型工业化阶段后，经济增长潜力进一步提高的同时，能源和资源的消耗也必然要出现高增长，尤其是我国的工业化是一

个 13 亿人口的发展中大国的工业化,这在人类历史上是史无前例的。目前,我国已成为煤炭、钢铁、铜等世界第一消费大国,经济高速增长的同时也付出了沉重的环境代价。

(五) 环境保护法律制度不完善

自 1979 年全国人大常委会通过了《环境保护法 (试行)》和 1982 年《宪法》作出"国家保护和改善生活环境和生态环境,防治污染和其他公害"的规定开始,我国有关水污染防治、大气污染防治、海洋环保等法律相继问世。截至目前,全国人大常委会制定了环境保护法律 10 件、资源保护法律 20 件。此外,刑法、侵权责任法设立专门章节,分别规定了"破坏环境资源保护罪"和"环境污染责任"。国务院颁布了环保行政法规 25 件。地方人大和政府制定了地方性环保法规和规章 700 余件,国务院有关部门制定环保规章数百件,其中环境保护部的部门规章 69 件。国家还制定了 1000 余项环境标准。全国人大常委会和国务院批准、签署了《生物多样性公约》等多边国际环境条 50 余件。最高人民法院和最高人民检察院还分别作出了关于惩治环境犯罪法律适用的司法解释。①

虽然我国环境保护法律制度建设取得长足进步,但环境法制建设中存在的矛盾和问题十分突出:一是不断完善的市场经济体制与缺乏有效法制手段、经济手段管理环境的矛盾日益显现;二是建设法治政府、法治社会的要求与环境法制建设粗放发展的矛盾日益突出;三是群众环境维权意识增强、跨界损害事件增多与民事赔偿、调处能力滞后的矛盾日益凸显;四是环境违法现象普遍、环境纠纷群体性事件增多与环保法律法规操作性不强、执法不力的矛盾日益加剧;五是群众环境信访案件走向复议、复议案件走向诉讼的快速变化趋势与有关部门对行政复议工作的认识不高、司法诉讼渠道不畅通的矛盾日益明显;六是国家对环境法制的更高要求与相关的基础性研究、机构设置以及执法能力不强、执法不到位等问题不相适应的矛盾日益加大。

环境保护法律制度中最突出的问题就是违法成本低的问题长期没有得到解决。这既有立法不足的问题,也有行政执法、司法不到位的问题。这些突出问题主要表现在以下五个方面:一是行政处罚普遍偏轻;二是行政

---

① 杨朝飞:《我国环境法律制度与环境保护》,《中国环境保护报》2012 年 11 月 5 日第 3 版。

执行缺乏强制手段；三是环境民事赔偿法律制度不健全；四是环保官司难打；五是生态环境损害难获赔偿。

造成我国生态环境问题的原因是复杂的、综合的、多方面的，除上面分析到的原因外，"GDP政绩观"、公民环境保护意识不高、科技水平整体落后、经济水平尚处于国际产业分工的低端等也是重要原因。

三　生态文明的内涵与建设路径

大力推进中国特色社会主义生态文明建设不仅要清醒认识我国当前面临的严峻的生态环境形势以及导致生态环境问题的原因，还要准确把握生态文明的理论发展、科学内涵和生态文明建设的路径选择，这样才能增强建设美丽中国的自觉性和行动的科学性。

（一）生态文明理论的传承和发展

中国古代的"天人合一"思想，在中国传统文化中占有很重要的地位。古代思想家把遵循自然、保护自然的思想融入文化之中，体现了中国先哲们对人类社会和自然界之间关系的深刻理解，成为中国传统文化中生态伦理思想的源头。中国传统生态伦理观的基本价值和道德取向不仅对古代生态环境保护起着重要作用，而且对大力推进生态文明建设，实现人与自然的和谐相处以及永续发展也是一种宝贵的思想资源。

马克思和恩格斯在分析研究资本主义制度时不仅系统地分析了人与人、人与社会的关系，而且还揭示了人与自然的辩证关系，形成了马克思主义生态观。马克思和恩格斯对人与自然关系的精辟论述和"不能陶醉于对自然的胜利"的告诫，对我们今天的生态文明建设具有重大的指导意义和警醒作用。

党的十六大根据我国经济高速发展带来的环境问题，将"促进人与自然的和谐，推动整个社会走上生产发展、生活富裕、生态良好的文明发展道路"作为全面建设小康社会的目标之一，标志着中国特色社会主义生态观的初步形成。十六届三中全会把"统筹人与自然和谐发展"作为科学发展观的的根本方法之一，十六届五中全会提出"加快建设资源节约型、环境友好型社会"，丰富了中国特色社会主义生态观。

胡锦涛同志在2005年召开的人口资源环境工作座谈会首次提出"生

态文明"这一术语。党的十七大不仅使用了"生态文明"概念，还描述了生态文明建设的目标。胡锦涛在全党深入学习实践科学发展观活动动员大会暨省部级主要领导干部专题研讨班开班式上发表重要讲话中提出了全面推进社会主义经济建设、政治建设、文化建设、社会建设以及生态文明建设的"五位一体"总体布局思想。党的十八大"五位一体"总体布局的确立标志着中国特色社会主义生态文明理论的形成，进一步丰富和发展了马克思主义。

（二）　生态文明的内涵

生态一词源于古希腊，原意指"住所"或"栖息地"。1866年，德国生物学家E. 海克尔（Ernst Haeckel）最早提出生态学的概念，当时认为它是研究动植物及其环境间、动物与植物之间及其对生态系统的影响的一门学科。从最初意义上讲，生态就是指一切生物的生存状态，以及它们之间和它与环境之间环环相扣的关系。文明是人类文化发展的成果，是人类改造世界的物质和精神成果的总和，是人类社会进步的标志。

生态文明是人类文明发展的一个新的阶段，即工业文明之后的世界伦理社会化的文明形态；生态文明是人类遵循人、自然、社会和谐发展这一客观规律而取得的物质与精神成果的总和；生态文明是以人与自然、人与人、人与社会和谐共生、良性循环、全面发展、持续繁荣为基本宗旨的文化伦理形态。从内涵的角度来看，生态文明包括以下五个方面的内容：

第一，生产力的发展是生态文明的物质基础。从历史演化的轨迹来看，生态文明是人类经过原始文明、农业文明和工业文明之后出现的一种新的文明形态，其赖以产生和存在的物质基础则是生产力的高度发展。

第二，人对社会发展规律的积极探索和对自身行为的反思是生态文明的认识基础。人类在改造自然界的过程中既要遵循客观规律，也要通过主观能动性来发现规律。人类进入工业文明社会以后，伴随物质财富增长而产生的生态环境问题促使人们对自身的行为进行主动的反思，对社会的永续发展路径进行积极探索。生态文明正是在这一认识的基础上产生的。

第三，人与自然的和谐发展是生态文明的核心价值理念。人是自然界的产物，人类社会不可能脱离自然界而单独存在。人类社会的生存和发展必须以遵循自然界的客观规律为前提，否则就会遭到自然界的惩罚。人类社会要实现可持续发展，首先要实现人与自然的和谐发展。

第四，自觉节制人类自身的行为是生态文明的客观要求。人类可以认识自然改造自然，但人类在改造自然的时候必须以遵循自然界的客观规律为前提，自觉节制自身的行为。人类必须清醒地是认识到，无论科学技术多么发达，人都不可能主宰自然界。因此，克制自己，善待自然，顺应自然，成为生态文明对人类的客观要求。

第五，人与自然的永续发展是生态文明的根本目标。人类社会的延续离不开自然界提供的物质和能量，人类社会的发展更离不开良好的自然环境。人类与自然界的关系就是唇齿相依的关系。只有实现人与自然的和谐相处，才能实现人与自然的永续发展，这是建设生态文明的根本目标。

（三）生态文明建设的路径

1. 增强环境危机意识，树立生态文明理念

党的十八大报告指出："建设生态文明，是关系人民福祉、关乎民族未来的长远大计。面对资源约束趋紧、环境污染严重、生态系统退化的严峻形势，必须树立尊重自然、顺应自然、保护自然的生态文明理念，把生态文明建设放在突出地位，融入经济建设、政治建设、文化建设、社会建设各方面和全过程，努力建设美丽中国，实现中华民族永续发展。"[1]

意识是行动的先导，理念是行动的指南。面对环境污染严重、生态系统退化的严峻形势，每一个人都应当有强烈的生存危机意识。舟曲特大泥石流转瞬间夺去了一千四百余条生命；1998 年的洪涝灾害死亡 4150 人，倒塌房屋 685 万间，直接经济损失 2551 亿元；2010 年，我国西南地区发生特大干旱，致使 5000 多万人受灾，其中饮水困难人口高达 1371 万；2011 年我国发生了多起危险废物非法转移倾倒事件，尤其是云南曲靖发生的铬渣非法转移倾倒事件严重影响人民的生命健康安全。

面对严重的环境污染和脆弱的生态系统，树立尊重自然、顺应自然、保护自然的生态文明理念刻不容缓。这一理念是我们党在认真反思和深刻总结过去发展中经验教训的基础上，对传统粗放式发展方式的有力反拨，对工业文明种种弊端的坚决扬弃，对未来中国发展路径的明确矫正。昭示出我们党力求通过调整和改善人与自然的关系，实现发展方式的根本跨越，实现人与自然、人与人、人与社会的全面和谐。尊重自然、顺应自然、保护自然，顺应了经济与环境协调发展的现实需要。经济发展离不开

---

[1] 胡锦涛：《坚定不移沿着中国特色社会主义道路前进 为全面建成小康社会而奋斗》，人民出版社 2012 年版，第 39 页。

资源环境等生产要素的有力保障。只有尊重自然、顺应自然、保护自然，才能有效地维护经济发展与资源环境及生态系统的平衡，使经济建设能在良性循环下，源源不断地获得资源环境的有效供给，实现可持续发展。

随着物质生活水平不断提高，良好的自然环境已经成为人民群众进一步提高生活水平的基本要素。只有树立尊重自然、顺应自然、保护自然的理念，才能在经济建设不断取得新发展的同时，保持良好的环境和完备的生态系统，为当代和后代留下天蓝、地绿、水净的美好家园。

2. 优化国土空间开发格局

改革开放以来，随着我国现代化建设的全面展开，国土空间发生了深刻变化，既有力支撑了经济快速发展和社会进步，也出现了一些必须高度重视和需要着力解决的突出问题：耕地减少过多过快，生态系统功能退化，资源开发强度大，环境问题凸显，空间结构不合理，绿色生态空间减少过多，等等。因此，党的十八大报告强调，要优化国土空间开发格局。

首先，要加快实施主体功能区战略，构建科学合理的城市化格局、农业发展格局、生态安全格局。这是解决我国国土空间开发中存在问题的根本途径，是当前生态文明建设的紧迫任务。要根据《全国主体功能区规划》，推动各地区严格按照主体功能定位发展，构建"两横三纵"为主体的城市化格局、"七区二十三带"为主体的农业发展格局、"两屏三带"为主体的生态安全格局。城市化地区要把增强综合经济实力作为首要任务，同时要保护好耕地和生态；农产品主产区要把增强农业综合生产能力作为首要任务，同时要保护好生态，在不影响主体功能的前提下适度发展非农产业；重点生态功能区要把增强提供生态产品能力作为首要任务，同时可适度发展不影响主体功能的适宜产业。

其次，要实行分类管理的区域政策和各有侧重的绩效评价。一是实施分类管理的区域政策。中央财政要逐年加大对农产品主产区、重点生态功能区特别是中西部重点生态功能区的转移支付力度，增强基本公共服务和生态环境保护能力。实行按主体功能区安排与按领域安排相结合的政府投资政策，按主体功能区安排的投资主要用于支持重点生态功能区和农产品主产区的发展，按领域安排的投资要符合各区域的主体功能定位和发展方向。明确不同主体功能区的鼓励、限制和禁止类产业，科学确定各类用地规模，对不同主体功能区实行不同的污染物排放总量控制和环境标准。二是实行各有侧重的绩效评价。在强化对各类地区提供基本公共服务、增强可持续发展能力等方面评价基础上，按照不同区域的主体功能定位，实行差别化的评价考核。对优化开发的城市地区，强化经济结构、科技创新、资源利用、环境保护等的评价。对重点开发的城市化地区，综合评价经济增长、产业结构、质量效益、节能减排、环境保护和吸纳人口。对限制开发的农产品主产区和重点生态功能区，分别实行农业发展优先和生态保护优先的绩效评价，不考核地区生产总值、工业等指标。对禁止开发的重点生态功能区，全面评价自然文化资源原真性和完整性保护情况。

最后，要促进陆地国土空间与海洋国土空间协调开发。海洋主体功能区的划分要充分考虑维护我国海洋权益、海洋资源环境承载能力、海洋开发内容及开发现状，并与陆地国土空间的主体功能区相协调。沿海地区集聚人口和经济的规模要与海洋环境承载能力相适应，统筹考虑海洋环境保护与陆源污染防治。严格保护海岸线资源，合理划分海岸线功能，做到分段明确，相对集中，互不干扰。港口建设和涉海工业要集约利用海岸线资源和近岸海域。各类开发活动都要以保护好海洋自然生态为前提，尽可能避免改变海域的自然属性。控制围填海造地规模，统筹海岛保护、开发与建设。保护河口湿地，合理开发利用沿海滩涂，修复受损的海洋生态系统。

3. 全面促进资源节约

我国的资源现状决定了必须实行节约资源的方针，这是保护生态环境的根本之策。党的十八大报告对全面促进资源节约作出了具体部署，明确了全面促进资源节约的主要方向，确定了全面促进资源节约的基本领域，提出了全面促进资源节约的重点工作。要把这些部署全面贯彻落实到经济社会发展的各个方面和各个环节，确保全面促进节约资源取得重大进展。

第一，全民动员，树立节约资源的理念。节约资源意味着价值观念、生产方式、生活方式、行为方式、消费模式等多方面的变革，涉及各行各业，与每个企业、单位、家庭、个人都有直接关系，需要全民积极参与。必须利用各种方式在全社会广泛培育节约资源意识，大力倡导珍惜资源、节约资源风尚，明确确立和牢固树立节约资源理念，形成节约资源的社会共识和共同行动，全社会齐心合力共同建设资源节约型、环境友好型社会。

第二，科技创新，推动资源利用方式的根本转变。用相同数量的资源生产更多的产品、创造更高的价值，使有限资源能更好满足人民群众物质文化生活需要，是实现社会主义生产目的和生态文明的根本途径。为此，我们必须通过科技创新和技术进步深入挖掘资源利用效率，促进资源利用效率不断提升，大幅降低能源、水、土地等资源消耗强度，真正实现资源高效利用，努力用最小的资源消耗支撑经济社会发展。

第三，转变生产生活方式，推动能源生产和消费革命。我国人均能源储量不足与经济社会发展对能源需求量巨大的客观现实，决定了在我国节约能源更加重要、更加必要、更加迫切。必须把节约能源放在全面促进资源节约工作的突出位置，大力推动能源生产和消费革命，控制能源消费总量，加强节能降耗，支持节能低碳产业和新能源、可再生能源发展，确保国家能源安全。

第四，采取有效措施，加强耕地、水、矿产等资源的保护。要完善最严格的耕地保护制度，严守18亿亩耕地保护红线，严格土地用途管制，从严控制建设用地总规模，从严控制各类建设占用耕地，严格落实耕地占补平衡、先补后占，切实保护好耕地特别是基本农田，推进国土综合整治。完善最严格的水资源管理制度，加强水源地保护和用水总量管理，加强用水总量控制和定额管理，制定和完善江河流域水量分配方案，推进水循环利用，建设节水型社会。加强矿产资源勘查、保护、合理开发，提高矿产资源勘查水平，强化矿产资源特别是优势矿产资源和特定矿种保护，提高矿产资源开采回采率、选矿回收率、综合利用率水平，加强低品位、难选冶、共伴生矿产资源的综合开发利用，鼓励矿山固体废弃物和尾矿资源利用，提高废弃物的资源化水平，提高矿产资源合理开采与综合利用水平。

第五，大力发展循环经济。发展循环经济是节约资源的有效形式和重要途径。要按照减量化、再利用、资源化原则，注重从源头上减少进入生产和消费过程的物质量以及物品完成使用功能后重新变成再生资源，加强资源循环利用的技术研发，大力推进循环经济发展，促进生产、流通、消费过程的减量化、再利用、资源化，加快形成覆盖全社会的资源循环利用体系。

4. 加大自然生态系统和环境保护力度

良好的生态环境既是人和社会持续发展的根本基础，也是人民生活水平不断提高的重要标志。根据我国目前生态系统脆弱和环境污染严重的状况，必须采取有效措施，加大保护力度。

第一，实施重大生态修复工程，增强生态产品生产能力。生态修复是指通过人为的调控使受到损害的生态系统恢复到受干扰前的状态，恢复其内部结构和系统功能。生态修复工程主要包括土壤修复、区域大气污染防治、湖泊流域治理等内容，主要涉及生活与工业污水治理，大气污染治理，重金属治理和土壤修复行业。生态产品是指满足人类生活和发展需要的各种产品中与生态系统有比较直接关系的产品。例如，经过治理和保护的清洁水源和空气；能提供或生产清洁的水和空气的产品；能满足健康生活要求的食品；有利于人们身心健康发展的自然生态系统服务等。

第二，推进水土流失综合治理，扩大森林湖泊和湿地面积。森林和植被的破坏导致水土流失，水土流失导致石漠化和荒漠化，石漠化和荒漠化进一步加深水土流失，并引起湖泊湿地面积缩小、生物多样性减少、生态环境恶化等一系列后果。退耕还林、植树造林、小流域治理等措施既有利于生态环境的恢复，又有利于保护生物多样性，因此，必须采取综合治理措施。

第三，坚持预防为主、防治结合，综合治理的原则。西方工业发达国家在经济发展过程中走过了一条"先污染后治理"的道路。许多国家在付出巨大代价之后，才逐步从反应性政策、单项治疗性政策转变到"预防为主、综合防治"的预期性政策、综合性治理政策。这源于在20世纪60年代末之前，人类还没有真正认识到环境在自身生存与发展中的价值，没有认识到环境的整体性，没有认识到环境问题给人类带来的沉重代价以及治理环境问题的长期性、复杂性和艰巨性。

预防为主、防治结合、综合治理原则由预防、防治和综合治理三个部分组成，是对防治环境问题的基本方式、措施以及组合运用的高度概括。所谓预防，是指在预测人为活动可能对环境产生或增加不良影响的基础上，事先采取防范措施，防止环境污染和破坏的产生或扩大，或把不可避免的环境危害减少或控制在可容忍的限度之内。所谓防治，是指对已经产生的环境问题，运用科学技术和工程办法消除或减少其有害影响。所谓综合治理，是指根据环境污染或环境破坏的具体情况，对预防和防治进行统筹安排，综合运用各种手段来保护和改善环境。

5. 加强生态文明制度建设

十八大之前，我国已经提出了一些推进生态文明建设的举措、政策，但是一直没有提出一份完善的制度框架体系。十八大报告在我国明确提出经济制度、政治制度、文化制度及社会制度建设之后，提出要"加强生态文明制度建设"，并提出了一整套具有可操作性的具体制度。

第一，建立生态文明的评价体系。要把"资源消耗、环境损害、生态效益纳入经济社会发展评价体系，建立生态文明的目标体系、考核办法、奖惩机制"。这就是说，要改变现有的"唯 GDP 至上"的经济社会发展评价体系，把单纯的强制性环境约束指标转变为有效衡量生态文明发展的考核标准，从根本上优化单纯 GDP 的评价体系。这是生态文明制度建设的核心。

第二，建立国土空间开发保护制度。要按照区域经济差异建设生态文明。具体而言就是要"加快实施主体功能区战略，推动各地区严格按照主体功能定位发展，构建科学合理的城市化格局、农业发展格局、生态安全格局"。我国陆地国土空间辽阔，但适宜开发的面积少。扣除必须保护的耕地和已有建设用地，今后可用于工业化城镇化开发及其他方面建设的面积只有 28 万平方公里左右，约占全国陆地国土总面积的 3%，必须走空间节约集约的发展道路。而且我国区域经济发展差异很大，发展不均衡，因此，国家对区域经济发展的调控应该区别对待、分类指导，这样，才能保证生态文明建设。

第三，建立资源有偿使用和生态补偿制度。在生态文明的框架下，资源性产品的价格应该包括两个方面：一是市场供求和资源稀缺程度所反映的产品的市场价格；二是资源性产品对生态系统影响所体现的生态价值。因此，深化资源性产品价格改革，既要放开国家干预，让市场合理定价，还要在市场价格的基础上，加上由国家确定其生态价值，即生态补偿。

第四，建立排放（污）权交易制度。我国在排放（污）权交易已经有了一定进展，尤其是碳排放权的交易。1997 年通过的《京都议定书》把碳市场作为碳减排的重要工具，之后世界各国纷纷构建自己的碳交易市场。由于我国已经成为世界碳排放的大国，遭受了巨大的国内外碳减排的压力，因此我国已经开展了碳排放交易试点工作。2011 年 11 月，国家发改委在北京召开了国家碳排放交易试点工作启动会议，北京、上海、天津、重庆、深圳、广东和湖北被确定为首批碳排放交易试点省市，并提出 2013 年我国全面启动基于国家碳排放总量控制下的碳排放交易。

第五，建立生态环境保护责任追究和环境损害赔偿制度。责任追究制度是促使监管部门及其工作人员勤勉履职的有效手段。环境损害赔偿制度是从民事法律的角度对破坏环境的行为进行规范的法律制度。这样就形成了从刑事处罚、行政处罚到民事赔偿相结合的完整的法律制度。目前，环境保护部正依托环境保护部环境规划院在 7 省市进行环境污染损害鉴定评估试点工作。待试点成熟后，应确定全国统一的环境损害鉴定和评估计算方法，在国家统一规划下，在各省、自治区、直辖市建立权威的环境损害鉴定评估机构，为环境损害赔偿提供可靠的技术支撑。

四 大学生在生态文明建设中的责任

《中共中央 国务院关于进一步加强和改进大学生思想政治教育的意见》中明确指出："大学生是十分宝贵的人才资源，是民族的希望，是祖国的未来。……加强和改进大学生思想政治教育，提高他们的思想政治素质，把他们培养成中国特色社会主义事业的建设者和接班人，对于全面实施科教兴国和人才强国战略，确保我国在激烈的国际竞争中始终立于不败之地，确保实现全面建设小康社会、加快推进社会主义现代化的宏伟目标，确保中国特色社会主义事业兴旺发达、后继有人，具有重大而深远的战略意义。"大学生作为我国社会中人数众多、接受良好教育、党和国家以及整个社会都寄予厚望的群体，在大力推进生态文明建设过程中同样负有重大责任。

第一，大学生应当是生态文明建设的积极支持者和宣传者。大学生接受的是高等教育，掌握的知识比一般人多，在校期间还开设专门的课程对其进行思想政治教育，在接受和理解党的路线方针政策等方面比一般公众更准确、更深刻。党的十八大把生态文明建设作为中国特色社会主义的总体布局之一，不仅具有重大现实意义，而且具有深远的历史意义。因此，大学生应积极支持党中央的这一英明决策。同时还要向自己的家人和社会公众大力宣传生态文明建设的必要性和路径选择等知识与理论。

第二，大学生应当是生态文明建设的研究者和践行者。大学生毕业后一部分人将继续深造，攻读硕士、博士学位，然后进入科研领域，另一部分人将奔赴各行各业的建设岗位上建功立业，还有很多人会陆续走上各级政府和各个单位的领导岗位。作为中国特色社会主义的建设者，他们要用自己的专业知识和实际行动来建设自己美丽的家园和祖国。走上领导岗位后，在路线方针政策的贯彻执行过程中将发挥更大的作用和影响力，在结构调整、生态环境保护、污染治理以及生产生活方式选择等方面能发挥更多的主观能动性。

第三，大学生应成为资源节约和文明生活方式的引领者。由于大学生在意识上比一般公众更清楚我国的资源现状和环境污染状况，因此在行动上应体现出更高的自觉性。在生活方式的选择上应符合生态文明建设的要求。新的生活方式是简朴生活和低碳生活。简朴生活，是以获得基本需要的满足为目标，以提高生活质量为中心的适度消费的生活。简朴生活拒绝高消费，抑制贪欲和浪费，反对豪华、奢侈和挥霍；以节约为本。低碳生活，是以低消耗和低能耗，低排放和低污染为重要特征的生活。简朴生活和低碳生活是一种可持续的生活方式。它们是一种有意义的生活，道德高尚的生活。其意义在于：对于个人是简单、方便和舒适；对于社会是高尚、公正和平等；对于后代是爱、责任和希望；对于自然是热爱、尊重和奉献。可持续的生活，既要满足人（现代人和子孙后代）的基本需要，人的生存、享受和发展的需要；又要满足保护地球生态系统，保护生物多样性的需要。人类消耗自然资源的速度和深度要维持在地球生态系统可承受的范围内，为现代人的幸福生活，为子孙后代的福利，为地球上千百万物种共存共荣共享地球资源，为千秋万代开拓太平之路。

大学生一定要更加自觉地珍爱自然，更加积极地保护生态，为建设美丽家园和祖国贡献自己的青春和力量。

参考文献

1. 胡锦涛：《坚定不移沿着中国特色社会主义道路前进 为全面建成小康社会而奋斗》，人民出版社 2012 年版。

2. 辛鸣：《十八大后党政干部关注的重大理论与现实问题解读》，中共中央党校出版社 2012 年版。

3. 《十八大报告学习辅导百问》，学习出版社、党建读物出版社 2012 年版。

4. 《新思想·新观点·新举措》，学习出版社、红旗出版社 2012 年版。

5. 蒙培元：《人与自然——中国哲学生态观》，人民出版社 2004 年版。

6. 张世英：《新哲学讲演录》，广西师范大学出版社 2004 年版。

7. 王淮海：《我国能源结构和资源利用效率分析》，《中国信息报》

2006 年 4 月 21 日。

8. 孙洪烈：《我国水土流失问题及防治对策》，中国人大网，2010 年 10 月 29 日。

9. 周生贤：《以环境保护优化经济发展——写在 "6·5" 世界环境日》，《人民日报》2012 年 6 月 4 日。

练 习 与 思 考

一、简答题

1. 我国生态环境问题的主要表现是什么？
2. 我国生态环境问题的成因主要有哪些？
3. 生态文明的内涵包括哪些内容？
4. 我国生态文明建设的路径是什么？
5. 大学生在生态文明建设中的责任是什么？

二、材料分析题

材料一：天灾人祸的警示

（一）舟曲泥石流的成因

2010 年 8 月 7 日，甘肃省甘南藏族自治州舟曲县突发泥石流灾害，造成大量人员伤亡。

据《舟曲县志》记载："舟曲山地，层峦叠嶂，万山皆翠，20 世纪 50 年代，县境森林覆盖面大，山清水秀，生态环境平衡，空气清新湿润。以后由于大面积开荒、毁林，水土流失严重。"

史料记载，舟曲林木采伐始于明清时期，但真正乱砍滥伐是近几十年间，森林资源遭受掠夺性破坏。在 1998 年国家禁伐前，舟曲县 95% 的财政收入来自林业。舟曲县与九寨沟仅一山之隔，九寨沟山清水秀，而直线距离约 60 公里外的舟曲，却满目疮痍。如今爆发泥石流的三眼峪沟，曾经林木森森，大树盈抱，走进去遮天蔽日，但从 20 世纪 80 年代起也遭到严重破坏，周边村民的木屋基本上取材于三眼峪沟。直到汶川地震后，这些木屋才重建成砖瓦结构。

据统计，从舟曲县林业局成立到 1990 年，累计采伐森林 189.75 万亩，许多地方沦为残败的次生林。加上倒卖盗用，舟曲的森林覆盖率一路从最初的 67%，下降到现在的 20%。山上树木被砍伐后，村民又将树根挖出来当柴火烧，山上植被破坏严重，生态环境遭到超限度破坏。

此次甘肃舟曲特大泥石流为什么会发生在县城？灾害程度为何如此之大？据有关资料查询得知，舟曲泥石流灾害主要有以下五个方面的原因。一是地质地貌原因。舟曲是全国滑坡、泥石流、地震三大地质灾害多发区。二是"汶川地震"震松了山体，山体要恢复到震前水平需要三五年时间。三是气象原因。国内大部分地方遭遇严重干旱，遇到强降雨，雨水容易进入山缝隙，形成地质灾害。四是瞬时的暴雨和强降雨。由于岩体产生裂缝，瞬时的暴雨和强降雨深入岩体深部，导致岩体崩塌、滑坡，形成泥石流。五是地质灾害自由的特征。国内发生的地质灾害有 1/3 是监控点以外发生的，隐蔽性很强，难以排查出来。一旦成灾，损失很大。

（二）云南昭通泥石流

2013 年 1 月 11 日，云南昭通发生泥石流灾害，造成 46 人死亡。在历史上，云南就是我国泥石流灾害最为严重的省份，每年因泥石流灾害对云南造成的直接经济损失都达数亿元。开矿弃渣、修路切坡、砍伐森林、陡坡开荒和过度放牧等，这些活动往往导致大范围生态失衡、水土流失，崩滑加剧，为泥石流发生提供了固体物质来源。

（三）山东华源特大矿难

2007 年 8 月 17 日，洪水冲入山东新泰华源煤矿，在华源矿难中，共有 182 人遇难，其中华源煤矿矿工 172 人，名公煤矿矿工 9 人，西都村沙场工人 1 人。

据华源矿难救援专家组组长卜昌泰介绍，造成溃水的主要原因：一是突降暴雨；二是山洪暴发；三是河水猛涨；四是河堤决口；五是决堤淹井。柴汶河决堤之后，洪水进入多年挖沙的沙场，沙场与废弃的西都矿矿井相通，从而形成了洪水冲入西都矿井直接淹井。因此，溃水事故属于自然灾害事故。

除了官方的说法外，记者在采访中还了解到一些"鲜为人知"的原因。在华源矿业的周边和头顶上，有名公、王庄、西都等 8 家地方小矿。内部人士告诉记者，这些小矿乱采滥挖，形成了大量采空区，有的甚至大肆开采华源矿业头顶上的防水保安煤柱，使矿井防水岩层遭到严重破坏。柴汶河溃堤后，洪水冲进废弃的沙井，并经西都煤矿的采空区直接进入了华源矿业的矿井。

据知情人透露，在改制前，华源矿业曾发生过两次溃水事故，只是由于侥幸没有酿成大的祸端。在华源矿难发生的前一天，一家小煤矿因大雨透水被淹，然而，矿主不仅没有向有关部门汇报，反而封锁消息并对村民进行威胁，从而使有关部门错失了预警的良机。

为解除这些小煤矿的威胁，华源矿业曾多次向有关部门反映，但均无回应。值得一提的是，这些威胁华源矿工生命安全的地方煤矿，均有完备的手续，是"合法企业"。

如果没有采沙者挖出的巨大沙坑，华源矿难或许不能发生。据了解，由于我国建筑行业持续高温，对河沙需求量极大，采沙成为极端暴利行业，引起普遍的非法开采及行贿、寻租等现象。本来，我国对开采河沙的管理相当严格，在防洪法、水法和河道管理条例中，均明确规定：在防洪工程保护区内禁止采沙、取土；在河道采沙，必须经过县级以上水利部门和国土资源管理部门批准，并取得"采沙许可证"和"采矿许可证"；对非法采沙行为，两部门负有管理责任。在柴汶河沿岸，分布着华源矿业公司及新汶矿务局的多个大型煤矿，然而，就在这个关系着数万名矿工生命安全的要害地带，采沙活动却极其疯狂。在发生溃堤的那个河段，因堤外沙质较好，被挖出了一个大坑，与河床的落差竟达 5 米以上！对如此险峻的河段，出事前却没有人进行任何整治。洪水溃堤后，直接冲进沙坑，并通过沙井进入小煤矿采挖的采空区，淹井事故随即发生。

根据上述材料，分析以下问题：

1. 三次灾难的共同点是什么？
2. 三次灾难给我们的警示是什么？

材料二：聚焦中国癌症村

江苏省盐城市阜宁县古河镇洋桥村（《江南时报》2004 年报道）：因为靠近一家农药厂、两家化工厂，该村于 2001—2004 年有 20 多人死于癌症（以肺癌、食道癌为主）。因空气和水污染，村民睡觉时以湿毛巾捂口鼻，鸭子不在水边而在猪圈里放养。

江苏省盐城市阜宁县杨集镇东进村（《中国经营报》2008 年报道）：受巨龙化工厂严重污染，2001—2006 年 5 年间死于癌症（以食道癌、肺癌为主）的村民近 100 人，村民每天吃护肝片。化工厂曾被村民起诉，只开出每人 70 块钱的补助条件。

江苏省盐城市盐都区龙冈镇新岗村（《中国青年报》2009 年报道）：据当地村民介绍，在最近的七八年，新岗村初步调查有 57 个癌症患者，死亡年龄都在 50—60 岁之间。

无锡市广益镇广丰村（《中国消费者报》2003 年报道）：村子被液化气公司、化工厂包围，1999—2003 年间患癌死亡 24 人，超过该村总死亡人数 1/3。毒气、粉末铺满小巷，村口怪味甚至熏跑前来拜年的亲戚。

江苏省镇江市丹徒区（高桥镇高桥村、黄墟镇土门村等）（《中国环境报》2004 年报道）：因水系污染，仅在区医院收治的恶性肿瘤病人从 1997 年起呈显著上升趋势，71% 来自本区经济比较发达的东南部乡镇。

江西南昌市新建县望城镇璜溪垦殖场（《江南都市报》2004 年报道）：从化工厂里外漏的污水流进水稻田，将田里的水稻苗全部染黑。2004 年，80 户人家近 20 人患癌，以喉癌、肺癌为主。

江西省玉山县岩瑞镇关山桥村（《人民日报》2006 年报道）：村子附近的 6 个石灰窑常年往外喷灰粉末、煤烟，导致关山桥村 100 多亩粮田减产，即使在下雨天，菜叶上也一层白灰。近年来，60 余户有 10 多人死于癌症。

江西省余干县新生乡柏叶房村（《人民日报·华东新闻》2004 年报道）：饮用水含汞量超标 3 倍以上，10 多年来夺去 45 条生命，另有 20 多人因此痴呆变残，是全国有名的"癌症村"。

四川省简阳市简城镇民旺村（《民主与法制》2004 年报道）：因化工厂未经任何处理的工业、生活废水大量流入沱江，导致水中亚硝氨的含量超过国家规定排放的 30 倍，原是远近闻名的"长寿村"，近年每年平均有 5 人死于癌症。

河南省沈丘县周营乡（黄孟营村等 21 个村庄）（《西安晚报》2004 年报道）：沈丘黄孟营村 14 年（1990—2004 年）间因癌死亡逾百人，占死亡总人数近半。癌症源于沙颍河上游工业、生活污水任意排放所造成的严重水污染。沈丘全县 21 个乡镇全部被污染，村民只得赊账买纯净水。

河南省浚县北老观嘴村（《南方周末》2002 年报道）：20 世纪 80 年代起迅速成长的小造纸厂所排工业废水，导致数百公里长卫河污水墨汁一般，4 年多 79 人死于癌症。

阅读上述材料，回答以下问题：

1. 癌症村产生的原因是什么？

2. 癌症村给我们的警示是什么？

练习与思考参考答案

一、简答题参考答案

1. 第一，土地资源先天不足，水土流失、荒漠化和土壤污染比较严重；第二，我国水资源短缺、水污染严重、水生态恶化等问题很突出；第三，森林覆盖率低，生态系统退化严重；第四，大气污染严重，雾霾、沙尘暴、酸雨等危及人的健康。

2. 第一，思想认识不够，生态环境保护意识薄弱；第二，人口的过快增长对生态环境带来沉重压力；第三，产业结构不合理，经济增长方式粗放；第四，能源结构不合理，资源利用效率低；第五，环境保护法律制度不完善；第六，"GDP政绩观"、公民环境保护意识不高、科技水平整体落后、经济水平尚处于国际产业分工的低端等也是重要原因。

3. 第一，生产力的发展是生态文明的物质基础；第二，人对社会发展规律的积极探索和对自身行为的反思是生态文明的认识基础；第三，人与自然的和谐发展是生态文明的核心价值理念；第四，自觉节制人类自身的行为是生态文明的客观要求；第五，人与自然的永续发展是生态文明的根本目标。

4. （1）增强环境危机意识，树立生态文明理念。（2）优化国土空间开发格局。（3）全面促进资源节约。（4）加大自然生态系统和环境保护力度。（5）加强生态文明制度建设。

5. 第一，大学生应当是生态文明建设的积极支持者和宣传者；第二，大学生应当是生态文明建设的研究者和践行者；第三，大学生应成为资源节约和文明生活方式的引领者。

二、材料分析题参考答案

材料一参考答案：

1. 三次灾难的共同点是"天灾"和"人祸"共同导致了灾难的发生。暴雨、地震是"天灾"，属于客观原因，但当地对森林的乱砍滥伐、对植被的破坏、对资源的过度开发则属于"人祸"。当自然因素和人为因素结合起来的时候，灾难的发生就难以避免。

2. 三次灾难给我们的警示是：第一，人类必须树立与大自然和谐相处的意识和理念。第二，人类在改造自然界的时候必须遵循客观规律，否则就会遭到惩罚。第三，人类在向自然界索取物质和能量的时候必须适度，过度的索取会破坏自然界自身的平衡，从而为自身的持续生存和永续发展带来灾难。第四，面对日益严峻的生态环境，必须采取有力措施加以修复。第五，必须加强自然灾害的预防和预报工作，力争把灾难损失降到最低。第六，必须把生态文明建设放在总体布局的高度、放在永续发展的高度加以重视，切实转变以环境换速度的错误发展观，贯彻落实科学发展观，为建设美丽中国而奋斗。

材料二参考答案：

1. 癌症村产生的表面原因是人类生存环境遭受严重的污染。进一步追究可以发现，对发展的目的认识不够、"GDP 政绩观"、产业结构不合理、环保意识差、环境保护法律制度不健全，执法不严等都是重要原因。

2. 中国癌症村的出现警示我们：第一，要真正树立以人为本的发展理念。发展的根本目的是为了人，是为了人能够更好地生活，是为了人能够持续低生存与发展。第二，要坚决纠正以破坏环境换取短期利益的发展模式和先污染后治理、边污染边治理的发展思路。第三，加大投入力度，采取有效措施治理环境污染。第四，提高公民环境保护意识和生态文明理念，为建设美丽中国奠定坚实的群众基础。

第九讲　我国的周边形势与对外政策

党的十八大报告指出："当今世界正在发生深刻复杂变化，和平与发展仍然是时代主题。世界多极化、经济全球化深入发展，文化多样化、社会信息化持续推进，科技革命孕育新突破，全球合作向多层次全方位拓展，新兴市场国家和发展中国家整体实力增强，国际力量对比朝着有利于维护世界和平方向发展，保持国际形势总体稳定具备更多有利条件。"虽然和平与发展是当今世界发展的主流，但我们也应该清醒地看到，自有人类社会以来，流血冲突在国与国之间、民族与民族之间、各种政治派别之间从来就没有停止过，当今世界，某些地区的冲突还在加剧。近年来，我国在外交方面取得了巨大成就，但依然存在许多急需解决的问题。中国与菲律宾等国的领土之争、中国与日本之间愈演愈烈的钓鱼岛问题以及朝鲜核危机等涉及我国周边形势问题成为国人和世界关注的焦点问题。如何认识我国的周边形势和国家的对外政策，不仅关系到国家安全，而且关系到我国全面建成小康社会和实现中华民族伟大复兴的大局。大学生应该关注我国周边的地区形势以及近期国际热点问题，关注我国的对外政策。

一　我国周边地区形势分析

（一）我国周边形势的特点

我国周边地区形势，是指我国在国土周围面临的形势，即我国周边地区国家与我国在经济、政治、军事等领域的利害关系。我国周边地区形势是我国面临的国际环境的重要组成部分，也是影响我国国家安全与发展的最直接和最主要的外部因素。

我国是世界上邻国最多的国家，共有 20 个邻国，其中与 14 个国家陆地接壤，与 6 个国家隔海相望，这些国家经济发展水平不一，民族宗教问题复杂，意识形态各异，历史上的恩恩怨怨较多。① 我国周边形势特点是北面相对平稳，东面隐忧重重，东南情况复杂，西面危急不断，南面关系紧张。

1. 北面相对平稳

所谓北面相对平稳，主要是指我国北方邻国俄罗斯和蒙古国的总体形势很好。俄罗斯从普京到梅德韦杰夫，再到普京都重视政治的安定性和经济发展的稳定性，努力建立一个强大而有效的政权体制，遏制成员国与联邦的分裂倾向、加强国家的法律和秩序，统一社会思想，以确保俄罗斯的长治久安和实现国富民强的总体发展战略。在经济上，提出符合俄罗斯国情的经济发展战略；在外交上，从国家利益出发，由与美国对抗发展成积极与美国靠拢再到现在与美国保持一定程度的交流和合作，同时也积极改善与欧盟的关系，继续加强与中国的合作，从而使俄罗斯总体发展形势良好。蒙古国形势也比较稳定。蒙古国政府积极采取措施基本实现了国家宏观经济稳定、投资不断扩大、整顿金融财政秩序和提高人民生活水平的目标。并且中蒙两国都重视彼此关系的发展，两国长期友好，近年来在各个领域都展开了合作，中蒙关系得到了长足的发展。但现在在美国亚太战略转移的背景下，美国积极寻求与俄罗斯和蒙古国的合作，企图把美国的影响力延伸到中国的北部邻国。

2. 东面隐忧重重

东面隐忧重重，是指东北亚形势波动不定，一些国家由于领土、内政等问题，存在小规模的冲突和矛盾。东北亚的朝鲜半岛局势反复，2013年2月朝鲜进行了第三次核试验，这引起了美、日、韩三国强烈的反应，美韩两国随后在朝鲜半岛进行了多次军事演习，韩国方面把朝韩共同开发的开城工业园的韩方人员撤出，半岛局势更加紧张，而朝鲜随后的反应也异常强硬，宣布1953年的《朝鲜停战协定》无效、宣布朝鲜进入战争状态、威胁发射舞水端导弹，等等，使朝鲜半岛局势更加紧张，但是各方也清楚地知道战争对谁都是致命的打击，合作发展才是双赢的选择，而且中国也在朝鲜半岛问题上积极活动，力求朝鲜半岛的无核化和稳定，2013年5—6月朝鲜跟中国、日本、美国、韩国积极接触，展开政治会谈，半岛局势开始出现缓和的迹象；而日本自从2012年安倍晋三当选日本新一

---

① 刀书林：《中国周边安全环境刍议》，《现代国际关系》2002年第1期，第14页。

任首相以来，日本右倾主义抬头，日本新一届政府积极推动日本宪法修订，想让日本合法拥有军队。2013 年 4 月日本 168 名跨党派国会议员参拜了靖国神社、安倍晋三为拉选票身穿迷彩服登上战车、在安倍内阁主办的主权恢复纪念仪式结束后包括日本首相在内的参加者齐呼"天皇陛下万岁"、安倍晋三否认日本在第二次世界大战时期对亚洲其他国家的战争是侵略战争，这些都彰显了日本的军国主义势力卷土重来的势头正盛，这些都威胁地区安全。中国与日本的钓鱼岛问题也一度使中日关系紧张，日本在石原慎太郎等一批右倾军国主义人士的作用下，一度要让钓鱼岛国有化，这些都严重地侵犯了中国的国家利益和领土安全，激起了包括港澳台在内的全部中国人以及海外华人华侨的强烈反对和谴责，日本对钓鱼岛的国有化进程最后不了了之，而中国政府在钓鱼岛附近的行政巡航活动形成了常态化趋势，中日两国都有一个共识：中日两国的经济发展和进步是大局，中日互为对方重要的贸易伙伴，这些一定程度上缓和了局势的继续紧张。

3. 东南情况复杂

中国与东盟五国即越南、菲律宾、马来西亚、印度尼西亚、文莱之间在南中国海的领土争端也逐渐升级，为了争夺中国的南海资源和战略优势，这五个东盟国家纷纷展开军备竞赛，特别是越南和菲律宾，一度与中国在中国南海局势紧张，美国趁势介入南海问题，从而使南海局势越来越复杂，但中国与包括这五个国家在内的东盟都认为经济发展为双方目前最大的利益所在，中国与东盟自由贸易区的存在使双方的经贸关系非常密切，这些一定程度上遏制和缓和了紧张局势的升级。

4. 西面危机不断

西面危机不断，乱局出现长期化的发展趋势。美国借口"反恐"挺进了中亚的战略要地阿富汗，并以阿富汗为核心向中亚扩展势力，美国相继与中国的邻国乌兹别克斯坦、塔吉克斯坦、吉尔吉斯斯坦、哈萨克斯坦签订协议建立军事基地或为美国开放领空，这不仅对中国造成威胁，同时也削弱了俄罗斯在该地区的影响力和控制力，使该地区充满隐患和变数。这一地区的伊拉克、阿富汗、叙利亚国内局势混乱，特别是叙利亚政府军与反对派的军事冲突持续了两年多的时间；巴勒斯坦和以色列的领土和宗教纷争仍然持续。

5. 南面关系紧张

处于该地区的印度和巴基斯坦的对抗一直存在，由于双方在领土、宗教、民族存在纠纷、矛盾，双方的冲突或小规模枪战不时发生；中国与印度在藏南地区的领土问题仍然没有彻底解决，2013 年 4 月，中印出现了短暂的两国士兵帐篷对峙，一度局势紧张，而美国也把触角伸向了中国的南面邻国，美国在南亚拉拢印度，开始积极接触缅甸，企图在中国的南面给中国形成压力，但中印之间、中美之间都有共识：合作的利益是最大的。

总之，从地区力量相对稳定、各力量对华需求增多及地区经济合作不断加强等方面看，我国周边地区形势总体稳定。求和平、求稳定、求合作是我国周边地区形势发展的主流，这也符合周边国家的国家利益。亚太地区国家经济总体上仍保持较快发展势头，是全球经济发展最具活力和潜力的地区之一。

（二）我国周边形势面临新的挑战

我国周边地区形势正处在变革和调整的重要时期。部分周边国家处于政治转轨、经济转型和社会转制的过渡期，美国战略重心重返亚洲，美国借反恐将军事触角伸入中亚，并顺势扩张，在中国周边投棋设子，其推行"管理"欧亚大陆的战略图谋日渐显现。这使中国周边环境异常复杂，给中国造成了一定的战略压力，对我国长期构筑的和平稳定、睦邻友好、合作发展的周边环境带来了较多消极影响，① 从而造成了我国周边地区传统政治安全问题与新型挑战并存的形势。比如，阿富汗安全形势严峻，印巴之间的领土问题，俄罗斯联邦与成员国之间的矛盾，南沙群岛的领土问题，巴基斯坦、缅甸、泰国等多个国家政局出现动荡。南亚地区极端势力与宗教、分裂等势力合流之势明显，安全形势恶化，从而给我国的边疆安全、稳定造成了一定的威胁。随着 2008 年金融危机的出现和蔓延，我国周边地区国家经济增速放缓，甚至有些国家经济出现停滞或负增长，贸易额下降，贸易保护主义露头，就业压力加大，失业率上升，这些新型挑战也给我国周边地区形势的发展带来了变数，给我国的经济发展造成了一定的阻碍。

由于摆脱不了冷战思维的影响，国际上一些国家特别是我国周边地区

---

① 刀书林：《中国周边安全环境刍议》，《现代国际关系》2002 年第 1 期，第 12 页。

的一些国家总是以一种非常复杂的心态看待和应对中国目前的快速发展，它们视中国的强大和崛起为最大的潜在威胁，于是通过各种方式和政策进行遏制。最明显的方式就是运用舆论给中国制造压力。最初我国周边某些国家的发展特别是军事发展，就打着"中国威胁论"的幌子，为自己不合理、不合常态的发展寻找借口，以避开世界舆论的批评。新中国成立以来，我们就奉行独立自主的和平外交政策，不参加任何集团，不结盟。同谁都来往，同谁都交朋友；中国也在国内和国际上反复强调，谁搞霸权主义我们就反对谁，谁侵略别人我们就反对谁，我们讲公道话，办公道事，即使中国以后成为发达国家，中国也不会在世界上称霸。在邓小平"中国在国际上是有所追求，在国际问题上还是要有所作为，要积极推动建立国际政治经济新秩序"在这一理论的指导下，中国经济的飞速发展，综合国力的不断提高，国际竞争力不断增强、国际影响力的不断扩大，我国周边某些国家没有把中国的发展和进步定性为良性竞争，而是看成一种威胁，它们没有注意到中国的崛起对亚洲和世界的贡献，也没有注意到中国的发展对周边地区经济的带动，反而把中国的进步和发展"妖魔化"，这是一种较狭隘的发展观。"中国威胁论"的存在使本已复杂的我国周边形势更加复杂，不利于我国周边地区经济的发展和社会的进步，同样也不利于亚洲的发展和进步。进入 21 世纪，随着中国的发展和崛起，特别是2008 年金融危机爆发后，在中国政府和 13 亿中国人民的共同努力下中国经济在世界领域率先复苏，"中国威胁论"逐渐失去作用，随之出现了一种新的理论"中国责任论"或者是"国际大国义务论"，即在国际事务中要求中国发挥更大的作用，承担更多的责任。其实，这是"中国威胁论"的一种演进，都是扭曲了中国的崛起和发展，想以此牵制中国的发展，给自己国家的发展争取更多的国际空间和机会。这两种理论的存在在一定程度上折射出：我国周边地区的形势异常复杂，这足以引起我们所有中国人的重视，特别是我们当代大学生的注意。只有全面清晰地了解我国所处的周边环境，才能制定我们的奋斗目标，也才能激起我们学习和努力的斗志。就像孟子所说的"生于忧患，死于安乐"。对一个国家是如此，对一个人的发展同样如此。并且我们每个人与国家是一种依存关系，国民发展进步了，才能带动整个国家的发展进步；国家强大了，国民才能得到尊重，才有更好的生活。

（三）我国周边地区形势中的积极因素

我国周边地区形势总体稳定向好。周边地区国家都处在经济上升期，特别是遭受 2008 年金融危机打击，各国目前的主要任务仍然是发展经济、改善民生，所以各国的相互依赖性增强；周边地区国家力量消长但都没有能力取得绝对控制权，各国相互制约，各国民间交流频繁，而且由于地缘文化接近，对于各国矛盾的解决和冲突的缓和也起到了一定的作用。

1. 我国周边地区经济总体上保持了较快发展势头

2008 年金融危机以来，世界各国经济都出现了不同程度的衰退，有些国家面临破产，如冰岛、希腊。随着金融危机、经济危机的不断蔓延和延伸，欧洲某些国家已经出现了财政危机，而我国周边地区经济总体上保持了较快发展势头，成为全球经济发展最具活力和潜力的地区之一。在中国、印度等新兴国家的带动下，中国与东盟自由贸易区也积极发挥作用，加强双方的经贸合作，东亚地区不仅成为亚洲经济的发展龙头，也是世界经济复苏和发展的重要生力军。随着经济全球化的发展，亚洲经济对世界经济的影响日益重要，世界发展的动力和活力从大西洋往太平洋倾斜的势头也日益明显。

2. 我国周边地区区域合作更加积极

为了发展地区经济，以及应对全球化冲击，增强抗危机能力，维护地区安全，目前，中国与东盟；东盟与中国、日本、韩国；上海合作组织等区域合作深入发展，我国周边地区国家间的政治互信与经济务实合作水平不断提高。在 2009 年结束的东盟系列峰会上，地区国家就进一步开展多领域合作，共同应对经济危机和安全挑战展开了积极对话和沟通，2013 年中国与东盟之间经贸范围进一步扩大，双方的互补作用更加显现。近年来，东北亚地缘外交十分活跃。在金融危机和朝核危机的双重背景下，东北亚地区三个核心国家中国、日本、韩国开始更加积极寻求有效和双赢的地区合作机制，三国已经达成推动东亚共同体搭建的共识；2002 年中日韩三国领导人峰会上提出中日韩自由贸易区这一设想，2012 年 11 月 20 日，在柬埔寨金边召开的东亚领导人系列会议期间，中国、日本、韩国三国经贸部长举行会晤，宣布启动中日韩自贸区谈判。这些多层次地区合作的发展和进步，不仅使我国周边地区国家经济关系更加密切，经济往来日益增多，贸易额不断扩大，也为政治安全的交流和沟通搭建起平台或为以后的政治安全问题的解决提供了一种参考。

（1）中国与东盟自由贸易区。东盟是中国的好邻居、好朋友、好伙伴。双方在政治、经济、社会、文化等多个领域合作不断深化和拓展，在国际事务中一直相互支持、密切配合。中国政府坚定地奉行"与邻为善、以邻为伴"的周边外交方针和"睦邻、安邻、富邻"的周边外交政策，与东盟建立了更加强劲的战略伙伴关系。中国已与东盟10国分别签署着眼于双方21世纪关系发展的政治文件。中国于2003年作为域外大国率先加入《东南亚友好合作条约》，与东盟建立了面向和平与繁荣的战略伙伴关系。双方建立了较为完善的对话合作机制，主要包括领导人会议、9个部长级会议机制和5个工作层对话合作机制。双方确定了农业、人力资源开发、相互投资、湄公河流域开发、交通、能源、文化、旅游和公共卫生等十大重点合作领域。在执法、青年交流、非传统安全等20多个领域也开展了广泛合作。中国与东盟签署了农业、信息通信、非传统安全领域、大湄公河次区域信息高速公路、交通、文化6个领域的合作谅解备忘录。双方设立了中国－东盟合作基金和中国—东盟卫生合作基金，用于支持中国—东盟领域合作。东盟10国均已成为中国公民出国旅游目的地，双方互为主要旅游客源对象。2009年5月3日，东盟10国和中日韩"10＋3"三国财长在巴厘岛会议上就规模为1200亿美元的亚洲区域外汇储备库的主要要素达成共识，并决心在2009年年底启动这一被称作"亚洲货币基金"雏形的多边货币交换机制。这一合作行动，对维护亚洲地区经济金融稳定具有重大意义，并将对改革和完善国际金融体系产生积极影响。2009年8月15日，中国和东盟签署了中国—东盟自由贸易区《投资协议》，这标志着中国—东盟自贸区的主要谈判已经完成，中国—东盟自贸区如期在2010年建成。中国—东盟自贸区是中国对外商谈的第一个自贸区，也是东盟作为整体对外商谈的第一个自贸区。在2012年召开的东亚领导人系列会议期间，中国与东盟签署了《关于修订〈中国—东盟全面经济合作框架协议〉的第三议定书》和《关于在〈中国—东盟全面经济合作框架协议〉下〈货物贸易协议〉中纳入技术性贸易壁垒和卫生与植物卫生措施章节的议定书》。双方认为，2013年中国与东盟产业合作是自贸区发展的重中之重。

（2）东盟与中国、日本、韩国。近年来，"10＋3"合作机制以经济合作为重点，逐渐向政治、安全、文化等领域拓展，已经形成了多层次、宽领域、全方位的良好局面。"10＋3"在18个领域建立了约50个不同层次的对话机制，其中包括外交、经济、财政、农林、劳动、旅游、环境、文化、打击跨国犯罪、卫生、能源、信息通信、社会福利与发展、创新政府管理等14个部长会议机制。在"10＋3"合作机制下，每年均召开首脑会议、部长会议、高官会议和工作层会议。诚然，在东亚这个拥有近20亿人口、国内生产总值达10万亿美元的广袤地区，不同宗教信仰、意识形态并存，文化背景千差万别，经济和社会发展程度参差不齐，国家间的一些历史遗留问题也成为地区合作与融合的障碍。但是，无论前方有多少荆棘，"10＋3"战略已经成为实现东亚一体化的必由之路。在以东盟主导、协商一致、循序渐进、照顾各方利益、平等互利、相互尊重、求同存异为合作原则的"亚洲模式"下，东亚三国必将在这条合作共赢的道路上从一个成功走向另一个更大的成功。

（3）上海合作组织（简称"上合组织"）。上海合作组织是第一个在中国境内宣布成立、第一个以中国城市命名的国际组织。根据《上海合作组织宪章》和《上海合作组织成立宣言》，上海合作组织的宗旨是：加强成员国之间的相互信任与睦邻友好；发展成员国在政治、经济、科技、文化、教育、能源、交通、环保及其他领域的有效合作；维护和保障地区的和平、安全与稳定；推动建立民主、公正、合理的国际政治、经济新秩序。上海合作组织对内遵循"互信、互利、平等、协商、尊重多样文明、谋求共同发展"的"上海精神"，对外奉行不结盟、不针对其他国家和地区及开放原则。上海合作组织自成立之日起，成员国在安全、经贸、文化、军事、司法等各领域各层次的合作相继展开，并不断得到加强。2001年成立时签署了《打击恐怖主义、分裂主义和极端主义上海公约》。"9·11"事件后，上海合作组织成员国加强了以打击本地区恐怖主义、极端主义和分裂主义"三股势力"为中心的反恐合作。2004年6月，上海合作组织地区反恐怖机构在塔什干正式挂牌运作。2007年6月，在吉尔吉斯斯坦首都比什凯克签署《上海合作组织成员国关于举行联合军事演习的协定》。在经贸合作方面，已经签署了《上海合作组织成员国多边经贸合作纲要》和落实该纲要的措施计划，成立了质检、海关、电子商务、投资促进、交通运输、能源、电信7个专业工作组，负责研究和协调相关领域合作。

（4）朝核问题"六方会谈"。六方会谈是指由朝鲜、韩国、中国、美国、俄罗斯和日本六国共同参与的旨在解决朝鲜核问题的一系列谈判。会谈从 2003 年 8 月 27 日开始，到目前为止，共举行过六轮会谈。六方会谈的目的是解决朝鲜核危机。2002 年朝鲜宣布要发展核武器，希望和美国进行双方会谈。美国拒绝这个会谈方法，觉得会谈应该包含所有有关的国家。两国最后同意六国会谈的方法，但是也同意在会谈中间有朝鲜和美国直接会谈的可能。

有很多分析者认为，中国在会谈内有很重要的地位。中国原来对朝鲜半岛的事情有被动的态度。但是在这个会谈中间，中国表现出一个主动的态度。这个改变有两个原因：一个是有核武器的朝鲜半岛对中国的周边安全产生负面影响。朝鲜核危机没有解决的话，美国可能会对朝鲜采取军事行动，这也会影响中国周边地区安全，威胁中国和平发展大环境。二是中国希望通过自身的努力斡旋和谈判，维持一个和平发展的周边环境，为世界和地区和平发展贡献力量、履行责任。

（5）中日韩自由贸易区。2002 年中日韩三国领导人峰会上提出中日韩自由贸易区这一设想。设想中，中日韩自由贸易区是一个由人口超过 15 亿的大市场构成的三国自由贸易区。自由贸易区内关税和其他贸易限制将被取消，商品等物资流动更加顺畅，区内厂商往往可以降低生产成本，获得更大市场和收益，消费者则可获得价格更低的商品，中日韩三国的整体经济福利都会有所增加。2012 年 11 月 20 日，在柬埔寨金边召开的东亚领导人系列会议期间，中日韩三国经贸部长举行会晤，宣布启动中日韩自贸区谈判。如果中日韩自由贸易区能真正成立并运行，到 2020 年，即下一个十年结束时应该实现的具体目标和远景，中日韩需要集中力量，推动中日韩合作达到新的高度，使中日韩面向未来和全方位合作的伙伴关系更加巩固，各领域互利合作更具成果，人民之间的友好感情更加深厚，中日韩合作将促进中日韩的共同利益，为东亚国家乃至世界的和平、稳定与繁荣作出贡献。

3. 我国周边地区文化交流也日益频繁

由于地缘的关系，周边地区从古代就开始有文化的交流，日本的"遣唐使"、唐朝玄奘西去印度取经、中国的丝绸之路、清末大量中国人移民东南亚等等。这些都使周边地区的文化背景相似，所以沟通就比较方便和容易。特别是地区间的民间文化交流，拉近了地区国家人民之间的关系，通过文化交流合作，消除彼此之间的隔阂，促进了本地区国家间的和谐，一定程度上为我国周边地区总体稳定的形势作出了贡献。

4. 我国周边地区国家间力量结构仍保持相对稳定

我国周边地区最重要的六大力量——中国、美国、日本、俄罗斯、印度和东盟近几年力量彼此消长，但是，由于自身存在的传统问题或新型的问题出现，没有一个国家能在周边地区取得绝对的支配地位，六股力量之间相互制衡，从而使我国周边地区国家间的力量结构仍保持稳定，也从而使周边地区形势总体保持稳定向好。改革开放以来，中国取得了举世瞩目的进步和发展，这是让所有中华儿女为之自豪的，但是，我们仍面临很多艰巨的任务和挑战。从国内来说，我国仍然是一个发展中国家，总体经济实力还比较弱，人民生活水平相对发达国家来说还比较低，民主政治制度改革刚刚起步，产业结构还不合理，要解决这些问题，还需要我们不断地努力，并且从新中国成立以来，中国就奉行独立自主的和平外交政策，中国反对霸权主义，主张相对合理的国际政治经济秩序的建立。从国际上来说，由于意识形态等原因，以美国为首的发达国家对中国的发展不断施加压力、制造麻烦或事端，干涉中国内政，在国际上让中国承担越来越多的责任。美国虽然也面临金融危机、恐怖主义、就业率下降、国内枪支管控等问题，但其优势地位在当今世界仍无人能敌，由于其意在管理世界，所以其力量分散于全球，难以在中国周边为所欲为，并且由于金融危机在美国的延伸发展，给美国经济造成了一定打击，这时急需中国在经济层面的帮助，而且双方也逐渐认识到合则两利、斗则两伤。日本经济实力雄厚，在亚太地区有着举足轻重的地位，并且是美国在亚太地区的盟国，但由于各方面的原因，特别是它不承认第二次世界大战的侵略历史，其成为世界政治大国的道路任重道远；在军事方面，日本想成为军事大国的道路也会困难重重，首先美国出于亚太地区的战略考虑，就不会让日本的军事有很大的进步空间，再就是和平宪法的存在也阻碍了日本发展军事的脚步。俄罗斯军事力量、航天和能源方面非常强大，但碍于其经济发展较慢，短期内不可能在中国周边地区发挥主导作用。印度的经济发展速度很快，其IT业非常发达，由于其廉价的劳动力也吸引了很多外资投资，综合国力不断提升，在南亚地区占据主导地位，但在亚太地区其实力有限，国内的宗教问题和民生问题也牵扯其精力，并且与巴基斯坦之间的对抗不断，其精力无法完全转移到整个亚太地区。东盟的发展是有目共睹的，但是，由于其处于刚刚起步的阶段，各国仍处于磨合和调整期，无法在短期内形成一股强大的力量，与其他力量之间千丝万缕的联系，构成了现在各力量相互制衡的局面。

5. 周边各国对中国需求有所上升

由于中国经济的不断发展，综合国力的不断提高，在国际上拥有了越来越多的话语权，世界各国都看到了中国的重要性，特别是在金融危机之后，中国在世界领域的率先复苏，给了很多国家希望。美国深受金融危机的打击，为了整个国家经济的复苏，奥巴马政府采取了各种措施，包括向中国寻求帮助，要求中国购买美国的国债、加大对美国产品的进口，等等，当然，为了维护亚太地区的实力均衡以及其长期的政治经济利益考虑，美国仍将重视和加强与中国的关系，中美不会走向全面对抗。中国经济的不断进步，也让日本寻找到了一个新的经济增长点，那就是开拓中国市场，虽然两国间有着很多问题，但是，从自身地缘政治及长远战略利益考虑，日本不会把中国只当成单纯的对手。印度一直把中国作为假想敌，但是在国家利益面前，在印度经济快速发展之际，印度也需要中国这个广阔的市场和贸易伙伴。俄罗斯的战略重心并不在亚太地区，而是在西方，中国是俄罗斯在亚太地区制衡美国的一个很好的手段。并且中国、印度、俄罗斯同属"金砖国家"，为了形成国际政治经济新秩序，这三个国家需要在一定程度和某些方面合作。东盟虽然对美国倾向加强，但由于其势力正处于上升阶段，仍希望亚太地区实力均衡，并且由于中国经济的飞速发展以及地缘关系，东盟对中国经济依赖有所加强。

6. 我国周边地区安全形势较长时期内仍会保持总体稳定

朝鲜半岛局势虽然会时好时坏，但在较长时间内出于民族、经济、其周边大国不希望朝鲜半岛出现战事等方面的考量朝韩双方仍可维持"难统难战"的局面；印度和巴基斯坦克什米尔领土问题短时间内不会得到解决，双方虽然会偶有冲突或小规模战争，但是，由于双方各持核武，爆发全面战争的可能性比较小；中亚、南亚、东南亚及俄罗斯的三股势力（民族分裂势力、国际恐怖势力和宗教极端势力）仍会有冲突发生的可能性，但是，在较长时期内难成规模。除此之外，周边各国从本国利益出发，特别是金融危机以后，重心转移到经济发展，并且地区内的双边和多边安全合作将逐渐得到重视和落实。在"反恐"的感召下，各方会进一步加强地区安全合作，冷静对待和解决地区冲突，逐渐以双边和多边安全对话合作机制取代爆发冲突来处理和解决安全问题。

（四）影响我国周边地区形势的不安定因素

我国周边地区形势总体是稳定的，但是由于传统政治安全问题的长期存在以及新型挑战的产生，影响地区稳定的不安定因素仍然存在。并且随着社会主义中国的不断强大，有些挑战有激化的可能。总体来说，这些不安定因素是历史问题、领土问题、宗教问题和内政问题等综合因素引起的。

1. 美国重返亚太战略给中国造成强大压力

美国要实现"管理"世界的梦想，就必须关注地区势力的平衡。在亚太地区，美国的战略要点是遏制中国的发展，认为中国是其实现世界霸权的最大威胁。因此，美国深化和扩大其在亚太地区的双边安全同盟，推行大国平衡战略，以此对中国进行战略遏制政策，即在中国周边地区投棋布子，对中国形成合围之势。

一是在东北亚地区继续加强与日本、韩国的战略同盟，支持日本在钓鱼岛问题上的主权立场，干涉中国的领土问题；以韩国来牵制朝鲜半岛局势向有利于美国的方向发展，制约中国在东北亚的影响力。

二是积极改善和俄罗斯的关系。俄罗斯从普京上台以来，就致力于改善与美国的关系，梅德韦杰夫任总统以后，更是把俄美关系作为其外交政策的重心，普京再次上台以来，虽然双方在一些方面存在分歧，特别是在叙利亚问题上双方持相反的立场，但无论是从普京还是处于第二次任期内的美国总统奥巴马都出于战略考虑非常看重两国关系的发展。两国关系的改善有利于缓和两国的矛盾，美国有更多的精力来处理中美关系。

三是美国以"反恐"为借口进入了在中亚具有重要战略位置的阿富汗，推倒了反美的伊拉克萨达姆政权，扶持一个亲美的新伊拉克政府，制裁反美的伊朗，支持叙利亚反对派对抗叙利亚的阿萨德政权。这些活动强化了美国在中亚和西亚的战略影响，使其势力范围拓展到中国的西面。通过对印度和巴基斯坦的政策平衡，也使南亚地区出现了有利于美国的地缘政治重组，使美国对中国的战略威胁推到中国的南面。

四是从2002年印尼巴厘岛恐怖爆炸事件以来，美国加大了对东南亚地区反恐的支持力度，并借机拉近了与东南亚国家的关系，为美国挺进该地区创造了条件，也增强了美国在东南亚的军事影响。在奥巴马第一任期内就注重美国与东盟的合作，以此排除中国对东南亚的影响力；通过插手中国南海问题，美国加强了与越南、菲律宾和印度的合作，威胁中国的东南面。

五是继续加强与大洋洲的澳大利亚的联系，并逐渐编织起了美国、印度、日本、韩国、澳大利亚军事网络，对中国的沿海地区造成威胁。

六是继续支持"台独"、"藏独"、"疆独"势力，干涉中国内政，以此作为与中国谈判的砝码，同时也以此牵制中国的发展和统一大业。

七是干涉中国钓鱼岛问题，在钓鱼岛问题上美国一度偏离历史和法律事实，支持日本对钓鱼岛的绝对管辖和主权，在中国外交压力下，美国虽然后来改称在钓鱼岛的主权归属上不承认中国拥有也不承认日本拥有，但坚称现在的钓鱼岛是在日本的行政管辖下。

除此之外，目前，除朝鲜、老挝、柬埔寨、缅甸等少数国家外，我国周边地区国家与美国均有不同程度的军事合作关系。

2. 持"中国威胁论"的国家继续存在

"中国威胁论"早在新中国成立之初就存在，并以美国炒作得最为厉害。"中国威胁论"的存在使我国周边地区安全环境更为复杂。改革开放后，中国的经济出现了飞跃性发展，中国的政治、文化、外交、体育等都有了长足的发展，中国在国际上的影响力越来越大，此时"中国威胁论"成为我国周边地区某些国家不公平、不合理的恶性竞争行为的借口。如日本、印度就以"中国威胁论"为借口违背宪法或国际条约、条例积极扩充军备，发展高尖端武器技术，并以此博得世界和国民对其行为的"认同"。我国周边地区国家持"中国威胁论"的主要有日本、韩国、印度等。

日本在历史问题、东海海洋权益、钓鱼岛问题、台湾问题等方面不断向中国叫板，在区域合作中与中国争夺主导权，公开阻挠欧盟解除对华武器销售禁令。日本从没放弃成为军事大国的梦想，通过不断渲染"中国威胁论"，日本公开主张要重新审视日本的安全战略、积极扩充军备、通过有关法案逐渐给其军事行为解冻，并在国内造势设法修改日本和平宪法、参拜靖国神社、否认第二次世界大战的侵略行为、往海外调军。这些行为都表明了日本走向军国主义的倾向和危险加大，也必将对我国周边地区安全产生重大影响。此外，日本还积极配合美国亚太战略部署，与美国联合开发并部署导弹防御系统，允诺美国核动力航母入驻日本，俨然成为美国遏制中国和平发展的急先锋。日本安全政策的变动增加了日本未来走向的不确定性，成为影响东亚地区安全的最大变数。

韩国也是高举"中国威胁论"发展本国军事力量，并积极加强与美国的军事合作，多次与美国进行针对中国的联合军演。韩国政府对"中国威胁论"的渲染也影响了韩国民众对中国的误解，网络上曾经出现过一个热帖："一个韩国网民希望中国灭亡，但是中国依然强大并继续不断强大。"其实，这也是对中国迅速发展的一种误读。作为一个国家应该正确对待另一个国家的崛起，从中寻找双赢的战略，而不是以一种酸葡萄的心理来扭曲事实，这对于双方的发展是不利的，也会加剧周边地区的安全紧张局势。

最近几年，"中国威胁论"运用最为频繁的是印度。印度一直怀揣着"大国梦想"，其各个方面的发展都以中国为目标。随着印度最近几年经济和科技的不断发展，印度的大国梦想就越来越强烈。2000 年，印度国防部长费尔南德斯访问日本时扬言："从阿拉伯海的北面到南中国海，都是印度的利益范围。"同年，印度外长贾斯旺特·辛格也称，"印度的安全考虑参数已明显超越南亚的地理定义的范围"，"印度关注的安全环境以及潜在的安全考虑包括从海湾到马六甲海峡的印度西边、南边和东边地区，西北边的中亚，东北亚的中国和东南亚"①。为了实现其大国梦想，印度积极加强与美国、日本以及东盟的合作关系，特别是插手中国的南海问题，并与美国、日本以及一些东盟国家在中国南海地区进行军事演习，企图将军事势力从印度洋扩展到东亚，再者中国与印度之间的领土问题也悬而未决，2013 年 4 月，由于印度士兵越界挑衅，中印士兵展开了短暂的帐篷对峙行为，这些都是在印度"中国威胁论"作用下的行为。但是，印度最大的问题不是"中国威胁"，而是与巴基斯坦之间的领土问题，所以现在印度与巴基斯坦之间的紧张关系以及因为领土问题而不时产生的军事武装冲突分散了印度更多的精力，使其一段时间内无法脱身于南亚局势。

3. 朝鲜半岛问题及朝鲜核问题

朝鲜半岛问题是东亚地区最大的冷战遗产。朝鲜半岛局势反复多变，南北和解并最终走向统一的进程充满变数和曲折。朝鲜半岛局势将走向何方，很大程度上取决于美国在该地区的政策走向。同时，朝鲜半岛局势也取决于韩国政府对朝鲜的态度，从李明博当选韩国总统以来，对朝鲜一直持强硬态度，从而使两国关系更加紧张，朴槿惠上台以来，虽然抛出与朝

---

① 刀书林：《中国周边安全环境刍议》，《现代国际关系》2002 年第 1 期，第 15 页。

鲜对话的橄榄枝，可是现在的朝鲜半岛由于 2013 年 2 月的朝鲜第三次核试验局势更加紧张，战事一触即发。

2013 年 1 月 24 日朝鲜宣布，正计划进行第三次核试验。朝鲜国防委员会发表声明称"在反美对决战中，朝鲜不掩饰将继续发射卫星和运载火箭，以及进行更高水平核试验以瞄准宿敌美国"。谴责联合国安理会涉朝决议，称六方会谈和"9·19"共同声明不再存在，以后不会再有讨论朝鲜半岛无核化对话。2013 年 2 月 12 日上午 10 时 57 分，朝鲜进行了第三次核试验，爆炸当量预计为 1 万吨（韩国方面预计当量为 6000—7000 吨）。联合国安理会在朝鲜第三次核试验之后全票通过对朝鲜的制裁，而且是迄今为止对朝鲜最严厉的制裁。韩美两国也在朝鲜半岛进行了一系列军事演习，以应对朝鲜的核试验，半岛局势迅速升温，朝鲜半岛无核化进程受挫，地区军备竞赛存在升级威胁，东北亚地区的和平与稳定受到冲击。2013 年 5 月，朝鲜开始积极与日本、美国、中国、韩国接触，展开一定级别的谈话，半岛对峙初现转机。可是 2013 年 6 月 11 日朝鲜以韩国派出的谈判人员级别低为由取消了原定 12 日将要举行的朝韩部长级会谈。6 月 20 日韩国媒体报道：在朝韩敏感海域出现朝鲜的"半潜艇"。这一系列问题的出现，使半岛局势的走向扑朔迷离。

朝鲜核问题的实质是朝鲜的生存权与美国霸权之间的博弈。由于意识形态的问题，也由于美国为维系其与日、韩盟国之间的关系，美国一直想颠覆朝鲜的社会主义政权，这是美国霸权主义的体现，而朝鲜要保持政权的安全与稳定，为了应对美国的威胁和安抚国内民众，朝鲜需要有自己撒手锏的武器。这个武器足以让美国及其盟国不敢轻易对朝鲜动武，这个撒手锏的武器就是核武器。

朝核问题可以说是中国周边地区安全环境最大的变数。总而言之，新世纪初期的朝鲜半岛局势仍将呈现时好时坏、复杂多变的发展态势。一方面，以中国为首的倾向于和平解决朝鲜半岛问题的一方积极促进和解、推动"六方会谈"的继续进行，为和平解决争端提供重要机遇和平台，朝鲜半岛和平进程有可能在曲折中前进；另一方面，朝鲜与美国、韩国之间的矛盾根深蒂固，不可能短期内达成和解，并且由于意识形态和历史问题三个国家间的国家利益和政策目标也大相径庭，半岛局势的发展仍存在较大的不稳定和不确定因素，不排除会出现武力对抗和军事冲突的可能性，这给我国东北边境的安全埋下了隐患。朝鲜半岛是中国东北部安全的战略缓冲区，朝鲜半岛局势的紧张将破坏本地区的和平和稳定，也将严重影响中国现代化建设的进程。没有朝鲜半岛的安全，就没有中国现代化的最终实现。

4. 印巴冲突继续存在

半个多世纪以来，印巴关系时紧时缓，双方在克什米尔地区的武装冲突几乎从未中断。两国不断交恶的原因，归根结底，是克什米尔问题。克什米尔是"查谟和克什米尔"地区的简称，位于印度、巴基斯坦、中国、阿富汗之间，面积约为 19 万平方公里。克什米尔问题是"分而治之"的殖民政策造成的。当今的印巴冲突是在克什米尔问题基础上的包括领土、民族、宗教和军备之争的综合性、长期性矛盾和争端。近年来，印巴两国军备竞赛愈演愈烈，克什米尔局势不时紧张，有时会爆发小规模的武装冲突。新世纪初期的印巴关系也是随着国际及国内形势的变化而变化，双方都在谋求国家社会的稳定以及经济的飞速发展，但由于美国的介入和因核武器而形成的不对称局势，两国关系时紧时缓。为了解决克什米尔问题，印巴两国领导人和部长级官员数次举行会谈，但一直没能达成协议。巴印两国于 2004 年开始启动和平对话进程，就包括克什米尔问题在内的一系列双边问题举行定期会谈。2007 年 10 月，两国完成了第四轮对话框架下包括克什米尔问题等 8 个议题的讨论。2013 年 1 月，巴基斯坦军方表示，印度军队当天在克什米尔地区越境袭击巴方检查站，造成巴方 1 名士兵死亡，另 1 名士兵受伤。虽然印巴对话和双边关系的改善有可能使印巴关系暂时取得进展，但两国总体对立关系难以在短期内得到根本缓解，今后在克什米尔发生冲突的可能性还比较高，印巴关系的发展仍然存在变数，其所蕴涵的现实或潜在的危险是我国周边地区安全环境面临的重大挑战和隐患。

印巴地区还有一个更大的威胁，那就是印度和巴基斯坦均在 1998 年成为拥有核武器的国家，如果双方在克什米尔地区使用核武器，不仅对于双方而且对于周边国家包括中国都是一个很大的隐患和威胁，影响周边地区安全。

5. 中日钓鱼岛问题

在全球海洋权益争夺加剧的今天，中国绝对不会欺负别国，但也绝不允许别国侵犯和挑衅我国的海洋权益。中国不是麻烦的制造者，但也不畏惧别国给中国找麻烦。中国维护自己的海洋权益，为此走向海洋大国、海洋强国，和中华民族要和平崛起一样，是一种历史的必然。

（1）钓鱼岛问题的由来及其现状

中国与日本存在钓鱼岛主权归属之争。不管是从历史上还是国际法上来看，钓鱼岛都属于中国的领土，但是由于第二次世界大战时期美国的不合法、不合理行为，致使钓鱼岛从第二次世界大战以后一直处于日本的武力控制之下，不时纵容日本右翼势力登岛制造事端，并且用武力阻止中国船只和中国人接近或登上钓鱼岛，2003 年初更是传出日本政府向其国民"租借"钓鱼岛以宣示"主权"的消息。2010 年 9 月 7 日上午，日本海上保安厅巡逻船在钓鱼岛附近海域冲撞一艘中国拖网渔船。2012 年 1 月 3 日上午 9 时 30 分左右，日本第十一管区海上保安总部（那霸）的巡逻船发现冲绳县石垣市议员仲间均等 3 人登上了钓鱼岛。约 20 分钟后，石垣市议员仲岭忠师也登陆了该岛。2012 年 3 月 16 日，由中国海监 50、海监 66 船组成的中国海监定期维权巡航编队抵达钓鱼岛及其附属岛屿附近海域进行巡航。日本海上保安厅 PL62 号、PLH06 号和 PL61 号三艘巡视船先后抵达钓鱼岛附近海域，且一直分别在海监 50 船和海监 66 船一侧进行尾随和干扰阻拦。2012 年 8 月 15 日，中国香港爱国人士冲过日本拦截，成功登上钓鱼岛，插上五星红旗，宣布中华人民共和国对钓鱼岛拥有无可争议的主权。2012 年 12 月 5 日，美国参议院在全体会议上表决通过了2013 财年（2012 年 10 月至 2013 年 9 月）国防授权法修正案。该法案明确写到将钓鱼岛作为《日美安保条约》第五条的适用对象。该法案将在经过与众议院协商，由美国总统奥巴马签署后正式成为法律。法案强调，反对试图通过"武力威慑和动武"来解决领土主权问题的举动。据悉，法案强调美国认为钓鱼岛"处于日本的实际控制之下。"2013 年 4 月 17 日，中国海军 170 "兰州"号导弹驱逐舰以及 572 "衡水"号导弹护卫舰通过冲绳近海公海海域返航，并在中国钓鱼岛附近海域巡航。日本海上自卫队出动 P－3C 反潜巡逻机和驱逐舰在宫古岛附近海域对中国舰船进行跟踪和监视。安倍晋三在 2013 年 4 月 17 日下午举行的党首辩论上，关于钓鱼岛问题，他再次宣称，"不管在历史上，还是在国际法上，钓鱼岛都是日本固有领土"。他同时放话称："将在日本领海以及毗邻海域保持海上保安厅船只的 24 小时全天候巡航姿态，确保实效支配。"

总而言之，现在的钓鱼岛被日本非法控制，美国承认钓鱼岛处于日本的实际控制下，但是，这些严重侵犯了中国的主权和领土完整，也严重损害了中国人民的感情。而中国政府和中国人民一直没有放弃收回钓鱼岛，因为钓鱼岛自古以来就是中国的领土，这是毋庸置疑的。中国政府在努力，我们的海监船和渔政船现在在钓鱼岛进行常态化的巡航，以此宣示中国对钓鱼岛的主权；我们的人民包括港澳台人民，通过民间保钓的方式也在积极努力宣示我们对钓鱼岛的绝对主权。钓鱼岛问题的出现是由历史的原因造成的，更大的原因是钓鱼岛附近丰富的能源资源和渔业资源，驱使日本占领钓鱼岛。美国为了挺进亚太，为了其亚太利益插手钓鱼岛问题，并且歪曲事实地站在日本一边，支持日本对钓鱼岛的实际控制，甚至不惜跟日本进行针对钓鱼岛的登岛和夺岛军事演习，使钓鱼岛问题的解决更加复杂和充满变数。

中日之间另一个领土争端是同样能源丰富的东海地区。中日东海争端实质是主权与能源之争。由于两国对于冲绳海槽的地位、钓鱼岛的主权以及在其划界中的效力一直存有争议，所以双方无法在这一问题上有个定论，只能是通过谈判和对话，互相作出让步，共同开发。如果这一问题没有得到彻底解决，中日双方在这一问题上会一直纠缠下去，这种周边地区大国间的争端，一旦引发冲突，对周边地区安全环境影响较大。钓鱼岛与东海地区除了有丰富的能源资源，从军事战略上来说，它们也具有十分重要的战略位置，关系到我国东部地区的安全和防务。

（2）中国政府在钓鱼岛问题上的立场和主张

中日之间的钓鱼岛主权纠纷，完全是由于日方单方面挑衅和侵犯中国主权造成的，只有日本放弃了冷战思维，正确地看待中国的发展，才能真正了解中国和平崛起对日本来说是一个发展的机会，才有可能改变日本与中国搞对抗的这种做法，才能在正视现实的基础上寻求两国之间形成一种新的平衡，达成新的共识。相对于中日之间的问题和不幸历史，更要看到中日两国友好交往的历史悠久、文化相通、共同利益巨大的优势，两国要成为好邻居、好伙伴，互不构成威胁，互相支持对方和平发展，加强相互信任，在政治、经济、人文等各领域深化交流，实现和扩大共同利益。中国坚持"与邻为善、以邻为伴"的周边外交政策，邻国之间应友好相处，不应以邻国为假想敌，导致相互猜忌。

6. 中国南海问题

南海问题仍是影响中国和东盟国家关系的重要障碍。近年来，在双方的共同努力下，南海地区形势渐趋平稳，具有一定的可控性，但是由于该地区涉及多国利益，问题比较复杂，影响广泛，增加了问题解决的难度，所以这一问题也不容低估。南海是中国的南大门，是中国南部的重要门口，具有非常重要的军事战略位置。美国等其他外部势力为了本国在亚太地区的国家利益，开始插手中国南海问题，而这一举动更增加了南海问题的不可预测性。一些国家仍然在经济利益的驱使下不断在南海地区进行侵占及能源开采活动，同时极力推动南海问题的扩大化，企图使其非法侵占成为既成事实，这将进一步损害我国在南海地区的利益，危及我国周边地区的安全和稳定。领土争端如果得不到妥善的解决，中国会很难处理好与周边地区国家之间的关系，甚至久拖未决的领土争端有可能引起武装冲突或国际危机，这些都将危及我国周边地区安全稳定的环境。

（1）中国南海问题的由来及其现状

我国对南海具有绝对主权这是毋庸置疑的，1943 年的《开罗宣言》以及 1945 年的《波茨坦公告》都明确了中国对南海及南海诸岛拥有主权。这个既定事实也得到了国际认可。由于能源和军事战略的驱使，东南亚国家，主要是菲律宾和越南，开始对南海及其诸岛礁蠢蠢欲动。20 世纪五六十年代以前，南中国海沿岸国家从来就没有对我国南海提出领土要求，70 年代以后，随着国家海洋意识的增强，随着对南海的认识加深，随着陆地资源逐渐枯竭以及对南海丰富能源资源的逐渐了解，南中国海沿岸国家纷纷对我国南海提出领土要求，70 年代以后，菲律宾、越南、马来西亚开始占岛。80 年代，印度尼西亚、文莱也趁火打劫，浑水摸鱼，向我国南海提出领土要求，并且利用东盟联合起来向我国政府施加压力，促使南沙群岛国际化，使我国南海及南沙群岛问题的解决越来越困难，越来越被动。2003 年以来，越南、菲律宾、马来西亚加强了对其占领南海岛礁的维修和建设；频繁出动舰机赴南沙活动，加紧进行海区测量，并重点监视无人礁滩，以防他方占据；并以南沙为背景进行军事演习；武力驱逐或抓扣进入该区域的我国渔船渔民。

第一，中越争端。在中越关于南海主权的争议中，双方曾发生武力冲突。1974 年，我国曾与当时的南越当局在西沙群岛地区发生海战，双方互有损失，但我国取胜。1988 年，因我国执行联合国教科文组织《全球海平面联测计划》而在南沙永署礁建立第 74 号海洋观察站，中越双方在南沙的赤瓜礁发生武装冲突。2011 年 6 月上旬，因越南在南海区域开采石油，双方船只发生冲突。越南空军目前装备了从俄罗斯引进的可以进行对海精确打击的苏－30MK2战机和可以进行远程空战的苏－27SK战机。除此之外，越南为了在南海攫取更多的利益，积极与美国靠拢，拉拢美国插手南海问题，牵制中国；由于与中国都有领土问题，日本和越南的联系也越来越密切，最近有新闻报道，日本计划与越南合作共同制衡和包围中国。

虽然越南的态度强硬，但在实际交涉中，也还会有所节制。目前，越南正处于革新开放和经济转型的关键时期。2013年以来，越南经济遇到严重困难，越南货币大幅度贬值。为了稳定经济和改善民生，在这样的时期挑起战端显然是不明智的。尽管越南民众中存在着强烈的民族主义情绪，但他们也希望能够过上和平、安宁和富足的日子。因此，在新加坡举行的第十届亚洲安全会议上，中越两国国防部长会晤时，越南国防部长冯光青也表示将通过双边会谈来解决问题。

第二，中菲争端。1950年，菲律宾民间人士进占南沙太平岛及其他诸岛，大肆盗采磷矿。1956年，自称所谓探险者的菲律宾人，登上了南沙。1971年，菲律宾声称其侵占的南沙八个岛为卡拉扬（Kalayaan）非属南沙，也非为任何人之主权，据以划定领海线。1972年，菲律宾政府指定其非法占领的中国南海八个岛屿归属巴拉望省。中菲在南海上的领土之争主要是黄岩岛之争。对于黄岩岛是中国领土的立场，菲方过去从未表示过异议，但1994年《联合国海洋法公约》有关专属经济区的法规颁布实施来，菲方突然以黄岩岛位于其200海里专属经济区内为借口，先是宣称对黄岩岛拥有海洋管辖权，后公开叫嚷对黄岩岛拥有主权。据统计，从1997年以来，菲在黄岩岛抓捕和骚扰我渔民的事件平均每年二三起。每次事发后，我国政府高度重视，并提出了抗议和交涉，但菲方充耳不闻，侵犯行为非但没有收敛，反而呈变本加厉之势。菲教育部在新版地图中将黄岩岛，甚至整个南沙群岛列入了菲国版图，将地图送到了4万所公立学校图书馆。更为严重的是，菲政府竟然企图把南沙群岛是菲律宾领土列为修宪的内容，妄图以法律的形式进行领土扩张。菲律宾参众两院于2012年2月正式通过领海基线法案，将黄岩岛和南沙群岛部分岛礁列为菲"所属岛屿"，该法案最后由总统阿罗约签署后正式成为法律。菲律宾参议员劳萨斯更是嚣张地表示："别太把中国的抗议当回事。"而美国已公开由它的智囊向菲建议，说不用管中国相关的法律或者中国的抗议，美国会承认或支持菲律宾的占据岛屿行动。2012年4月10日，菲律宾海军

"巴拉望"号在海南省三沙市黄岩岛海域抓捕 12 艘中国渔船上的中国渔民，正当菲律宾海军在中国渔船上抓捕渔民时，中国海监船 75 号和海监船 84 号抵达，阻止菲律宾海军带走中国渔民和渔船，随后中国渔政船和菲律宾海军护卫舰开始对峙。2013 年 1 月 22 日，菲律宾向中方提交了就南海问题提起国际仲裁的照会及通知。同年 2 月 19 日，中方声明不接受菲方所提仲裁，并将菲方照会及所附通知退回。2013 年 4 月初，中菲南海争端并未提交至国际海洋法法庭，而是遵照《联合国海洋法公约》的规定，并在争端一方菲律宾的要求下，进入争端解决机制之一的"仲裁"程序中。

（2）中国在南海问题上的主张及其立场

中国政府一贯主张以和平方式谈判解决国际争端。根据这一精神，中国已同一些邻国通过双边协商和谈判，公正、合理、友好地解决了领土边界问题。这一立场同样适用于南沙群岛。中国愿同有关国家根据公认的国际法和现代海洋法，包括 1982 年《联合国海洋法公约》所确立的基本原则和法律制度，通过和平谈判妥善解决有关南海争议。这已明确写入 1997 年中国—东盟非正式首脑会晤发表的《联合声明》中。中国政府还提出"搁置争议、共同开发"的主张，愿意在争议解决前，同有关国家暂时搁置争议，开展合作。中国政府不仅是这样主张的，也是这样做的。近些年来，中国与有关国家就南海问题多次进行磋商，交换意见，达成了广泛共识。中菲、中越、中马等国的双边磋商机制正在有效运行，对话取得不同程度的积极进展。在中国—东盟高官磋商、中国—东盟对话会中，双方也就南海问题坦诚交换意见，一致赞同以和平方式和友好协商寻求问题的妥善解决。

中国主张有关各方在南沙问题上采取克制、冷静和建设性的态度。近些年来，越南、菲律宾等出兵强占南海一些无人岛礁，摧毁中国在南沙无人岛礁所设主权标志，抓扣或以武力驱赶我在南海作业的渔民，对此，中方始终坚持通过外交渠道，以和平方式与有关国家商讨解决有关问题。这充分体现了中国维护地区稳定和双边友好关系大局的诚意。

中国高度重视南海国际航道的安全畅通。中国维护南沙群岛的主权和海洋权益并不影响外国船舶和飞机根据国际法所享有的通行自由。事实上，中国过去从未干预过外国船舶和飞机在此地区的通行自由，今后也不会这样做。中国愿同南海沿岸国家一道，共同维护南海地区国际航道安全。

南海问题是中国与有关国家间的问题。中国政府一贯主张通过双边友好协商解决与有关国家之间的分歧。任何外部势力的介入都是不可取的，只能使局势进一步复杂化。中国与有关国家完全有能力、有信心妥善处理彼此的争议。南海地区的和平与安宁可以长期保持。目前，南海地区根本不存在什么危机。渲染南海局势紧张，是与事实相违的，甚至是别有用心的。

7. 大部分周边地区国家继续处于政治转型过程中

我国周边地区各国经济、政治、文化和社会发展水平不一，贫富差距明显。在全球化、西方民主化浪潮以及金融危机冲击下，相当多的国家正处于政治转轨、经济转型和社会转制的过渡期。周边地区安全形势变得很复杂。我国周边地区国家包括中国都处于不同程度和类型的转型过程中。其中一些国家的转型比较顺利、平稳，另外一些国家的转型过程则比较曲折、漫长，特别是那些处于政治转轨或社会转制的国家，在其转型的过程中常常伴随着政治动荡，甚至会发生武装冲突、流血事件。当前我国周边地区只有少数国家已经完成或基本上完成了政治转轨过程，实现了国家的政体稳定和繁荣的目标。大部分国家都没有完成这一过程，其中有些国家的转轨过程伴随着政治动荡。

2013 年 1 月，缅甸某反对派武装和政府军之间的战斗几乎殃及了中国边境地区。据报道，在缅甸边界小城拉咱（Laiza），已有三人在炮击中丧命。克钦独立军军官敖杰（Awng Jet）在电话里说，炮击发生在周一早晨，三名非武装人员在炮火中丧命，其中包括一名基督教神职人员和一名学生。在缅甸，法律法规尚不完善，政策也比较多变；并且缅甸政府军队作战能力差，要想迅速解决特区问题绝非一日之功。缅甸局势绝不可能就此彻底平息，这对我国边境贸易提出了较大考验。

菲律宾第二次世界大战之后走了一条与亚洲其他国家和地区不同的政治道路。在目前的菲律宾政治生态中，存在着封建、现代乃至后现代多种政治元素，可以称得上是"一座政治的博物馆"。菲律宾作为亚洲最早建立共和国的国家，在当代却陷入政局动荡、腐败盛行、经济衰退的状态，其主要原因是政治转型没有伴随社会结构的变革，国家权力被大家族操纵，底层人民无法获得改变身份的机会，经济发展失去动力。

2003 年伊拉克战争爆发至今已有 10 年，但战争给这个国家带来的创伤依然未愈，政治和社会危机犹存，伊拉克民众的生活依然面临困境，百废待兴的伊拉克重建之路仍然很漫长。近来，伊拉克什叶派和逊尼派两大政治阵营矛盾不断。在安巴尔、萨拉赫丁和尼尼微等逊尼派聚居省份，反政府示威活动已持续两个多月。抗议者指责什叶派主导的政府压制逊尼派族群，来自逊尼派政治阵营"伊拉克名单"的内阁部长多次抵制出席内阁会议，财政部长和农业部长相继辞职。

8. 恐怖主义的现实威胁仍然存在

近年来，我国周边地区的恐怖主义不断发展。阿富汗、巴基斯坦等中亚、南亚地区是国际恐怖主义和民族分裂主义以及宗教极端主义的重要基地和活动场所。随着美国"9·11"恐怖袭击的爆发，以美国为首的打击恐怖主义的国际行动迅速在全球展开。为打击恐怖主义，美国发动了阿富汗战争，沉重打击了国际恐怖主义和民族分裂主义以及宗教极端主义，但是，这"三股势力"并未偃旗息鼓，而是转变了恐怖袭击方式，由公开袭击转变成暗杀、"游击战"以及"人体炸弹"，不时制造新的恐怖袭击事件。在东南亚，恐怖主义在"9·11"事件后进一步蔓延和发展，当地的伊斯兰激进势力与"基地"组织勾结，制造了一系列的恐怖袭击事件，最典型的就是2002年10月的巴厘岛爆炸案，恐怖主义已经成为东南亚地区安全的现实和潜在威胁。由于地缘的关系，再加上恐怖主义的国际流动性和扩散性，周边地区恐怖主义的蔓延和发展对中国产生了很大的影响和威胁。在这些形势的影响下，中国国内也产生了本土的恐怖组织"东突"，并且境外恐怖组织与我国国内的"东突"恐怖组织的联系日益密切，在我国国内制造了一些恐怖活动，严重影响了我国国内的安全形势，给人民群众的生活造成了一定威胁，同样对新疆的稳定和中国的统一构成现实和潜在的威胁。

9. 台湾问题仍是中国的"软肋"

台湾问题纯属中国内政，可是由于美国插手，台湾问题不再是单纯的中国内政问题，而成为中美之间的外交问题。台湾是美国在亚太地区制衡中国的一个砝码，以此牵制中国的经济和军事发展。而台湾地区自从李登辉当选台湾地区领导人之后，积极向美国和日本靠拢，成为美、日两国在台湾地区的"代言人"，并且大规模地宣扬"一中、一台"和"一边一国"，开始分裂国家的活动；陈水扁上台后，更是变本加厉地搞"台独"，大规模地进行"去中国化"致使岛内国家意识逐渐淡化，台湾本土意识越来越强。中国大陆从 20 世纪七八十年代就开始向台湾地区释出善意，只要认可一个中国，什么问题都可以谈，积极地促进祖国的统一大业。马英九上台以来，两岸关系逐渐缓和，但是，对于统一问题，他采取避重就轻的原则，保持现状是其任内对两岸的态度和政策。近几年，大陆在台湾问题上逐渐变被动为主动，积极采取各种措施，缓和两岸关系，加强与台湾经济、民间交流与合作。大陆积极采取措施改善两岸的经济贸易关系，给台湾老百姓实实在在的实惠，使两岸关系逐渐回暖；两岸的直航以及台湾开放大陆民众到台湾旅游，加深了两岸人民之间的联系。但是，两岸统一问题以及关于统一问题的政治对话短期内很难实现。只要目前两岸的交流合作继续加深，统一最终会实现。在统一的道路上会成为障碍的有两个：一个是美国；一个是岛内的"台独"势力。美国以台制华、阻挠中国统一是美国的既定战略，美国的共和党和民主党对于台海两岸政策有一个底线，那就是不让两岸统一，尽量让两岸分裂，最好是永远分裂。目前，美国在台湾问题上实行的是"不独、不统、不武"的"三不"政策，即美国不希望台湾独立，也不愿意中国统一，更不愿意看到中国大陆对台湾动武。岛内的"台独"势力也是不容忽视的，他们在台湾的中南部具有一定的影响力。这些问题的存在阻碍了两岸的统一，并且对中国的周边地区安全构成了长期的挑战和威胁。

二　我国的对外政策

（一）正确认识当前国际形势的特点

正确认识和准确判断当前的国际形势是党和国家制定外交战略和对外政策的基础。党的十八大报告对国际形势的总体认识和判断主要体现在两个方面。

1. 国际形势总体稳定

党的十八大报告指出："当今世界正在发生深刻复杂变化，和平与发展仍然是时代主题。世界多极化、经济全球化深入发展，文化多样化、社会信息化持续推进，科技革命孕育新突破，全球合作向多层次全方位拓展，新兴市场国家和发展中国家整体实力增强，国际力量对比朝着有利于维护世界和平方向发展，保持国际形势总体稳定具备更多有利条件。"面对复杂多变、险象环生的国际形势，党中央做出"总体稳定"这样的判断是要有足够理论勇气的。这个判断之所以正确，因为它符合以和平与发展为主题的时代精神，体现了国际形势发展的主流，其深层道理是基于相信在可预见的未来能够避免世界大战的发生。正因为如此，我们必须坚定不移地坚持以经济建设为中心、一心一意谋发展的方针政策。

2. 世界仍然很不安宁

党的十八大报告在作出世界形势总体稳定的判断后指出："同时，世界仍然很不安宁。国际金融危机影响深远，世界经济增长不稳定不确定因素增多，全球发展不平衡加剧，霸权主义、强权政治和新干涉主义有所上升，局部动荡频繁发生，粮食安全、能源资源安全、网络安全等全球性问题更加突出。"

（二）正确认识我国周边地区形势的重要性

1. 周边地区形势是我国地缘战略的依托

正确认识我国周边地区形势意义重大，这是因为我国周边地区是中国重要的地缘战略依托。在中国总体外交格局中，周边地区外交更具有重要地位。因为我国周边地区集中了中国重要的国家政治、经济和安全利益，当然亚太地区的和平与稳定对于整个世界的和平与发展具有举足轻重的地位。在政治上，我国要实现和平发展的战略目标，在很大程度上取决于我国与周边地区国家之间的关系。所以有一个稳定和积极向上的周边地区环境有利于维护我国的国家主权和领土完整，也有利于实现国家的统一，从这个意义上讲，周边地区环境的好与坏具有非常重要的意义。在经济上，亚太地区特别是我国周边地区是全球经济最有活力和潜力的地区。周边地区国家具有丰富的资源、市场需求大、技术先进、资本雄厚、劳动力丰富，而这些都是我国经济发展所需要的，如果双方能加强经济领域的合作，将会达到双赢的目的。地理位置的接近也会为双方经贸合作缩减成本，实现利益最大化。所以，发展我国与周边地区国家的经贸关系，加强区域经济合作是中国开展世界经济合作与竞争的基础，同样也会为中国经济持续稳定的发展创造良好的外部环境。在安全上，中国与周边地区国家关系的好坏，也直接影响我国的国防安全、海洋通道安全、领土安全、能源安全以及经济安全。

所以，我国"大周边"外交策略非常重要，消除双方的误解和解决双方存在的矛盾，加强中国与周边地区国家的信任与合作，维护周边地区的和平与稳定的局势，为中国现代化建设创造良好的和平国际环境。随着中国经济的飞速发展，综合国力的不断提高，中国在世界上的影响力越来越大，中国离不开世界，世界同样也需要中国。特别在亚太地区，中国的战略地位至关重要，如果中国能够维持好亚太地区的稳定，不仅能给本国带来政治、经济及安全上的利益，也会大大提升中国的国际地位，在世界上赢得更多的话语权，也有利于整个世界政治经济新秩序的建立。

2. 良好的周边关系有助于我们一心一意谋发展

新中国成立以来，特别是改革开放以来，我国综合国力不断增强，国际地位不断提高，国际影响不断扩大。国际金融危机爆发以来，我国发展模式引起各方高度关注，世界各地"中国热"持续升温。正确认识我国国际地位的变化，就要全面和准确把握胡锦涛同志在第11次驻外使节会议上提出的要"努力使我国在政治上更有影响力、经济上更有竞争力、形象上更有亲和力、道义上更有感召力"的深刻内涵和重要意义，既要正视我国全球性影响日益扩大的现实，又要坚持我国是发展中国家这一基本定位，要坚持承担与我国实力相称的国际责任，在国际事务中继续发挥重要建设性作用。新形势下，我国外交正站在新的历史起点上。我国同各大国的关系总体稳定。一批发展中大国加快崛起，推动世界力量对比进一步朝着多极化的方向发展。我国同周边国家友好合作关系深入发展。我国在当前的国际体系改革进程中处于相对主动地位，在国际事务中发挥着举足轻重的建设性作用。在准确把握机遇的同时，更要清醒地认识挑战。国际形势复杂严峻的一面仍很突出，不确定、不稳定因素增多。国际经济金融危机尚未见底，对我国以及广大发展中国家的冲击不容忽视。不少国家对我国快速发展尚未做好心理准备，我国将长期面临外部各种牵制，将不时受到"中国威胁论"、"中国责任论"等干扰。

作为当代大学生应该时刻充满忧患意识，正确认识国家与人民的依存关系，努力学习，刻苦钻研，增强自己的理论知识的同时，培养自己的动手能力，学会动脑思考问题，也学会以全局、全面的眼光和视野对待问题、解决问题，努力培养自己成为合格的国家建设者和接班人，为实现中华民族的伟大复兴不断奋进。

（三）我国的对外政策

作为世界第二大经济体，中国的一举一动都备受瞩目。新一届领导集体将带领中国走向何方，中国外交将举什么旗、走什么路，政策会否调整，成为国内外关注的焦点。从党的十八大报告中可以看出，中国的外交政策既有继承又有发展，体现了政策的连续性、稳定性与开拓创新的有机统一。

1. 中国外交的大政方针没有变

十八大报告重申，中国坚定奉行独立自主的和平外交政策，始终不渝走和平发展道路，始终不渝奉行互利共赢的开放战略，坚持在和平共处五项原则基础上全面发展同各国友好合作，推动建设持久和平、共同繁荣的和谐世界。这些都是我国长期实行的并且被实践证明适合中国国情和当今时代发展潮流的正确的外交政策，体现了中国对外政策的稳定性和连续性。中国坚持开放的发展、合作的发展、共赢的发展，通过争取和平国际环境发展自己，又以自身发展维护和促进世界和平，扩大同各方利益汇合点，党的十八大再次就中国将走什么样的道路向世界作出了庄严的承诺。

中国坚定不移地奉行独立自主的和平外交政策，其基本目标是维护中国的独立、主权和领土完整，为中国的改革开放和现代化建设创造一个良好的国际环境。其宗旨是维护世界和平，促进共同发展。这一政策的主要内容包括六个方面：

第一，中国始终奉行独立自主的原则。对于一切国际事务，都从中国人民和世界人民的根本利益出发，根据事情本身的是非曲直，决定自己的立场和政策，不屈从于任何外来压力。中国不同任何大国或国家集团结盟，不搞军事集团，不参加军备竞赛，不进行军事扩张。

第二，中国反对霸权主义，维护世界和平。中国认为，世界上国家不分大小、强弱、贫富，都是国际社会的平等一员。中国倡导树立互信、互利、平等、协作的新安全观，通过对话与合作解决国与国之间的纠纷和争端，互相尊重对方的安全利益，而不应诉诸武力或以武力相威胁，不能以任何借口干涉他国内政，更不能恃强凌弱，侵略、欺负和颠覆别的国家。中国从不把自己的社会制度和意识形态强加于人，也决不允许别国把它们的社会制度和意识形态强加于我们。

第三，中国主张顺应世界多极化和经济全球化的历史潮流，积极推动建立公正合理的国际政治经济新秩序。中国认为，新秩序应该体现历史发展和时代进步的要求，应该反映世界各国人民的普遍愿望和共同利益。和平共处五项原则和其他公认的国际关系准则应该成为建立国际政治经济新秩序的基础。中国尊重世界的多样性，并主张维护世界多样性，提倡国际关系民主化和发展模式多样化。中国认为，世界的多样性不应成为各国发展关系的障碍，而应该成为相互交流、补充、丰富的推动力。中国主张，各国的事务要由各国人民自己做主，国际间的事务应通过协商解决。

第四，中国愿意在互相尊重主权和领土完整、互不侵犯、互不干涉内政、平等互利、和平共处五项原则的基础上，同所有国家建立和发展友好合作关系。

积极发展同周边国家的睦邻友好关系，是中国外交政策的重要组成部分。中国同绝大多数邻国解决了历史遗留问题，与周边国家的互利合作蓬勃发展。

加强同广大发展中国家的团结与合作是中国外交政策的基本立足点。中国与广大发展中国家有着共同的历史遭遇，又面临着维护国家独立、实现经济发展的共同目标，合作基础深厚，前景广阔。

中国重视改善和发展同发达国家的关系，主张国与国之间应超越社会制度和意识形态的差异，相互尊重，求同存异，扩大互利合作。对彼此之间的分歧，应在平等与相互尊重的基础上坚持进行对话，不搞对抗，妥善加以解决。

第五，中国实行全方位的对外开放政策，愿在平等互利原则的基础上，同世界各国和地区广泛开展贸易往来、经济技术合作和科学文化交流，促进共同繁荣。

第六，中国积极参与多边外交活动，是维护世界和平和地区稳定的坚定力量。中国是联合国安理会常任理事国，积极参与政治解决地区热点问题。中国派出了维和人员参与联合国的维和行动。中国支持联合国的改革，支持联合国等多边机构在国际事务中继续发挥重要作用。中国坚决反对一切形式的恐怖主义，为国际反恐合作作出重要贡献。

中国积极致力于推进国际军控、裁军与防扩散事业。迄今为止，中国已加入所有国际军控与防扩散条约。在防扩散方面，中国一贯严格履行所承担的国际义务，积极致力于中国防扩散机制的法制化建设，已建立起一个相当完备的防扩散出口控制体系。

中国政府一向重视人权并为此做出了不懈的努力。中国已加入了包括《经济、社会及文化权利国际公约》在内的 18 项人权公约，并已签署了《公民权利和政治权利国际公约》。

中国愿与国际社会一道，加强合作，共同对付人类发展面临的环境恶化、资源匮乏、贫困失业、人口膨胀、疾病流行、毒品泛滥、国际犯罪活动猖獗等全球性问题。

2. 中国维护国家主权的政策宣示，并不意味着中国外交政策的改变

十八大报告指出，我们坚决维护国家主权、安全、发展利益，绝不会屈服于任何外来压力。这是中国的一贯政策，从来没有改变，今后也不会改变。中国坚持走和平发展道路，不意味着放弃维护国家利益的权利，不意味着中国软弱可欺。在涉及重大利益和原则问题上，中国不会委曲求全，更不会拿原则做交易。近年来，特别是今年以来，一些国家不顾中方劝阻，不断在南海、东海挑起事端，中方在忍无可忍的情况下，顺应民意，进行了必要的斗争，坚定维护了国家领土主权和海洋权益。同时，中方顾全大局，极力保持克制，展示了维护地区和平稳定的诚意和负责任的大国形象。

3. 中国外交政策也出现了新论断、新理念和新要求

十八大确定的外交政策中提出一系列新论断。比如，除提了世界多极化、经济全球化外，又进一步提出文化多样化、社会信息化持续推进；除强调我国发展仍处于可以大有作为的重要战略机遇期外，同时又指出要准确判断重要战略机遇期内涵和条件的变化；除阐述我国综合国力迈上大台阶之外，又明确指明我国是世界最大发展中国家的国际地位没有变。这些重要论断反映了我们党对国际形势和中国国际地位的深刻认识。

十八大确定的外交政策中提出了一系列新理念。十八大报告提出"中国将继续高举和平、发展、合作、共赢的旗帜"，在国际关系中弘扬平等互信、包容互鉴、合作共赢的精神，"倡导人类命运共同体意识"，这些都强调了"合作共赢"的理念，也向世界表明了中国希望建设什么样的国际关系和什么样的国际秩序。

十八大对外交工作提出了一系列新要求。比如，提出要推动建立长期稳定健康发展的新型大国关系；要在发展睦邻友好的同时，使自身发展更好惠及周边国家；要加强同广大发展中国家的团结合作，永远做发展中国家的可靠朋友和真诚伙伴；要以更加积极的姿态参与国际事务，发挥负责任大国作用；要扎实推进公共外交和人文交流等。这些都对做好新形势下的外交工作提出了新的更高要求。

总之，无论是继承还是发展，外交工作都是坚决维护国家的主权、安全和发展利益，都是要为全面建成小康社会和中华民族伟大复兴营造更为有利的外部环境，都是要为促进世界和平与发展作出应有的贡献。当今时

代是一个你中有我、我中有你、利益共生的时代。世界在变,中国也在变,但中国外交对维护和促进世界和平发展的承诺不会变,对共同追求人类美好未来的承诺不会变。中国外交将在继承和发展中继续前行,以更加开放包容的心态,以更加积极有为的努力,为世界的和平发展,为人类的繁荣进步,作出应有的贡献!

参考文献

1. 教育部社会科学司:《2009 年下半年高校"形势与政策"教育教学要点》,《思想理论教育导刊》2009 年第 9 期。

2. 刀书林:《中国周边安全环境刍议》,《现代国际关系》2002 年第 1 期。

3. 李春玉:《世界经济危机下的国际形势》,2009 年第二学期"形势与政策"课第 4 讲。

4. 刘柏林、黄石松:《中国周边环境变化趋势及应对策略》,《学理论》。

5. 徐萍、赵青海:《中国周边安全环境透析》,《国际问题研究》2007 年第 2 期。

6. 高子川:《中国周边安全环境基本态势解析》,《当代亚太》2004 年第 1 期。

7. 刘清才:《新时期中国的睦邻外交政策》,《国际观察》2005 年第 5 期。

8. 张小明:《影响未来中国周边安全环境的因素》,《当代世界》2010 年第 6 期。

9. 罗会钧:《当前中国周边安全环境中的美国因素及其对策》,《文史博览(理论)》2008 年第 8 期。

练习与思考

一、简答题

1. 我国周边环境的特点是什么?

2. 我国周边地区形势中的积极因素有哪些?

3. 我国外交政策的主要内容是什么?

4. 和平共处五项原则的内容是什么?

二、材料分析题

材料一：

材料1：2011年5月27日，中国三艘海监船驱逐越南探测船"平明二号"，向其警告侵犯中国海域，并切断其探测缆索。越南指责中国侵犯其主权。越南政府27日表示："三艘中国巡逻艇在南海骚扰一艘越南探油船，不但破坏探油船上的设备，还警告它侵犯了中国海域。"另外越南要求中方"自我克制，不要一再做出侵犯越南主权的行为，并要求赔偿越南探油船的损失"。

材料2：2011年9月16日，印度和越南政府宣布，将进一步增加两国在军事、贸易投资和文化教育等方面的合作，在两国外长越南河内的会晤中，越方声称，"全力支持"印度公司在南海开发石油和天然气的计划。

材料3：应中共中央总书记、中华人民共和国主席胡锦涛的邀请，越共总书记阮富仲于2011年10月11—15日对中华人民共和国进行正式访问。15日发表联合声明说，双方就海上问题坦诚交换意见，强调通过友好协商与谈判解决争议、维护南海和平稳定的政治意愿和决心。双方一致同意，采取切实有效措施扩大和深化两国各领域友好合作。

结合以上材料，回答以下问题：

1. 南海问题出现的原因是什么？

2. 中国如何应对南海问题？

材料二：

材料1：国家主席习近平首访四国

国家主席习近平应俄罗斯联邦总统普京、坦桑尼亚联合共和国总统基奎特、南非共和国总统祖马、刚果共和国总统萨苏邀请，于2013年3月22—30日对上述四国进行国事访问，并出席在南非德班举行的"金砖国家"领导人第五次会晤。

材料2：国家主席习近平出访拉美三国

国家主席习近平于2013年5月31日至6月6日对特立尼达和多巴哥（简称"特多"）、哥斯达黎加和墨西哥三国进行了国事访问。

材料3：国家主席习近平与美国总统奥巴马在庄园会晤

国家主席习近平在结束了拉美三国之行后，应奥巴马总统邀请，于2013年6月7—8日在美国加利福尼亚州安纳伯格庄园与奥巴马总统举行了会晤。此次会晤不仅是两国政府换届后中美元首第一次面对面接触和交流，也是中美高层交往的一个创举。

结合以上材料，回答以下问题：

1. 习近平主席首访为何选择俄罗斯和非洲三国？

2. 习近平主席访问拉美三国出于何种外交考虑？

3. 习近平主席和奥巴马在庄园会晤的意义是什么？

练习与思考参考答案

一、简答题参考答案

1. 我国周边形势特点可以概括为：北面相对平稳、东面隐忧重重、东南情况复杂、西面危急不断、南面关系紧张。

2. （1）我国周边地区经济总体上保持了较快发展势头；（2）我国周边地区区域合作更加积极；（3）我国周边地区文化交流也日益频繁；（4）我国周边地区国家间力量结构仍保持相对稳定；（5）周边各国对中国需求有所上升。

3. 第一，中国始终奉行独立自主的原则；第二，中国反对霸权主义，维护世界和平；第三，中国主张顺应世界多极化和经济全球化的历史潮流，积极推动建立公正合理的国际政治经济新秩序；第四，中国愿意在互相尊重主权和领土完整、互不侵犯、互不干涉内政、平等互利、和平共处五项原则的基础上，同所有国家建立和发展友好合作关系；第五，中国实行全方位的对外开放政策；第六，中国积极参与多边外交活动，是维护世界和平和地区稳定的坚定力量。

4. 互相尊重主权和领土完整、互不侵犯、互不干涉内政、平等互利、和平共处。

二、材料分析题参考答案

材料一参考答案：

1. 经济的原因（资源原因）：随着陆地资源的枯竭，各国均把眼光投向海洋资源，而中国南海海底蕴藏着丰富的各种资源。战略的原因：中国南海是连接太平洋和印度洋的重要通道，具有非常重要的战略地位。中国自身的问题：中国没能长期有效地管辖南海的岛礁，被其他国家非法占有后没采取有效手段加以制止，最终导致现在的局面。

2. 坚持我国在南海的一贯主张；采用双边政治、外交途径解决问题；对待他国非法的侵占行为要坚决制止。

材料二参考答案：

1. 习近平主席访问的第一站选择俄罗斯，这样的安排延续了胡锦涛2003年履新后以俄罗斯作为首个外访国的做法。日本媒体则称，中国历来具有重视新任最高领导人外访首站的传统，显示新领导班子外交方针的重要风向标。分析人士认为，选择俄罗斯作为出访的首个国家，表明中俄关系是习近平时代中国外交政策重点之一。

中国副外长程国平表示，中俄关系目前正处于"历史最高水平"，双方在政治、能源、经贸、人文以及安全等领域的务实合作成果丰硕，未来双边关系还将取得更大的突破。从历史上看，中俄两国领导人一贯保持着良好的工作关系和深厚的个人友谊。两国领导人的交往达到了一种战略上的默契，还建立了从总理到专门委员会的一系列完整合作机制。中俄关系健康发展至今，主要原因有三：两国领导人高度重视；经济合作具有巨大的互补性；同作为安理会常任理事国，对维护国际及地区和平与稳定拥有共同立场，共同反对单边主义。他强调，"中俄关系是大国发展正常国家关系的楷模，不仅符合两国利益、也有利于世界的和平与发展，也符合广大发展中国家的利益"。

习近平主席把非洲作为他首次出访的往访地，虽然其中有一些客观因素，比如赴南非出席"金砖国家"第五次领导人会晤等，但同时此访反映了中国外交的一贯原则，即加强同包括非洲国家在内的广大发展中国家的团结合作。这是中国外交政策的基础，也是中国对外战略的主要方向。因此把非洲作为习近平主席首次出访的目的地是有必然性的，体现了中国对非洲的重视。

2. 墨西哥、特多和哥斯达黎加三个国家虽都是拉美国家，但是其地理位置有所不同，分别在各自的区域中扮演着不同的角色。习主席对三个国家都是国事访问，表明中国新一代领导人加强对拉美地区的重视。这是中国将三国置于前的主要原因。

3. 美国是习主席的最后一站，也是压轴之访，体现出中国对构建新型大国关系的期待。中美两国完成各自重要国内政治议程后，两国关系开局良好，面临进一步发展的重要机遇。3月14日，习近平主席应约同美国总统奥巴马通电话。中美两国元首一致重申，共同致力于建设中美合作伙伴关系，探索构建新型大国关系。此次中美两国元首会晤，体现了中美两国不走历史上大国冲突老路、开创大国关系新模式的政治智慧和历史担当。两国元首增进了相互了解和信任，达成了一系列重要共识，取得重要积极成果，为构建新的大国关系指明了方向。

美国欢迎中国作为一个大国继续和平发展；一个和平、稳定、繁荣的中国，不仅对中国有利，对美国、对世界也有利。美国希望同中国保持强有力的合作关系，做平等的伙伴。美国总统奥巴马如是明确表示。关于中美新型大国关系的内涵，习近平主席在会晤中用三句话作了精辟概括：一是不冲突、不对抗。就是要客观理性看待彼此战略意图，坚持做伙伴、不做对手；通过对话合作，而非对抗冲突的方式，妥善处理矛盾和分歧。二是相互尊重。就是要尊重各自选择的社会制度和发展道路，尊重彼此核心利益和重大关切，求同存异，包容互鉴，共同进步。三是合作共赢。就是要摒弃零和思维，在追求自身利益时兼顾对方利益，在寻求自身发展时促进共同发展，不断深化利益交融格局。

第十讲 加强宏观调控，促进房地产市场平稳健康发展

孟子《梁惠王章句上》有言："居者有其屋，病者有其医，勤者有其业，劳者有其得，少者有其学，童年有其乐，读者有其校，弱者有其助，老者有其养，车者有其位，工者有其薪，农者有其地，商者有其利，优者有其荣，能者得其用，阅者有其悟，学者有其为。"孟子的理想社会首先是让人民定有所居，即"住有所居"。其实，古今中外，"住"的问题都是民众最关心的大事之一，而"住有所居"也是为政者追求的共同目标。

以人为本，从人性角度出发，衣食住行是人们生存和发展中最基本的需要。建筑业、房地产业作为国民经济的支柱产业能否持续、稳定、协调发展，不仅关系到国民经济的健康发展，而且还关系到民生的基本问题的解决，关系到社会主义和谐社会的建设。"住有所居"不仅是每一个人的理想，也是政府应当解决的重大民生问题之一。随着我国市场经济的发展，住房制度改革的推进和城市化进程的加快，我国房地产业在近几年取得了快速发展，在贡献了大量 GDP 的同时，也加剧了人们的不安。突出表现是我国近几年商品房价格快速上涨，与城市居民收入的增长形成强烈的反差，引起了各界人士对我国目前房地产价格是否合理、房地产市场是否出现泡沫的强烈关注，中央政府的调控措施不断加码。政府的宏观调控能否达到预期目的，如何实现房地产价格的合理回归，普通百姓"住有所居"，成为街头巷尾畅谈的热点话题。

一 我国 2012 年以来的房地产市场情况

据统计，2012 年，房地产市场升温，70 个大中城市新建商品住宅销售价格月环比上涨的城市个数呈上涨态势，年末达 54 个，另有 8 个城市

环比价格持平，只有 8 个城市环比价格下降（见图 1）。①

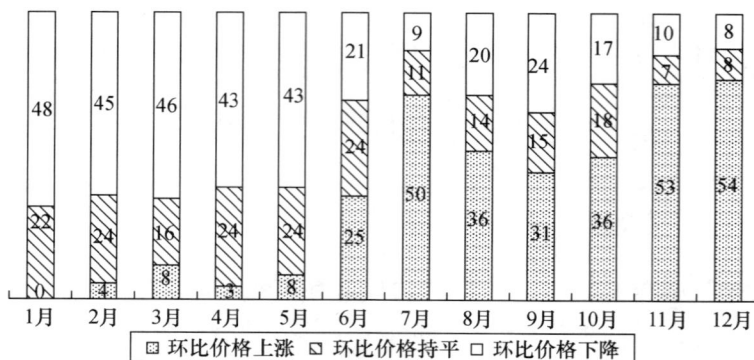

图 1 2012 年新建商品住宅月环比价格下降、持平、上涨城市个数变化

2012 年，全年房地产开发投资 71804 亿元，比上年增长 16.2%。其中，住宅投资 49374 亿元，增长 11.4%；办公楼投资 3367 亿元，增长 31.6%；商业营业用房投资 9312 亿元，增长 25.4%（见表 1）。

全年新开工建设城镇保障性安居工程住房 781 万套（户），基本建成城镇保障性安居工程住房 601 万套。

表 1 2012 年房地产开发和销售主要指标完成情况及其增长速度

指标	单位	绝对数	比上年增长（%）
投资额	亿元	71804	16.2
其中：住宅	亿元	49374	11.4
其中：90 平方米及以下	亿元	16789	21.9
房屋施工面积	万平方米	573418	13.2
其中：住宅	万平方米	428964	10.6
房屋新开工面积	万平方米	177334	-7.3
其中：住宅	万平方米	130695	-11.2
房屋竣工面积	万平方米	99425	7.3
其中：住宅	万平方米	79043	6.4

① 国家统计局：《中华人民共和国 2012 年国民经济和社会发展统计公报》。

续表

指标	单位	绝对数	比上年增长（%）
商品房销售面积	万平方米	111304	1.8
其中：住宅	万平方米	98468	2.0
本年资金来源	亿元	96538	12.7
其中：国内贷款	亿元	14778	13.2
其中：个人按揭贷款	亿元	10524	21.3
本年土地购置面积	万平方米	35667	−19.5
本年土地成交价款	亿元	7410	−16.7

资料来源：国家统计局：《中华人民共和国 2012 年国民经济和社会发展统计公报》。

总体来看，2012 年房地产市场情况表现了几个突出的特点：价格止跌反弹，成交为近三年最高，一线城市回暖快、力度大。

（一）商品房价格持续上涨

百城均价连续 7 个月上涨，已超过 1 月平均水平，同比上涨 0.03%，结束连续 8 个月的同比下跌。2012 年 12 月百城住宅均价为 9715 元/平方米，已超过 2012 年年初水平，比 1 月微涨 0.20%，比 2011 年同期上涨 0.03%，结束连续 8 个月的同比下跌。

十大城市住宅均价涨幅高于百城平均水平，与 2011 年年初相比，十大城市住宅均价累计上涨 1.22%。同比方面，12 月同比上涨 1.06%，为 2012 年以来再次同比上涨（见图 2）。

（二）全国商品房销售持续向好，整体好于 2011 年

2012 年，全国商品房销售额为 6.5 万亿元，同比增长 11%，自 2012 年 8 月起由下降转为上升且增幅不断扩大；11 月累计销售面积 2012 年以来首次止跌，预计全年为 11.4 亿平方米，同比增长 4.6%。

（三）企业投资信心逐渐恢复，下半年增速企稳回升

2012 年，全国房地产开发投资额近 7.2 万亿元，下半年同比增速企稳回升，全年增长 16.2%。

（四）全国新开工面积低于 2011 年，但四季度以来累计降幅持续收窄

2012 年，全国房屋新开工面积 17.7 亿平方米，同比下降 7.3%，降幅持续缩小。房屋施工面积 57.3 亿平方米，同比增长 13.2%。

（五）重点城市新房全年成交量为近三年同期最高，12 月达到高点

全年成交量为近三年同期最高水平。2012 年，50 个代表城市月均成

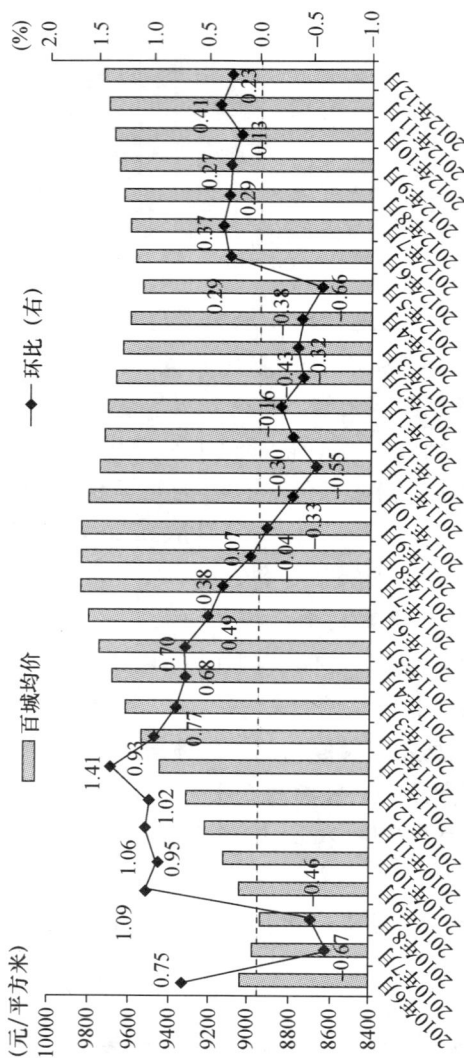

图 2　2010 年 6 月至 2012 年 12 月百城新建住宅均价及环比涨跌幅

资料来源：中国房地产市场总结 2012 和展望 2013》。

交住宅 2326 万平方米，比 2011 年和 2010 年同期分别高出 28.7% 和 9.5%，为近三年同期最高。

12 月成交量创 2010 年调控以来高点。代表城市成交量自 3 月起持续回升，7 月达到 2012 年小高峰，成交 2810 万平方米，接近 2010 年 12 月的阶段性高点（仅低 4.1%），8—9 月略有下降，四季度持续回升，12 月创 2010 年调控以来新高，成交 2977 万平方米，比 2010 年 12 月高出 1.6%。

（六）各类城市对比均为近五年来第二高位

2012 年，各类城市成交量均有所增长，均为近五年来第二高位，其中一线城市同比增长 40.9%，增幅最为突出，但较 2009 年仍有较大距离；从不同阶段来看，一线城市回暖时间领先于二、三线城市，其成交量在 5—6 月率先达到高点，7—9 月持续下行，10 月起再度回升，12 月成交 93 万平方米，再创 2011 年以来新高。

二、三线城市成交量回暖时间滞后于一线城市，在 7—8 月达到 2012 年小高峰，之后持续高位运行。2012 年全年成交量同比分别增长 31.3% 和 21.8%，三线城市回升最晚、力度最小，但绝对量已超过 2009 年高点。

（七）十大城市二手住宅价格上涨，同比第 4 个月上涨

2012 年 12 月，十大城市主城区二手住宅样本平均价格为 22345 元/平方米，环比连续第 10 个月上涨，涨幅为 1.40%，各城市价格全部上涨。同比来看，均价上涨 10.12%，涨幅显著扩大，是自 9 月以来的第 4 个月同比上涨。

与 2012 年初相比，十大城市主城区二手住宅均价累计上涨 10.12%，涨幅明显高于十大城市新房。十大城市二手住宅成交超 2011 年，回升趋势显著，年末达到两年来最高水平。2012 年，十大城市累计成交二手住宅 65.3 万套，同比增长 25.3%，增幅低于相应城市新房（35% 左右）。第二季度开始，成交量持续大幅回升。第三、第四季度分别成交 19.53 万套和 20.47 万套，同比分别增长 67.8% 和 115.9%。

（八）土地全年供求水平不及 2011 年，但 4 月以来逐渐向好

2012 年，全国 300 个城市各类土地推出、成交面积分别为 15.8 亿平方米、11.9 亿平方米，同比分别下降 8.2%、14.9%，其中住宅用地推出、成交面积同比降幅分别为 17.4%、23.6%，商办用地推出、成交面积同比增幅分别为 20.4%、6.4%。

4月以来推出及成交面积环比均逐渐向好，其中，12月住宅、商办用地推出、成交面积均达到年内最高水平。

（九）住宅用地楼面均价、溢价率稳步回升，但各类用地整体水平仍低于2011年同期

2012年，全国300个城市各类用地楼面均价为937元/平方米，同比下降1.7%，其中住宅用地同比上涨6.9%，商办用地同比下降15.2%。

各类用地平均溢价率为7.8%，比2011年同期低4.3个百分点，住宅、商办用地分别比2011年同期低4.4个、5.8个百分点。其中住宅用地溢价率稳步上升，12月达到年内最高点13.3%。

2013年，由于政策"微调"与房地产调控"双重标准"的执行，再加上以城镇化拉动内需的2013年宏观经济政策的定调，房地产市场基本面应该还会在"微调"政策刺激下持续回升，但是不会出现大幅逆转行情，房地产市场"基本面"整体上会持续好转。2013年第一季度房地产市场情况见表2、表3、表4、表5、表6和表7。

表2　　　　2013年1—3月东中西部地区房地产销售情况

地区	商品房销售面积		商品房销售额	
	绝对数（万平方米）	同比增长（%）	绝对数（亿元）	同比增长（%）
全国总计	20898	37.1	13992	61.3
东部地区	10773	46.6	9016	72.9
中部地区	4983	34.5	2447	53.7
西部地区	5142	22.9	2529	35.5

资料来源：国家统计局：《2013年1—3月份全国房地产开发和销售情况》。

表3　　　　2013年3月70个大中城市新建住宅价格指数

城市	新建住宅价格指数			城市	新建住宅价格指数		
	环比	同比	定基		环比	同比	定基
北　京	102.1	108.6	110.8	唐　山	100.6	101.1	102.5
天　津	101.4	104.3	107.6	秦皇岛	100.7	103.3	109.8
石家庄	101.2	104.5	112.4	包　头	100.9	104.1	108.2
太　原	100.7	103.2	104.9	丹　东	101.1	102.5	110.3
呼和浩特	100.2	101.9	106.9	锦　州	100.3	101.9	107.0

续表

城市	新建住宅价格指数			城市	新建住宅价格指数		
	环比	同比	定基		环比	同比	定基
沈　阳	101.1	104.2	110.2	吉　林	100.8	102.7	108.4
大　连	101.0	104.3	109.8	牡丹江	100.9	101.6	108.5
长　春	100.8	102.5	106.1	无　锡	101.3	102.7	103.8
上　海	102.7	106.4	107.6	徐　州	101.4	103.3	106.0
南　京	101.5	105.7	104.9	温　州	99.9	90.8	82.9
杭　州	101.2	100.3	95.0	金　华	100.8	100.1	98.8
宁　波	100.2	96.7	95.0	蚌　埠	100.5	101.5	104.8
合　肥	100.7	103.6	105.2	安　庆	101.0	102.0	105.1
福　州	101.3	105.9	109.4	泉　州	100.0	100.8	101.3
厦　门	102.0	106.5	111.9	九　江	100.6	102.2	104.8
南　昌	101.6	104.8	110.9	赣　州	101.6	103.6	108.5
济　南	100.9	102.9	106.0	烟　台	101.4	102.3	105.4
青　岛	101.0	101.2	102.9	济　宁	101.2	103.2	106.3
郑　州	101.8	106.3	112.5	洛　阳	100.4	101.9	108.8
武　汉	100.9	104.7	108.3	平顶山	101.4	102.4	107.1
长　沙	101.6	105.0	113.0	宜　昌	101.2	103.4	107.5
广　州	102.5	111.1	114.8	襄　阳	101.3	103.0	108.6
深　圳	102.7	108.9	111.8	岳　阳	101.1	101.6	108.6
南　宁	101.6	103.3	104.5	常　德	101.0	102.6	107.4
海　口	100.2	100.1	101.3	惠　州	100.7	102.0	106.5
重　庆	101.0	104.3	107.3	湛　江	100.6	104.4	109.8
成　都	100.9	103.4	106.1	韶　关	100.4	102.7	109.3
贵　阳	100.7	102.7	108.1	桂　林	100.7	100.6	106.5
昆　明	100.9	102.7	108.7	北　海	100.9	102.0	103.5
西　安	101.1	103.8	107.9	三　亚	100.6	101.1	102.3
兰　州	101.1	102.6	110.0	泸　州	101.1	104.1	106.3
西　宁	100.5	104.0	111.7	南　充	101.4	105.6	105.2
银　川	100.5	103.1	106.8	遵　义	100.5	103.2	108.9
乌鲁木齐	101.0	106.1	116.2	大　理	100.7	100.4	102.1

说明：环比以上月价格为100，同比以上年同月价格为100，定基以2010年价格为100。

资料来源：国家统计局：《2013年3月份70个大中城市住宅销售价格变动情况》。

表 4 **2013 年 3 月 70 个大中城市新建商品住宅价格指数**

城市	新建商品价格指数			城市	新建商品价格指数		
	环比	同比	定基		环比	同比	定基
北 京 *	102.7	111.2	113.9	唐 山	100.7	101.2	102.8
天 津	101.5	104.9	108.6	秦皇岛	100.8	103.7	110.9
石家庄	101.2	104.6	112.7	包 头	101.1	104.9	109.0
太 原	100.8	103.3	105.1	丹 东	101.1	102.5	110.3
呼和浩特	100.2	102.0	107.1	锦 州	100.3	101.9	107.0
沈 阳	101.1	104.3	110.7	吉 林	100.9	102.8	108.7
大 连	101.0	104.4	109.8	牡丹江	100.9	101.6	108.6
长 春	100.8	102.6	106.3	无 锡	101.6	103.2	104.2
哈尔滨	101.0	103.7	107.5	扬 州	100.5	101.4	104.9
上 海	103.2	107.8	109.1	徐 州	101.4	103.5	106.3
南 京	101.9	107.6	106.4	温 州	99.9	90.2	81.9
杭 州	101.2	100.3	94.8	金 华	100.9	100.1	98.7
宁 波	100.2	96.5	94.7	蚌 埠	100.5	101.5	104.9
合 肥	100.8	103.9	105.6	安 庆	101.0	102.1	105.2
福 州	101.3	106.0	109.5	泉 州	100.0	100.9	101.4
厦 门	102.1	106.6	112.2	九 江	100.7	102.3	105.1
南 昌	101.7	105.1	111.3	赣 州	101.6	103.6	108.6
济 南	100.9	102.9	106.0	烟 台	101.4	102.4	105.5
青 岛	101.0	101.3	102.9	济 宁	101.2	103.3	106.5
郑 州	101.9	106.5	112.9	洛 阳	100.4	102.0	108.9
武 汉	101.0	104.9	108.7	平顶山	101.4	102.5	107.2
长 沙	101.6	105.1	113.1	宜 昌	101.2	103.5	107.6
广 州	102.5	111.2	115.0	襄 阳	101.3	103.0	108.6
深 圳	102.8	109.1	112.1	岳 阳	101.8	102.6	110.5
南 宁	101.7	103.4	104.6	常 德	101.1	102.6	107.5
海 口	100.2	100.0	101.3	惠 州	100.7	102.0	106.5
重 庆	101.0	104.4	107.5	湛 江	100.6	104.4	109.8
成 都	100.9	103.4	106.1	韶 关	100.5	102.8	109.6
贵 阳	100.8	103.0	108.7	桂 林	100.7	100.6	106.6
昆 明	101.0	103.2	109.7	北 海	100.9	102.0	103.5

续表

城市	新建商品价格指数			城市	新建商品价格指数		
	环比	同比	定基		环比	同比	定基
西　安	101.2	104.2	108.6	三　亚	100.6	101.1	102.3
兰　州	101.1	102.7	110.2	泸　州	101.2	104.2	106.5
西　宁	100.5	104.0	111.7	南　充	101.5	105.7	105.2
银　川	100.6	103.3	107.2	遵　义	100.6	103.6	110.0
乌鲁木齐	101.0	106.2	116.3	大　理	100.8	100.4	102.2

说明：＊本表所列北京市"新建商品住宅价格指数"与北京市有关部门发布的"新建普通住房价格"在统计口径、统计标准等方面均有不同。

资料来源：国家统计局：《2013年3月份70个大中城市住宅销售价格变动情况》。

表5　　　　　　　2013年3月70个大中城市二手住宅价格指数

城市	二手住宅价格指数			城市	二手住宅价格指数		
	环比	同比	定基		环比	同比	定基
北　京	103.1	109.1	106.9	唐　山	100.3	99.9	102.8
天　津	100.6	104.1	103.3	秦皇岛	100.4	102.3	102.5
石家庄	100.1	100.1	98.6	包　头	100.2	100.5	100.7
太　原	100.4	106.9	112.7	丹　东	100.4	100.7	103.0
呼和浩特	100.4	101.3	105.3	锦　州	100.4	99.5	99.7
沈　阳	100.3	101.6	105.1	吉　林	99.9	99.9	103.9
大　连	100.5	104.7	106.9	牡丹江	100.1	100.0	101.5
长　春	100.6	103.1	102.8	无　锡	101.0	101.0	105.7
哈尔滨	100.4	100.6	100.1	扬　州	100.2	98.5	99.5
上　海	102.6	107.2	107.6	徐　州	99.4	102.2	98.8
南　京	101.0	103.1	99.4	温　州	98.9	94.6	87.4
杭　州	100.2	101.6	96.0	金　华	100.5	100.1	95.0
宁　波	100.2	98.7	93.4	蚌　埠	100.1	100.6	104.7
合　肥	101.2	101.2	101.2	安　庆	100.2	100.9	99.7
福　州	101.0	104.0	97.5	泉　州	100.0	99.7	96.3
厦　门	101.0	105.4	105.6	九　江	100.7	102.4	102.4
南　昌	100.8	104.4	102.4	赣　州	100.4	100.8	99.8
济　南	100.2	100.6	102.7	烟　台	100.7	97.3	99.3

续表

城市	二手住宅价格指数			城市	二手住宅价格指数		
	环比	同比	定基		环比	同比	定基
青 岛	100.3	100.2	100.7	济 宁	100.7	101.0	106.2
郑 州	100.6	103.0	104.7	洛 阳	100.7	101.0	106.7
武 汉	100.1	102.7	103.8	平顶山	100.5	101.0	106.3
长 沙	100.6	101.3	102.3	宜 昌	101.5	100.8	102.8
广 州	101.5	107.5	109.9	襄 阳	101.1	102.5	108.1
深 圳	102.5	106.2	109.3	岳 阳	100.5	103.3	110.6
南 宁	100.5	102.1	103.4	常 德	102.3	100.2	108.3
海 口	100.1	99.4	95.0	惠 州	100.7	101.3	105.8
重 庆	100.7	101.6	101.6	湛 江	100.2	101.4	107.7
成 都	100.8	101.5	100.4	韶 关	100.7	103.6	107.0
贵 阳	101.2	101.7	110.2	桂 林	100.5	101.1	102.7
昆 明	101.1	107.1	109.2	北 海	101.0	102.3	103.4
西 安	100.9	101.7	103.3	三 亚	100.3	100.0	94.4
兰 州	100.4	100.2	98.7	泸 州	100.4	101.2	101.3
西 宁	100.6	102.3	108.9	南 充	100.4	101.4	102.0
银 川	100.7	102.5	104.3	遵 义	100.8	100.9	109.0
乌鲁木齐	100.7	101.4	108.2	大 理	100.5	100.2	103.5

资料来源：国家统计局：《2013 年 3 月份 70 个大中城市住宅销售价格变动情况》。

表6　　　　**2013 年 3 月 70 个大中城市新建商品住宅分类价格指数**

城市	90 平方米及以下			90—144 平方米			144 平方米以上		
	环比	同比	定基	环比	同比	定基	环比	同比	定基
北 京	103.0	111.9	114.5	102.7	110.8	114.0	102.5	110.9	113.3
天 津	101.4	105.1	110.4	101.1	104.3	107.8	102.4	105.8	108.2
石家庄	101.3	104.8	111.7	101.3	104.9	113.9	100.8	103.9	110.8
太 原	100.5	103.7	105.4	100.8	103.1	105.7	100.8	103.4	104.2
呼和浩特	100.7	102.5	107.4	100.0	101.9	106.2	100.0	101.7	108.3
沈 阳	101.2	105.5	113.5	100.6	102.8	109.6	101.8	104.3	106.9
大 连	100.8	104.3	110.1	100.4	104.5	109.9	101.7	104.2	109.3
长 春	101.5	103.8	110.9	100.6	102.6	105.1	100.5	101.2	102.7

续表

城市	90 平方米及以下			90—144 平方米			144 平方米以上		
	环比	同比	定基	环比	同比	定基	环比	同比	定基
哈尔滨	101.2	104.2	108.7	101.2	103.9	107.4	100.5	102.7	106.0
上　海	104.0	108.1	111.7	102.7	107.0	108.7	103.1	108.1	108.2
南　京	102.0	107.6	105.9	101.8	107.6	107.0	102.0	107.5	105.7
杭　州	101.2	102.0	96.1	101.3	100.7	94.4	101.2	98.3	93.7
宁　波	100.7	96.2	96.0	100.4	96.9	93.6	99.9	96.3	95.2
合　肥	101.0	105.0	108.3	100.7	103.7	104.7	100.7	102.7	103.1
福　州	101.7	106.8	108.6	101.7	106.3	112.0	100.7	105.3	107.4
厦　门	102.2	107.0	113.6	102.4	106.7	112.6	101.6	106.2	110.9
南　昌	101.8	104.2	110.2	101.8	105.5	112.9	101.3	104.8	108.8
济　南	101.0	103.1	108.5	100.8	103.5	106.2	101.0	101.6	104.1
青　岛	100.6	101.4	103.0	101.1	101.2	103.7	101.4	101.2	101.5
郑　州	102.0	106.9	113.6	101.8	106.2	113.0	101.8	106.3	111.7
武　汉	101.1	105.3	109.1	101.0	104.8	109.5	100.8	104.8	106.0
长　沙	101.1	105.2	116.2	101.4	105.1	113.6	102.3	105.0	109.8
广　州	102.2	110.7	114.6	102.5	110.6	116.6	102.8	112.2	113.4
深　圳	102.6	109.2	114.1	102.5	109.1	109.8	103.1	109.0	111.1
南　宁	101.6	103.3	105.2	101.9	103.7	104.8	101.2	102.7	103.0
海　口	100.3	100.5	103.6	100.3	100.2	101.3	100.1	99.7	100.7
重　庆	101.1	104.9	110.4	101.0	104.1	105.9	100.7	104.0	105.6
成　都	100.7	103.8	106.5	100.8	103.3	107.6	101.4	102.9	103.2
贵　阳	101.1	104.3	109.2	100.8	103.0	108.9	100.5	102.4	107.7
昆　明	100.9	103.4	112.1	101.1	103.3	109.7	101.2	102.9	106.7
西　安	101.2	105.2	111.0	100.8	103.5	107.8	101.8	104.1	106.4
兰　州	100.9	102.2	109.6	101.1	102.7	110.2	101.7	103.4	111.0
西　宁	100.8	104.1	111.3	100.5	104.4	112.1	100.4	102.3	110.6
银　川	100.8	103.5	109.4	100.4	102.8	104.9	100.6	103.9	108.7
乌鲁木齐	100.8	105.4	115.8	101.3	107.1	118.6	100.8	105.5	112.1
唐　山	100.9	101.3	103.1	100.8	101.3	103.1	100.2	100.7	101.4
秦皇岛	100.7	103.7	112.2	100.9	103.8	109.9	100.6	103.0	110.8
包　头	101.8	105.6	109.7	100.8	104.2	109.1	100.6	105.6	107.1
丹　东	101.3	103.8	111.9	101.0	102.1	109.9	101.2	100.4	107.7
锦　州	100.5	102.3	107.7	100.1	102.0	107.4	100.2	99.9	102.6

续表

城市	90 平方米及以下			90—144 平方米			144 平方米以上		
	环比	同比	定基	环比	同比	定基	环比	同比	定基
吉 林	101.2	103.8	109.3	100.6	102.5	108.4	101.0	102.4	108.7
牡丹江	100.9	101.6	108.4	100.8	101.7	108.8	101.1	101.5	110.5
无 锡	101.6	103.5	106.5	101.5	103.2	104.1	101.6	103.0	103.1
扬 州	100.5	101.8	106.5	100.7	101.2	104.9	100.1	101.8	104.4
徐 州	101.0	102.5	105.6	101.6	104.0	107.0	101.1	102.6	103.6
温 州	100.0	88.4	84.7	100.0	89.6	85.3	99.9	90.8	80.6
金 华	100.7	102.7	105.1	100.8	99.4	100.6	101.0	99.7	95.5
蚌 埠	100.4	102.2	105.7	100.5	101.2	104.6	100.5	101.6	105.0
安 庆	101.8	102.6	106.8	101.2	102.4	105.2	100.5	101.5	104.6
泉 州	100.0	100.6	101.4	100.0	100.8	102.1	100.1	101.2	100.3
九 江	100.7	103.2	105.2	100.8	102.2	105.8	100.2	100.7	102.0
赣 州	101.9	104.0	107.6	101.7	103.3	108.5	101.1	103.9	109.4
烟 台	101.2	102.3	105.1	101.5	102.7	106.5	101.5	101.5	102.9
济 宁	101.2	103.1	107.3	101.4	103.6	107.1	101.0	102.7	104.3
洛 阳	100.5	103.1	112.4	100.3	101.3	108.1	100.5	102.0	107.4
平顶山	101.6	102.9	108.5	101.6	102.4	108.1	100.7	101.9	103.9
宜 昌	101.6	104.2	107.6	101.2	103.5	107.9	100.7	102.7	106.5
襄 阳	101.3	103.4	110.5	101.3	103.1	108.8	101.2	102.4	106.4
岳 阳	102.3	102.5	110.5	101.2	103.0	111.7	101.0	102.6	110.4
常 德	101.4	102.7	110.1	100.6	102.5	107.1	102.2	103.1	107.6
惠 州	100.4	102.6	110.8	101.1	103.6	108.6	100.5	100.5	103.2
湛 江	100.7	105.2	110.1	100.4	104.0	110.7	100.3	103.2	107.8
韶 关	100.4	102.2	110.8	100.5	103.2	109.0	100.3	102.7	106.3
桂 林	100.7	100.6	105.5	100.6	100.7	108.4	101.2	100.3	100.7
北 海	100.8	101.9	103.6	101.4	102.7	104.4	100.3	100.4	99.5
三 亚	100.6	101.1	102.2	100.5	101.3	103.1	100.7	100.9	101.6
泸 州	101.3	104.9	106.5	101.0	104.0	106.4	102.2	104.6	107.1
南 充	101.5	105.1	105.2	101.4	105.9	105.2	101.5	105.7	105.2
遵 义	100.6	103.4	110.3	100.7	103.8	110.3	100.4	103.2	108.8
大 理	100.7	100.7	102.0	100.8	100.2	101.7	100.8	100.3	103.2

资料来源：国家统计局：《2013 年 3 月份 70 个大中城市住宅销售价格变动情况》。

表7　　　2013年3月70个大中城市二手住宅分类价格指数

城市	90平方米及以下			90—144平方米			144平方米以上		
	环比	同比	定基	环比	同比	定基	环比	同比	定基
北　京	103.2	110.3	108.5	103.1	108.1	105.8	102.8	107.4	104.2
天　津	100.5	105.5	105.3	100.8	103.6	104.7	100.2	100.2	97.5
石家庄	100.1	100.5	98.7	99.9	99.6	99.6	99.8	95.4	94.3
太　原	100.4	106.9	113.8	100.5	107.5	111.7	100.4	105.2	111.8
呼和浩特	100.5	101.1	105.2	100.4	101.7	106.3	100.2	101.1	103.8
沈　阳	100.3	102.1	105.8	100.1	100.6	104.8	100.4	101.0	101.9
大　连	100.5	105.3	106.8	100.6	103.7	107.1	100.1	104.1	107.4
长　春	100.5	103.9	104.1	100.7	103.1	102.0	100.6	100.3	100.1
哈尔滨	100.5	100.2	99.8	100.4	100.8	100.6	100.4	100.8	99.9
上　海	102.6	107.6	109.0	102.8	107.0	108.0	102.2	106.5	103.4
南　京	100.9	103.3	98.5	100.9	103.4	98.8	101.3	102.7	101.5
杭　州	100.4	102.9	97.4	100.0	101.5	96.2	100.2	97.1	90.6
宁　波	100.2	99.8	94.2	100.3	98.1	92.9	100.2	95.8	91.6
合　肥	101.4	101.8	103.0	101.1	101.3	100.7	99.5	98.7	
福　州	101.0	103.5	96.9	100.9	103.9	98.9	101.1	104.5	98.3
厦　门	101.2	106.6	107.7	101.1	106.2	106.1	100.5	102.8	102.2
南　昌	101.0	106.6	105.6	100.8	102.5	99.3	100.4	103.7	100.6
济　南	100.3	97.9	101.0	100.1	103.4	104.0	100.1	103.4	105.8
青　岛	100.3	99.9	100.1	100.3	100.2	100.7	100.2	100.7	102.1
郑　州	100.6	104.0	105.5	100.7	102.6	104.0	100.5	102.3	104.8
武　汉	100.0	102.5	103.8	100.2	103.1	104.4	100.2	101.4	101.6
长　沙	100.6	102.0	103.2	100.4	101.1	101.9	100.7	100.6	101.3
广　州	101.3	108.6	113.5	101.6	106.1	108.5	101.9	106.7	104.6
深　圳	102.5	107.3	110.6	102.3	106.4	111.7	101.7	102.8	101.6
南　宁	100.6	102.3	103.8	100.4	102.0	104.6	100.3	101.8	99.9
海　口	100.0	99.5	95.1	100.1	99.5	95.0	100.2	99.0	94.9
重　庆	100.7	101.9	99.3	100.6	101.3	102.7	100.7	101.5	105.3
成　都	100.7	101.6	101.4	100.8	101.1	99.2	100.8	102.4	100.4
贵　阳	101.4	102.0	110.1	100.8	101.4	110.6	100.9	100.8	109.1
昆　明	101.3	108.6	110.8	101.2	107.4	108.1	100.7	104.8	108.7

续表

城市	90 平方米及以下			90—144 平方米			144 平方米以上		
	环比	同比	定基	环比	同比	定基	环比	同比	定基
西　安	101.5	103.3	105.3	100.4	100.2	101.8	101.0	103.3	104.4
兰　州	100.6	100.6	98.3	100.5	100.1	98.5	100.0	100.0	100.1
西　宁	100.6	102.2	109.9	100.5	102.4	108.0	100.5	101.9	106.1
银　川	100.6	102.9	104.1	100.8	102.3	104.3	100.6	101.4	105.3
乌鲁木齐	100.8	101.8	110.5	100.7	101.2	106.7	100.4	100.5	105.7
唐　山	100.3	99.8	103.2	100.3	100.3	101.4	100.0	99.4	100.1
秦皇岛	100.4	102.8	104.0	100.4	101.4	100.0	100.3	100.8	101.0
包　头	100.2	101.1	99.8	100.2	100.6	102.6	100.1	97.6	96.7
丹　东	100.4	102.4	105.0	100.4	99.6	101.7	99.9	96.8	98.7
锦　州	100.4	98.6	98.8	100.5	100.0	100.0	100.5	106.1	106.1
吉　林	99.8	100.4	105.3	99.8	99.9	104.3	100.0	98.4	99.4
牡丹江	100.1	100.2	103.0	100.2	99.7	99.0	100.2	98.7	96.1
无　锡	100.0	101.5	104.6	100.4	100.1	106.0	100.0	102.1	107.9
扬　州	100.2	98.6	99.6	100.2	98.3	99.5	100.1	98.8	99.2
徐　州	99.6	102.6	98.7	99.1	102.6	98.6	—	100.1	99.7
温　州	99.0	96.0	89.9	98.8	94.6	85.7	98.9	93.3	87.2
金　华	100.8	101.1	96.3	100.3	100.7	95.0	100.2	97.1	92.8
蚌　埠	100.1	100.5	104.7	100.2	100.9	104.8	99.9	100.6	104.4
安　庆	100.2	101.0	99.7	100.1	100.8	100.1	100.1	100.1	100.4
泉　州	100.0	100.2	95.7	100.1	99.2	96.8	100.1	100.1	96.8
九　江	100.9	102.8	102.9	100.5	101.4	101.0	100.6	103.5	105.5
赣　州	100.7	101.3	100.5	100.3	100.8	99.6	100.5	100.3	99.8
烟　台	101.2	98.1	101.1	100.6	97.4	100.5	100.3	96.1	95.8
济　宁	100.8	102.4	108.6	100.7	99.7	104.9	100.3	102.0	104.2
洛　阳	100.9	100.6	106.4	100.6	101.5	106.9	100.4	100.5	106.8
平顶山	100.6	102.1	109.9	100.4	100.2	104.5	100.3	99.4	97.3
宜　昌	101.4	100.3	101.9	101.5	101.1	103.2	102.0	100.3	102.4
襄　阳	101.2	103.2	110.4	101.1	102.6	107.9	101.0	102.1	107.0
岳　阳	100.6	103.6	109.8	100.3	103.3	110.7	100.6	102.9	110.3
常　德	101.4	102.0	113.1	102.3	101.5	109.3	102.9	95.3	103.0

续表

城市	90 平方米及以下			90—144 平方米			144 平方米以上		
	环比	同比	定基	环比	同比	定基	环比	同比	定基
惠　州	100.9	102.1	106.5	100.4	99.4	103.6	100.3	100.9	107.3
湛　江	100.1	100.6	106.6	100.4	102.7	109.3	100.0	100.5	106.7
韶　关	100.4	103.2	106.1	100.9	105.0	109.0	100.6	100.5	103.5
桂　林	100.6	101.2	102.4	100.3	100.8	103.9	100.9	101.1	100.7
北　海	100.9	102.4	103.7	101.0	102.3	103.2	101.2	101.8	101.9
三　亚	100.1	100.0	94.7	100.6	100.0	94.4	100.0	100.1	94.2
泸　州	100.3	101.5	101.6	100.5	101.1	100.7	100.4	100.8	101.9
南　充	100.3	101.7	102.6	100.6	101.3	101.2	100.0	100.5	101.9
遵　义	100.9	100.9	106.0	100.8	101.6	110.9	100.6	97.9	110.0
大　理	100.7	99.9	104.6	100.3	100.4	102.3	100.6	100.2	103.6

资料来源：国家统计局：《2013 年 3 月份 70 个大中城市住宅销售价格变动情况》。

2013 年 1—3 月，全国房地产开发投资 13133 亿元，同比名义增长 20.2%（扣除价格因素实际增长 19.9%），增速比 1—2 月回落 2.6 个百分点。其中，住宅投资 9013 亿元，增长 21.1%，增速回落 2.3 个百分点，占房地产开发投资的比重为 68.6%（见图 3）。

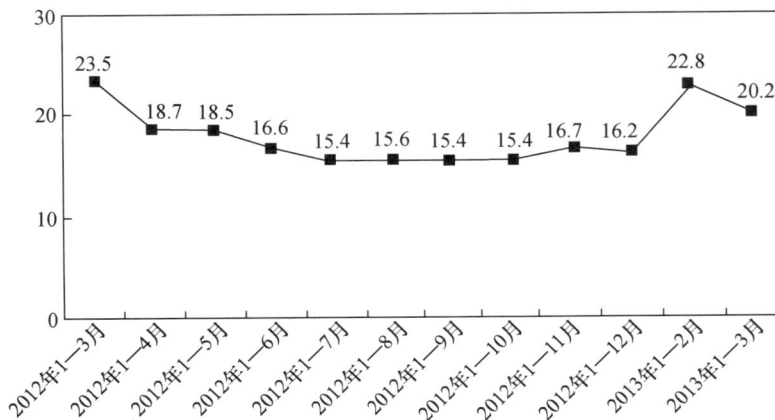

图3　全国房地产开发投资增速（%）

资料来源：国家统计局：《2013 年 1—3 月份全国房地产开发和销售情况》。

1—3 月，东部地区房地产开发投资 7766 亿元，同比增长 17.8%，增速比 1—2 月回落 3.1 个百分点；中部地区房地产开发投资 2521 亿元，增长 21.8%，增速回落 2.8 个百分点；西部地区房地产开发投资 2845 亿元，增长 25.6%，增速回落 1.2 个百分点。

1—3 月，房地产开发企业土地购置面积 6134 万平方米，同比下降 22.0%，降幅比 1—2 月扩大 3.4 个百分点；土地成交价款 1397 亿元，下降 10.2%，降幅缩小 1.8 个百分点（见图 4）。

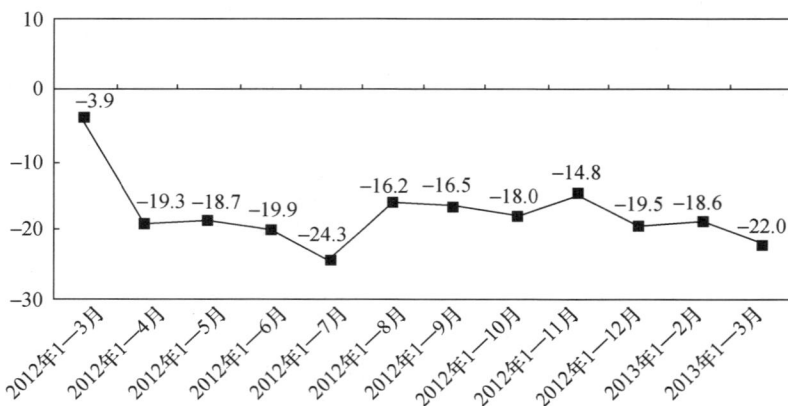

图 4　全国房地产开发企业土地购置面积增速（%）

资料来源：国家统计局：《2013 年 1—3 月份全国房地产开发和销售情况》。

二　我国房地产业的"泡沫"问题

我国房地产业是否存在"泡沫"，政府、专家学者、城乡居民有不同的看法，这是正常的。房地产泡沫实质上是由于房地产投机引起的房地产价格与价值严重背离，市场价格脱离了实际使用者有效支付能力的情况。从 20 世纪中期以来，日本的地价泡沫为典型的房地产泡沫事件。1960—1990 年，日本的 GDP 增长了 17.4 倍，而地价上涨了 56.1 倍，房价上涨了 40 倍，是历史上影响时间最长的房地产泡沫事件。

近几年来，随着我国国民经济的持续快速发展、城市化进程的加快、居民收入水平的提高和政府启动内需的政策，房地产业的发展显示了勃勃生机。总体来说，我国房地产业的发展仍在健康范围内，但是一些局部性、地区性和结构性的"泡沫"问题也必须引起足够的重视。这是我们对当前房地产市场形势的基本判断。

建筑房地产业是我国国民经济支柱的产业之一，也是"泡沫经济"的主要载体之一。引导和促进建筑房地产业持续、稳定、健康发展，不仅有利于保持整个国民经济又好又快增长，有利于满足广大人民群众的基本住房消费需求，而且事关我国全面建设和谐社会目标的实现。因此，正确认识当前我国房地产市场的"泡沫"情况至关重要，它不仅直接影响国家对房地产市场的宏观调控政策的制定与落实，而且直接影响着居民对房地产市场信息的把握及购买决策的确定，对整个房地产业和整个国民经济的发展都有一定的影响。

（一）房地产"泡沫"的形成原因

从经济学角度看，社会总供求平衡是物价稳定的基本条件。总需求是指一国在一定时期内商品和劳务上的支出总量，表现为一定时期内有货币支付能力的购买力总额，总需求（D）包括投资需求（I）、消费需求（C）和政府需求（G）；总供给是指一国在一定时期内的总产出，表现为一定时期内社会提供进入市场可供购买的商品和劳务总额，总供给（y）包括消费（w）、储蓄（s）和税收（g）。社会总供求平衡，即 $D = y$，或 $w + s + g = I + C + G$。德国房价十年不涨，供求平衡是硬道理。当前我国房地产"泡沫"问题的产生是一种经济状态失衡现象的具体表现。导致这种现象的原因有很多，主要原因是随着经济发展，社会总需求不断增长，而供给的弹性价格也随之增长。就目前我国的经济体制环境而言，房地产"泡沫"的形成原因主要有以下几个方面：

1. 地价过快上涨

房价和地价是房地产价格的主要部分。房产价格随时间递减，而由于土地的稀缺性特征，土地价格在数量上是随时间递增的。土地价格上涨与土地囤积是同步的。土地价格之所以持续上涨，是由于城市建设速度不断加快，城市中心建设用地日趋紧缺，加上全国各地普遍实行了土地的收购储备制度，土地增值收益已经成为地方政府财政收入的主要来源。地方政府希望通过土地市场的价格调控获得更多的财政收入，这些都直接或者间接地导致了土地价格的上涨，进而推动了房地产价格的上涨。①

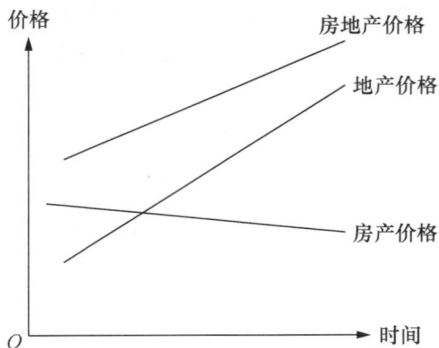

图5 房地产价格与土地价格、房产价格的关系

由图5可以看出，地产的升值性决定房地产的增值性，地产价格逐渐增加的变动趋势超过房产价格逐渐减少的趋势的时候房地产表现为增值。因为土地和房产的这一特性，决定了房地产产生"泡沫"现象主要取决于地价的"泡沫"。

如果我们对近十年来的土地价格和商品房价格进行比较（见图6）②，可以更加清楚地发现土地价格和商品房价格之间存在非常强的相关性。可见，土地价格的确显著影响房价并能够用于预测未来房价的走势。

2. 房地产市场的特殊性及其秩序的不规范

与一般商品市场相比较，房地产市场具有自身的特点，具有供给弹性小、需求不确定（自住型及改善型需求、投资型及投机型需求、被动性需求如"丈母娘需求"）等和房地产交易成本比较低等特点，房地产市场的这种特殊供不应求关系导致房价的上涨。同时，我国房地产市场还很不

---

① 从1998年房地产市场化之后，土地收入在地方政府财政中获得了越来越大的比重，直到拯救金融危机的2009年达到高峰，土地出让价格翻番。以北京为例，2009年通过招拍挂的方式成交的各类土地达到了247宗，成交的金额达928亿元，土地出让金的收入占财政收入比重达到了45.9%。而浙江、上海等地的房地产收益创出历史新高。据2009年年初工商联的调查报告，在房地产开发企业项目开发中，土地成本占直接成本的比例最高，达到58.2%。2011年，全国国有土地使用权出让收入33173亿元，达到全国公共财政收入的32%。2012年，国有土地使用权出让收入有所下降，仍然达到28517亿元。

② 《中国统计年鉴》（2008）。

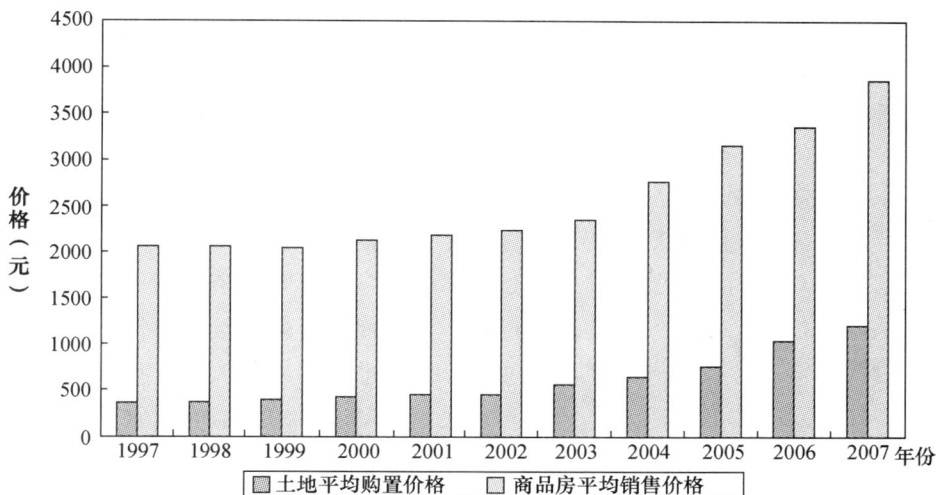

图6　土地平均购置价格和商品房平均销售价格比较

规范，房地产市场秩序的不规范加剧了房地产市场信息的不对称状态，投机炒作之风盛行，房地产投机因素产生了大量的虚拟需求，这种需求刺激市场膨胀，出现了大量的虚假需求消息，使房价大幅度上涨，销售量也出现增长的局面。这种局面导致了开发商对市场的错误判断，盲目增加投资，把投资放在了利润较高的房地产市场，进而导致"泡沫"迅速膨胀。这种虚拟需求一旦减少，出现了大量空置房，房地产泡沫也随之破裂。在投机炒作中，人们将赚取土地价格上涨的资本大量投入房地产，从而加速了房地产价格的上升。这是导致我国房地产"泡沫"产生的重要因素。

3. 购房者的预期及非理性行为

消费者对某种消费品价格的预期在一定程度上影响自己的需求。而不完全理性预期和投机行为决定了消费者的从众行为，使得对未来预期的形成主要依赖于经济环境的变化。从众行为即"羊群效应"[①] 是典型的非理

———————

① "羊群效应"是指人们经常受到多数人影响，而跟从大众的思想或行为，也被称为"从众效应"。人们会追随大众所同意的，自己并不会思考事件的意义。"羊群效应"是诉诸群众谬误的基础。经济学里经常用"羊群效应"来描述经济个体的从众跟风心理。羊群是一种很散乱的组织，平时在一起也是盲目地左冲右撞，但一旦有一只头羊动起来，其他的羊也会不假思索地一哄而上，全然不顾前面可能有狼或者不远处有更好的草。因此，"羊群效应"就是比喻人都有一种从众心理，从众心理很容易导致盲从，而盲从往往会陷入骗局或遭到失败。

性行为，人们不断地购买房地产，是因为他们难以准确地掌握信息，对未来预期的形成也主要来自市场其他人的行为和预期，进而通过他人的行为来选择自己的所需。房地产跟其他一般商品有所不同，当价格不断上升时，人们认为价格还会持续上升，需求量变大了，供给量变少了，进一步刺激了价格上升，促进了"泡沫"的产生。房地产市场是垄断竞争市场，而开发商和最终消费者作为市场的两大主体所获取的信息是不对称的。在信息不对称的情况下，开发商过度炒作常常会影响投资者对收益现象的估计。加之，房地产的建筑周期长，开发商的有效供给常常滞后于变化的市场需求，投资者对市场更加难以作出准确的判断。开发商无休止的炒作以及消费者收入水平的提高，使人们对未来的收益有了过高的估计从而使房地产价格严重脱离其实用价值进而加速房地产"泡沫"的生成。

4. 房地产市场供给的结构性矛盾

我国房地产市场的一个重要问题就是供给的结构性矛盾。我国的住房保障制度刚刚起步，"廉租房"、"经济适用房"等政策性住房地理位置偏僻而且数量严重不足，满足不了大量中低收入阶层的需要，供求矛盾非常突出；城市扩张、旧城改造造成市政建设中的大规模拆迁又加剧了这一供求矛盾，加上住房租赁市场不发达，使低档房价格急剧上升并产生了"泡沫"，中低价位、中小套型住宅比例相对偏低，别墅和高档公寓供给增长过快，这样的结构性矛盾使整个住房价格上涨。[①]

5. 银行等金融机构宽松的信贷政策

房地产是劳动密集型产业，更是资金密集型产业，房地产开发需要雄厚的资金支撑。银行等金融机构认为由于房地产是不动产，容易被查封、变卖，这种以房地产抵押的贷款风险很小，加上巨额的利息收益，通常愿意发放这种抵押贷款。从整个房地产市场的运行过程及其资金链来看，房地产金融主要是由银行房地产信贷构成的，银行信贷贯穿于土地储备、交易、房地产开发和房产销售的整个过程（见图7）。房地产开发中土地收购和开发的资金主要来源于银行贷款，还款则主要依靠土地出让金。根据统计估算，我国房地产市场上80%左右的土地购置和房地产开发资金都

---

① 华远集团总裁任志强曾经说过：我是一个商人，我没有责任替穷人盖房子，房地产开发商只替富人建房，我不应该考虑穷人。这在某种程度上反映了当前房地产开发商的典型心态。

直接或间接地来自我国商业银行信贷。而且从图7可以看出，房地产开发的全过程商业银行基本都参与了。当房地产价格不断上涨，抵押物市值不断攀升时，银行为了追求市场份额、信贷规模，对借款者的资信调查往往有所忽略，低估了市场的潜在风险，在贷款的实际操作过程中违反一些相关的规定，向开发商发放大量贷款使大量的资金涌向房地产市场，缺乏必要的风险控制意识和手段，导致许多开发商拥有少量的资金就可以从事项目开发。宽松的房地产信贷政策，为房地产"泡沫"的产生埋下了隐患。

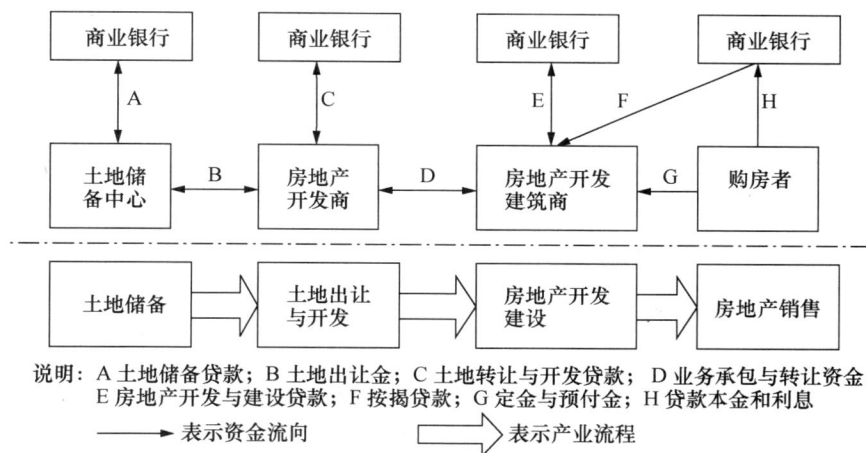

说明：A 土地储备贷款；B 土地出让金；C 土地转让与开发贷款；D 业务承包与转让资金
E 房地产开发与建设贷款；F 按揭贷款；G 定金与预付金；H 贷款本金和利息
———— 表示资金流向　　⇒ 表示产业流程

图7 我国房地产市场运行及资金流程

6. 国家对房地产消费的鼓励政策

房地产业作为国民经济的基础性、主导性产业对国民经济发展起着至关重要的促进作用，与国计民生的各个方面有着密不可分的紧密关系，各国政府都会对该行业进行干预。政府行为对房地产"泡沫"产生了重大影响。比如，自2008年9月起，为应对国际金融危机的影响，我国政府接连出台降息、减税、鼓励房地产消费的多项政策，中断了多年来的房地产调控政策，使房地产业成为受金融危机影响最为轻微的部门之一，这种政策的导向使房地产过度开发，价格不断虚涨，空置率不断上升，加速了"泡沫"的形成。

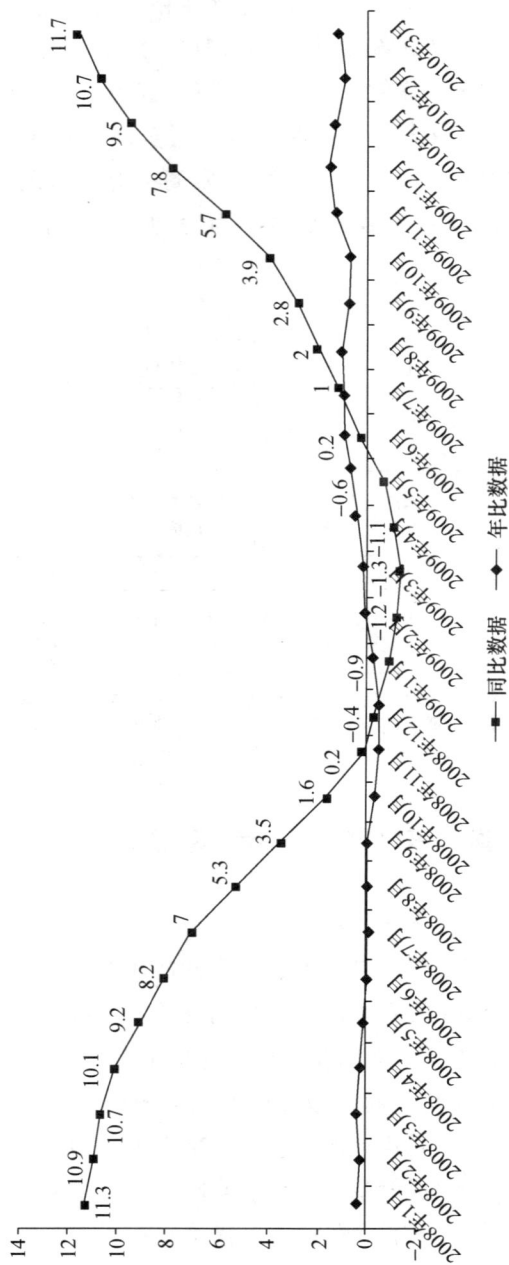

图8 2008年以来全国70个大中城市房价涨幅走势图（%）

资料来源：搜狐财经（http：//business. sohu. com/s2009/loushitiaozheng/）。

（二）我国房地产业存在"泡沫"问题的客观现实

综上所述，在我国当前经济环境下，影响房地产"泡沫"的因素很多，既有房地产本身及房地产市场的特殊性及其运作的非规范性、消费者的预期及非理性行为、投机因素、银行等金融机构的非理性行为等因素的影响，也有政府方面的原因，还有信息非对称而导致的盲目行为等，这些因素共同作用会引发我国房地产局部性、地区性和结构性"泡沫"问题的形成。

按照国际惯例，目前比较通行的说法认为，房价收入比在3—6倍之间为合理区间，如考虑住房贷款因素，住房消费占居民收入的比重应低于30%。我国各个城市的房价收入比是不平衡的，中小城市的房价收入比多在6倍以上，属于房价过高的范畴，据调查，全国大部分大中城市房价收入比超过6倍，其中北京、沈阳、贵阳、南京、广州、大连和西安的比率都超过了20倍甚至更高。

有数据显示，近年来，北京、上海、广州、深圳都属于房价上涨过快的城市，房价增长速度远快于社会平均工资增长速度。具体就广州本地而言，广州楼价从2003年的3888元/平方米开始起步，已经连续8年都呈现不断上涨的态势。其中，在2006年、2007年、2010年这三年更是涨幅惊人，分别达到24.5%、37.1%及39.7%。2011年在限购、限贷之下，楼价涨幅虽然趋缓，但依然达到13401元/平方米的历史最高水平。"房价太高了，买不起"是大多数普通老百姓的心声。图8、图9、图10反映了房价上涨与居民收入增长严重脱节的客观现实。

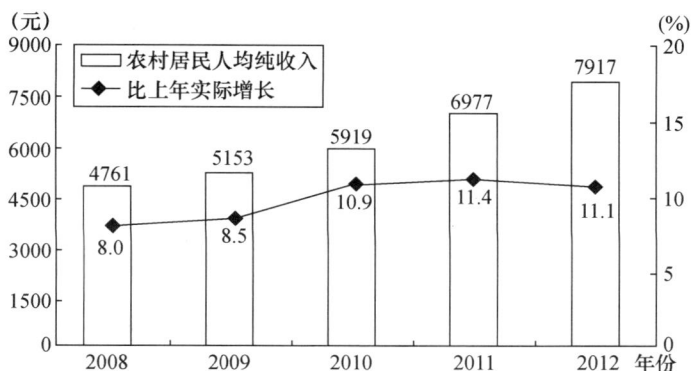

图9　2008—2012年农村居民人均纯收入及其实际增长速度

资料来源：国家统计局：《中华人民共和国2012年国民经济和社会发展统计公报》。

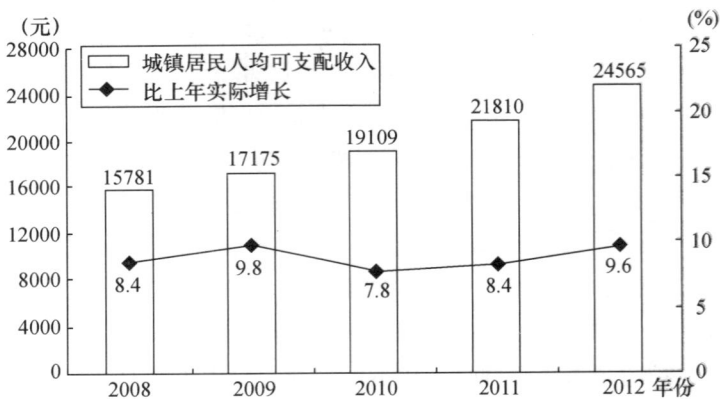

图10　2008—2012年城镇居民人均可支配收入及其实际增长速度

资料来源：国家统计局：《中华人民共和国2012年国民经济和社会发展统计公报》。

　　房地产业又是一个产业关联度非常高的行业，一旦"泡沫"形成，必将给整个国民经济及居民生活带来极大危害，对此我们必须有十分清醒的认识。因此，我国政府应及时分析形成房地产"泡沫"的原因，通过多种途径，及时采取多种措施来防范和消除房地产"泡沫"。如调整国家财税政策，改变地方政府过度依赖土地收益的局面；创造良好公平的市场环境，规范房地产市场；积极引导消费者树立正确的消费观，实现"居者有其屋"目标应该不仅仅限于"买房"；加强对金融机构的监管，增强其风险意识和宏观调控政策的执行力度；完善住房保障制度，调整房地产市场供给结构，等等。通过"综合治理"，促进房地产业的良性循环和健康发展，促进整个国民经济的协调与平衡发展。

三　2010年以来不断加码的房地产市场调控"组合政策"

　　（一）2010年，房地产政策由此前的支持转向抑制投机，遏制房价过快上涨，并且先后采取了土地、金融、税收等多种调控手段

　　1月10日，国务院出台"国十一条"，严格二套房贷款管理，首付不得低于40%，加大房地产贷款窗口指导。

1月21日，国土资源部发布《国土资源部关于改进报国务院批准城市建设用地申报与实施工作的通知》提出，申报住宅用地的，经济适用住房、廉租住房和中低价位、中小套型普通商品住房用地占住宅用地的比例不得低于70%。

3月10日，国土资源部再次出台了19条土地调控新政，即《关于加强房地产用地供应和监管有关问题的通知》，该《通知》明确规定开发商竞买保证金最少两成、1月内付清地价50%、囤地开发商将被"冻结"等19条内容。

3月12日，国土资源部称，将于今年3月至7月在全国开展对房地产用地突出问题的专项检查，本次调查重点针对擅自改变房地产用地用途、违规供应土地建设别墅以及囤地炒地等问题。

3月22日，国土资源部会议提出，在今年住房和保障性住房用地供应计划没有编制公布前，各地不得出让住房用地；将在房价上涨过快的城市开展土地出让招拍挂制度完善试点；各地要明确并适当增加土地供应总量；房价上涨过快、过高的城市，要严控向大套型住房建设供地。

3月23日，国资委要求78户不以房地产为主业的中央企业，要加快进行调整重组，在完成企业自有土地开发和已实施项目等阶段性工作后要退出房地产业务，并在15个工作日内制订有序退出的方案。

4月2日，财政部下发通知称，对两个或两个以上个人共同购买90平方米及以下普通住房，其中一人或多人已有购房记录的，该套房产的共同购买人均不适用首次购买普通住房的契税优惠政策。

4月7日，国家发改委发布2010年经济社会发展工作重点提出，要进一步加强房地产市场调控，增加普通商品住房的有效供给，支持普通自住和改善性住房消费，大力整顿房地产市场秩序。

4月11日，中国银监会主席刘明康表示，银监会要求所有银行在6月底之前提交贷款情况的评估报告，并称房地产风险敞口大，要严控炒房行为。银监会表示，银行不应对投机投资购房贷款，如无法判断，则应大幅提高贷款的首付款比例和利率水平。北京部分银行已将二套房首付比例提升至60%。

4月14日，国务院常务会议指出，全球金融危机的影响仍在持续，将保持货币信贷适度增长，坚决抑制住房价格过快上涨，并将加快研究制定合理引导个人住房消费的税收政策。

4月15日,国务院出台具体措施,要求对贷款购买第二套住房的家庭,贷款首付款不得低于50%,贷款利率不得低于基准利率的1.1倍。对购买首套住房且套型建筑面积在90平方米以上的家庭,贷款首付款比例不得低于30%。

4月15日,国土资源部公布2010年住房供地计划,今年拟计划供应住房用地总量同比增长逾130%,其中中小套型商品房将占四成多,超过上年全国实际住房用地总量。

4月18日,国务院发布通知指出,商品住房价格过高、上涨过快、供应紧张的地区,商业银行可根据风险状况,暂停发放购买第三套及以上住房贷款;对不能提供一年以上当地纳税证明或社会保险缴纳证明的非本地居民暂停发放购买住房贷款。

4月19日,住房和城乡建设部发出《关于进一步加强房地产市场监管完善商品住房预售制度有关问题的通知》,要求商品住房严格实行购房实名制,认购后不得擅自更改购房者姓名。今后未取得预售许可的商品住房项目,房地产开发企业不得以认购、预订、排号、发放VIP卡等方式向买受人收取或变相收取定金、预定款等性质的费用。

6月4日,住房和城乡建设部、中国人民银行、中国银行业监督管理委员会发出通知规定,商业性个人住房贷款中居民家庭住房套数,应依据拟购房家庭(包括借款人、配偶及未成年子女)成员名下实际拥有的成套住房数量进行认定。

6月12日,由住房和城乡建设部等7部门联合制定的《关于加快发展公共租赁住房的指导意见》正式对外发布,旨在解决中国城市中等偏低收入家庭住房困难。

9月27日,国土部、住建部联合下发《关于进一步加强房地产用地和建设管理调控的通知》。《通知》规定,对于因企业原因造成土地闲置一年以上的企业,在结案和问题查处整改到位前,禁止竞买人及其控股股东参加土地竞买活动。

9月29日,住房和城乡建设部、财政部、中国人民银行、银监会四部委再次发出通知,全面叫停第三套住房公积金贷款,并将第二套住房公积金个人住房贷款首付提至五成。

中国人民银行决定,自2010年10月20日起上调金融机构人民币存贷款基准利率。金融机构一年期存款基准利率上调0.25个百分点,由现行的 2.25% 提高到 2.50%；一年期贷款基准利率上调 0.25 个百分点，由现行的 5.31% 提高到 5.56%；其他各档次存贷基准利率据此相应调整。同日，上调个人住房公积金贷款利率。五年期以下（含五年）及五年期以上个人住房公积金贷款利率分别上调 0.17 个和 0.18 个百分点。五年期以下（含五年）从 3.33% 调整为 3.50%，五年期以上从 3.87% 调整为 4.05%。

11 月 4 日，住建部等四部委联合发布通知：使用住房公积金个人住房贷款购买首套普通自住房，套型建筑面积在 90 平方米以上的，贷款首付比例不低于 30%，90 平方米（含）以下的，首付比例不得低于 20%。第二套房首付比例不得低于 50%，贷款利率不得低于同期首套住房公积金个人住房贷款利率的 1.1 倍。同时停止向购买第三套及以上住房的缴存职工家庭发放住房公积金个人住房贷款。

中国人民银行决定，从 2010 年 11 月 16 日起，上调存款类金融机构人民币存款准备金率 0.5 个百分点。

中国人民银行年内第五次上调存款准备金率。从 2010 年 11 月 29 日起，存款类金融机构人民币存款准备金率将上调 0.5 个百分点。

中国人民银行决定，从 2010 年 12 月 20 日起，上调存款类金融机构人民币存款准备金率 0.5 个百分点。

中国人民银行决定，自 2010 年 12 月 26 日起上调金融机构人民币存贷款基准利率。金融机构一年期存贷款基准利率分别上调 0.25 个百分点，其他各档次存贷款基准利率相应调整。

（二）2011 年年初，国务院实施更为严格的调控政策

我国房产市场经过 2010 年一系列政府调控，现状依然火暴，房价依然坚挺，房价上涨的势头并未被明显抑制，年末呈现出"量跌价涨"的形势。进入 2011 年后，从中央到地方，各职能部门又一轮针对房地产市场的调控以组合拳的方式逐步展开。此轮调控是 2010 年房产市场整顿的延续，房产市场是否健康序发展，是国家经济产业结构调整布局的重要目的之一，政策方面是"十二五"规划的重头戏，是国家经济领域举足轻重的风向标，事关民生、稳定等多项重要因素。所以此轮以政策导向为手段的调控，如果仍不能达到平抑房价上涨速度、打击房产投机、逐步解决住房需求紧张等目的，更深层次更广泛领域的政策还将陆续出台。2011 年 1 月 26 日，国务院颁布"新国八条"，实施更为严格的调控政策。

1. 进一步落实地方政府责任

地方政府要切实承担起促进房地产市场平稳健康发展的责任。2011年各城市人民政府要根据当地经济发展目标、人均可支配收入增长速度和居民住房支付能力，合理确定本地区年度新建住房价格控制目标，并于一季度向社会公布。

2. 加大保障性安居工程建设力度

各地要通过新建、改建、购买、长期租赁等方式，多渠道筹集保障性住房房源，逐步扩大住房保障制度覆盖面。加强保障性住房管理，健全准入退出机制，切实做到公开、公平、公正。有条件的地区，可以把建制镇纳入住房保障工作范围。努力增加公共租赁住房供应。

3. 调整完善相关税收政策，加强税收征管

调整个人转让住房营业税政策，对个人购买住房不足 5 年转手交易的，统一按销售收入全额征税。加强对土地增值税征管情况的监督检查，重点对定价明显超过周边房价水平的房地产开发项目，进行土地增值税清算和稽查。加大应用房地产价格评估技术，加强存量房交易税收征管工作的试点和推广力度，坚决堵塞税收漏洞。严格执行个人转让房地产所得税征收政策。各地要加快建立和完善个人住房信息系统，为依法征税提供基础。

4. 强化差别化住房信贷政策

对贷款购买第二套住房的家庭，首付款比例不低于 60%，贷款利率不低于基准利率的 1.1 倍。中国人民银行各分支机构可根据当地人民政府新建住房价格控制目标和政策要求，在国家统一信贷政策的基础上，提高第二套住房贷款的首付款比例和利率。加强对商业银行执行差别化住房信贷政策情况的监督检查，对违规行为严肃处理。

5. 严格住房用地供应管理

各地要增加土地有效供应，落实保障性住房、棚户区改造住房和中小套型普通商品住房用地不低于住房建设用地供应总量的 70% 的要求。在新增建设用地年度计划中，单列保障性住房用地，做到应保尽保。今年的商品住房用地供应计划总量原则上不得低于前两年年均实际供应量。大力推广以"限房价、竞地价"方式供应中低价位普通商品住房用地。加强对企业土地市场准入资格和资金来源的审查，参加土地竞买的单位或个人，必须说明资金来源并提供相应证明。对擅自改变保障性住房用地性质

的，坚决纠正，严肃查处。对已供房地产用地，超过两年没有取得施工许可证进行开工建设的，及时收回土地使用权，并处以闲置一年以上罚款。依法查处非法转让土地使用权行为。

6. 坚持和强化舆论引导

对各地稳定房价和住房保障工作好的做法和经验，要加大宣传力度，引导居民从国情出发理性消费。对制造、散布虚假消息的，要追究有关当事人的责任。

7. 合理引导住房需求

各直辖市、计划单列市、省会城市和房价过高、上涨过快的城市，在一定时期内，要从严制定和执行住房限购措施。原则上对已有一套住房的当地户籍居民家庭、能够提供当地一定年限纳税证明或社会保险缴纳证明的非当地户籍居民家庭，限购一套住房；对已拥有两套及以上住房的当地户籍居民家庭、拥有一套及以上住房的非当地户籍居民家庭、无法提供一定年限当地纳税证明或社会保险缴纳证明的非当地户籍居民家庭，暂停在本行政区域内向其售房。

8. 落实住房保障和稳定房价工作的约谈问责机制

未如期确定并公布本地区年度新建住房价格控制目标、新建住房价格上涨幅度超过年度控制目标或没有完成保障性安居工程目标任务的省（自治区、直辖市）人民政府，要向国务院作出报告，有关部门根据规定对相关负责人进行问责。对于执行差别化住房信贷、税收政策不到位，房地产相关税收征管不力，以及个人住房信息系统建设滞后等问题，也纳入约谈问责范围。

（三）2012 年，号称"史上最严厉调控年"

1. 住房信息系统联网

住建部启动的全国 40 个城市的个人住房信息系统的建设工作将在年底前完成。该 40 个城市包括省会城市、计划单列城市，以及一批大型的地级市。

2. 四大行首套房贷利率降到基准线

工、农、中、建四大行在内部召开了研究全面落实差别化房贷政策的座谈会，会上，四大行共同提出，将切实满足居民家庭首次购买自住普通商品住房的贷款需求，合理权衡定价，在基准利率的基础上根据风险原则合理定价首套房贷款利率，但首套房首付比例仍然执行 30% 的标准。此外，还将提高住房贷款审批效率。

（四）2013 年，调控政策继续加码

尽管 2012 年被称为"史上最严厉调控年"，但是自 2012 年 3 月以来，房地产市场回暖趋势明显，年底更是轮番上演土地、售房高潮。在此背景下，2013 年政府绝不会完全放松调控政策，未来或将趋稳。但是若房价继续上涨且涨幅超出政府容忍范围，政府不排除会出台严厉措施的可能性。

1. 完善稳定房价工作责任制

各直辖市、计划单列市和除拉萨外的省会城市要按照保持房价基本稳定的原则，制定并公布年度新建商品住房价格控制目标。建立健全稳定房价工作的考核问责制度。

2. 坚决抑制投机投资性购房

严格执行商品住房限购措施，已实施限购措施的直辖市、计划单列市和省会城市要在限购区域、限购住房类型、购房资格审查等方面，按统一要求完善限购措施。其他城市房价上涨过快的，省级政府应要求其及时采取限购等措施。严格实施差别化住房信贷政策。扩大个人住房房产税改革试点范围。

3. 增加普通商品住房及用地供应

2013 年住房用地供应总量原则上不低于过去五年平均实际供应量。加快中小套型普通商品住房项目的供地、建设和上市，尽快形成有效供应。

4. 加快保障性安居工程规划建设

全面落实 2013 年城镇保障性安居工程基本建成 470 万套、新开工 630 万套的任务。配套设施要与保障性安居工程项目同步规划、同期建设、同时交付使用。完善并严格执行准入退出制度，确保公平分配。2013 年年底前，地级以上城市要把符合条件的外来务工人员纳入当地住房保障范围。

5. 加强市场监管

加强商品房预售管理，严格执行商品房销售明码标价规定，强化企业信用管理，严肃查处中介机构违法违规行为。推进城镇个人住房信息系统建设，加强市场监测和信息发布管理。

四　促进房地产市场平稳健康
发展的政策与措施

业内人士认为，新一轮房地产的调控难度很大，一方面不能放松现行的政策导向；另一方面，不解决股市等资本市场长期不景气的问题，不解决地方政府长期依赖土地财政的问题，恐怕难以厘清资本追逐利润所带来的楼市异化问题。

要想使房地产调控政策与措施取得预期的效果，必须尊重市场规律，必须采取政府引导和市场经济相结合的方式，首先要转变观念，澄清房地产市场宏观调控中存在的错误认识；其次要采取相关的政策与措施。

（一）需要澄清的几个错误认识

1. 房地产市场宏观调控就是要降低房价

我国尚处于社会主义初级阶段，落后的社会生产与人民群众日益增长的物质文化需要之间的矛盾将长期存在。政府出台相关政策对房地产市场进行宏观调控，其真正目的在于实现房地产市场健康、有序和协调发展，并不是单纯降低房价，而是使其处于相对稳定状态或者是控制在与 GDP 和居民人均可支配收入增长速度相协调的上升幅度内。同时，基于商品住宅具有福利性和商品性的双重属性，政府在调控房地产市场的过程中还应考虑政府的社会保障职能。

2. 实现"住有所居"的目标就要买房

"住有所居"是我国人民几千年来的崇高理想。通过房地产市场的充分发展，为全体人民提供比例合理的高档房、普通商品房、保障性住房和租赁房，以满足不同层次居民的需求是房地产市场宏观调控的目标之一。但是，在现实的国情下，对"住有所居"的科学理解不能简单地认为人人都能买得起住房，"有"，可以是"拥有"，也可以是"占有"，即"为我所用"。这既需要国家配套政策鼓励和引导，也需要个人转变观念。很可能在未来相当长的一段时期内，一些低收入和无收入家庭只能依靠租房来解决居住问题。目前，我国的个人住房私有率已经达到 80% 以上，即使在一些发达的资本主义国家，个人住房的私有率也只有 60%—70%，如美国仅为 68%。

3. 土地稀缺导致高房价

我国是一个资源大国，更是一个人口大国，"人多地少"的矛盾十分突出。长期以来，很多观点认为我国"人多地少"的国情是决定地价、房价持续上涨的理由之一。事实上，"人多地少"的矛盾并不是我国独有的问题，世界上大部分国家面临的问题都是"人多地少"，土地资源极为稀缺。据有关资料介绍，我国平均的人口密度是每平方公里132人，而我们的东邻日本的这一数据为336人，日本的人口密度几乎是我国的3倍，但是日本的地价可以连跌13年，2003年日本的全国城市平均地价已经跌至20世纪70年代末的水平。新加坡每平方公里人口高达6430人，可谓是世界上人口密度最高的地区之一，却可以做到"居者有其屋"，其解决住房问题的思路颇值得我们思考。目前，新加坡有85%的人口居住在组屋，其中93%拥有自己的组屋。①

可见，我国房价大幅上涨的根源并不仅仅在于"人多地少"的矛盾，而是在于我国土地利用粗放以及房地产市场竞争不充分，信息严重不对称，价格信号遭到严重扭曲。中国现有城市建成区的面积约3.84万平方公里，仅占国土总面积的0.4%，而农村宅基地的面积约16.8万平方公里，占国土总面积的1.75%。如果拿出1%的国土面积来建设城市，则至少可以解决14亿人的居住问题。实际上，中国是不缺少土地的。

4. 税收不应该成为房地产调控的主要手段

2013年3月1日晚，国务院出台房地产调控"新国五条"细则，在重申限购限贷的同时，也重申"对出售自有住房按规定应征收的个人所得税，通过税收征管、房屋登记等历史信息能核实房屋原值的，应依法严格按转让所得的20%计征"。计征20%个税这一原有政策的强调，引起市场强烈反应及广泛争议。来自链家、搜房网等房地产中介机构的信息显示，各地二手房成交突增，其中南京表现格外突出：根据南京市住建委数据，仅3月4—6日，南京二手房累计成交1430套，3月6日成交更是逼

---

① 组合房屋，简称组屋，由新加坡建屋发展局承担建筑的公共楼房，为大部分新加坡人的住所。建屋发展局规定只让新加坡公民购买新组屋，而永久居民则可以在二手转卖市场上购入组屋。在组屋购入后，一般必须在屋主住满五年后才可转卖。建屋发展局规定，一个完整的家庭只能同时拥有一间政府组屋，另外对单身人士购买组屋，建屋发展局也有相当多的限制。截至2010年，85%的新加坡公民住进了政府建造的"政府组屋"，其中，93%的居民拥有其房屋的产权，7%的低收入家庭是向政府廉价租赁；另外15%的高收入家庭住的是市场上购买的高档商品房。

近600套，而在3月1日，当地二手房日均成交只有180套。

"新国五条"究竟会进一步推升房价，还是对现有一线城市的房地产价格起到有效抑制作用？假如房价还不降，那是不是要祭出房产税？税收究竟是不是调控房价的政策工具呢？

在财税专家、国务院发展研究中心研究员倪红日看来，我们现在有一个误解，就是老觉得税收的主要功能是调控经济、调控价格、调控市场。其实这是错误的。正确的观念应该是什么呢？税收是有一定调控作用，但这是它派生出来的作用。

税收最根本的作用其实主要是两条：一是政府筹集财政收入，然后政府来提供公共服务；二是要公平，就是税收要公平。所谓公平就是不干扰正常的市场调节的价格。

税收不能太扩大它的这种功能，如果它的税收调控功能给扩大到无限大的话，那就等于破坏了整个的市场机制。

所以，税收的作用既不能被高估，也不能被忽略，适中、合理的税收政策才能够起到调节市场价格，进行收入再分配、维护社会公平的作用。税收不应该成为调控房价的主要工具，它更多发挥的是实现社会财富再分配、体现社会公平的作用。目前，在税收方面，存在着多收、重复收等问题，急需做的不是推出新的税种，而是理顺现有税制，进行合并和取消，改变过去"改革就是收费，调控就是收税"的习惯。

5. 增加供应，促进供求平衡是关键

解决住房问题，最根本的是要靠供求关系、价格、要靠市场的调节，发挥市场机制作为基础性调节手段的作用，政府的调控应该作为辅助的手段。试想：当前我们的汽车市场，还需要限购、限贷吗？在货币超发、政府垄断土地市场、房产税试点未见明显成效、保障房建设长期缺位、问责机制形同虚设、土地财政盛行全国等诸多困局面前，下决心切实增加供应，促进房地产市场的供求平衡，才是解决问题的关键之所在。

（二）促进房地产市场健康有序发展的对策建议

当前，房地产价格居高不下的两个原因：一是通货膨胀背景下，投资渠道不畅，实体经济效益下滑，导致流动性泛滥于房地产，这不属于房地产调控可以解决的问题。二是地方政府对土地财政的过度依赖仍未解决，导致土地与房地产的供求关系扭曲问题一直存在。

1. 必须充分认识到，房价上涨的根本原因是供给不足而不是需求过剩

居民住房需求确实是存在刚性的，在地方政府和开发商仍然人为制造供不应求的扭曲市场环境下，不断将政策压力加诸购房者即需求方身上，不但不能降低购房者的需求总量，反而会把新增的调控成本全部转嫁给购房者。房地产调控的重心仍然是供给方调控，增加商品房土地供应，提高中小户型比例，加大廉租房兴建力度。恰当运用税收杠杆，不在房屋的交易环节增税，在房屋的保有环节增税。因为买卖房屋属于市场行为，鼓励交易可以加大市场的供给量。在美国，二手房市场的交易量是一手房的数倍；在保有环节增税，加大了持有多套房的成本，能有效抑制一部分不合理需求。

2. 理顺中央—地方的财政分配结构，解除地方政府的土地财政症，成为房地产市场调控的关键环节

"土地财政"困局的根源，是中央与地方的财政分配比例不合理，而不是由于地方政府的收入来源不够多，解决土地财政的最终目的，是实现中央—地方的财政分配比例合理化，从而扭转地方政府在"土地财政"下，以卖地收入最大化为目的引致的种种市场规则扭曲。降低从居民身上变相抽取的土地红利。

解决中央—地方财政分配结构，扭转地方政府对土地财政的依赖，已经成为无法绕过的攻坚环节。

3. 进行结构性调整，促进房地产业升级

一是要进行产品结构调整。政府要引导房地产商主动适应市场的需要，在开发和销售多种档次商品房的同时，重点推出市场潜力较大的经济适用房和中档住房，要控制和降低高档豪华房的比重，盘活房地产三级市场。同时，还必须提高房地产企业的规模和规模效益；改变传统的产品、价格、管理和销售方式，提高信息化水平，确立企业自身发展的特色，提高企业核心竞争力。

二是要进行地区结构调整。目前，房地产开发的热点地区一般集中在一线大城市，如北京、上海、广州等。这些地区不仅投资增长很快，而且房价的上涨也很快，不少地区的房价已经达到了"天价"的程度，让普通老百姓望而生畏。可以说，有些地区的房地产发展，特别是市区内房地产的发展已经有了一定程度的"过热"。建议政府加强交通、环境等方面

的规划，今后房地产开发增加城市郊区投资，降低成本，降低房价，让更多的老百姓买得起房子，也为房地产行业的发展、城市特色老城区的保护，开辟一条新路。

4. 规范土地市场

首先，要加快有形土地市场的建设，实现国有土地使用权交易的公正、公开、公平性。公开招标拍卖可以为所有企业提供平等竞争的机会，避免"黑箱"操作的诸多弊端。招标并不是简单的价高者得标，政府可用综合指标，包括企业的资质、以往的开发业绩、土地使用方向、开发项目的市场前景等，来确定中标者的资格。这样，政府才可以有效地调控土地供给的规模、条件、时序和位置，同时，有效地保障老百姓急需的普通住宅用地供给。

其次，各城市政府应对土地储备量、待拍卖的土地、现有土地使用结构、规划、评估价格等信息公开，防止信息不对称为一些人圈地、炒地牟取暴利提供便利。

最后，对违规违纪者，包括土地用途与规划不符，对各种以圈地牟取暴利为目的经营活动或政府官员违法乱纪的应给予严厉的制裁，以保障市场秩序的正常运行。

5. 完善房地产金融体制

在目前金融体制不健全的情况下，银行的房地产信贷业务，一方面受到我国的个人信用制度、抵押制度和抵押保险机制不健全的影响；另一方面，银行自身又存在许多脆弱性，如资本不足、不良资产过高、资产负债管理水平低等，这些都会加大房地产信贷的风险。

为此，一方面我国的银行业应从基础设施建设入手，提高自身抵御金融风险能力；另一方面金融监管部门应从制度建设入手，完善信用制度、抵押制度、抵押保险和抵押二级市场的发展，为房地产业与金融业的共同发展提供一个良好的外部环境。

6. 把解决中低收入阶层的住房问题纳入公共选择程序

经济适用房和廉租房的选址、兴建规格及适用人群，本质上是政府究竟将以多少资源用于买不起商品房的弱势群体的问题。这正是一个公共选择过程，应当在广泛征求意见的基础上，通过听证会或地方人民代表大会等程序，寻求一套公平合理的解决方法，最终使多数公众能够接受并感到满意。同时，廉租房还是房地产供给的重要组成部分，通过廉租房数量和地点选择，可以起到防止房价大起大落的作用。

7. 增强商品房市场信息的透明度

在中国新生的房地产市场，信息是一种公共品，政府应当在维护透明度上付诸更大努力。中国房地产市场的成熟和规范化，牵涉到诸多配套的制度设施的完备，须假以时日；但有一点目前就可以看得比较清楚，即必须加强市场信息的透明度，帮助购房者根据较为真实的信息，做出自己正确的判断。首先，政府在土地市场上处于完全垄断的地位，土地规划、供应量、闲置土地存量等直接影响房地产价格的一般性指标，并不易为公众所知，因此，市场信息的透明首先是这些一般性指标的透明化。其次，政府应当利用二级市场的信息优势，加强房地产投资、楼盘销售、房屋空置率、房价变动等信息的披露机制，为公众决策提供一致的、真实可靠的依据。经过一年多来的"房地产新政"，房地产投机成本大大增加，而投机的特性又要求短期内套现，因此，增强商品房市场信息的透明度，不仅有利于公众对房价走向做出正确判断，而且可以防止房地产开发商和投机者利用信息优势哄抬房价。

8. 利用土地市场调节房地产供求，加强政府的独立和公正性

在英联邦国家以及前英国殖民地，通过一级市场的管理和调控有效地调节土地二级交易市场，保持房地产市场供求基本平衡的做法比较常见。中国香港在这方面的政策运用上也有先例。因此，内地不少城市存有采用"中国香港模式"之想。然而，这种模式需要以政府的独立、公正和信息透明为基本前提；如若不然，政府可以从高房价拉动的高地价中获得大量财政收入而又不受监督，必然不会真心平抑房价，甚至会对高房价推波助澜。而这也正是我们一直担心的政府在房地产市场的"越位"问题。

人们有理由期待，随着转变经济发展方式的加快，随着"商品房＋保障房"供应体系的日益完善，随着地方财税体制和收入分配改革走向深入，房地产有望逐渐步入"理性开发、持续发展"的轨道。而随着社会对楼市与房价关注热情的逐步"降温"，"住有所居"就将不断从梦想走向现实。

参考文献

1. 亓龙、黄楠楠：《我国房地产泡沫形成机理分析》，《产业经济》2010 年第 2 期。

2. 高薇、吴刚、李全润：《对房地产市场宏观调控的理性思考》，《房地产市场》2005 年第 11 期。

3. 欧阳强、李祝平：《我国房地产业现状与产业升级问题研究》，《湖南财经高等专科学校学报》2004 年第 5 期。

4. 《中国统计年鉴》，中国统计出版社 2000—2008 年版。

5. 刘纪学、汪成豪等：《次贷危机及其对我国房地产市场的影响》，《管理评论》2009 年第 2 期。

6. 中国经济信息网统计数据库（http：//www. cei. gov. cn）。

7. 国家统计局网站（http：//www. stats. gov. cn/tjfx/jdfx/t20110318_402711891. htm）。

练习与思考

一、简答题

1. 房地产价格的构成要素是什么？

2. 房地产市场的未来发展趋势是什么？

3. 房地产调控政策能否“全国一刀切”？

4. 影响房价上涨的因素有哪些？

二、材料分析题

管窥国外住房政策：引导与保障是重点

“安其居，乐其业。”这句话道出了住房对百姓生活的重要性。在解决住房市场供求矛盾时，政府扮演什么角色？政策产生何种导向？法律究竟如何作为？《人民日报》驻外记者的报道或许能就上述问题提供一些参考。

材料一：美国——政府推动“住房梦”（《人民日报》驻美国记者　管克江）

正如发明“美国梦”一词的历史学家詹姆斯·亚当斯所说：“美国梦不仅仅意味着物质产品的堆积。住房应当成为一个家和一个生活的所在地……”

国际金融危机对美国住房市场造成了严重冲击。反思危机的产生时，很多专家认为美国人对自有住房的向往是不容忽视的因素之一。金融机构利用这一需求发放次级贷款，并设计了复杂的金融衍生品，最终导致泡沫不断膨胀。而这种需求的产生既有文化因素，也有政府推动。

大多数美国人把拥有一套自有住房看做实现美国梦的前提。皮尤中心的调查显示，去年2月在经济形势仍然非常严峻的时候，90%的美国人仍将住房视为生活慰藉的来源。这一现象正如发明"美国梦"一词的历史学家詹姆斯·亚当斯所说："美国梦不仅仅意味着物质产品的堆积。住房应当成为一个家和一个生活的所在地……"

目前，除了次级房贷者无力偿还债务外，很多优良贷款者也因为房屋实际价值跌穿贷款总额而选择止赎。2008年一年，美国共有100多万家庭失去了住房。但失去住房后的人们，并没有直接转为租房，而是借住亲戚或朋友家，说明经济危机的负面影响还在持续。美国当前的租房空置率为10.7%，同比增加了0.6个百分点，高于20世纪90年代8%的平均值。

然而，在20世纪初以前，美国人与现在的价值观不同，宁可租房也不举债买房。当时，市场上的住房贷款发放要求非常苛刻，一般需要买房者首付50%，并以较高利息在短期内（5年）付清。1932年，胡佛总统主持通过了《联邦住房贷款银行法》，继任的罗斯福总统则成立了房产主贷款公司，为失去住房的房主提供低息贷款。1934年成立的联邦住房管理局，负责审定房屋建筑标准，并推出25—30年期的低息贷款。1938年，美国联邦国民抵押贷款协会（房利美）成立，向购房者提供抵押贷款支持。美国宾夕法尼亚大学历史和社会学教授托马斯·苏格鲁在《华尔街日报》撰文指出，从1929年爆发的经济大萧条起，"山姆大叔"成为了美国住房市场的真正推手。

1944年，美政府为从战场返乡的老兵提供了慷慨的房贷补贴，促进了自有住房率的快速提升。1950年，美国人的自有住房率从10年前的不到50%增长到了55%。联邦政府的介入也为住房建设和房地产提供了大量资金，使其成为重要经济部门。20世纪50年代末，美国统计局开始将新屋开工数作为考察经济的首要指标。20世纪六七十年代，美国住房和城市发展部将房屋拥有权项目还扩展到少数民族群体。1976年的《社区再投资法》允许向落后的社区提供贷款，这也让很多高风险人群拥有了贷款购买自有住房的机会。如今，美国人的自有住房率约为67.2%。

最近几任美国总统也均将让民众拥有住房作为施政要点之一。克林顿总统在 1995 年宣布"全国房屋所有权日"时，把自有住房同公民责任联系起来。他呼吁巩固美国的家庭价值观、鼓励双亲家庭和让人们待在家里。布什总统也承诺要建设一个"住房拥有者社会"，宣称将有比以往任何时候都多的美国人有能力打开房门，欢迎客人。

奥巴马政府去年 3 月公布了名为"让住房负担得起"的住房救援计划。该计划主要有三项措施，一是通过降低房贷月供、允许再融资，使 400 万—500 万户陷入困境的房主缓解房贷压力；二是设立 750 亿美元的房主稳定基金，帮助 300 万—4000 万户房贷严重违约者保住即将失去的住房；三是美国财政则将房利美和房地美的融资额度增加一倍，每家 2000 亿美元。据估计整套住房救援计划最高耗资可达 2750 亿美元。

有投资分析公司指出，美国目前共有 1.306 亿套住房，其中 7500 万套为自有住房，3670 万套为出租房，另外 1890 万套闲置。美国政府面临的难题是，只有创造更多就业岗位，才能消化大量闲置住房。而如果住房存量太多，新房开工势必受到影响，从而拖累扩大就业。

材料二：德国——法典保护租房者（《人民日报》驻德国记者　刘华新）

由于租房比例很大，德国的《民法典》等多项法律对房租价格进行了强有力的管理和约束，特别侧重对房客利益予以保护，规定房东不得随意提高房租。

2009 年夏天，德国交通部和相关房地产协会共同资助的一项研究结果表明，在重要工业国家中，德国房地产市场稳定，价格波动率处于"末位"。该研究报告称，自 1991 年以来的 18 年中，德国购房价格仅上升了 9%—18%，新房房租仅涨 12.7%，旧房房租上涨近 44%。这些基本上在通胀水平之内。德国是如何对房地产市场进行有效管理的？近日，记者就此采访了柏林自由大学国际城市研究学院院长格哈德·布劳恩教授。

布劳恩说，在德国，农村人因自己有地，自有房率较高。此外，中小企业主拥有住房者也较多。但是，大城市不一样，例如首都柏林，基本上是一个租房城市。造成这一现象的主要原因是年轻人多、共同生活但不结婚的人多以及人口流动性强。这些不稳定性导致人们对生活的设计并不长远。而且总体上看，租房也比买房更加便宜合算。

布劳恩特别指出："受教育程度与工作和住房状况三者间关系密切。"

他说，以前，受过高等教育的人找长期性工作容易。但近些年，由于金融危机和经济危机，越来越多的公司进行"项目性招聘"，即所招员工往往是为某个项目工作，收入也不一定宽裕，因此很多人的工作只稳定三五年，项目结束后即需"另谋高就"，还可能到别的城市谋生。因此，人们在一个地方投资买房做长远生活打算的自然就减少了，而银行针对这一不稳定情况，对其贷款也就更为谨慎。上述研究也表明，在德国西部有45%的人自建房或购房，而东部这一比例仅为1/3。

由于租房比例很大，德国的《民法典》等多项法律对房租价格进行了强有力的管理和约束，特别侧重对房客利益予以保护，规定房东不得随意涨房租。例如，房东须书面陈述涨价理由，并且在一般情况下还须举出3个同类住房涨价的例证，否则房客可以起诉。需要指出的是，即使要涨到同类住房的通常水平，当事人还必须连续15个月内没涨过价，而且涨幅一般不得超过10%。至于当地同类住房通常房租水平多高，《民法典》特别规定，设专门机构定期制定"房租水平表"，主要是根据所租房屋地理位置、交通状况、房屋建筑年份、质量及节能情况，来确定基本价格范围。由于这个机构包括当地房东协会、房客协会及中介公司代表和政府代表等，因此它制定的价格一般都能得到执行。

就房地产的供需情况而言，德国人重质量而非面积。对于德国民众来说，"需求最大的是70平方米左右的住房，150平方米的房子就被认为是豪宅了"。

而在价格方面，德国房价稳定的一个重要原因在于价格的透明度。布劳恩介绍说，根据《建筑法》，德国每个州（相当于省）、县都设有独立的"专家委员会"，专门负责价格评估。这个委员会有权获得所有房地产交易价格，制定"地产基准价"，评估并发布地产及房产价格表。虽然房屋买卖是市场行为，但实际上由于每个公民都可以很方便地上网或通过其他途径从上述委员会获取分门别类的价格表，因此买卖双方容易达成一致。

材料三：埃及——政策影响消费观（《人民日报》驻埃及记者　李潇）

开罗周边的多个小型"卫星城"已经成为成熟社区，而且是许多年轻人购房选址时的新宠。

过去两年时间里，房价上涨的势头十分迅猛，特别是在首都开罗，市区内繁华地段的商品房价格已经接近每平方米 10000 埃镑（1 美元约合 5.4 埃镑），几乎比三年前翻了一番。

　　埃及三角洲地产租售公司业务经理纳赛尔向记者表示，过高的房价和未有放缓迹象的上涨势头，已引起埃及社会各界的广泛议论。与此同时，埃及政府正在积极筹划调控举措，一方面有效规范房地产市场的发展；另一方面合理引导民众的住房消费观念，以期使房地产市场的供求关系趋于平衡。

　　最新人口统计数据显示，埃及总人口约 8200 万，首都开罗市的人口高达 1800 万。人口的迅速增长以及向部分大城市的聚集，给埃及住房建设工作带来了极大压力。据统计，埃及国内每年新建住房约 15 万套，但市场需求高达 50 万套，其中大多为中低收入群体。由于供不应求的局面使住房价格水涨船高，众多有着强烈购房意愿的低收入者表示，目前的房价已大大超出了他们的承受范围。

　　针对此种情况，在过去一年中埃及政府，不断出台鼓励政策，以刺激地产商将更多注意力转向中低端市场。根据埃及住房部制订的方案，2009—2010 年，埃及将先期建成超过 19 万套面向低收入者的住房，以政府补贴价格在市场上销售。而对于开发低收入住房项目的房地产公司，政府将提供十分优惠的税收政策。此外，对于消费者广泛提出的住房销售程序复杂和费用偏高的意见，埃及中央银行与财政部专门联合出台了新的房地产登记手续，简化了低收入群体住房的登记程序，并大幅减少了登记费用。

　　谈及政府的新措施，纳赛尔认为，过去开发商将主要精力都放在高档住宅和办公商业建筑项目，客观上造成了房地产市场的结构失衡：一方面大量高价房空置，另一方面广大低收入群体难以买到合适的住房。因此，政府对中低端住房建设项目的鼓励措施十分必要和及时，并且也有望为房地产行业拓展出新的发展方向。

　　埃及尼罗河新闻台近期播出的一个有关房地产话题的节目显示，众多受访者在选择购房时，最关心"面积、地段和是否贷款"三个因素。

　　埃及住房贷款总局主席萨利赫认为，埃及家庭普遍人口较多，在传统观念上对大房子更为青睐，而繁华地段较为齐全的公共设施，造成人们选房时更多瞄向少数核心城区。此外，由于不少低收入者对于贷款买房这一方式不大认同，因此也在一定程度上限制了他们的购买力。

对此，埃及政府通过媒体探讨和专家点评等方式，积极引导消费者购买小户型住房，如《金字塔报》就曾策划专题，采访部分购买小户型的年轻人，让他们聊聊装修经验和居住感受。不少读者在网站留言中表示，小户型房屋的感觉更为温馨，特别是对许多追求独立两人世界的年轻人来说，的确是一个不错的选择。

针对房屋地段选择过于集中的问题，埃及政府则加大了对大城市周边"卫星城"的建设力度，从而引导消费者在购房选址时实现目标分流。以首都开罗为例，经过合理规划和建设，开罗周边目前已形成多个小型"卫星城"，便捷的高速公路和配套齐全的生活服务设施，使这些"卫星城"已成为成熟社区，是许多年轻人购房选址时的新宠。

目前，埃及国内从事房贷业务的银行仅有 10 家，这与过热的房地产市场形成了"冰火两重天"的局面。为引导消费者提高对贷款买房的认可度，埃及政府决定下调住房贷款利率，以促进房贷业务的发展，并将对低收入群体的住房贷款采取更为灵活的政策，以促进房地产市场的供求关系趋于平衡。

（资料来源：《人民日报》2010 年 5 月 5 日第 23 版）

阅读上述材料，分析下面的问题：

以上三个国家在住房问题上实行的政策和法律对我国房地产调控有何启示？

练习与思考参考答案

一、简答题参考答案

1. 房地产价格的构成要素是什么？

以"取得房地产开发用地进行房屋建设，然后销售所建成的商品房"这种典型的房地产开发经营方式为例，并从便于测算各构成项目的金额的角度，来划分房地产价格构成要素。在这种情况下，房地产价格通常由 7 大项构成：①土地取得成本；②开发成本；③管理费用；④投资利息；⑤销售费用；⑥销售税费；⑦开发利润。

2. 房地产市场的未来发展趋势是什么？

房地产市场的未来发展趋势将表现为：①房地产业的市场化进程将进一步加快；②房地产市场的竞争将更加注重品牌与品质；③房地产中介市场发育将逐步成熟；④房地产的产业化水平将进一步提高。

3. 房地产调控政策能否全国"一刀切"？

我国地大物博，各地经济发展状况和房地产市场情况千差万别，如深圳等地是房价增长过快导致行业风险过高，而北京的情况是需要在恢复正常的自住性需求和防止热钱的涌入干扰中找到平衡，成都则是受到地震灾害的打击导致居民置业信心短期难以恢复，西部某些省份和城市房地产市场尚处在需要加快发展的阶段，等等。但是，我国以往出台的房地产调控政策总是全国"一刀切"，没有考虑到区域经济发展状况和房地产市场本身的特点。

4. 影响房价上涨的因素有哪些？

①中国的人口数量与结构决定着住房高增长的需求；②中国的城市化需求；③土地资源的稀缺性；④城市基础设施和公共服务提升；⑤价格的提升是货币贬值的自然现象；⑥成本因素的变化；⑦不动产的多重功能作用；⑧中国的传统文化（"有恒产才能有恒心"）；⑨精神上的一种追求（租房被看成是一种无能和耻辱）；⑩不可忽略的收入增长。

二、材料分析题参考答案

美国和德国是发达国家，埃及是发展中国家，虽然这三个国家的具体国情与我国不同，但这三个国家在房地产问题上的政策和法律对我国解决房地产调控问题却有很多的启示：

第一，国家在对房地产业进行调控时应当采取政策、法律等综合措施。

第二，政府合理引导包括对供需双方的引导是实现房地产业持续稳定发展和房价平稳的重要保证。

第三，实现"居者有其屋"是实现中国梦的重要标志之一，政府应当承担重要责任。

测 验 题

一、单项选择题（每小题1分，共10分）

1. 中国土地总量位居世界第三，人均占有土地面积（　　）。

A. 0.5公顷，是世界平均水平的1/5

B. 0.8公顷，是世界平均水平的1/3

C. 1公顷，是世界平均水平的1/2

D. 1.2公顷，是世界平均水平的2/3

2. "把马克思主义的普遍真理同我国的具体实际结合起来，走自己的道路，建设有中国特色的社会主义，这就是我们总结长期历史经验得出的基本结论。"这一基本结论出自（　　）。

A. 十一届三中全会　　　　　　　　B. 十一届六中全会

C. 十二大　　　　　　　　　　　　D. 十二届三中全会

3. 以经济建设为中心是兴国之要，解决我国所有问题的关键是（　　）。

A. 改革　　　　　　　　　　　　　B. 稳定

C. 发展　　　　　　　　　　　　　D. 开放

4. 深化经济体制改革首先必须坚持和完善我国的（　　）。

A. 基本经济制度　　　　　　　　　B. 分配制度

C. 社会保障制度　　　　　　　　　D. 市场经济制度

5. 党的十八大报告提出："经济体制改革的核心问题是处理好（　　）的关系，必须更加尊重市场规律，更好发挥政府作用。"

A. 生产者和消费者　　　　　　　　B. 政府和市场

C. 计划和市场　　　　　　　　　　D. 供给和需求

6. 党的十八大报告明确指出：解决好农业农村农民问题是全党工作重中之重，解决"三农"问题的根本途径是（　　）。

A. 城乡发展一体化　　　　　　　　B. 建设社会主义新农村

C. 建设社会主义和谐社会　　　　　D. 世界经济一体化

7. 从内涵上看，生态文明包括（　　　）。

A. 人与自然的永续发展是生态文明的根本目标

B. 人对社会发展规律的积极探索和对自身行为的反思是生态文明的认识基础

C. 人与自然的和谐发展是生态文明的核心价值理念

D. 自觉节制人类自身的行为是生态文明的客观要求

8. 水土流失既是土地退化和生态恶化的主要形式，也是土地退化和生态恶化程度的集中反映，对经济社会发展的影响是多方面的、全局性的和深远的，甚至是不可逆的。其危害主要表现在（　　　）。

A. 导致土地退化，耕地毁坏，使人们失去赖以生存的基础，威胁国家粮食安全

B. 导致江河湖库淤积，加剧洪涝灾害，对我国防洪安全构成巨大威胁

C. 恶化生存环境，加剧贫困，成为制约山丘地区经济社会发展的重要因素

D. 削弱生态系统功能，对我国生态安全和饮水安全构成严重威胁

9. 加强社会建设的重点是（　　　）。

A. 坚持党的领导　　　　　　　B. 维护社会治安的稳定

C. 推进社会体制改革　　　　　D. 保障和改善民生

10. 确立"依法治国，建设社会主义法治国家"这一基本方略的党的会议是（　　　）。

A. 中共十二大　　　　　　　　B. 中共十三大

C. 中共十五大　　　　　　　　D. 中共十六大

二、多项选择题（每小题2分，共20分）

1. 目前我国生态环境问题的主要表现是（　　　）。

A. 土地资源先天不足，水土流失、荒漠化和土壤污染比较严重

B. 水资源短缺、水污染严重、水生态恶化等问题很突出

C. 森林覆盖率低，生态系统退化严重

D. 大气污染严重，雾霾、沙尘暴、酸雨等危及人的健康

2. 我国是一个人均水资源短缺的国家，下列选项中正确的是（　　　）。

A. 我国人均水资源量只有2100立方米，仅为世界人均水平的28%

B. 我国人均水资源占有量在世界仅列第 121 位

C. 我国被联合国列为 13 个贫水国家之一

D. 我国水资源总量世界第六位

3. 目前世界性的大气污染问题主要表现在（　　）。

　　A. 温室效应　　　　　　　　　B. 酸雨

　　C. 臭氧层破坏　　　　　　　　D. 雾霾天气增加

4. 中国特色社会主义的"特色"是（　　）。

　　A. 实践特色　　　　　　　　　B. 理论特色

　　C. 民族特色　　　　　　　　　D. 时代特色

5. 当前我国水土流失主要表现为（　　）。

　　A. 面积大，范围广　　　　　　B. 强度大，侵蚀重

　　C. 成因复杂，区域差异明显　　D. 西部严重，东部轻微

6. 从内涵上看，生态文明包括（　　）。

　　A. 人与自然的永续发展是生态文明的根本目标

　　B. 人对社会发展规律的积极探索和对自身行为的反思是生态文明的认识基础

　　C. 人与自然的和谐发展是生态文明的核心价值理念

　　D. 自觉节制人类自身的行为是生态文明的客观要求

7. 目前我国社会管理中存在的主要问题是（　　）。

　　A. 重经济建设，轻社会管理

　　B. 重强势群体利益，轻弱势群体利益

　　C. 重管控，轻服务

　　D. 重罚款，轻思想教育

8. 我国社会管理体制创新的目标是（　　）。

　　A. 党委领导　　　　　　　　　B. 政府负责

　　C. 社会协同　　　　　　　　　D. 公众参与

9. 目前我国社会管理的法律主要有（　　）。

　　A.《社会团体登记管理条例》

　　B.《民办非企业单位登记管理暂行条例》

　　C.《取缔非法民间组织暂行办法》

　　D.《全民所有制企业法》

10. 党的十八大指出，坚持用制度管权管事管人，权力正确运行的重

要保证是保障人民的（　　　）。

    A. 知情权　　　　　　　　　　B. 参与权

    C. 表达权　　　　　　　　　　D. 监督权

三、简答题（每小题8分，共40分）

1. 中国特色社会主义道路的内涵是什么？

2. "八个必须坚持"的内容是什么？

3. 为什么要实施创新驱动发展战略？

4. 全面提高公民道德素质的途径是什么？

5. 大学生在生态文明建设中应如何发挥作用？

四、材料分析题（15分）

材料一：癌症高发与水污染

2013年6月25日，《淮河流域水环境与消化道肿瘤死亡图集》数字版出版，这是中国疾控中心专家团队长期研究的成果，首次证实了癌症高发与水污染的直接关系。

过去十多年中，淮河流域内的河南、江苏、安徽等地多发"癌症村"。更早之前，在粗放追求GDP的年代，淮河及其支流被大小工厂污染。村民们的水井越打越深。不过死亡人数还在增加。从西而来的沙颍河，在安徽省颍上县新集镇北部绕了个弯儿，形成一片肥沃的小沙洲。沙洲南岸的下湾村，距河百米远。20世纪80年代开始，随着地方政府重视经济效益，各种制革厂、造纸厂、玻璃厂、化肥厂纷纷出现在沙颍河两岸。大量的污水直排入河。十余年来，这个不足1000人的村落，近200名村民被检查出胃癌、肝癌、食道癌、肺癌、乳腺癌等各种癌症，陆续去世。目前三分之一的村民患有肝炎。

国家疾控中心对沈丘研究区的5万人跟踪3年调查发现，2005年与1973年对比，排除人口老化因素后，男性和女性肺癌死亡率分别上升了14倍和20倍，肝癌死亡率上升了5.23倍和4.80倍。在其他地区胃癌和食道癌死亡率普遍下降的背景下，沈丘的这两类肿瘤的上升却非常突出。

"这是首次证实了癌症高发与水污染的直接关系。"6月15日，国家疾控中心原副主任杨功焕介绍，企业排放的污水进入河道，污水中的汞、铅、镉等各种化学元素长期渗入地下，"尽管这些年淮河流域的地表水质有所改善，但癌症发病率的正常回归，起码还需10年"。

材料二：太湖治污20年投入百亿元未遏制水质恶化

"太湖美呀太湖美美就美在太湖水，水上有白帆哪啊水下有红菱哪，啊水边芦苇青水底鱼虾肥，湖水织出灌溉网稻香果香绕湖飞……"这是歌曲《太湖美》第一段的歌词。

"20年前，太湖水很清澈，小时候常在湖里游泳。"今年45岁的吴立红说。"1988年左右，附近渔民就发现，从太湖里打上来的鱼，吃起来有味道。"他发现，周铁镇上不少化工厂将污水直接排入太湖！慢慢地，连同太湖的一些河道里，河水有的变成了牛奶色，有的变成了暗黑色……

这与太湖流域管理局的说法一致，"20世纪80年代以来，由于经济快速发展、无序过度开发等原因，太湖水域严重富营养化，湖内的生态系统被严重破坏，一向水量充沛的太湖流域陷入了'无好水可用'的尴尬境地"。

1991年起，国家便启动第一期太湖治理工程，其后十数年间投资逾百亿元。

1998年，国家批准《太湖环境治理计划》。也是这一年，国务院有关部委又会同苏浙沪两省一市发动了声势浩大的水污染治理运动，其中规模最大的就是1998年年底的"聚焦太湖零点达标"行动。

"零点达标"，就是在1998年年底，太湖地区1035家重点污染企业必须全部实现达标排放。尽管官方宣布"基本实现阶段性治理目标"，但对于"零点达标"的质疑却一直不断。

进入新世纪，监测结果更表明，太湖水质恶化程度并没得到遏制。

2005年，第二轮太湖治理开始。黄宣伟接受采访时说，第一轮太湖治理时，太湖的污染面积只有1%；但到了第二轮治理开始时，太湖的污染面积已超过80%。

2007年蓝藻大爆发，江苏省级财政每年投入20亿元专项资金用于太湖治理。从2007年至2011年年底，5年间，从太湖打捞蓝藻达280万吨。

2008年5月，为达成该方案提出的"2020年之前太湖水质从Ⅴ类提高到Ⅵ类，部分水域Ⅲ类"的目标，中国计划总投资为1114.98亿元。

然而问题仍然严重。2011年11月1日，水利部副部长李国英坦承，太湖流域60%以上的集中式饮用水水源地水质劣于Ⅲ类。

材料三：两高出台从严打击环境污染犯罪的司法解释

2013 年 6 月 18 日，最高人民法院召开新闻发布会，公布《最高人民法院、最高人民检察院关于办理环境污染刑事案件适用法律若干问题的解释》，《解释》对有关环境污染犯罪的定罪量刑标准作出了新的规定，污染环境罪等罪名的入罪要件认定标准都有所降低，体现了从严打击环境污染犯罪的立法精神。

污染环境入罪条件降低。最高人民法院新闻发言人孙军工介绍说，2011 年 5 月 1 日起施行的《刑法修正案（八）》对 1997 年刑法规定的"重大环境污染事故罪"作了进一步完善：一是扩大了污染物的范围，将原来规定的"其他危险废物"修改为"其他有害物质"；二是降低了入罪门槛，将"造成重大环境污染事故，致使公私财产遭受重大损失或者人身伤亡的严重后果"修改为"严重污染环境"。修改后，罪名由原来的"重大环境污染事故罪"相应调整为"污染环境罪"。为确保法律准确、统一适用，依法严厉惩治、有效防范环境污染犯罪，最高人民法院、最高人民检察院会同公安部、环保部等有关部门制定了本《解释》。

根据上述材料，分析以下问题：

（1）环境污染给人类带来的危害是什么？给我们的启示是什么？

（2）国家和地方政府投入巨资治理环境污染，为何没达到预期效果？

（3）你认为建设生态文明应采取的措施有哪些？

五、论述题（15 分）

论"中国梦"与"个人梦"的关系。

后　记

　　为贯彻落实《中共中央　国务院关于进一步加强和改进大学生思想政治教育的意见》文件精神，中共中央宣传部、教育部于 2004 年 11 月17 日发出了《关于进一步加强高等学校学生形势与政策教育的通知》（教社司〔2004〕13 号）。《通知》中指出："形势与政策教育是高等学校学生思想政治教育的重要内容。形势与政策课是高校思想政治理论课的重要组成部分，是对学生进行形势与政策教育的主渠道、主阵地，是每个学生的必修课程，在大学生思想政治教育中担负着重要使命，具有不可替代的重要作用。""要以规范化制度化建设为重点，加强形势与政策课教学管理。形势与政策课按平均每学期 16 周，每周 1 学时计算。本科四年期间的学习，计 2 个学分；专科期间的学习，计 1 个学分。各高等学校要从编制教学计划、明确教学要求、建立教学组织、开展集体备课、建立成绩档案、反馈教学信息等方面，全面加强课程建设。"

　　中国共产党第十八次全国代表大会是在全面建成小康社会和实现建国一百周年目标的关键时期召开的一次具有重大意义的盛会。学习宣传贯彻落实十八大精神是目前和今后一个时期全党全军和全国人民政治生活中的一件大事。高等学校的根本任务是为国家和社会培养中国特色社会主义事业的合格建设者和可靠接班人。要完成这样的艰巨任务，增强大学生对中国特色社会主义的道路自信、制度自信和理论自信，必须组织和指导大学生认真学习和贯彻落实党的十八大精神。为此，我们根据十八大以来国内外形势和学校的学科特点，组织部分专家学者编著了本书。由陈秀元、杨先永、胡宁构思确定了本书的内容、结构、形式和写作的基本要求。参与本书编著的作者有：绪论陈秀元、杨先永；第一讲吕振、杨先永；第二讲王国礼、丁燕；第三讲于春明、郭占庆；第四讲张鹏；第五讲胡宁；第六讲赵永芳；第七讲仵文胜、王利华；第八讲王涛、陈永智；第九讲王辉、田宪刚；第十讲张勤谋、隋卫东。

　　本书写作过程中得到了山东建筑大学校领导、宣传部、教务处、学生处、法政学院、商学院等部门领导的大力支持，在编写过程中参见了许多专家学者的论著，在此表示衷心感谢。

　　一门课程必须有一本好的教材。形势与政策多变性的特点决定了本书需要及时更新，以引导学生及时掌握最新动态。受作者水平所限，书中可能有缺点、疏漏和不妥之处，敬请读者批评指正。

编著者

2013 年 8 月 6 日